历史的见证

历史的见证

薛庆超　著

"文革"的终结

人民出版社

目 录

历史的见证——『文革』的终结

"文革"时期,毛泽东在邓小平的一封来信上批示道:"邓小平在中央苏区是挨整的,即邓、毛、谢、古四个罪人之一,是所谓'毛派'的头子。"

邓小平在政治上遭受打击迫害的同时,家庭生活中也出现了"婚变"。强大的政治压力迫使金维映不得不与邓小平离婚。这是"左"倾教条主义领导人错误开展"党内斗争"所造成的悲剧。

对于批判吴晗、罗瑞卿、彭真,邓小平不能接受,这种反常的政治批判和置人于死地的做法,使经历过几十年政治风浪的邓小平也感到难以理解。

然而,他同情罗瑞卿、彭真,却又无回天之力,只能采取回避的方式。后来,他回忆说:"彭真的问题本来不大,我没有附和,送了半筐桔子给彭真,表明态度。"

人物。

历史的见证——『文革』的终结

砥 柱 中 流

历史的见证——『文革』的终结

拨 乱 反 正

胡耀邦断然决定：对"六十一人案"的复查平反，中共中央组织部只能另起炉灶！

曾有人问胡耀邦，为什么给右派平反要搞"一风吹"？胡耀邦回答："这个问题必须这么做。右派有五十多万，再加上被株连的人，二百多万，其中大多数都是拥护共产党和社会主义的。如果要一个一个地甄别，得有一批人去干。如果不一风吹地平反，估计十年都平反不完。权衡利弊，只好一风吹了。"

当胡耀邦在邓小平的支持下，以思想战线为突破口，率先向"两个凡是"的错误发起进攻，为彻底否定"文化大革命"而斗争时，得到了老战友罗瑞卿旗帜鲜明的坚决支持。

华国锋提出了辞职的要求，并对粉碎"四人帮"以来的工作作了一些检查和解释。

叶剑英感情十分真挚地说：毛主席去世后，我确实把华国锋当作"后主"看待，尽管我精力不足，水平不高，还是想尽力扶助他。这是一种旧的封建思想在作怪。借此机会，我应作自我批评。

十一届六中全会的召开，标志着拨乱反正的基本完成，从此党和国家走上了正常的健康的顺利发展的轨道。

历史的见证——『文革』的终结

逆水行舟

1. "所谓'毛派'的头子"

"文革"时期，毛泽东在邓小平的一封来信上批示道："邓小平在中央苏区是挨整的，即邓、毛、谢、古四个罪人之一，是所谓'毛派'的头子。"

邓小平在政治上遭受打击迫害的同时，家庭生活中也出现了"婚变"。强大的政治压力迫使金维映不得不与邓小平离婚。这是"左"倾教条主义领导人错误开展"党内斗争"所造成的悲剧。

1987年10月，邓小平在一次会见外国客人的谈话中，曾经直言不讳地讲道："我是'三落三起'。"[1]

一位名叫乌利·弗朗茨的德国人也在《邓小平——中国式的政治传奇》中写道：邓小平"用非凡的能力，战胜了政治上的三起三落和无数阴谋诡计，并且每次都向他生命的目标更接近一步。在我们的世纪里，我在东方和西方都没有见过像邓小平那样，走过如此崎岖曲折的生活道路，却又卓有成就的政治家"。

一位哲人曾经说过，革命的道路是不会像涅瓦大道一样笔直平坦的。

人生的道路，又何尝不是如此呢? 尤其是有志于在政治舞台上有所作为

---

[1]《邓小平文选》第三卷，人民出版社1993年版，第255页。

的人们，首先要作好在政治斗争的惊涛骇浪中经受考验的准备。

邓小平革命生涯中的"一落一起"发生在中央革命根据地时期，并一直延续到红军长征中，直到遵义会议前夕，他才得以重新走上领导岗位。

1931年夏天，邓小平被中共中央派往中央革命根据地工作。

邓小平到达中央革命根据地不久，担任了中共瑞金县委书记。

对于在瑞金期间的工作情况，邓小平在20世纪70年代曾经作过这样的回忆：

> 1931年8月间，我们到了瑞金，这时正值红军主力反对敌人三次"围剿"的时期。瑞金是中央苏区的后方，但当时被反革命分子篡夺了县的党政领导，杀了不少革命干部和革命群众，弄得全县群众不满，干部情绪低落，全县面貌是死气沉沉的。这时在红军工作的谢唯俊同志在瑞金，由上海来的余泽洪

留法勤工俭学时的邓小平。

等同志也到了瑞金，大家商议推我担任瑞金县委书记(其时与上级没有联系)，谢、余等都帮助我作了一段工作。我们迅速地惩办了反革命分子，为被冤屈的干部平了反，开了县苏维埃代表大会，干部(几乎全是本地农民干部)群众积极起来了，全县局面大为改观(关键在于有了大批与群众有联系的本地干部)。三次"围剿"粉碎后，开了几万人祝捷大会，军民热情是很高的。

1932年5月，邓小平被中共江西省委调任中共会昌县委书记。

不久，邓小平又被调任中共会昌中心县委(亦称会、寻、安中心县委)书记，负责全面领导会昌、寻乌、安远三县的工作。

自从 1931 年 1 月王明"左"倾教条主义在中央占统治地位以后，先后在中央革命根据地召开了赣南会议和宁都会议，否定毛泽东的正确主张，排挤毛泽东对中央革命根据地党组织和红军的正确领导，撤销了毛泽东的红一方面军总前委书记和总政治委员职务，只分配毛泽东专做政府工作。但是，邓小平和会昌中心县委在实际工作中仍然坚持毛泽东提出的正确主张，对"左"倾冒险主义错误进行了一定程度的抵制，坚持从中央革命根据地边缘地区的实际情况出发，实事求是地开展各项工作，在理论上和实践中坚决抵制"左"倾教条主义错误，因而成为"左"倾教条主义在中央革命根据地必欲整倒的一个严重阻碍。

经过一段时间的准备，"左"倾教条主义终于向以邓小平为首的会昌中心县委展开了"进攻"。而且，这种"进攻"是以突然袭击开始的。

1933 年 2 月 20 日，"左"倾教条主义控制下的中共苏区中央局机关报《斗争》第三期突然发表了一篇题为《什么是进攻路线》的文章，批判江西革命根据地的会、寻、安中心县委犯了"纯粹防御路线"的错误。以反会、寻、

1929 年 12 月到 1930 年 2 月，中共中央代表邓小平（邓斌）和张云逸、雷经天、俞作豫、李明瑞、韦拔群等，领导广西警备第 4、5 大队、教导队和右江农民军，先后举行百色起义和龙州起义，建立了中国工农红七军和红八军。邓小平（1904—1997），四川广安人。1924 年加入中国共产党。曾任中共中央秘书长。起义后任中共广西省委前敌委员会书记兼红七、红八军政治委员。

安"纯粹防御路线"为起点,"左"倾教条主义正式揭开了反对"江西罗明路线"的序幕。

为了否定邓小平主持的会昌中心县委的工作,"寻乌事件"被"左"倾教条主义作为一件大事提了出来。当时,在寻乌失守后,为了粉碎国民党军队的进攻,会昌中心县委领导会昌、寻乌、安远地区的红军、游击队和广大人民群众,广泛开展游击战争,抓住一切机会不断袭击国民党军队,使国民党军队陷入人民战争的汪洋大海之中而无可奈何。最后,在会昌、寻乌、安远地区军民的打击下,国民党军队不得不退出了寻乌城。这样,被国民党军队进攻时占领的革命根据地区域亦得到恢复。但是,"左"倾教条主义的执行者却把会昌中心县委有计划地组织群众实行坚壁清野和以灵活的游击战术打击来犯的国民党军队,诬蔑为"在敌人进攻面前惊惶失措,准备退却逃跑",毫无道理地开展了反对"纯粹防御路线"、"会、寻、安的罗明路线"的斗争,对会昌中心县委进行错误的批判和严厉的指责。

本来,1933年春天,邓小平已经离开了中共会昌中心县委书记的工作岗位,奉调担任中共江西省委宣传部部长。3月下旬,苏区中央局在会昌筠门岭召开会议并作了政治报告和结论,会议对邓小平和会昌中心县委进行了错误的批判。邓小平和会昌中心县委的整个工作,遭到了否定,并被错误地扣上了"会、寻、安的罗明路线"的大帽子。

4月16日至20日,在"左"倾教条主义统治的临时中央总负责人博古的主持下,江西省委召开了江西省3个月工作总结会议。会议以总结江西工作为名,开展了反"江西罗明路线"的斗争。对在江西革命根据地中坚持毛泽东正确主张,抵制"左"倾教条主义错误的邓小平、毛泽覃、谢唯俊、古柏等同志,进行了错误的批判、斗争和打击。此后,会昌、寻乌、安远的县、区、乡各级党组织,普遍开展了反"江西罗明路线"。在这场错误的斗争中,凡是被戴上"江西罗明路线"帽子的领导干部,均受到"左"倾教条主义的"残酷斗争"和"无情打击"。而邓小平、毛泽覃、谢唯俊、古柏受到的批判尤为激烈。

毛泽覃,湖南湘潭人,毛泽东的弟弟。1921年加入中国社会主义青年团,1923年加入中国共产党。大革命时期,曾先后在黄埔军校和国民革命军第四军政治部工作。大革命失败后,参加了南昌起义,随朱德、陈毅转战闽、赣、粤、湘边界地区。1928 年 4 月，随南昌起义余部上了井冈山。1929 年参加赣西南根据地的开辟，任中共赣西南特委委员。1930 年任红六军政治部主任、红三军政治委员。1932 年任中共苏区中央局秘书长。由于对"左"倾教条主义路线进行抵制，受到错误批判，被打成"邓、毛、谢、古集团"成员。红军主力部队长征后，留在中央革命根据地坚持游击战争，任红军独立师师长、闽赣军区司令员等职。1935 年 4 月在江西瑞金的一次作战中英勇牺牲。

谢唯俊，湖南耒阳人。1924 年加入中国社会主义青年团，1926 年加入中国共产党。早年曾在安源等地从事工农运动。1928 年参加湘南起义，后随朱德部队上了井冈山，任红四军二十八团一营、二营党代表。1929 年任红四军第二纵队政治部主任。1931 年任中共赣东特委书记。后在中央革命根据地工作，历任县委书记、中心县委书记、赣西南特委委员、江西省工农民主政府委员、红军团政治委员和师政治委员等职务。因抵制"左"倾教条主义路线，受到错误批判，被打成"邓、毛、谢、古集团"成员。以后，参加了长征，曾任陕北靖边特委书记。1935 年冬牺牲。

王明（1904—1974），原名陈绍禹，安徽金寨人。1926 年加入中国共产党。在中共六届四中全会上，王明以"执行国际路线"、"反对立三路线"为名，提出了一系列更"左"的观点。不久，王明被增补为政治局常委，实际上掌握了中央领导权。由于王明"左"倾机会主义领导造成第五次反"围剿"的失败，红军被迫长征转战到陕北。

古柏，江西寻乌人。1925 年加入中国共产党。1927 年参与创建中共寻乌支部。1928 年领导了寻乌"三二五"暴动，开展武装斗争，是乌寻中共组织的创始人之一。1929年任红军第二十一纵队政治委员。1930年任中共寻乌县委书记、县苏维埃政府主席、红一方面军总前委秘书长。1931年后，历任江西省工农民主政府裁判部长兼内务部长，中华苏维埃共和国临时中央政府劳工部秘书长、红军独立第三师师长、红十一军军长等职务。由于抵制"左"倾教条主义路线，受到批判，被打成"邓、毛、谢、古集团"成员。红军主力部队长征后，留下坚持游击战争，任闽粤赣红军游击纵队司令员。1935年在广东龙川县的一次战斗中英勇牺牲。

在会、寻、安三县党的积极分子会议结束后，根据"左"倾教条主义执行者的要求，中共江西省委于1933年4月召开的"江西党三个月工作总结会议"，给人们留下了深刻的印象。

据当年参加会议的一位江西省委工作人员回忆：

会议由苏区中央局派来的代表主持并作主题报告。"当时我负责在会场上倒茶水。不知为什么，省委书记李富春坐在台下角落里，蔡畅大姐站在后面，会上宣布撤销邓小平、毛泽覃、谢唯俊、古柏四位同志党内一切职务，还下了他们的枪，让大家上台批判。"

"妇女部的邓石香也上台讲邓小平怎么怎么不对，她下台后上厕所，我跟过去说：石香，你混蛋，我们做妇女工作，跟他们没有工作关系，你怎么可以胡说八道，到台上摆什么威风（用现在的话讲是出什么风头）。石香不服，一拳打过来，我们俩当场就要打起来，蔡大姐听到后，把我拉出来说，秀英，不要乱说，要杀头的。我那时年轻气盛，只觉得石香不该胡说。会议结束后，邓石香被调到中央组织局工作。但没有多久，她又回到县里了，我在省里见过她一面，她告诉我说，有些事看不惯。以后我再也没有见到过她。"

"江西党三个月工作总结会议"实际上是一次批判"邓、毛、谢、古"的会议，并由此把反"江西罗明路线"的斗争推向了高潮。

1933年5月4日，临时中央代表到中国工农红军学校，在党团员活动分子会议上作了关于邓、毛、谢、古坚持所谓"江西罗明路线"的情况的报告。听了这种颠倒是非、混淆黑白的一面之词，不明真相的中国工农红军学校党团员活动分子会议作出了关于"江西罗明路线"的决议：

一、红军学校全校党团员活动分子会议听了中央代表的报告之后，一致同意中央局对于"江西罗明路线"的揭发，以及对"江西罗明路线"创造者与执行者的处理。

二、以邓小平、谢唯俊、毛泽覃、古柏等同志为首的"江西罗明路线"，是与党的进攻路线完全相反的。他们对革命斗争的估计，是悲观失望的，他们对于群众工作是采取消极怠工的态度的，他们在会、寻、安、永、吉、泰各处，实行了退却逃跑的路线，采取了官僚主义的领导方式，使当地工作受到了损害。这些同志如果不彻底纠正其错误，我们建议中央局把他们洗刷出布尔什维克的队伍。

三、邓、谢、毛、古几位无气节的小资产阶级出身的同志，在革命猛烈发展的面前悲观动摇，非但执行了与党完全不同的路线，而且更进一步根据一定的政纲及派别的观念，形成了小组织的活动，他们竟以流氓为革命的动力，认为现在土地革命不是反帝国主义的，不主张放弃中央苏区根据地向中心城市发展，而主张转移到穷乡僻壤的区域。这是有系统的机会主义的政纲，是与国际的指示及党的策略完全相反的。他们根据这一机会主义的政纲，成立了反国际的小组织活动。

四、上述几位同志机会主义的小组织活动，是有他的历史根源的。在四中全会后，他们对反立三路线的斗争，就始终以两面派的态度来敷衍，从未揭发自己在执行立三路线时的错误，他们对于四中全会后的新的中央领导表示极大的不信任，甚至以"洋房子先生"相呼，党代会后虽然党与之斗争，仍没有什么转变。所以红校党团员活动分子会议，认为这次江西省委对于他们的处置，在教育他们及教育全党上是绝对必要的。

五、在布尔什维克党内，一分钟也不容许机会主义小组织的存在，"立刻解散一切根据特殊政纲组织的派别"，不然便"无条件立刻开除出党"（列宁），红军学校党团员在中央局领导下像一个人一样地为党的进攻路线、为党的布尔什维克团结一致、为肃清机会主义的罗明路线而奋斗到底。

六、我们要把这一斗争深入到我们红校的实际工作中，来检阅我们每个同志的思想与工作，来克服我们在实际工作中的一切缺点及不好的倾向。同时，对有个别虽执行罗明路线而现在仍不承认错误的同志"不要让他滑过去"。

用历史的眼光看，从这个决议对邓小平、毛泽覃、谢唯俊、古柏的批判中，倒是透视出邓、毛、谢、古当时坚持马克思主义的实事求是的思想路线的难能可贵的精神和品质：

一是邓小平、毛泽覃、谢唯俊、古柏的主张，确实是与"左"倾教条主义的"进攻路线完全相反的"，确实是实事求是的，确实是符合中央革命根据地实际情况的。

二是邓小平、毛泽覃、谢唯俊、古柏在强大敌人进攻面前，根据敌强我弱的实际情况，实行"诱敌深入"、"敌进我退"等游击战争的战略战术是完全正确的。

三是邓小平、毛泽覃、谢唯俊、古柏在土地革命战争时期的形势下，"不主张放弃中央苏区根据地向中心城市发展，而主张转移到穷乡僻壤"，这恰恰是符合中国革命实际、适合中国国情的正确的思想、观点。在中国工农红军还没有强大到可以攻打"中心城市"的时候，只有向敌人统治力量比较薄弱的"穷乡僻壤"发展，才是正确的战略发展方向。

四是邓小平、毛泽覃、谢唯俊、古柏始终"对于(六届)四中全会后的新的中央领导(即"左"倾教条主义者——笔者注)表示极大的不信任甚至以'洋房子先生'相呼"。这说明，邓、毛、谢、古对中共六届四中全会上开始统治全党的"左"倾教条主义一直是有觉察、有看法、有抵制的，认为"左"倾教条主义者不了解中国革命的实际、不了解中国革命战争的实际，只是一些空谈教条的"洋房子先生"。

邓小平、毛泽覃、谢唯俊、古柏等同志，都是长期坚持革命斗争的好同志。被"左"倾教条主义打成"罗明路线在江西的创造者"、"反党的派别和小组织的领袖"以后，虽然遭到"残酷斗争、无情打击"，但始终坚持原则，一再申明自己坚持的马克思列宁主义观点和毛泽东的主张是正确的，是符合本地实际情况的。邓小平就曾在陈述自己观点时指出："回顾历史，认为自己所做的一切，是对党的事业负责任的，是对中国革命负责任的……"但"左"倾教条主义的执行者根本不听他们的意见，仍然对邓、毛、谢、古作出了错误的组织处理，改变了他们原来分别担负的领导工作。邓小平被撤销了中共江西省委宣传部长职务，受到党内最后严重警告的处分，派往边远的乐安县属的南村区委当巡视员。毛泽覃的中共永、吉、泰中心县委书记职务、谢唯俊的江西省军区政治委员职务、古柏的江西省苏维埃政府委员职务亦被解除。中共会昌中心县委及会昌县委、安远县委、寻乌县委被进行改组，一批长期坚持革命斗争，贯彻执行毛泽东为代表的正确的路线、方针、政策的领导干部都遭到打击和撤职，受到"无情的揭发和最激烈的斗争"；大批基层干部、党员和群众受到株连，党的事业受到严重的危害。

这场错误的斗争，打击了一大批坚持正确路线的领导干部，矛头是对着毛泽东的。

1931 年 11 月 7 日至 20 日，在江西瑞金召开中华苏维埃第一次全国代表大会，毛泽东当选中华苏维埃共和国临时中央政府主席，项英、张国焘为副主席。图为毛泽东。

对于反对"邓、毛、谢、古"的这场错误斗争，当时身临其境的老一代无产阶级革命家李维汉以后在其回忆录《回忆与研究》中，作了实事求是的回顾。

李维汉在回顾了自己到中央革命根据地初期的情况后，谈到了反"邓、毛、谢、古"问题：

几天以后，碰上开会(昌)、寻(乌)、安(远)活动分子会议，他们要我参加。我在会场上才知道从二月开始，在福建已开展了反对所谓"罗明路线"的斗争；三月，又开始在江西开展反对邓(小平)、毛(泽覃)、谢(唯俊)、古(柏)的所谓"江西罗明路线"的斗争。当时罗明任福建省委代理书记；邓小平任江西省会昌、寻乌、安远中心县委书记；毛泽覃曾任苏区中央局秘书长，永丰、吉安、泰和中心县委书记；谢唯俊曾经担任过江西省军区的第二军分区司令员兼独立五师师长；古柏曾任红一方面军总前委秘书长。罗明、邓小平、毛泽覃、谢唯俊、古柏等从实际出发，曾分别发表过一些正确的意见，抵制"左"的做法。如主张在红军弱小的情况下应向农村发展，不赞成向中心城市和交通要道发展；主张"诱敌深入"，然后集中力量各个歼灭，不赞成硬拼；主张中央红军、地方部队、群众武装都应发展，互相配合，不赞成用削弱地方武装和群众武装的办法来扩大红军；认为根据地的中心区和边界区的工作应加以区别，不能采取同样的办法；主张健全根据地的革命群众团体；坚持正确的土地革命路线和政策；主张根据地的行政、扩大红军、地方武装等工作都由政府负责，不应由党代替政府工作。结果，这些正确主张被"左"倾领导者指责为对革命悲观失望的右倾机会主义的退却逃跑路线，被称为"罗明路线"。这时，张闻天已从福建开展反"罗明路线"的斗争后回来，也参加了这个会议，并作了反"罗明路线"的报告。这次会议的主要内容就是反对邓小平。张闻天还写了《罗明路线在江西》的文章。会、寻、安地区是苏区的边远地区，是敌人打过来、我们打过去的游击区。但会、寻、安活动分子会议却认为失掉了寻乌，是中心县委右倾机会主义的表现，是执行退却逃跑的防御路线的结果。毛泽东、朱德总结出来的游击战争十六字诀——"敌进我退，敌驻我扰，敌疲我打，敌退我追"，是红军最早的战略战术。后来红军和游击队的作战原则，都是在这个基础上发展起来的。解放战争时期，毛泽东又把它发展为十大军事原则。而反"罗明路线"，实际上是批判游击战争的十六字诀。那时苏区的边远地区，完全是赤白交错对立。毛泽东曾经说过，困难的是有中间派反水的问题。因为赤白交错对立厉害，中间派中不少人反水了。抗日战争时期，在游击地区还有革命的"两面"政权，敌人来时可以应付一下。但当时在边区只有实行游击战争的十六字诀才行。在会、寻、安活动分子会议上，我没有讲话，只是听反"罗明路线"的报告。

参加会、寻、安活动分子会议后，我还是弄不清楚反"罗明路线"与毛泽东有什么关系。有一天，博古来找我说，江西省委要在宁都开扩大会议，你同我一起去。到了宁都，博古找省委负责人谈话，要我在旁边听。那时江西省委书记是李富春。博古说，毛泽覃、谢唯俊还与毛泽东通信，他们心里还不满，这是派别活动。当时他还没有提到古柏的名字。古柏是在扩大会议上展开斗争时才把他找来的。后来，博古要到前线去，叫我留下参加江西省委扩大会议。到这时，我才知道福建反"罗明路线"、江西反邓、毛、谢、古，与毛泽东有关系。这四个人中我有两个熟人，即邓小平、毛泽覃，其他两人我当时不认识。我错误地认为王明"左"倾路线是正确的，所以我是积极参加了反"江西罗明路线"斗争的。我一次、两次、三次地要他们作检讨。其实，他们并没有真正承认"错误"。江西省委扩大会议开完后，我回到瑞金向中央局汇报，中央局批准我写一篇文章：《为党的路线而斗争》，公开批评邓小平、毛泽覃、谢唯俊、古柏，说他们是派别活动。我写这篇文章是完全错误的。江西省委扩大会议反所谓"江西罗明路线"是完全错误的。这是我一生中犯的一个大错误。反"罗明路线"，无论在福建还是在江西，矛头都是指向毛泽东的正确路线的。然而，我当时并没有认识到这是错误的。[1]

李维汉的回忆，既实事求是地回顾了历史，又如实地总结了经验教训，使人们对这段历史有了更加清楚的认识。

在"左"倾教条主义领导人组织开展的对"邓、毛、谢、古集团"的"残酷斗争、无情打击"中，邓小平不仅在政治上、思想上、精神上受到沉重打

---

[1]李维汉：《回忆与研究》（上册），中共党史出版社1986年版，第335—337页。

击，而且在家庭生活上也出现了"婚变"。

邓小平的第一次婚姻是在上海中共中央机关从事地下工作期间，他与女共产党员张锡媛结为夫妇，两人志同道合，风雨同舟，患难与共，在白色恐怖中为共产主义理想英勇奋斗。后来，张锡媛因病去世。在邓小平由上海到江西期间，与女共产党员金维映一路同行，后来结为夫妻。金维映与邓小平一起到达中央革命根据地后，曾任过中共于都县委书记、中共胜利县委书记，领导两县党政军民开展经济建设、扩大红军和支援前线，是一位有能力的女干部。"左"倾教条主义领导人开展反对"邓、毛、谢、古反党集团"的斗争以后，强大的政治高压迫使金维映不得不与邓小平离婚。这是"左"倾教条主义领导人在党内错误地进行"党内斗争"而造成的悲剧。

鉴于长期以来人们对金维映的情况若明若暗，知之甚少，因而众说纷纭，莫衷一是，甚至谣言四起，以假乱真。为此，特意在此引用一些真实的原始党史资料，以明真相，以正视听，恢复历史的本来面目。

关于金维映在 1931 年至 1933 年间曾先后担任中共于都县委书记和胜利县委书记的情况，中共于都县委党史办公室经过对于都党史的研究，于 1982 年 10 月 25 日在回复金维映家乡——岱山县县委党史资料征集小组办公室的询问时，作了这样的答复：

岱山县委党史资料征集小组办公室：

你们写信给中共江西省委党史资料征集研究委员会，询问了解金维映同志是否在我县工作过(苏区)的问题，已转告我们回信。经我们查阅有关资料和访问有关苏区老干部，现答复如下：

金维映同志于 1931 年 11 月至 1932 年 8 月任中共于都县委书记，1932 年 8 月至 1933 年 5 月任中共胜利县委书记。

胜利县是在 1932 年 1 月正式成立的，于 1935 年 1 月因国民党反动派卷土重来后而自然消失。

胜利县委、县苏维埃政府驻在我县银坑地区，当时管辖兴国县的樟木山、江背洞、梅窖等地和我县的桥头、平安、曲洋、汾坑、葛坳、赖村、青圹、马安、仙下、车头等地(其中赖村、青圹原一直是于都县管辖，于 1955 年才划给宁都县管辖)。

金维映同志在苏区我县工作过是事实，但其革命活动事迹有待进一步调查。特此回信。

关于金维映从事革命活动的基本情况，在中央革命根据地和长征前后担任中共中央组织部部长的李维汉后来回忆说：

金爱卿约在1926年左右曾在家乡领导渔民暴动(这是据她自己说的，来信说是领导盐民暴动，可能是我记错了)。暴动失败后被捕，释放后，逃到上海。她曾在中华全国总工会工作，参加女工运动。1930年，因动员闸北丝厂女工罢工被捕，关押在英巡捕房，经"济难会"营救释放。陈修良同志同她一道参加动员丝厂女工罢工运动，陈修良同志现在上海工作，可经过上海统战部找她写点材料。

金爱卿在上海时人们称她阿金，后改名金维映。在中华全国总工会工作时，曾与秘书长周某(我忘记了其名)结婚，1930年周某被捕，关在龙华监狱，后病故。

1931年，阿金去中央苏区，曾任江西省胜利县委书记，约在1933年下半年到中央组织部任组织科长。1934年兼任军委武装动员部副部长，到红军长征为止。1934年我同阿金结婚，一道参加红军长征。到陕北后，她任中央组织部组织科长。1937年初，改任抗大女生大队政治协理员，下半年因病休息。1937年调任陕北公学生活指导委员会副主任。1938年春同蔡畅同志等去苏联学习和治病。约在1939年或1940年患精神分裂症，和另一中国女同志同赴莫斯科郊区医院治疗。德国法西斯军队进攻莫斯科期间，她和另一位女同志均失踪。估计是牺牲了。

曾经长期与金维映在一起工作、战斗过的邓颖超于1982年8月11日回忆说：

1929—1930年左右，我是在上海白区工作的时候和金维映同志认识的。她那时参加江苏省委领导工作和上海工人运动。1932年我和她在江西瑞金中央苏区根据地时重逢。她当时在瑞金县工作，我们常见面。1934年，她同我都参加二万五千里长征，到陕北瓦窑堡的时候，我们同住一个院子。不久国民党军队进攻瓦窑堡，我们就转移到保安。以后，由于我们的工作机关不在一起，再没有见面。1939年7月，周恩来同志右臂骨折，8月我陪伴周恩来同志去苏联莫斯科治病，听说阿金（大家对她的称呼）已经在莫斯科郊区的休养所。当时，许多中国同志在那里休养。我曾去过两次，第一次见到金维映同志时很正常，第二次再去时，我留住休养所，记得两三天后，忽然说她病了，她表现不正常，当时不知是什么病，据说后来把她送到精神病院……

……1940年3月，我们离开莫斯科回国前，恩来同志看她，我远远的在门缝里看着她，她精神很不正常，两眼发直，衣服不扣，只听她说话，但听不清说什么。回国后，我在国统区工作，没有听说过她的消息。1941年第二次世界大战爆发，希特勒的军队进攻莫斯科的时候，她住的医院和国际儿童学院（我国烈士子女全在此学习）都迁离莫斯科，以后再没听说她的消息了。解放后，有同志从苏联回来也没提起过她，可能她是在医院里在敌人炮火下死去的。

邓小平的女儿毛毛在《我的父亲邓小平》中这样写道：

（阿金）和父亲分离以后，她被调到中共中央组织部任组织科长，次年改任中央革命军事委员会武装动员部副部长。1933年10月，阿金受命担任瑞金县扩红突击队总队长，出色地完成了任务，受到中央的好评。1934年，中央红军开始长征，阿金和红一方面军的二十几位女战士一起编入中央第二纵队，也就是"红章纵队"，在地方工作部工作，任务是沿途发动群众。后来，阿金被调到中央直属的一个干部休养连担任党支部书记。在这个休养连中，大都是身患疾病的女同志和年龄较大的老同志，有董必武、徐特立、谢觉哉、蔡畅、邓颖超、康克清等老同志和老大姐。长征到达陕北后，阿金担任过中央组织部组织科长、抗日军政大学第四大队女生区队的区队长、陕北公学生活指导委员会副主任等职。长期的战争生活和艰苦环境，使许多长征过来的女同志身患疾病，阿金也是如此。因此，1938年，组织上决定送她去苏联治病。1941年，苏德战争爆发，战火很快燃烧到莫斯科，其时阿金正在莫斯科郊区的一家医院治病，不幸死于战乱之中，时年三十有七。

　　从上述党史资料来看，金维映为共产主义事业英勇奋斗的一生，已经基本上十分清楚了。

　　中国进入改革开放时期以后，金维映的家乡专门修建了纪念金维映的设施，宣传金维映的革命事迹和人生经历，弘扬金维映的革命精神。

　　在"文化大革命"中，邓小平在回顾历史时，也谈到了自己在"左"倾教条主义猖獗时，遭到错误批判的情况：

　　"在博古临时中央进入中央苏区不久，大约在1933年三四月间，我被调离了这个工作(指会昌中心县委书记)，到江西省委当了一两个月的宣传部长，随即由临时中央开展了反对以邓(小平)毛(泽覃)谢(唯俊)古(柏)为代表的'江西罗明路线'。斗争后，撤销了我的省委宣传部长职务，给了我以最后严重警告的处分，派到乐安县属的南村区委当巡视员。我到乐安后不足十天，又令我回到省委(据说乐安是边区，怕出问题)，不久，即调到总政治部当秘书长。当时总政治部主任是王稼祥，副主任是贺昌。我当了两三个月秘书长后，要求另调工作，于是分配我为总政治部宣传部的干事，除一般日常工作，还主编总政机关报《红星》(小报)。这个工作我一直担任到长征途中遵义会议的前夕。"

　　就这样，由于受到"左"倾教条主义的错误打击，邓小平，这位早年在欧洲从事共产主义运动时，曾因刻印《赤光》而蜚声旅欧共产主义者的"油印博士"，又一次操起了旧业。

　　邓小平担任红军总政治部机关报《红星》报主编以后，为办好《红星》报倾注了大量心血。因编辑人员有限，从选稿、编辑、印刷到各种新闻、文章的撰写，邓小平都是亲自动手。《红星》报上许多没有署名的消息、新闻、报道乃至许多重要的文章、社论，都出自他的笔下。他倾注了自己的全部心血，十分认真地将这份小报真正办成了"红军党的工作指导员"，受到中央革命根据地军民的热烈欢迎。仅1933年，《红星》报即在中央革命根据地发行17300份，成为在根据地占有读者最多的三大报刊之一。

　　1934年10月，中共中央和红一方面军开始长征。邓小平跟随突围转移的"红章"纵队，从瑞金县云石山出发，跨过于都河，踏上了漫漫长征路，离开了令他终生难忘、刻骨铭心的江西红土地。

对于"左"倾教条主义领导人在中央革命根据地发动的"反对邓、毛、谢、古"的错误斗争，毛泽东具有深刻的印象，以后曾从总结党的历史经验的角度多次提及。

抗日战争时期，毛泽东于 1941 年 9 月 10 日在中共中央政治局扩大会议上的讲话中指出："1933 年反邓、毛、谢、古'右倾机会主义'的一篇文章，实际上是指鸡骂狗的。当时认为'罗明路线'在福建、在江西，整个中央苏区都弄成是'罗明路线'。这篇反'罗明路线'的纲领性文章，认为江西'罗明路线'的主要错误是：(一)取消反帝运动；(二)放弃苏区；(三)富农路线；(四)官僚主义。"

在整风运动中，毛泽东曾要求党的高级干部回顾、学习和研究党的历史，提高识别错误路线的能力。1943 年 11 月，在中共中央政治局扩大会议上，毛泽东在谈到认真总结党的历史经验的时候，再一次谈到了 20 世纪 30 年代中央革命根据地"反邓、毛、谢、古"的错误斗争。毛泽东说：反邓、毛、谢、古，是指鸡骂狗；邓、毛、谢、古死了三个人，希望邓要为党争气。

在中华人民共和国诞生以后的社会主义建设时期，毛泽东于 1960 年 12 月 25 日在与身边工作人员的一次谈话中指出："人就是要压的，像榨油一样，你不压，是出不了油的。人没有压力是不会进步的。我就受过压，得过三次大的处分，'被开除过党籍'，撤掉过军职，不让我指挥军队，不让我参加党的领导工作。我就在一个房子里，两三年一个鬼也不上门。我也不找任何人，因为说我搞宗派主义，什么邓、毛、谢、古。其实我连邓小平同志的面也没有见[1]。后来说在武汉见过，但我一点印象也没有，可能见过没有谈过话吧！那时，给我戴的'帽子'就多了。说什么山上不出马列主义，他们城里才出马列主义，可是他们也不调查研究，我又不是生来在山上的，我也是先在城市里，后来才到山上来的。说实在的，我在山上搞了几年，比他们多了点在

---

[1]毛泽东在这个谈话中的记忆有误。据查证中共党史资料，1933 年以前毛泽东曾经与邓小平多次见过面。第一次是在 1927 年的中共八七会议期间；第二次是在邓小平担任中共瑞金县委书记期间，毛泽东率领红一方面军进驻瑞金，邓小平曾经向毛泽东汇报瑞金县的工作。

山上的经验。他们说我一贯右倾机会主义、狭隘经验主义、枪杆子主义，等等。那时我没有事情做，走路坐在担架上，做什么？我看书！他抬他的担架，我看我的书。他们又批评我，说我凭着《三国演义》和《孙子兵法》指挥打仗。其实《孙子兵法》当时我并没有看过；《三国演义》我看过几遍，但指挥作战时，谁还记得什么《三国演义》，统统忘了。我就反问他们：你们既然说我是按照《孙子兵法》指挥作战的，想必你们一定是熟读的了，那么请问：《孙子兵法》一共有几章？第一章开头讲的是什么？他们哑口无言。原来他们也根本没有看过！"

在"文化大革命"时期，毛泽东于 1972 年 8 月 14 日在邓小平从江西写来的一封信上批示道："邓小平在中央苏区是挨整的，即邓、毛、谢、古四个罪人之一，是所谓毛派的头子。"

老一代无产阶级革命家林伯渠在抗日战争时期回忆起江西"反邓、毛、谢、古"的事件时，曾写下了一首叙事诗：

偶忆往事便心惊，
谢毛邓古剩小平。
割裁无情读八股，
江西路线有罗明。

尽管以后邓小平随着红军长征离开了江西，但他一直关心着江西老区的经济发展和人民生活水平的提高，一直关心着他当年战斗过、工作过，洒下过自己辛勤汗水和红军战友鲜血的那片红土地。

"文化大革命"中，邓小平曾被下放到江西劳动，江西人民对邓小平极为关照，保证了他的安全和身体健康。

1992 年 1 月 30 日，88 岁高龄的邓小平在视察了深圳、珠海之后，乘火车前往上海，途经江西时，曾在鹰潭火车站停留了一段时间，听取中共江西省委书记毛致用，省委副书记、江西省省长吴官正汇报江西的工作。

当毛致用汇报到江西在治理整顿期间坚持深化改革、扩大开放的情况时，邓小平高兴地说，治理整顿这几年，改革开放做了不少事。并进一步指出，没有改革开放，治理整顿就不会有这么顺利。

邓小平强调指出，稳定发展我赞成。但是，只要能快一点还是要争取快一点。胆子要更大一点，放得更开一点。不能胆子没有了，雄心壮志也没有了。有机遇能跳还是要跳。

这时，邓小平的女儿邓楠说："这个观点，老人家'吹'了一路。"邓小平接着问毛致用、吴官正：我讲得对不对？

毛致用说："您讲得非常重要，我们一定要搞快一点。"

邓楠介绍说："老人家对江西很有感情，在车上不时地讲到江西。"

邓楠的话，引起邓小平对 20 世纪 30 年代在江西工作期间峥嵘岁月的回忆。他深情地说：我对江西是有感情的。

在中国共产党八十多年的历史上，在重要的历史发展关头召开的具有历史性伟大转折意义的会议，一共只有两次。

第一次是 1935 年 1 月中共中央在红军长征途中召开的遵义会议（中共中央政治局扩大会议）。这次会议在"左"倾教条主义路线统治全党，造成红军第五次反"围剿"失败和长征初期失利的情况下，结束了"左"倾教条主义路线在中共中央的统治，开始了以毛泽东为代表的新的中央核心的领导。在中国革命的危急关头，挽救了革命，挽救了党，是中国共产党历史上第一次具有重大意义的历史性的伟大转折。第二次则是 1978 年 12 月中国共产党召开的十一届三中全会。

遵义会议在中国革命最危急的关头，在党和红军生死攸关的关键时刻，结束了"左"倾教条主义在中共中央的统治，确立了以毛泽东为代表的新的中央的正确领导，挽救了党，挽救了红军，是中国共产党在民主革命时期的一个伟大的历史性转折点，是中国共产党从幼稚走向成熟的重要标志。从此，中国共产党走上了把马克思列宁主义基本原理与中国革命的具体实践相结合，独立自主地解决自己的路线、方针和政策的轨道。遵义会议期间，邓小平是与毛泽东住在一起的。这对于两人互相交换意见，对于及时根据毛泽东的要求安排会议、组织会议、议定会议文件等，无疑是十分重要和方便的。当然，这也体现了毛泽东对邓小平——这位新上任的中央秘书长的高度信任。

邓小平在遵义会议上没有发言。作为中央秘书长，筹备会议、做好会务工作、做好会议记录，是他的主要职责。根据与会者的身份和会议级别（中央政治局扩大会议），邓小平应当是遵义会议发言情况的记录者。

遵义会议会址。

关于这一点，可以从周恩来的一次谈话中得到证明：

周恩来的谈话是这样被披露出来的。1984年，美国著名记者、作家哈里森·索尔兹伯里为撰写《长征——前所未闻的故事》一书，专程来中国，在他的好友谢伟思和妻子夏洛特的密切合作下，沿着当年红军长征的路线，进行了实地采访。在搜集关于中国工农红军长征历史资料的过程中，经过中共中央有关方面的批准，他获得了一项"特权"——可以访问所有他愿意访问的还健在的长征参加者。同年12月26日，在毛泽东诞辰91周年这一天，长征中担任红三军团政治委员的遵义会议参加者杨尚昆会见了他。

当哈里森·索尔兹伯里问到邓小平参加遵义会议的情况时，杨尚昆回答说："（二十世纪）五十年代末六十年代初，我到遵义，遵义的同志问都是哪些人参加了遵义会议，我一一作了回答。他们又问邓小平同志是否参加了？我说好像不记得他参加了。回到北京，我问周总理，总理说小平同志参加了。当时担任会议记录，他是党中央秘书长。"

这样，邓小平作为中共中央秘书长参加遵义会议的历史事实得到了最权威的确认。

但遗憾的是，遵义会议迄今已经召开好多年了，而这次会议的记录却一直没有被发现。

在长征中，中共中央的重要文件都是装在几个白铁皮箱子里，或由人挑，或用马驮，随中央机关一起行动。中央主要负责人走到哪里，"挑子"就跟到哪里。

博古在遵义会议以后离开中央总负责人的领导岗位，履行的交权手续，就是把"挑子"交给了代替他在中央"负总责"的张闻天——史称博古"交挑子"。当时在遵义会议上唯一坚持"左"倾教条主义错误的何克全，还在会后私下对博古说："挑子不能交……"博古没有听他的话，一方面因为确实感到自己作为中央总负责人力不从心，另一方面对党和红军受到的重大损失也心中有愧，最主要的是博古不计较个人的得失，坚决执行遵义会议的决定。

那么，里面装着遵义会议记录的那个"挑子"哪里去了呢？第一种可能，是在红军四渡赤水时，一次过浮桥时，驮"挑子"的马突然受惊，失蹄落水，"挑子"也就沉落赤水河中了。当时天上有敌机轰炸，四周有敌人的追兵，谁也顾不上仔细清点丢了什么东西。第二种可能，是在解放战争中，胡宗南军队进攻延安之前，中央机关"坚壁清野"，把一大批中央重要文件装箱后，运于荒山野岭之处秘密掩埋了。到人民解放军收复延安时，中央机关已经迁到了河北平山县的西柏坡。全国解放后，寻找这批文件时，因为历经战乱，几年间又有几次大雨，早已把掩埋文件的地方留下的痕迹冲刷得一干二净，谁也记不得这批文件到底是埋藏在什么地方了。

在以上两种可能中，大概前一种可能性更大些。因为如果在长征中遵义会议的记录没有丢失的话，在1942年开始的全党整风运动中，在毛泽东主持编辑中央秘密文件汇编《六大以前》和《六大以来》时，是会把这个重要文件选编进去的。既然《六大以来》没有把遵义会议记录编入，说明这份文件可能在长征中就已经丢失了。

在遵义会议以后的长征中，邓小平作为中央秘书长，与毛泽东和在中共中央"负总责"的张闻天一起行军，参加了中央政治局召开的一系列会议。

在长征途中，情况瞬息万变，中央政治局的许多会议也就随时召开，有的留下了文字记录，有的没有留下文字记录。

对于遵义会议以后这段特殊时期的中共历史，邓小平作为亲历者和当事人具有特别深刻的印象。46年后，中共中央组织起草《关于建国以来党的若干历史问题的决议》，起草小组在起草过程中，为了写好对遵义会议的评价，特意查阅了有关的历史材料，并根据这些材料，在《决议》草稿中写了"遵义会议'实际上'确立了毛泽东同志在红军和党中央的领导地位"。当送给邓小平审阅时，他说：这个事情我清楚。因为遵义会议时我是党中央的秘书长，是到了会的。

邓小平经过反复考虑，以对历史负责、对毛泽东在遵义会议后的党中央起到的重要领导核心作用的实际情况负责的实事求是精神，指出：还是把"实际上"三个字勾掉好。

需要说明的是，由于遵义会议资料的缺乏，同时也由于邓小平很少提及他本人的这段历史，以至于在"文化大革命"以前相当长的时期内，党史著作凡提到遵义会议的参加者时，从来没有提到过邓小平。

遵义会议纪念馆是1955年开始开放的，在陈列的遵义会议参加者中，最初没有提到邓小平的名字。1958年11月，担任中共中央政治局常委、中央总书记、国务院副总理的邓小平到贵州视察工作，并参观了阔别20多年的遵义会议会址。走进遵义会议纪念馆后，邓小平触景生情，抚今追昔，感慨万千，仿佛又回到了当年那令人难忘的战争岁月。他仔细地看着楼下每一间房子，抚摸着室内陈设的物品，不时与同行者述说着当年的有关情况。随后，踏着楼梯间，看到房间里仍旧是当年摆设的样子，立刻想起了当年开会时的情景，对随行的同志肯定地说："会议就是在这里开的。"接着，他指着靠里边的一角说："我就坐在那里。"走出会议室，来到走廊上，邓小平一边看着檐下柱间的拱券和柱顶用垩土堆塑的各种花卉，一边对同行的负责同志说："这个地方原来好像很宽，有次就在这里摆一张地图，几个人研究怎样往四川走……"（邓小平的记忆十分准确，这个地方进行过改建）。

根据邓小平的回忆，遵义会议纪念馆以后对陈列内容进行了调整充实。1965年经贵州省委副书记、省长李立批准，在遵义会议会议室的说明牌上列上了邓小平的名字，并在遵义会议会议室的里壁墙上，按照中共第八届中央政治局常委排列顺序，挂出了参加遵义会议的毛泽东、刘少奇、周恩来、朱德、陈云、林彪、邓小平七人的照片。1966 年，"史无前例的无产阶级文化大革命"爆发后，一些"造反组织"打着"造刘邓路线的反"的旗号，诬蔑邓小平"篡改历史，硬将自己塞进遵义会议，捞取政治资本……"于是，邓小平的名字在遵义会议会议室的说明牌上被打上了黑×，邓小平的照片被从会议室墙壁上拆了下来。

但是，邓小平对一些人在关于他是否参加了遵义会议问题上制造的混乱和恶意诽谤，始终不屑一顾。1973 年 2 月，邓小平根据中央通知从江西返回北京，等待安排工作。一天，有一位在中国革命博物馆工作的老一代革命家的女儿去看望他，谈话间问到参加遵义会议之事，邓小平泰然自若地说：遵义会议，我参加了就是参加了，没有参加就是没有参加，我一生的历史，已经够光荣了，不会没有参加遵义会议硬说参加了，来增添一份光荣……中共十一届三中全会以后，全党开始了延安整风运动以来又一次学习和研究党史的高潮。经过一些老同志的回忆和党史工作者的研究考证，邓小平参加遵义会议一事终于成为党史学界的定论。

2.山雨欲来风满楼

对于批判吴晗、罗瑞卿、彭真，邓小平不能接受，这种反常的政治批判和置人于死地的做法，使经历过几十年政治风浪的邓小平也感到难以理解。

然而，他同情罗瑞卿、彭真，却又无回天之力，只能采取回避的方式。后来，他回忆说："彭真的问题本来不大，我没有附和，送了半筐桔子给彭真，表明态度。"

"艰难困苦，玉汝玉成。"探索中国革命的道路是曲折的，探索中国社会主义建设的道路同样是曲折的。1966 年至 1976 年，邓小平在"十年内乱"中两次受到错误的批判和斗争，并被撤销一切职务，经历了革命生涯中最艰难、最曲折的时期。

20 世纪 60 年代，当中国刚刚从"大跃进"造成的巨大困难中恢复过来，社会主义经济建设和各项事业都呈现勃勃生机的时候，"史无前例的无产阶级文化大革命"在中国大地上爆发了。它犹如狂风暴雨，从天而降，打断了中国社会主义建设发展的正常进程。

"文化大革命"的爆发，决不是晴天霹雳，而是有其深刻的历史原因。

"文化大革命"并不是当代中国经济、政治发展的必然结果，而是 1957

年以后"左"的错误发展的逻辑产物。

1965 年 10 月，毛泽东在同各大区第一书记的谈话中指出，要备战。各省要把小三线建设好。不要怕敌人不来，不要怕兵变，不要怕造反。他又说：中央出了修正主义，你们怎么办？如果中央出了修正主义，你们就造反，各省有了小三线，就可以造反嘛。过去有些人就是迷信国际，迷信中央。现在你们要注意，不管谁讲的，中央也好，中央局也好，省委也好，不正确的，你们可以不执行。

11 月 10 日，上海《文汇报》发表姚文元的《评新编历史剧〈海瑞罢官〉》一文，揭开了"文化大革命"的序幕。姚文元的这篇点名批判文章，捕风捉影地把《海瑞罢官》中所写的"退田"、"平冤狱"，同所谓"单干风"、"翻案风"联系起来，硬说"'退田'、'平冤狱'就是当时资产阶级反对无产阶级专政和社会主义革命的斗争焦点"，《海瑞罢官》"是一株毒草"。毛泽东批准发表这篇文章，并示意全国报刊转载。这篇文章的发表，以及随之而来的群众性的批判运动，成为发动"文化大革命"的导火线[1]。

周恩来、彭真等反对将学术讨论上升为政治批判。1965 年 11 月 30 日，《人民日报》在转载姚文元的文章时，发表了经周恩来修改的编者按，强调学术讨论要"实事求是，以理服人"。

[1]中共中央党史研究室：《中国共产党历史大事记》，人民出版社 1991 年 9 月第 1 版，第 272 页。

姚文元这篇文章名曰评《海瑞罢官》，似乎矛头是对着北京市副市长、著名历史学家吴晗。实际上"醉翁之意不在酒"，进攻的矛头直接指向当时担任中共中央政治局委员、中央书记处书记、全国人大常委会副委员长、中共北京市委第一书记、北京市市长的彭真和由彭真主持工作的中共北京市委。关于这一点，林彪《在中国共产党第九次全国代表大会上的报告》中说得很清楚："对《海瑞罢官》等大毒草的批判，锋芒所向，直指修正主义的巢穴——刘少奇控制下的那个针插不进、水泼不进的'独立王国'，即旧北京市委。"更深层的目标，则是指向主持中共中央第一线工作的刘少奇和邓小平。

对于此事，江青于1967年4月12日在中共中央军委扩大会议上，题为《为人民立新功》的讲话中，作了透露："1962年，我同中宣部、文化部的四位正副部长谈话，他们都不听。对于那个'有鬼无害论'，第一篇真正有分量的批评文章，是在上海请柯庆施同志帮助组织的，他是支持我们的。当时在北京，可攻不开啊！批判《海瑞罢官》也是柯庆施同志支持的。张春桥同志、姚文元同志为了这个担了很大的风险，还搞了保密。我在革命现代京剧会演以前，作了调查研究，并且参与了艺术实践，感觉到文艺评论也是有问题的。我那儿有一些材料，因为怕主席太累，没有给主席看。有一天，一个同志把吴晗写的《朱元璋传》拿给主席看。我说：别，主席累得很，他不过是要稿费嘛，要名嘛，给他出版，出版以后批评。我还要批评他的《海瑞罢官》哪！当时彭真拼命保护吴晗，主席心里是很清楚的，但就是不明说。因为主席允许，我才敢于去组织这篇文章，对外保密，保密了七八个月，改了不知多少次。春桥同志每到北京一次，就有人探听。有个反革命分子判断说，一定和批判吴晗有关。是有点关系，但也是搞戏，听录音带，修改音乐。但是却也在暗中藏着评《海瑞罢官》这篇文章。因为一叫他们知道，他们就要扼杀这篇文章了。"

中国有句古话，叫作"贼不打百日自招"。江青的这番话，不打自招地暴露了她组织张春桥、姚文元撰写《评新编历史剧〈海瑞罢官〉》的险恶用心。

但是，对于这篇文章起草和发表的内幕和深刻背景，以及由此而引起的来势迅猛的政治批判高潮的真实目的，当时主持中共中央政治局工作的刘少奇和主持中央书记处工作的邓小平均不知道。尽管如此，刘少奇、邓小平和彭真等中央领导人，还是在力所能及的范围内，尽量试图把这场运动限制在

"学术讨论"的范围内,并使运动尽可能在各级党委的领导下,有领导、有组织、有秩序地进行。他们的努力,曾经收到过一定的效果。

吴晗是我国著名历史学者,尤其以在中国古代史,特别是明史研究中的突出造诣为史学界所称道。他不但埋头著书立说,而且在新民主主义革命时期就勇敢地投入了反对帝国主义、封建主义和官僚资本主义的斗争,被誉为"民主斗士",同时,秘密加入了中国共产党。当时,根据党组织的分工,他以"民主教授"的身份,在知识分子中为党做了大量工作,为中国革命的胜利作出了可贵的贡献。新中国诞生后,吴晗担任了北京市人民政府副市长,分管文教工作。工作之余,他常和邓小平在一起打桥

历史的见证——『文革』的终结

吴　晗(1909—1966),浙江义乌人。1957年加入中国共产党。曾任中国民主同盟中央副主席、北京市副市长。1966年10月11日被迫害致死。

牌,彼此熟悉,友谊深厚。邓小平不称他的名字,而叫他"教授"。1965年,当吴晗听到有人正准备批判他为北京京剧团写的《海瑞罢官》时,思想压力很大。彭真向邓小平反映此事后,邓小平说:"马连良主演的那个海瑞戏我看过,没啥子错误嘛。有些人总想踩着别人的肩膀往上爬,对别人一知半解,抓着一点辫子,就批半天,好自己出名。我最看不起这种人。你告诉教授,没什么了不起,我们照样打牌!"邓小平还对彭真说:"政治和学术一定要分开,混淆在一起是最危险的。这将会堵塞言路。"随后,在一次打牌中,吴晗有好几次出错了牌,后来竟索性把手中的牌全扔在桌子上,说:"小平同志,

今天实在对不起了，我没有一点打牌的心思，我……"邓小平宽慰他说："教授，别这么长吁短叹的，凡事都要乐观些。怕什么，天还能掉下来么？我今年61岁了，从我参加革命到现在，经历了那么多的风浪，都熬过来了。我的经验无非两条，第一不怕，第二乐观。向远看，向前看，一切问题都好办了。有我们给你往前顶，你总可以放心了吧？"吴晗的心情平静下来，他们又继续玩起来。

但是，吴晗担心的事情终于发生了。由江青策划、张春桥主持、姚文元署名的《评新编历史剧〈海瑞罢官〉》在上海《文汇报》出笼后，吴晗感受到了这是一篇有来头的文章。其咄咄逼人的气势和暗藏在文章中的杀机令这位著名的历史学家感到不知所措，他在思想上的负担是不言而喻的。

然而，事态的发展朝着日益严重的方向愈走愈远……就在上海《文汇报》发表姚文元《评新编历史剧〈海瑞罢官〉》一文的同一天，中共中央发出通知：任命汪东兴为中央办公厅主任、免去杨尚昆的中央办公厅主任职务。随即，长期担任中共中央书记处候补书记、中央办公厅主任的杨尚昆被调往广东，担任中共广东省委书记处书记。但杨尚昆到广东以后，却被任命为某地委副书记；尚未来得及投入工作，又被隔离审查，其"罪名"是"背着中央私设窃听器"。

一波未平，一波又起。

1965年12月，在上海举行的中共中央政治局常委扩大会议上，由担任中共中央副主席、中央军委副主席的林彪发难，林彪的夫人叶群登台发言几个小时，无中生有地对中共中央书记处书记、中央军委秘书长、中国人民解放军总参谋长罗瑞卿进行政治诬陷。

林彪为什么要整倒罗瑞卿，事情要往前追溯才能说清。罗瑞卿和林彪本来是老战友。红军时代，林彪任红一军团军团长时，罗瑞卿任红一军团政治保卫局局长。其主要任务之一，便是保证军团首长的安全。到了陕北后，中共中央和中央军委创办红军大学、抗日军政大学时，两人仍在一起工作，林彪任红大校长、抗大校长，罗瑞卿先后任红大教育长、抗大教育长和副校长。抗战爆发后，林彪率八路军一一五师上了前线，罗瑞卿留在延安主持抗大全盘工作。两人就此分手。以后，林彪因平型关大捷后被阎锡山军队误伤，回延安治疗期间，曾对罗瑞卿主持抗大工作的成绩予以高度评价。再往后，林彪赴苏联养伤，罗瑞卿出任八路军野战政治部主任上了前线。到了延安整风和中共七大期间，林彪和罗瑞卿才又经常见面了，并在中共七大上分别当选为中央委员和中央候补委员。解放战争时期，一个在东北战场，任东北野战军司令员、第四野战军司令员；一个在华北战场，任晋察冀野战军第一政治委员、华北军区政治部主任兼第十九兵团政治委员，天各一方，就难以见面了。在中共七届二中全会上，罗瑞卿曾找过林彪，要求随第四野战军渡江南下，林彪表示同意。但因毛泽东已有意让罗瑞卿出任新中国的公安部部长而未能成行。林彪为人阴鸷、寡言、性格内向、城府很深。罗瑞卿为人坦诚、热情、性格直爽、襟怀坦白。尽管两人性格差异很大，但在战争年代没有发生过什么隔阂、冲突。

1959 年庐山会议以后，林彪出任中央军委副主席、国防部长，主持中央军委日常工作。他需要一个精力充沛、办事果断、作风干练、雷厉风行、吃苦耐劳的得力助手，于是就向中央提议由罗瑞卿出任中国人民解放军总参谋长，协助自己主持中央军委的日常工作。

林彪本来以为罗瑞卿是自己的老部下，又是自己向中央要来担任总参谋长的，自然会对自己百依百顺，一切都听自己的。然而，事实并非如此。在一系列关系到军队建设、战略方针、工作重点等重大原则问题上，罗瑞卿以一个共产党人的高度责任感和坚定的原则性，坚持党和人民的利益，这就与林彪产生了严重的分歧。

因为罗瑞卿坚决不上林彪的贼船，已经成为林彪篡党夺权难以逾越的巨大障碍。于是，林彪就千方百计、处心积虑地要把罗瑞卿置于死地而后快。

时任中共中央政治局委员、国务院副总理的谭震林在 1979 年 11 月回忆说："上海会议期间把罗瑞卿同志整下去，大家都莫名其妙。林彪派叶群到杭州去，向毛主席告罗瑞卿的状，究竟告些什么，谁也不知道。当天晚上，毛主席就叫汪东兴派一个专车送叶群到上海，因为林彪在上海，然后就在上海开会……"

总之，久经政治风浪考验的老一代革命家和与会的领导干部，决不相信一贯忠心耿耿、忠于党忠于人民的罗瑞卿会是林彪、叶群所说的那种"反党分子"。

而罗瑞卿本人，一开始也完全被蒙在鼓里，对林彪要整倒自己一无所知。

上海会议召开的时候，他正在云南勘察地形。

1965 年 12 月 11 日，一架军用飞机从昆明机场腾空而起，飞往上海。飞机上坐着身负重任的罗瑞卿大将。

飞机在上海降落后，中共上海市委书记与空军司令员正在等候。平时，空军司令员吴法宪见了罗瑞卿，总是毕恭毕敬。他甚至不止一次地对罗夫人说："我们空军大院只听三个人的话，一个是主席，一个是林总，一个就是总长。""苏联人把斯大林称做他们的父亲。其实我们这些人还没资格称毛主席为父亲，我们只能将林总和总长这样的人称做父亲。"而这一次，吴法宪却态度大变，与以前判若两人，十分生硬地一个劲儿催罗瑞卿"快上车、快上车"。

到了住地，当罗瑞卿得知在这次会议上林彪、叶群等人对他进行了无中生有的肆意诬陷以后，犹如听到晴天霹雳一般，一下子惊呆了。他无论如何也想不到，自己昼夜操劳，全心全意扑在工作上，而不干工作，经常"养病"的林彪，竟然会下如此毒手。在上楼梯的时候，他连腿都迈不动了。被人扶上楼以后，罗瑞卿十分气愤地说："说我反对林彪，封锁他，对他搞突然袭击，反对突出政治。说我伸手。我没有！我没有伸手。我的工作都是党中央和毛主席任命的。我没有封锁他，我该和他讲的都和他讲了。就是有些问题我向总理、主席直接讲，听他们的指示，这是应该的。而且林彪知道，谁都知道的……"但是，除了自己的妻子以外，没有人听他的申辩。

后来，周恩来和邓小平奉命去与罗瑞卿谈话。临行前，邓小平特意对夫人卓琳说："今天我们去看罗瑞卿。你也去，看看郝治平，劝劝她。"在汽车上，周恩来与邓小平都心情沉重，一言未发。到了罗瑞卿被隔离的地方，周恩来、邓小平与罗瑞卿在楼下谈话。卓琳与郝治平上楼后，只对郝治平说了一句"你放宽心些"，便控制不住地哽咽起来。后来批判邓小平时，说邓小平包庇罗瑞卿，"证据"之一便是说上海会议批判罗瑞卿期间，卓琳与郝治平抱头痛哭。

邓小平作为主持中央书记处工作的中央总书记，对于中央书记处书记罗瑞卿的情况是了解的，对于罗瑞卿的工作是满意的。邓小平夫妇平时与罗瑞卿夫妇关系也十分融洽，而且邓小平说过，我对林彪向无好感。因此，邓小平对林彪恶意诬陷罗瑞卿的所谓"材料"根本就不相信。对于批判罗瑞卿，邓小平是消极和抵触的。后来在"文化大革命"中"检讨"此事时，他说："对于这个斗争的严重性质一直没有理解"，坦言"实际上是在开脱罗瑞卿"。此后军队在北京开会批判罗瑞卿时，毛泽东指定邓小平等主持会议。邓小平的态度仍然消极，他后来说："我是被指定为主持者之一，但我在开始后即到西北三线去考察了，而交由彭真一人去主持，这也表明我对这个斗争是不积极、不热情的。"批判罗瑞卿，是林彪一手制造的。邓小平对林彪的这一恶行，反感而厌恶。他同情罗瑞卿，却又无回天之力，到外地视察工作，是他当时唯一能够采取的回避方式。

1966 年 4 月 8 日，邓小平正与国务院副总理李富春、薄一波率国务院各部委领导干部在西北地区视察工作。突然，康生打电话叫邓小平即刻回京。接到电话后，邓小平立即从延安坐专机直飞北京，抵京后才知道，中央书记处书记彭真又出问题了。

至于事情的起因，则是由于彭真不同意姚文元等人在上海《文汇报》上对吴晗进行的政治性批判。吴晗是著名的历史学家，又是北京市副市长，彭真作为中共北京市委第一书记和北京市市长，理所当然地要查问姚文元发表的文章公开点名批判北京市的一位副市长，为什么不向北京市委打一个招呼？江青、康生、张春桥等背着中央，到上海向毛泽东恶意告状，说这是"查到主席头上了"，从而激怒了毛泽东，决定批判彭真。

这种反常的政治批判和无限上纲、置人于死地的做法，使在政治生涯中经历过几十年大风大浪的邓小平也很不理解。对于批判罗瑞卿，邓小平不能接受。批判彭真，邓小平同样不能接受。批判中央书记处其他成员，邓小平也不能接受。长期以来，邓小平与彭真、罗瑞卿等中央书记处成员之间，不但在工作上相处甚密，而且结下了深厚的同志情谊。但是，在"文化大革命"的风暴正在来临所造成的党内民主生活极端不正常的情况下，邓小平即便有不同意见，也不可能公开提出来。后来，他在回忆时说："彭真的问题本来不大。我没有附和，送了半筐桔子给彭真，表明态度。"在当时那种"山雨欲来风满楼"的形势下，邓小平也只能用这种方式来表示他的态度了。

3."文革"的全面爆发

对"文化大革命"的共同看法使刘少奇、邓小平义无反顾地站在一起，抵制林彪、江青的种种倒行逆施。

《炮打司令部——我的一张大字报》发表后，毛泽东重新主持中央工作，邓小平与刘少奇身陷逆境，虽然仍被选为中央政治局常委，实际上已经"靠边站"了。

1966 年 5 月中央政治局扩大会议和同年 8 月八届十一中全会的召开，是"文化大革命"全面发动的标志。这两次会议相继通过了《五·一六通知》和《关于无产阶级文化大革命的决定》，对所谓"彭真、罗瑞卿、陆定一、杨尚昆反党集团"和所谓"刘少奇、邓小平司令部"进行了错误的斗争，对党中央领导机构进行了错误的改组，还成立了所谓"中央文革小组"，并让它掌握了中央的很大一部分权力。毛泽东同志的个人领导实际上取代了党中央的集体领导，对毛泽东同志的个人崇拜被鼓吹到了狂热的程度。林彪、江青、康生、张春桥等人主要利用所谓"中央文革小组"的名义，乘机煽动"打倒一切、全面内战"。1967 年 2 月前后，谭震林、陈毅、叶剑英、李富春、李先念、徐向前、聂荣臻等政治局和军委的领导同志，在不同的会议上对"文化大革命"的错误做法提出了强烈的批评，但被诬为"二月逆流"而受到压制和打击。朱德、陈云同志也受到错误的批判。各部门各地方的党政领导机构几乎都被夺权或改组。党的九大则使"文化大革命"的错误理论和实践合法化，加强了林彪、江青、康生等人在党中央的地位。九大在思想上、政治上和组织上的指导方针都是错误的。[1]

1966年5月4日至26日，为了全面发动"文化大革命"，中共中央在北京召开了政治局扩大会议。毛泽东在杭州，没有出席会议。会议由刘少奇主持。会议错误地批判了所谓彭真、罗瑞卿、陆定一、杨尚昆的"反党错误"，给他们加上所谓"反党反社会主义反毛泽东思想"等罪名。

会议通过了《中国共产党中央委员会通知》（即《五·一六通知》）。《五·一六通知》在会前经过毛泽东的多次修改，其中有两大段文字是毛泽东亲笔增写的。这是两段在"文化大革命"中曾被广为引用的"毛主席语录"：

"高举无产阶级文化大革命的大旗，彻底揭露那批反党反社会主义的所谓'学术权威'的资产阶级反动立场，彻底批判学术界、教育界、新闻界、文艺界、出版界的资产阶级反动思想，夺取在这些文化领域中的领导权。而要做到这一点，必须同时批判混进党里、政府里、军队里和文化领域的各界里的资产阶级代表人物，清洗这些人，有些则要调动他们的职务。"

"混进党里、政府里、军队里和各种文化界的资产阶级代表人物，是一批反革命的修正主义分子，一旦时机成熟，他们就会夺取政权，由无产阶级专政变为资产阶级专政。这些人物，有些已被我们识破了，有些则还没有被识破，有些正在受到我们信用，被培养为我们的接班人，例如赫鲁晓夫那样的人物，他们现正睡在我们的身旁，各级党委必须充分注意这一点。"

当时，不仅与会的中央委员、政治局委员们不知道"有些正在受到我们的信用，被培养为我们的接班人"的"赫鲁晓夫那样的人物"指的是谁，就是主持这次会议的刘少奇、邓小平和其他中共中央政治局常委（除林彪外），也不知道这段话指的究竟是谁。他们对于发动"文化大革命"毫无思想准备，对于"文化大革命"的部署一无所知。

会后，在"中央文革小组"一些人的煽动下，各地青年学生开始起来"造

---

[1]《中国共产党中央委员会关于建国以来党的若干历史问题的决议》。

反"，混乱局面开始出现。

北京平谷县农民在写墙报。

6月，刘少奇和邓小平飞到杭州，向毛泽东汇报工作，并请毛泽东回北京主持中共中央工作。毛泽东表示暂不回京，由刘少奇和邓小平相机处理"文化大革命"中的问题。为了控制局面，在刘少奇、邓小平主持下，中共中央于6月初决定向北京市各大、中学校派出工作组，领导各单位的"文化大革命"。此后，各省、市委也相继采用了派工作组进驻大、中学校领导运动的方法，力图将运动纳入党的领导的正确轨道。

7月18日，毛泽东从武汉回到北京，听取了有关工作组的汇报后，认为工作组对发动"文化大革命""起坏作用,阻碍运动,应该统统驱逐之"。应"不要工作组,要由革命师生自己搞革命"。

在"文化大革命"初期派工作组"压制运动",这是以后刘少奇、邓小平被打倒的一大"罪状"。实际上,在政治运动中派工作组(工作队、工作团),这是中共领导政治运动所采取的一贯方法之一。远的不说,仅以新中国成立以后为例,土地改革、三反五反、四清,哪一次政治运动没有派过工作组?

1966年7月19日下午,中共中央在中南海怀仁堂召开关于"文化大革命"问题的会议。刘少奇、周恩来、邓小平等坐在前排,其他领导同志都坐在后排。开始是汇报会,刘少奇、邓小平要与会的有关领导同志讲一讲学校的情况。中共北京市委第二书记吴德汇报大学情况,共青团中央书记胡克实汇报中学情况,中共北京市委第一书记李雪峰汇报总的情况。

胡克实的汇报通过了。吴德的汇报没有通过,还要改动。

当时各大学都在酝酿赶走工作组。因为刘少奇的夫人王光美是清华大学工作组成员,因此他对清华大学"文化大革命"的情况比较了解。刘少奇在会上讲得十分尖锐,批评"中央文革小组"一些人说:"照你们这个做法,才是真正挑动群众斗群众。这个搞法不成。我们这里有材料。"刘少奇的意思是,正常的做法是派工作组,工作组在党委的领导下工作,党委不行了,由工作组代替。刘少奇是反对赶走工作组的。

这时,康生出来讲话:"少奇同志,我们也有材料。"口气虽然和缓,但实际上和刘少奇顶起来了。康生刚讲完,陈伯达接着批评各级党委不

1966年6月至7月,为了控制全国局势,中共中央在刘少奇、邓小平主持下,决定向各大中学校、科研机构派出工作组,领导各单位的"文化大革命"。图为7月下旬刘少奇(左二)会见参加北京暑期物理讨论会的各国科学家代表。

能深入到这场疾风暴雨之中，不深入群众，不敢放手发动群众。他的话等于把各地党委都否定了，把责任推到刘少奇、邓小平的身上。

这时，邓小平站起来，两手叉着腰，十分气愤地说："我们要讲得客观一些，要了解第一线的困难。什么叫放手?! 要不要政策?! 我们不行，你们上去。你们那样行，我们统统撤出来。党委垮了，工作组没有了，党的领导在哪里?谁来放手发动?你们根本没有搞过群众运动，你们去试试看!"

邓小平的话义正词严，反映了当时老一代无产阶级革命家和与会领导同志的共同心声，迎头痛击了康生、陈伯达不可一世的嚣张气焰。会议正开着，江青蹑手蹑脚进来了，在靠着记录席外边的沙发上坐下，把手里的包放在沙发上。江青是偷着进来的，没有和主持会议的刘少奇、邓小平打招呼。

后来，在"文化大革命"中大肆批判的所谓的"刘少奇、邓小平资产阶级反动路线"，其原因就是因为在发动"文化大革命"的几个关键点上，刘少奇、邓小平坚决予以抵制。对"文化大革命"的共同看法使刘少奇、邓小平坚定地坚持党的正确原则，义无反顾地站在一起，抵制林彪、江青的种种倒行逆施。

1966年8月1日至12日，中共八届十一中全会在北京举行。这次全会与以前历次中央全会不同的是：与会的不仅有中央委员、候补中央委员，各中央局和各省、市、自治区党委的负责人，而且有"中央文革小组"的成员（大多数不是中央委员）和首都大专院校"革命师生"的代表。

会议期间，8月4日毛泽东在中央政治局常委扩大会议上，再次对主持中央第一线工作的刘少奇、邓小平在运动初期派出工作组领导运动进行严厉的指责，认为是"镇压""文化大革命"运动，并指出："牛鬼蛇神，在座的就有。"

8月5日，毛泽东在6月2日《北京日报》头版转载的《人民日报》社论《横扫一切牛鬼蛇神》的左面，用铅笔写下了一大段文字。初无标题，经秘书誊清后，毛泽东加上了"炮打司令部——我的一张大字报"的标题，以后又作了个别字句的修改。据笔者研究，这可能是毛泽东在阅读《人民日报》社论时，有感而发，遂信笔写出，其中不乏激愤之语。在"文化大革命"中，以至到今天，许多传单和纪实文学甚至历史著作中都写道：毛泽东于1966年8月5日，在中南海贴出了《炮打司令部——我的一张大字报》（有的书中说是贴到了中南海的饭厅里）。甚至还有人想当然地画了这样一幅画：毛泽东身着带有红五星、红领章的草绿色军衣，站在一堵高墙边，手握一管正在滴着墨汁的毛笔，目视远方，旁边墙上贴着一张大字报，上面有《炮打司令部——我的一张大字报》的大字标题和虽不甚清晰但隐隐约约可以辨认的内文。这幅画的名字就叫"炮打司令部"，给人们以深刻的视觉印象。这幅画在"文化大革命"中，曾被广为印制、复制，也给人们留下了毛泽东曾亲自在中南海贴下了《炮打司令部》大字报的深刻印象。1986年天津人民出版社出版的一部《"文化大革命"十年史》中，就这样写道："8月5日，毛泽东在中南海大院里贴出了《炮打司令部——我的一张大字报》。"1992年，由某出版社出版的一部长篇纪实报告中，写得更是言之凿凿。该书中犹如亲历目睹一般写道："毛泽东在1966年8月5日写下了《炮打司令部——我的一张大字报》。这是中国有史以来登峰造极的一张大字报。在八届十一中全会上，这张大字报挂在人民大会堂会议厅的门口，步入会议厅的中央委员们迎面就可以看到。"

然而，事实并非如此。

毛泽东的"大字报"，既没有用"大字"写出来，也没有贴在中南海，更没有挂在人民大会堂会议厅的门口，而是以中共八届十一中全会文件的形式于8月7日印发给与会者的。

毛泽东的"大字报"全文如下：

炮打司令部——我的一张大字报

全国第一张马列主义的大字报和《人民日报》评论员的评论写得何等好呵！请同志们重读一遍这张大字报和这个评论。可是在50多天里，从中央到地方的某些领导同志，却反其道而行之，站在反动的资产阶级立场上，实行资产阶级专政，将无产阶级轰轰烈烈的文化大革命运动打下去，颠倒是非，混淆黑白，围剿革命派，压制不同意见，实行白色恐怖，自以为得意，长资产阶级的威风，灭无产阶级的志气，又何其毒也！联系到1962年的右倾和1964年形"左"而实右的错误倾向，岂不是可以发人深省的吗？

毛泽东的这张大字报，既使参加全会的与会者们极为震惊，也使他们感到极为困惑不解。这张大字报不又把毛泽东与主持中共中央第一线工作的刘

　　1966 年 8 月 5 日，毛泽东写了《炮打司令部——我的一张大字报》，指责"从中央到地方的某些领导同志""站在反动的资产阶级立场上，实行资产阶级专政，将无产阶级轰轰烈烈的文化大革命运动打下去"，号召"炮打司令部"。图为群众游行表示拥护毛泽东的大字报。

少奇、邓小平之间在 1962 年、1964 年和"文化大革命"初期，由于对某些问题的认识不同而产生的分歧向中央全会公开，实际上也等于向全党公开；而且把这种党内政治生活中关于工作指导方针上的不同认识和正常的意见分歧，上升到两条路线、两个阶级、两个司令部斗争的高度，并明确号召"炮打"这个实际上根本就不存在的所谓"资产阶级司令部"。于是，每一个与会者，都面临着在这个重大问题上站在哪一边的问题。众多的中央委员、候补中央委员想不通，"很不理解"，但不敢表示异议，只能缄默或违心地表态拥护。康生、江青、谢富治等人则在小组讨论会上，借阐述毛泽东的大字报，向刘少奇、邓小平发动攻击，以示"紧跟"。陶铸夫人曾志在一篇文章中曾回顾了陶铸同他谈到"文化大革命"初期的一些情况："十一中全会上，主席主持召开了好几次政治局的生活会，目的是批判少奇和小平同志。会前，江青私下找到陶铸进行布置。陶铸说：'江青要我在会上打头阵，要我向刘、邓放炮。我没有照她的意思做，我对她说我刚来中央，对情况一点不了解。结果打头阵的是谢富治。开了几次生活会，最后只有我和总理没发言。'"

会议期间，除了在中共八届十一中全会上接受批判和诽谤，忍受各种信口雌黄的诬蔑和攻击以外，邓小平有时还必须到一些学校去参加群众集会和回答问题。以前，对于"文化大革命"的迅猛爆发，他曾说是"老革命遇到新问题"。其实，这不仅仅是邓小平的看法，而且是老一代无产阶级革命家的共同心声。这句话，表示了他们当时对于"文化大革命"确实是很不理解。在受到批判后，邓小平的不理解就更深了。他虽沉默无语，但对于运动，特别对于"中央文革小组"和造反派心存厌恶。有时，他还不顾所处逆境，伸张正义，说明一些被颠倒了的事物的本来面目。8月2日，邓小平被通知到人民大学参加师生员工大会，有学生递条子问关于"二月兵变"的事情。此事是有人蓄意造谣加罪于贺龙元帅的一个阴谋，在林彪集团策动的打倒贺龙的狂潮中，起了非常恶劣的作用。当时，"二月兵变"这个无中生有的谣言出笼后，仿佛一下子长了翅膀，不胫而走，弄得中华大地，无人不晓。

事情的起因是这样的：1966年2月，北京军区经中央军委批准，决定由北京卫戍区再组建一个团，担负民兵训练、维护社会治安等任务。这个团组建后，一时没有营房。北京卫戍区曾想在北京市借一些房子，为此曾到中国人民大学、北京大学等学校进行过联系。但北京卫戍区司令员傅崇碧、政治委员刘绍文知道后，认为部队住学校的房子不妥，制止了此事。决定让驻在南苑的卫戍区部队调整出一部分房子给新建团住，不足部分搭帐篷和住靶场解决，并通知了联系过房子的学校。

此事到此为止，已经结束。

"文化大革命"全面爆发后，1966年7月，北京大学团委的一个干部写了一张题为《触目惊心的二月兵变》的大字报，说2月份北京卫戍区到北京大学联系住房一事"是要搞政变"，并言之凿凿地定名为"二月兵变"。

随后，北京师范大学的一名学生，看了这张大字报后，联想到北京卫戍区也到中国人民大学联系过借房子的事，又写了一张《郭影秋是什么人?》的大字报，质问已经调任北京市委文教书记的中国人民大学原党委书记郭影秋："彭真阴谋搞政变，要在人民大学驻兵，这事你知道不知道?"

此后，这个"天方夜谭"式的"二月兵变"的谣言，就像"滚雪球"一般，越滚越大，越传越玄。这两张大字报被林彪、康生知道后，成为他们打击、诬陷贺龙等老一代无产阶级革命家的"炮弹"。

7月27日晚，康生来到北京师范大学，在群众大会上公然宣称："在今年2月底3月初，彭真他们策划政变……他们的计划之一是在北京大学、人民大学每一个学校驻上一营部队。这个事情是千真万确的。"

由于康生发了话，肯定有"二月兵变"这件事，事情便愈闹愈大。

邓小平就是在这种情况下来到中国人民大学的。他不顾个人安危，不顾自己已经身陷逆境，不顾在场的有陈伯达等"中央文革小组"要员，挺身而出，旗帜鲜明地澄清了事情的真相。在中国人民大学全体师生员工大会上，邓小平明确指出："这个二月军事兵变的问题，我们查了，因为我们早知道这个事，我正式跟同志们说，没有这个事。"

邓小平还强调指出："我郑重地告诉同志们，我们的军队，彭真调不动，别人也调不动，我也调不动。这件事我们想澄清事实，不要再谈这个问题了，这件事不算一回事。"

但是，康生却不甘心阴谋被揭穿，继续信口雌黄，恶意诬陷。于是，各种震撼全国城乡的爆炸性谣言像长了翅膀一样，不胫而走，到处弥漫：什么"贺龙为了发动'二月兵变'给体委发了枪、炮，大炮安在什刹海，炮口对准中南海……"[1]什么"贺龙发动'二月兵变'未遂，坐着飞机逃到苏联去了……"肆无忌惮的诽谤和恶毒的谣言交织在一起，使善良的人们一时真伪难辨。

1966年8月8日，中共八届十一中全会通过了由毛泽东主持制定的《中国共产党中央委员会关于无产阶级文化大革命的决定》(即《十六条》)。《决定》指出："在当前，我们的目的是斗垮走资本主义道路的当权派，批判资产阶级的反动学术'权威'，批判资产阶级和一切剥削阶级的意识形态，改革教育，改革文艺，改革一切不适应社会主义经济基础的上层建筑。"《决定》对起来造反的青年学生表示支持和肯定，认为："广大的工农兵、革命的知识分子

---

[1]林彪事件以后，在为贺龙平反的过程中，曾经对此事进行过查证——在北京什刹海确实有一尊大炮。但是，这是一尊锈迹斑斑的中国古代大炮，是作为历史文物放置在什刹海的。

和革命的干部，是这场文化大革命的主力军"，"一大批本来不出名的革命青少年成了勇敢的闯将"；"他们在革命大方向始终是正确的。这是无产阶级文化大革命的主流"。《决定》还强调指出：这次"运动的重点，是整党内那些走资本主义道路的当权派"。但对于哪些人犯什么性质的"错误"，才能定性为"走资本主义道路的当权派"，《决定》没有划出具体的判断标准。于是，在"文化大革命"中，"走资派"的帽子满天飞，上至中华人民共和国国家主席、中共中央总书记，下至工厂车间主任、农村生产队长、商店门市部经理，只要有人纠集一帮子人说他是"走资派"，便可以戴上"高帽子"，任意批斗，随便侮辱。而被批斗者却没有丝毫为自己辩护的权利，只有听任被批判和斗争。

1966 年 8 月 1 日至 12 日，中共八届十一中全会在北京召开。会议通过了《关于无产阶级文化大革命的决定》（简称《十六条》），提出"这次运动的重点，是整党内那些走资本主义道路的当权派"。会议还改组了中央领导机构。在重新选举的中央政治局党委中，林彪名列第二位。图为毛泽东、周恩来、林彪在会议上。

中共八届十一中全会的会议期间，8 月 10 日下午 7 时，毛泽东出人意料地来到中共中央接待站，亲切接见红卫兵和革命群众，并对他们说："你们要关心国家大事，要把无产阶级文化大革命进行到底！"毛泽东的这句最高指示，迅速传遍了全国城乡。

8 月 12 日，全会改组了中央领导机构，选举毛泽东、林彪、周恩来、陶铸、陈伯达、邓小平、康生、刘少奇、朱德、李富春、陈云为中央政治局常务委员会委员。

在新选举的中央政治局常委中，林彪由原来的第六位上升到第二位，成为毛泽东的接班人。刘少奇由原来的第二位下降至第八位，其原来接班人的地位已被明显排除。会后不久，林彪又被宣布为中共中央副主席。

由于毛泽东对邓小平还有一定程度的好感和信任，所以在全会选举时最初提出来的中央政治局常委名单排列顺序中，邓小平被列在第四位，即毛泽东、林彪、周恩来、邓小平、陈伯达、刘少奇、康生、朱德、李富春、陈云、陶铸。

但是，这种名单排列顺序，却引起了江青的强烈反对。江青此时连中央委员都不是，仅仅在 3 个月前才刚刚担任"中央文革小组"的副组长。而中央设立"文革小组"时，仅规定它"隶属于政治局常委之下"，并没有赋予它更大的权力，以至能决定政治局常委的人事安排。

江青大为不满地说："邓小平过去名列第七。这一回跟着刘少奇犯了错误，派了工作组，怎么反而升到第四位？不行！这样排不行！"

这个连中央委员都不是的"中央文革小组"副组长，竟然干预起了中央政治局常委的排列顺序，真是咄咄怪事！

于是，江青找到已经在中共八届十一中全会上被选定为接班人的林彪，说出了自己的看法。林彪此时刚刚得势，踌躇满志，气焰正盛，对江青却不敢怠慢。两人不谋而合，意见完全一致。于是，林、江共同合谋，改变了预定的中央政治局常委候选人名单的排列顺序，把"中央文革小组"组长陈伯达的名字排到了邓小平的前边。这样，名单的排列顺序变成了：

毛泽东、林彪、周恩来、陈伯达、邓小平、康生、刘少奇、朱德、李富春、陈云、陶铸。

但江青对这个名单仍然很不满意，说："'老夫子'（指陈伯达）书生一个，压不住邓小平。陶铸厉害，把陶铸调上去。"

于是，中央政治局常委候选人名单的排列顺序成为：

毛泽东、林彪、周恩来、陶铸、陈伯达、邓小平、康生、刘少奇、朱德、李富春、陈云。

8月12日，中共八届十一中全会通过了这个名单。

在中共八届十一中全会选举的中央政治局常委中，林彪名列第二位，成了毛泽东的接班人。(据林彪办公室的工作人员回忆，林彪回到毛家湾住地后，掩饰不住得意的心情，对工作人员说："这次全会，我由原来的小六变成了老二")在这次全会上，并没有重新选举中央委员会主席和副主席，但中共八届一中全会上选举产生的刘少奇、周恩来、朱德、陈云的中央委员会副主席职务以后不再提及，林彪成为唯一的中央副主席。在《中共八届十一中全会公报》中特意写道："全会认为：林彪同志号召人民解放军在全军开展学习毛泽东同志著作的群众运动，为全党全国树立了光辉的榜样。"在中国共产党的正式文件中，对林彪作出这样高度的"评价"，确实具有不同寻常的"意义"。

中共八届十一中全会，标志着中共中央工作分为第一线和第二线的结束。从此，毛泽东正式由原来的退居第二线返回了第一线，重新主持中共中央的工作。刘少奇、邓小平虽然仍被选为中央政治局常委，实际上已经退出了中央的领导工作，处于"靠边站"的境地。

中共八届十一中全会结束后，由林彪主持召开了一次中共中央政治局常委扩大会议。会议的主题原定继续批判刘少奇，但林彪、江青等人认为，刘少奇实际上已被打倒，目前的主要危险和最大障碍是邓小平，于是将会议批判的矛头指向邓小平。他们不但刻意组织人员批判邓小平，而且还由林彪亲自出马，将邓小平的问题性质说成是"敌我矛盾。"

邓小平在会上受到不公正的甚至是诬蔑性的批判，心里很不平静。回家后他虽然什么也没有说，却夜不能寐。夫人卓琳看见他卧室的灯深夜不熄，便去问他："3点多了，怎么还没睡？"邓小平说："今天晚上开会已经从批刘少奇转向给我提意见了。"卓琳问："谁批你？"邓小平只说了一句"军队的人"，便不再多言。邓小平知道，这次批判后，他的"错误"的性质，不再只是派工作组"镇压"群众，而是新账旧账一起算了。这次中共中央政治局扩大会议结束后，邓小平被迫停止了工作。他将一部分原来由他分管的中联部、中调部等工作交代给康生，说："我的工作交给你，我不能工作了。"邓小平本来就沉默少言。"文化大革命"爆发以后，开始是由于处理运动突发事件而忙碌不堪，后来则因"犯了错误"停止了工作，话就更少了。从此以后，邓小平参加的会议和活动越来越少，在家里也只是看一些送来的文件。[1]

1966年8月18日，林彪在"庆祝文化大革命大会"上发表讲话，号召红卫兵"大破一切剥削阶级的旧思想、旧文化、旧风俗、旧习惯"，即所谓"破四旧"。

[1]毛毛：《我的父亲邓小平·"文革"岁月》，中央文献出版社2000年6月版，第25—27页。

4.全国动乱局面的形成和升级

邓小平在违心地检讨"错误"的同时，为了保护大批干部，把全部责任都揽到了自己身上。对于未来的政治命运，邓小平只能采取等待的态度，这也是他在当时形势下可以采取的唯一选择。

1966年8月18日，毛泽东在首都百万群众于天安门广场举行的"庆祝无产阶级文化大革命群众大会"上，第一次接见全国各地来北京串联的红卫兵、青年学生和学校教师。在接见中，一位红卫兵代表给毛泽东戴上了红卫兵袖章。以后，毛泽东又连续七次在天安门广场接见各地来京的红卫兵，总数达1100万人。

从此，红卫兵运动风起云涌，遍及全国。红卫兵在"中央文革小组"的支持下，在全国到处"煽革命之风，点燃革命

1966年夏，毛泽东、林彪在天安门城楼上。

之火"，鼓吹"革命无罪，造反有理"，层层揪斗所谓"走资本主义道路的当权派"，搞乱了地方各级党委和人民政府。

8月18日，新华社以《伟大的领袖伟大的统帅伟大的舵手毛主席万岁》的大字标题，报道了毛泽东和中共中央领导人在北京出席"庆祝无产阶级文化大革命群众大会"的实况。在这个报道中，第一次正式公布了中共八届十一中全会上改组后的中共中央政治局常委的名单，引起了全中国、全世界的广泛注意。世界各国的新闻媒介纷纷对此予以报道、评论和猜测，弄不清中国高层究竟发生了什么重大事情。

不久，1966年第13期的《红旗》杂志发表了由"中央文革小组"几个人起草、定稿的《在毛泽东思想的大路上前进》的社论，提出了"对资产阶级反动路线，必须彻底批判"的口号。在"文化大革命"开始以后，《人民日报》、《红旗》杂志是掌握在"中央文革小组"手中的两个重要舆论工具，每发表一篇重要文章，都被说成是"代表了党中央的声音"，是"无产阶级文化大革命的新的伟大战略部署"，成为极不正常的指导"文化大革命"的重要方式之一，在全国起着重要的煽风点火、推波助澜、引导舆论、左右局势的作用。"中央文革小组"的令旗一举，霎时间，"彻底批判资产阶级反动路线"的声音立即传遍了全国城乡。

但是，究竟什么是"文化大革命初期"的"资产阶级反动路线"？虽然"文化大革命"中发动全国几亿老百姓对此批判了整整10年，恐怕除了林彪、江

1966年8月18日，毛泽东佩戴红卫兵袖章，在北京天安门城楼首次检阅红卫兵，从此红卫兵组织风靡全国。

青、康生、陈伯达、张春桥等人之外，没有几个人能够说得上来。原来，所谓"资产阶级反动路线"，指的是刘少奇、邓小平在"文化大革命"初期派工作组到各单位领导运动这件事。派工作组领导运动，既有中共过去领导运动的惯例，又经过中共中央政治局常委扩大会议的集体研究，以后刘少奇、邓小平又专程飞到杭州向毛泽东当面汇报和请示，毛泽东当时既没有支持派工作组，也没有反对派工作组。于是，在中央的会议上一致决定派工作组。这充其量不过是工作方法问题。现在，"中央文革小组"在《红旗》杂志社论中一下子把派工作组上升到"资产阶级反动路线"的高度，死死抓住不放，大做文章，上纲上线，进行批判，其图谋显然是要把"文化大革命"的矛头更集中地指向主持派工作组的刘少奇和邓小平，掀起更大的波澜。

10月9日至28日，以批判"资产阶级反动路线"为中心内容的中央工作会议在北京召开。由于中共八届十一中全会以后，各级领导干部对"文化大革命"仍然有很大的抵触情绪，表现为"很不理解，很不认真，很不得力"。为了进一步排除这些主要来自高级领导干部中的对运动的"阻力"，中央决定将各省、市、自治区的党委负责人召集起来，举行这一次中央工作会议。林彪在会上的讲话中赞扬"文化大革命"，鼓吹"群众运动，天然合理"的谬论，为煽动"造反"、揪斗领导干部制造依据。林彪还公开点名攻击刘少奇和邓小平执行的是'一条压制群众、反对革命的路线'。"在一个短时期内，刘、邓的这条路线是取得了一个差不多统治的地位"，并说"这次文化大革命运动的错误路线主要是刘、邓发起的"，号召"批判资产阶级反动路线"。

但是在会议的开始阶段，参加会议的中央及各地的一些同志，却仍然表现出对于"文化大革命"的"很不理解"和跟不上形势。正如毛泽东所批评的那样，"头一阶段的发言不那么正常"。于是，由刚刚在中共八届十一中全会上当选为中央政治局常委又担任着"中央文化革命小组"组长的陈伯达出场，在会上作了《无产阶级文化大革命中的两条路线》的讲话，扮演攻击刘少奇、邓小平的"主攻手"的角色。陈伯达的讲话虽然"火药味"不太浓，但是却从理论上把派工作组作为与"无产阶级革命路线"相对立的"错误路线"、"资产阶级反动路线'、"资产阶级反对革命的路线"进行了比较、分析和"批判"。

陈伯达在讲话中,把刘少奇、邓小平派工作组恶意类比为"国民党的'训政'",手段极为卑劣。

康生和"中央文革小组"成员也纷纷在发言中对刘少奇、邓小平进行批判。在会上发言的还有邓小平在战争年代的老部下,曾担任过第二野战军第四兵团政治委员,此时任国务院副总理兼公安部长的谢富治。他说:"邓在人们的印象中,是一个30年'一贯正确'的形象,在党内有很大影响,这次批判资产阶级反动路线的阻力之所以如此大,同这种影响不无关系。"

10月25日,毛泽东在听取会议汇报后,作了正式讲话。指出这次会议"就是要总结一下经验,做政治思想工作",解决"思想不通"的问题。发动"文化大革命"的原因,是以前过于信任人,在中央搞了一线、二线后,出了相当多的独立王国,我的意见在北京不能实行,推行不了。对于"文化大革命"运动的兴起,毛泽东说:"时间很短,来势很猛。我也没有料到,一张大字报一广播,就全国轰动了","红卫兵一冲,把你们冲得不亦乐乎","文化大革命这个火是我放起来的"。此时,他认为中央的问题已经解决,刘、邓及许多干部的问题仍然是人民内部矛盾。他说要允许人家犯错误,要准许他们革命。还对与会者说:"我是不要打倒你们的,我看红卫兵也不一定要打倒你们。你们过不了关,我也着急呀。时间太短,可以原谅,不是存心要犯路线错误,有的人讲,是糊里糊涂犯的。也不能完全怪刘少奇同志、邓小平同志,他们两个同志犯错误也有原因。"他还宣布:"这个运动才5个月,可能要搞两个5个月,或者还要多一点时间。"

林彪和陈伯达的讲话,是此次中央工作会议上批判刘少奇、邓小平的主题讲话。会后,迅速被大量印发,广为传播,并刊登在各个群众组织编辑的报纸、刊物、小册子上,成为"彻底批判资产阶级反动路线"的"两个重磅炮弹"。

刘少奇和邓小平在这次中央工作会议上违心地作了检查。刘少奇在检查中检讨了自己在"文化大革命"爆发以来50天以及历史上的"错误",没有诿过,敢于负责。但在当时的形势下,即便他作出违心的自责,也已于事无补。邓小平在违心地检讨"错误"的同时,为了保护从中央到地方的一大批领导干部,采取了把所有责任全部揽到自己身上的做法,他说:"在这场文化大革命中代表资产阶级反动路线的,在中央领导同志中,在全党范围内,就是少奇同志和我两人。"[1] "必须讲清楚，工作组的绝大多数是好同志，在这段工作中所犯的错误除了个别人外，主要责任不应由他们来负担，而应由我和少奇同志来负担。"[2] 其光明磊落和浩然正气，跃然纸上。

在刘少奇和邓小平报送毛泽东审阅的检查稿上，毛泽东都作了批语。

对刘少奇检查稿的批语是："少奇同志：基本上写得很好，很严肃，特别是后半段更好。建议以草案形式印发政治局、书记处、工作组（领导干部）、北京市委、中央文革小组各同志讨论一下，提出意见，可能有些收获，然后酌加修改，再作报告，可能稳重一些，请酌定。"

对邓小平检查稿的批语是："小平同志：可以照此去讲。但在……之后，是否加几句积极振奋的话，例如说，在自己积极努力和同志们积极帮助之下，我相信错误会得到及时纠正，请同志们给我以时间，我会站起来的。干了半辈子革命，跌了跤子，难道一蹶不振了吗？又，题目'初步'二字可以去掉"[3]。

从毛泽东的两个批语来看，对刘少奇、邓小平仍然是作为中央的领导同志来看待，持犯了"错误"改了就好的态度。尤其在对邓小平的批语中，与人为善，十分中肯，亲切的话语犹如两人面对面谈心一般。同时，从两个批语中也可以看出来，毛泽东此时在对刘少奇和邓小平两人的看法上，显然对邓小平的看法要更好一些。

10 月 25 日，毛泽东在会议上的讲话中，对刘少奇、邓小平仍然持保护态度，指出："把对刘、邓的大字报贴到大街上去不好嘛！要允许犯错误，允许改，让红卫兵都看看《阿Q正传》。刘、邓两人是搞公开的，不是秘密的，要允许刘、邓革命。"

然而，就在中央工作会议召开的同时，"中央文革小组"的阴谋家们却在私下策划着一系列的"打倒刘、邓"的阴谋勾当。

11 月 2 日，中共中央组织部内突然贴出一大批批判刘少奇和邓小平的大字报。11 月 8 日，聂元梓也在北京大学贴出了《邓小平是党内走资本主义道路的当权派》的大字报，所列罪名，有大反个人崇拜，公开"鼓吹"在农村恢复单干，反对"文化大革命"，是彭真的后台之一，等等。

---

[1]毛毛：《我的父亲邓小平·"文革"岁月》，第33页。

[2]毛毛：《我的父亲邓小平·"文革"岁月》，第33页。

[3]毛毛：《我的父亲邓小平·"文革"岁月》，第34页。

"文化大革命"运动发展到如此地步，超过了所有人的预料。这时，邓小平已完全失去了工作和出席任何会议的权利，只能整天坐在家里看一些送来的文件。这些文件无论从数量上还是从内容上来说，都已不能和往日相比。对于未来的政治命运，邓小平采取等待的态度。这也只能是他在当时形势下可以采取的唯一选择了。

11月8日，聂元梓等10人在北京大学贴出大字报，诬陷和攻击邓小平是所谓"走资本主义道路的当权派"。

实事求是地看，无论在长期的革命战争年代，还是在中华人民共和国建立以后的社会主义革命和建设时期，毛泽东对于邓小平一直是十分信任、十分欣赏、十分重用的。但在"大跃进"以后，邓小平与其他中央领导人一起，采取一系列有力措施，坚决纠正"大跃进"所造成的严重恶果，坚决纠正在社会主义建设问题上的"左"的错误，使毛泽东对于包括邓小平在内的中央第一线领导人开始产生不满。这种不满日益加深，并随着事态的发展而演变成为进行人事更替的决心。"文化大革命"初期，毛泽东在决定确立林彪为接班人的时候，还没有想彻底去掉邓小平，曾希望继续用邓小平，并希望邓小平能配合他在人事上的新选择。为此，毛泽东曾找邓小平谈了一次话。据邓小平后来回忆："'文革'开始的时候，主席找我谈话，要我跟林彪搞好关系，我答应了。但与林彪谈了一次就谈崩了。"[1]林彪深知，毛泽东对邓小平的看法与对刘少奇的看法是不同的，不仅程度不同，而且性质也不同。这种不同，对于如何处理邓小平，是相当重要的。在林彪费尽心机打倒刘少奇以后，邓小平就成为林彪最大的心头之患。工于心计的林彪知道，要除掉邓小平，还必须不断加紧加重对邓小平的攻击和批判。与此同时，看到刘少奇、邓小平虽然受到批判，但还没有被彻底打倒，陈伯达、康生、江青等"中央文革小组"大员便联合林彪集团，策划于密室，企图掀起一场更大的波澜，欲置刘少奇、邓小平于死地。于是，一场由林彪、康生、陈伯达、江青精心策划的阴谋拉开了帷幕。

1966年12月18日上午，"中央文革小组"办公室突然打电话给清华大学"井冈山兵团"总部，指名要其头头蒯大富下午2时到中南海西门，说"中央文革小组"有人找他谈话。蒯大富原是清华大学化工系学生，"文化大革命"初期起来"造反"，受到上级派驻清华大学工作组的批判，被工作组定为"右派"。为了表示反抗，蒯大富宣布"绝食"，此举一下子引起了轰动。以后，陈伯达派人到清华大学，对蒯大富表示慰问和支持，使蒯大富名声大振，扯旗造反，拉起了队伍，成立了清华大学"井冈山兵团"，并于1966年9月24日篡夺了清华大学的领导权。"首都红卫兵第三司令部"成立后，蒯大富为主要领导成员之一，他坚决按照"中央文革小组"的号令行动，"步步紧跟"，成为北京市当时著名的"学生领袖"之一。

12月18日下午2时，蒯大富乘车来到中南海西门。时任"中央文革小组"副组长的张春桥把蒯大富领到旁边的一个房间里，两人开始了密谈。

---

[1]毛毛：《我的父亲邓小平·"文革"岁月》，第37页。

张春桥首先询问了蒯大富的近况。蒯大富遂向张春桥汇报了他最近去上海串联的情况和清华大学"文化大革命"运动的情况。其实，张春桥的真实意图并不在这里，所以不等蒯大富讲完，就打断了蒯大富的话头，一字一顿地向蒯大富面授机宜说："从全国来讲，资产阶级反动路线仍然相当猖獗，现在还是要深入批判资产阶级反动路线。中央那一两个提出资产阶级反动路线的人，至今仍不投降。""你们革命小将应该联合起来，发扬彻底革命精神。痛打落水狗，把他们搞臭，不要半途而废……"

张春桥这次在中南海接见蒯大富的目的，就是要利用蒯大富和清华大学的"井冈山兵团"，公开出来反对刘少奇和邓小平，并把这一行动推向社会，从而制造"群众组织"自发起来要求打倒刘少奇、邓小平的假象。但是在他的口中又不直接点出刘少奇和邓小平的名字，让蒯大富自己去领会。蒯大富当然心领神会，既然是让"把他们搞臭"，无疑就是"打倒"的代名词了。所以，听了张春桥的一番谈话，蒯大富连连表示：请首长放心，我保证照办。

1966年12月18日下午4时，蒯大富"怀揣"张春桥代表"中央文革小组"交给的"秘密使命"离开中南海返回清华大学。当晚，蒯大富结合自己的理解，把张春桥的谈话内容传达给"井冈山兵团"的头头们，并作了具体部署。19日，蒯大富在清华大学主持召开了"向资产阶级反动路线总攻击誓师大会"，发出了"彻底砸烂以刘邓为首的资产阶级反革命司令部"的动员令。20日，在清华大学新航空馆，蒯大富召开了"井冈山兵团"成立后的第一次总部会议，

1966年12月25日，清华大学红卫兵在天安门游行时，公开打出"打倒刘少奇"、"打倒邓小平"的标语。

他在传达了张春桥的讲话后，说："从春桥同志讲话的意思看，批资产阶级反动路线目前还是大方向，但矛头应该集中指向刘、邓。我认为春桥同志的讲话不只

是他个人意见，而是代表中央文革的……"随后，会议布置了 12 月 25 日把"打倒刘邓"的行动推向全北京广的行动计划。

12 月 25 日上午，清华大学"井冈山兵团"的 5000 余人，在蒯大富指挥下，由广播车开路，挥舞各种横幅、旗帜，奔向北京市区。在天安门广场上，蒯大富主持召开了"彻底打倒以刘少奇、邓小平为代表的资产阶级反动路线誓师大会"。然后，5000 余人兵分五路，一路留守天安门广场，其余奔向王府井、西单、北京车站和菜市口等闹市区，把各种各样充满了攻击、谩骂、诬蔑、诽谤性内容的巨幅标语、大字报、传单等贴满了引人注目的地方。就在这个所谓的"大行动"中，他们在北京街头贴出了"打倒刘少奇"、"打倒邓小平"的大字标语。这是 1966 年 5 月"文化大革命"开始以来，北京乃至全国第一次出现这样内容的大标语。

这一事件立即震动了全北京，震动了全中国，也震动了全世界。它所产生的效果是确凿无疑的："中央文革小组"支持打倒刘少奇和邓小平。

这次事件的经过和主要内容，在"中央文革小组"办公室主办的"文化大革命"运动情况《快报》第 787 期上，被迅速刊载。（该《快报》主要供中共中央领导人参阅，以便随时了解和掌握北京及全国各地的"文化大革命"动态）。12 月 27 日，北京高等院校群众组织在首都工人体育场召开"彻底

1967 年 4 月 10 日，清华大学红卫兵将刘少奇的夫人王光美骗至清华大学批斗。图为批斗会会场。

批判刘、邓资产阶级反动路线大会"，聂元梓等造反派头头用激烈恶毒的语言对刘、邓进行诬蔑和攻击。既然北京的群众组织在"中央文革小组"的支持下开了先例，各地的群众组织也不甘落后，纷起呼应，在全国范围内掀起了一场声势浩大的打倒刘、邓的狂潮。为了继续借所谓"群众运动的力量"来实现彻底打倒刘少奇、邓小平的目的，12月30日傍晚，"中央文革小组"成员江青、姚文元等亲自到清华大学，进一步煽风点火，对蒯大富的行动表示"坚决支持"。

与此事件有内在联系的，是12月6日林彪在中央政治局扩大会议听取工交座谈会情况汇报时的一次讲话，他离开会议研究讨论"抓革命，促生产"的主题，点名攻击刘少奇和邓小平，把原来强加给刘、邓的所谓"文化大革命"初期派工作组的错误无限上纲，并联系到"文化大革命"以前。他说："刘、邓不仅是五十天的问题，而是十年、二十年的问题。工交战线受刘、邓的影响很大。"林彪这样的讲法，标志着对刘少奇、邓小平"错误"的批判，已经不仅仅只局限于"文化大革命"初期的五十多天，而是要联系"文化大革命"以前十年、二十年的"问题"，进行彻底的"清算"。须知，在两个月以前召开的中央工作会议上，对刘少奇、邓小平的所谓"批判"，还仅仅只限于在"文化大革命"初期"发起"了"一条压制群众、反对革命"的"资产阶级反动路线"。而在两个月以后，即上升到联系"文化大革命"以前的一二十年，这说明在林彪和"中央文革小组"那里，对刘少奇、邓小平"问题"性质的看法已经起了大的变化。一般来说，在中共历史上，犯了路线错误，只要认识了，并不至于被彻底打倒；而如果联系历史上的问题进行"清算"，问题的性质就非常"严重"了。

到了1967年，"文化大革命"的势头更加猛烈。

1月1日，《人民日报》、《红旗》杂志发表题为《把无产阶级文化大革命进行到底》的社论，宣布"1967年将是全国全面展开阶级斗争的一年"，号召向"党内一小撮走资本主义道路的当权派和社会上的牛鬼蛇神展开总攻击"。1月11日，中共中央政治局会议决定取消刘少奇、邓小平、陶铸、陈云、贺龙出席政治局会议的资格。中央政治局常委陶铸被"中央文革小组"诬为"最大的保皇派"，贺龙元帅被林彪点名说成是"大土匪"。此后，中共湖北省委第一书记、上海市委第一书记、吉林省委第一书记、福建省委第一书记、江苏省委第一书记、山东省委第一书记、安徽省委第一书记、浙江省委第一书记、江西省委第一书记等相继遭到批判。云南省委第一书记、山西省委第一书记、煤炭工业部部长、海军东海舰队司令员被迫害致死。

在上海，张春桥、姚文元等人掀起了向中共上海市委、上海市人民政府夺权的所谓"一月风暴"。

2月11日和16日，老一代无产阶级革命家谭震林、陈毅、叶剑英、李富春、李先念、徐向前、聂荣臻等，再也难以容忍"文化大革命"的倒行逆施，再也按捺不住对江青和"中央文革小组"煽动"打倒一切，全面内战"的满腔怒火，终于拍案而起，奋起抗争，"大闹京西宾馆""大闹怀仁堂"，怒斥江青和"中央文革小组"的种种倒行逆施，要求坚持党的领导、保护老干部、保持军队的稳定。他们坚持党的原则的正义行动，被林彪、江青、康生、陈伯达等人诬蔑为"二月逆流"，受到错误的批判。林彪、江青也借机掀起所谓"反击全国自上而下的复辟逆流"的浪潮，更大规模地打击迫害党和国家的领导干部。此后，中共中央政治局停止活动，"中央文革小组"完全取代了中央政治局（中央书记处在此之前已被迫停止活动）。

3月上旬，身为中共中央政治局常委、"中央文化革命小组"组长的陈伯达，在中共中央、中央军委

1967年2月22日，江青在首都大专院校红卫兵代表大会上讲话，鼓动群众借夺权之机打倒一大批党政领导。对中共党政官员的人身攻击和迫害由此升级，并波及普通民众。

召开的全军军以上干部会议上的讲话中，在一系列问题上点名对刘少奇、邓小平进行攻击和诬蔑。陈伯达首先念了毛泽东《炮打司令部——我的一张大字报》的全文，然后攻击刘少奇、邓小平说："1962年刮单干风，就是刘少奇为首邓小平赞成的。他们的那一套，就是实行资本主义复辟。"

1967年3月，《人民日报》发表"中央文革小组"成员戚本禹的文章《爱国主义还是卖国主义？——评反动影片〈清宫秘史〉》。这篇文章采用颠倒是非、混淆黑白、捏造事实的手法，在最后一部分以"八个为什么"罗织了所谓"党内最大的走资本主义道路的当权派"刘少奇从抗战爆发前夕到"文化大革命"初期的"八大罪状"，并气势汹汹地诬指刘少奇："你是假革命、反革命，你就是睡在我们身边的赫鲁晓夫！"同时，这篇文章还把矛头指向邓小平，诬指刘少奇"在无产阶级文化大革命中，勾结另一个党内最大的走资本主义道路的当权派，提出和推行资产阶级反动路线"。

戚本禹卖力地充当江青等人的马前卒，写下了一篇攻击刘少奇和邓小平的长文，在当时被称之为"吹响了文化大革命深入发展的进军号"，权势更加膨胀。不料，几个月之后，就被关进了监狱，成为被打倒的"王、关、戚"中的第三号人物，真是咎由自取。

在"文化大革命"中，被《人民日报》点名批判或不直接点名而用其他"代称"点名批判，意味着对刘少奇、邓小平这两个所谓"党内最大的走资本主义道路的当权派"的批判将大大升级，性质有新的变化。4月6日，在"中央文革小组"的煽动和一手操纵下，中南海的所谓"革命群众"未经任何法律程序，冲进中共中央政治局常委、中华人民共和国主席刘少奇的家中进行造反行动。次日，刘少奇在中南海贴出答辩的大字报，几小时后便被撕毁。同月10日，清华大学群众组织召开号称30万人的批判大会批斗了刘少奇的夫人王光美。

虽然在林彪、江青的操纵下，刘少奇、邓小平均受到了严厉的批判。但是在毛泽东的心中，对刘少奇和邓小平的态度却是有着明显的区别的。

5月的一天，深为毛泽东所信任和器重的中共中央办公厅主任汪东兴来到邓小平家中与邓小平谈话。说主席最近刚回到北京，让汪东兴来看看邓小平。毛泽东让汪东兴向邓小平转达他的三个意思：第一，要忍，不要着急；第二，刘、邓可以分开；第三，如果有事可以给他（毛泽东）写信。听完汪东兴转达毛泽东的意思后，邓小平表示，大字报中提出的许多问题与事实不符，要求见主席当面谈谈。汪东兴把邓小平的要求转报了毛泽东。[1]几天以后的一个深夜，邓小平家的电话突然响了起来。总机说，一组（毛泽东处）秘书要找邓小平的秘书王瑞林讲话，王瑞林接了电话不久，毛泽东的秘书徐业夫来到邓小平家。王瑞林带着徐业夫到邓小平的卧室把他叫起来，告诉说主席要找他谈话，邓小平赶紧起身。徐业夫没有让带警卫员，接着邓小平一个人走了。直到黎明时分，邓小平才从毛泽东住地返回家中。他告诉卓琳，主席主要问他30年代离开红七军到上海向中央汇报工作这一段的历史情况，他向主席详细讲了。主席批评了他派工作组的错误。他向主席表示接受批评。他还问主席，以后如有事情向主席汇报找谁？主席说，可以找汪东兴，也可以给他本人直接写信。看到主席态度缓和，批评得并不严厉，使人感到相当大的安慰。[2]

1967年夏天，骄阳似火。但"文化大革命"的"温度"似乎比自然界的温度更高。

7月中旬，毛泽东打算离开北京，前往大江南北地区视察"文化大革命"。临行前，毛泽东召开了一次"中央文革小组"的"碰头会"，谈了自己此次出行的主要意图，并提出要再次在武汉畅游长江，同时处理武汉的"文化大革命"问题。在谈到"文化大革命"的部署时，毛泽东说："一年开张，二年看眉目、定下基础，三年收尾，这就叫文化大革命。"7月13日晚毛泽东由中共中央办公厅主任汪东兴、中国人民解放军代总参谋长杨成武、北京军区司令员郑维山等陪同，乘专列离开北京。第二天上午，周恩来为提前安排好毛泽东在武汉畅游长江和处理武汉问题等事宜，乘专机飞往武汉。

毛泽东、周恩来不在北京，这使江青等人失去了制约，更加肆无忌惮地掀起了一系列"批判"刘、邓的狂潮。

7月15日，中央办公厅的"群众组织"以中央办公厅名义写了《关于批斗刘少奇的报告》，戚本禹在上面批道："请伯达、江青、康老决定。"康生圈阅后批示"同意"。陈伯达、江青均圈阅"同意"。陈伯达还将《报告》

[1]毛毛：《我的父亲邓小平·"文革"岁月》，第44页。
[2]毛毛：《我的父亲邓小平·"文革"岁月》，第45页。

中"刘少奇"三个字中的"少奇"二字勾掉，在"刘"字后面增加了"邓陶夫妇"四个字。这一改动，使报告由原来的请示"批斗刘少奇"变成了"批斗刘邓陶夫妇"，由原来的批斗一个人，变成了批斗刘、邓、陶夫妇6个人。陈伯达这四个字，给刘、邓、陶夫妇带来了一场灾难！

7月18日，在"中央文革小组"策动下，北京100多个"群众组织"数十万人在中南海西门外召开"揪斗刘少奇誓师大会"。并在中南海西门外"安营扎寨"，围困中南海，要求"刘少奇滚出中南海"。"中央文革小组"对此表示支持。

同一天，在"中央文革小组"策划下，中南海的"群众组织"组织批斗了刘少奇、王光美，并从此剥夺了刘少奇的人身自由。在批斗期间，王光美专案组组织人抄了刘少奇的家，共抄走刘少奇、王光美的笔记本等188本。在揪斗刘少奇时，曾有人将此事打电话告诉了在武汉的中央办公厅主任汪东兴。汪东兴当即向毛泽东作了汇报。毛泽东正在一个解决武汉问题的会议上讲话，听了中南海"群众组织"揪斗刘少奇的汇报后，说："我不赞成那样搞，那样势必造成武斗。还是背靠背，不搞面对面。"并让把他的话转告在北京主持中央工作的林彪。但林彪和"中央文革小组"却置毛泽东指示于不顾，仍按预定计划组织对刘、邓、陶夫妇的批斗。

7月19日，中南海的"群众组织"把邓小平夫妇带到邓家住地旁边的怀仁堂，说有事情要问。然后，开始对邓小平家进行抄家。这些中央办公厅的"群众组织"对自己原来直接服务的对象倒是情况熟悉，熟门熟路。他们首先到邓小平的办公室、会客室，然后到住的卧室，翻来翻去，却什么也没有搜查出来。邓小平日常的习惯是，开会不做记录，平时不写笔记，发言讲话不写讲稿，最多一个纸条记几个数字，但凡落笔都在文件上。处理文件都是当日事当日毕，看完批完就让秘书拿走，办公室内不留文件。他的办公室内确实干净简单，除了书籍以外，几乎什么也没有。"造反派"搜了半天，一点对他们有用的材料也没有找到，不免有些失望，便气鼓鼓地说："一点笔记都没有，这个总书记，也不知道是怎么当的！"[1]

这次抄家后，邓小平算是"正式"被打倒了。7月29日，中南海一些

---

[1]毛毛：《我的父亲邓小平·"文革"岁月》，第51页。

"革命群众"以开支部会的名义，批斗了邓小平，限他3天内交出"请罪书"，宣布从即日起限制邓小平夫妇的行动自由。面对诽谤和批斗，邓小平忍无可忍，提笔给汪东兴写信："今日上午支部会议的情况料已知道。另，外语学院也要我在30日以前写出交待，支部限期是3天。对此类事情应如何处理，理应请示主席和中央。电话不便打，我写一封信求见主席，请代为转呈。"在给毛泽东的信中，邓小平写道："5月见主席时，主席曾面示有事可找你，并嘱如要见主席可直接写信。我再次写信求见主席，十分恳切地希望能够当面向主席请教。我自觉这个请求是不一定恰当的，但我别无办法，只能向主席倾吐我的心情。如果主席太忙，是否要别的同志找我一谈。"但毛泽东没有再见邓小平。在"中央文革小组"的策划下，打倒邓小平已成不可逆转之势。[1]

8月1日，邓小平的秘书和警卫员被调走了。中央办公厅派来了一个新"秘书"。新"秘书"上任后的第一件事，便是把卓琳叫到他那墙上贴着"坦白从宽，抗拒从严"标语的办公室，声色俱厉地让卓琳揭发邓小平。卓琳十分从容地说："小平同志从来不把工作上和组织上的事对家里人讲，我什么也不知道。至于文件，每天看完后，该处理的当天都处理了，其他的都送中办机要处了，要什么，你们自己去翻吧！"

8月5日，是毛泽东写出《炮打司令部——我的一张大字报》一周年。事前，谢富治和戚本禹到"揪刘火线"进行煽动，建议"群众组织"在天安门广场召开百万人的声讨批判大会。同一时间，在中共中央和国务院所在地中南海，分别在住地组织对刘少奇、邓小平、陶铸夫妇进行批斗。这一天，北京天安门广场举行了数百万人参加的纪念大会，声讨刘少奇的"罪行"。这天下午，中南海的"群众组织"按照"中央文革小组"的部署和戚本禹的直接指挥，分别批斗刘少奇、王光美，邓小平、卓琳，陶铸、曾志夫妇。中南海的"群众组织"冲进邓小平家后，从屋里把邓小平夫妇押出来，由"群众组织"团团围在院子中间。一阵震耳欲聋的"打倒"口号声后，"群众组织"气势汹汹连喊带叫地批判了一通，然后便七嘴八舌乱糟糟地进行质问。邓小平根本听不清那些吼叫，因此也无从回答。他刚刚辩解了几句，话还未说完，便被

[1]毛毛：《我的父亲邓小平·"文革"岁月》，第52页。

粗暴地打断。"群众组织"说他态度不好负隅顽抗,接着便又是一阵乱批乱吼。"群众组织"还在院内架上喇叭,把同时在天安门广场进行的批判大会实况放给他们听。批斗结束后,卓琳扶着邓小平走回屋里,看到邓小平脸色苍白,赶紧倒水让他喝,再扶着他躺下休息。事后据目击者说,这次批斗刘、邓、陶,对邓小平,还是最"文明"的。对于刘少奇和陶铸,则残酷得多,特别对刘少奇,进行了残酷的人身摧残。中南海"群众组织"的批斗抄家,说明邓小平算是真正意义上的被彻底打倒了。[1]

对于这段历史,邓小平的女儿毛毛在《怀念陈伯伯(陈毅)》一文中,作了回顾:"1967年初,父亲被正式地宣布为'党内第二号走资本主义道路的当权派',倒台了。我们的家被抄了,父母在被造反派揪斗之后,又被软禁了。举国上下,都在高喊:'打倒刘少奇!打倒邓小平!'那时的政治空气,真是紧张而又疯狂。"

在身陷逆境以后,邓小平仍然以他一贯的坚强、遇险不惊、喜怒不形于色而坦然对之。有时,他被迫根据一些"群众组织"的要求,为一些正在受到审查和批判的领导干部写证明材料。看到自己的同志和战友受到不公正待遇,邓小平的心中充满了愤慨和无可奈何。他只有用坦荡的直言为这些战友、部下和同志的清白作出证明。卫生部3个"群众组织"要求邓小平交待是如何重用卫生部长钱信忠的。邓小平于1967年11月3日写出说明:"钱信忠在二野的工作历史关系是很久的。我们,主要是我,对他是信任的。我和其他一些负责同志长期认为,他在主持卫生工作方面是较有能力的。他的外科手术在当时条件下是难得的。他的工作,特别是战场救护工作是努力的。所以我过去对他的总的看法是小毛病很多,但大的方面还好,对战争是有功绩的。钱信忠当卫生部长是总理提出来商量的,我是赞成的,对钱信忠任卫生部长一事,我同安子文("文化大革命"前任中共中央组织部长——笔者注)没有什么密谋。"邓小平的这个证明材料,表达了对受迫害同志的同情和支持,说明了钱信忠担任卫生部长的来龙去脉,澄清了事实真相。

在"文化大革命"中,凡是被批判被打倒的人,都会被强制参加惩罚性的劳动改造,有些"造反派"甚至用超过人体负荷的强体力劳动来达到迫害

---

[1]毛毛:《我的父亲邓小平·"文革"岁月》,第53—54页。

和折磨人的目的。邓小平夫妇被关在自己家的院子里，要劳动改造，却没有什么可干的活。一开始让他们自己做饭，不过没做两天就不让他们做了。于是改为勒令卓琳每天扫院子。刚开始是卓琳一个人扫，后来邓小平自动拿起扫帚，跟卓琳一起扫。从 1967 年秋天到 1969 年秋天的两年中，无论刮风下雨，天寒地冻，他们每天都认真地把院子扫得干干净净。在单调孤寂的软禁中，扫院子这项劳动成为邓小平每天生活的一项重要内容。除此之外，邓小平就只有坐在屋子里，看书、看报、听广播或者静坐沉默。

一代叱咤风云的英豪，一代治国安邦的英才，一代折冲樽俎的大政治家，竟然只能在每日打扫院子的劳动中消耗时光，这怎能不令人为之扼腕叹息呢！

5.深谋远虑的政治安排

　　尽管"文化大革命"中"炮火连天","打倒一切,全面内战",但对于邓小平是否要彻底打倒,毛泽东始终是持保留态度的。这种保留态度,实际上反映了毛泽东对邓小平的一贯看法,同时也是对邓小平的一种政治上的保护。

　　尽管"文化大革命"的滔天巨浪以排山倒海之势,汹涌澎湃,势不可挡,全国上至国家元首、元帅、将军,下至车间主任、生产队长,不知有多少人因被打成"走资本主义道路的当权派"而遭到罢官批判、打翻在地的命运。但是,这并非毛泽东的意图,而是林彪、江青蓄意煽动"打倒一切,全面内战"的结果。毛泽东对于党的高级领导干部中哪些人可以打倒、哪些人可以冲击一下、哪些人不能打倒、哪些人将来还可以使用,心中是有所考虑的。

　　对于邓小平在中国革命历史上的巨大功绩、在主持中共中央书记处工作中所表现出来的超人的工作能力和雷厉风行的工作作风,毛泽东一直有着深刻的印象。特别是在 20 世纪六七十年代的国际环境中,中国面临着"以美国为首的帝国主义集团"、"以苏联为中心的现代修正主义集团"和"各国反动派"的巨大压力,各项工作都以"要准备打仗"为前提来进行部署,国家长期处于临战体制,毛泽东对于历史上邓小平"能打仗"的特长更是念念不忘。

　　因此,尽管"文化大革命"中"炮火连天","打倒一切,全面内战",尽管国家主席、元帅将军一个个被林彪、江青等人煽动"群众组织""打翻在地，再踏上一只脚"，并"批倒批臭"。但对于邓小平是否要彻底打倒，毛泽东却始终是持保留态度的。这种保留态度，实际上反映了毛泽东对邓小平的一贯看法，同时也是对邓小平的一种政治上的保护。

即使在"文化大革命"这样特定的历史时期和复杂的环境中，毛泽东仍然在各种不同场合，对邓小平作了正确的评价。

1966 年 8 月，在中共八届十一中全会上，当改组中央领导机构，最后决定中共中央政治局常务委员会成员候选人名单时，毛泽东把邓小平排列在第四位。虽然由于江青的反对，邓小平的顺序后来被排在了第六位，但仍然居于靠前的重要位置。

1967 年 7 月 15 日，毛泽东在同一位"中央文革小组"成员单独谈话中，还说：如果林彪身体不行了的话，还是要邓小平出来。

1967 年 11 月 5 日，毛泽东就中国共产党第九次全国代表大会的召开和整党问题同"中央文革小组"成员谈话。在谈话中，毛泽东提出对邓小平要与刘少奇有所区别。毛泽东说：关于九大问题，第一批反映已经来了（1967年 10 月 21 日，中共中央、"中央文革小组"发出《关于征询对"九大"问题意见的通知》以后，各地陆续向中央报告了对这一问题的看法——笔者注），综合一下，通报各地，继续征求意见；打了一年多仗（指一年多来"文化大革命"造成的"全面内战"——笔者注），搞出了不少坏人，现在要打出一个党来；党员要那种朝气勃勃的，死气沉沉的、暮气沉沉的就不要加入这个党，"文化大革命"就是整党、整团、整政府、整军队，党、政、军、民、学都整了；要吸收新鲜血液，要吐故纳新；党纲要修改，不要写得太长。在谈到邓小平时，毛泽东虽然仍把邓小平与刘少奇联系起来，但同时又说："我的意见还要把他同刘少奇区别一下，怎样把刘、邓拆开来。"把刘少奇与邓小平拆开，这是毛泽东的最高指示。简短的话语中包含着丰富的政治内涵。表面上，是对刘、邓个人生死前途的决定，而在深层次上，涉及的问题则既多又复杂，反映了毛泽东的多种考虑。在"打倒一切、全面内战"的"文化大革命"中，邓小平之所以没有受到其他"走资派"所受的迫害，正是源于毛泽东的意思，即毛泽东的政治安排。对于邓小平，毛泽东在政治上是有所考虑的，在人身上也是保护的。对邓小平的监管，毛泽东只让他所信任的汪东兴来管，从来没有让林彪和"中央文革小组"插手。毛泽东对任何问题的考虑，历来具有大政治家的宏大气魄，任何人都难以望其项背。汪东兴在20世纪80年代曾回忆说，毛泽东从来不受任何人支配。从毛泽东考虑问题和作出重大决策历来有自己独特的见解和思想来看，把刘少奇与邓小平拆开，无疑是毛泽东一种深谋远虑的政治安排。当然，在1967年还没有任何人能看到这一点。

红卫兵捣毁寺庙批斗和尚。

"文化大革命"进行到1967年11月时，刘少奇已经被扣上了"中国的赫鲁晓夫"、"党内最大的走资本主义道路的当权派"等大帽子。江青一手控制的中央专案组内的"刘少奇专案组"，正在以各种手段制造伪证，罗织罪名，要把刘少奇打成"叛徒、内奸、工贼"。这些已成定局，只是尚未履行组织手续罢了。

林彪、江青等人此时已把邓小平打成"党内第二号走资本主义道路的当权派"，阴谋置之于死地而后快。因此，毛泽东强调对邓小平要与刘少奇"区别一下"，这就极大地遏制了林彪、江青等人妄图彻底打倒邓小平的图谋。

1968年10月，中共八届十二中全会（扩大的）在北京召开。这次全会是在极不正常的情况下召开的。一些中央委员被剥夺了出席会议的权利，一些出席会议的中央委员在会上受到诽谤、诬陷和批判。（当时担任空军司令员的吴法宪，根据林彪的旨意，在全会小组会上当面诽谤朱德说："朱总司令你在井冈山上怎样反对毛主席的，讲给我们听一听，教育我们。你当了一辈子总司令，实际指挥打仗的都是毛主席。因而你是个黑司令，不是红司令。"）原97名中共第八届中央委员除去世10人外，只有40人到会；从到会的19名候补中央委员里面挑选了10名，在会议的第一天补为中央委员，才刚刚超过全体中央委员的半数。出席会议的还有"中央文革小组"全体成员、中央军委办事组成员、各省市自治区革命委员会的主要负责人等74人。出席这次全会的人员共有133人，但其中中共第八届中央委员和候补中央委员仅有59人。就是在这种极不正常的情况下，全会通过了由江青、康生、谢富治等人凭伪证写成的《关于叛徒、内奸、工贼刘少奇罪行的审查报告》，决定把刘少奇永远开除党籍，撤销其党内外一切职务，从组织上完成了打倒刘少奇的手续。在这次全会上，林彪集团、江青集团还鼓噪要开除邓小平的党籍，由于毛泽东的反对而未能得逞。

在中共八届十二中全会上，毛泽东在讲话中两次提到了邓小平。

第一次是在中共八届十二中全会的开幕会上。毛泽东在讲话中说："这次无产阶级文化大革命，对于巩固无产阶级专政，防止资本主义复辟，建设社会主义，是完全必要的，是非常及时的。文化大革命究竟要不要搞，成绩是主要的，还是缺点错误是主要的，要搞到底还是不搞到底，大家议一议。"鉴于林彪集团和江青集团在会上会下操纵煽动一批亲信骨干鼓噪，妄图造成一种要求开除邓小平党籍的形势，毛泽东明确地对邓小平问题表示了态度。毛泽东说："邓小平在战争时期是打敌人的，历史上还未发现有什么问题，应与刘少奇区别对待，大家要开除（党籍），我有点保留。"正是由于毛泽东的这一决策，使邓小平得以保留了党籍，同时也为邓小平以后的复出准备了重要条件。

第二次是在中共八届十二中全会的闭幕会上。毛泽东主要是为一些被林彪集团、江青集团揪住不放的老同志说话。毛泽东说："有些同志对于所谓'二月逆流'这件事不大了解，经过十几天，就比较了解。在这个全会上，由犯过错误的同志说明他们的问题，大家又对他们有些质问，他们再说明问题，又再质问，好像经过这么几次反复嘛，大家都比较清楚了。这件事嘛，要说小,就不那么小,是件大事。要说那么十分了不起呢,也没有什么十分了不起。他们有意见要说,几个人在一起,又都是政治局委员,又是副总理,有些是军委副主席,我看也是党内生活许可的。他们也是公开出来讲的。这个世界上面,总是左、中、右。统统是左派,我就不那么赞成。九大代表'二月逆流'的同志们如果不参加,我看就是个缺点。陈毅同志,你就以那个右的那一方面的资格,以这个身份来参加九大。对于党内一些老同志,要一批二保三看。清理阶级队伍,注意一个'准'字,不要搞'逼供信'那一套。对于学术权威,注意不要做得太过分。冯友兰、翦伯赞可能还有某种用处。批是要批的,保还是要保的。邓,大家要开除,我有点保留,他和刘还有点区别。'多中心'不对。"

毛泽东在这两次讲话中,首先对邓小平在长期革命战争中的巨大历史贡献给予了充分肯定:邓小平在战争时期是打敌人的;其次是对邓小平的革命斗争历史进行了充分肯定:邓小平历史上还未发现有什么问题;再次是坚持把邓小平留在党内,不能像对待刘少奇那样"开除党籍"。

中共八届十二中全会闭幕以后,筹备召开中国共产党第九次全国代表大会的工作正式列入议事日程,各项准备工作相继展开。起草中共九大的政治报告,是准备工作中的一件大事。为了争夺政治报告的起草权,陈伯达与张春桥、姚文元之间又进行了一番激烈的争斗。最后陈伯达与康生、张春桥、姚文元(张、姚执笔)各起草了一份政治报告。后经中央讨论,林彪在九大上宣读的是由康生、张春桥、姚文元起草的那份政治报告。

在陈伯达最初起草的政治报告文稿上,曾经写有"刘、邓路线"的话,毛泽东否定了陈伯达的这种提法。

据陈伯达生前回忆,"'九大'前,原来决定要我和张春桥、姚文元共同起草政治报告稿。我不愿同张、姚等人合作。起草人名单上,是我列在前面。我就自己着手,并组织几个人帮助搞材料。在我起草的稿子上,我写过关于'刘、邓路线'的话。毛主席看过,说了一个重要指示:'邓小平同志打过仗,同刘少奇不一样,报告上不要提他。'"

从上述毛泽东一系列讲话中可以看出,尽管毛泽东在"文化大革命"中犯了严重错误,但在他的内心深处,还是始终对邓小平有着很好的看法。在"文化大革命"那样特定的历史条件下,毛泽东的话是"最高权威",是全党全军全国人民必须"字字句句坚决照办"的"最高指示"。邓小平在"文化大革命"中之所以没有遭到刘少奇、陶铸那样的厄运，毛泽东的政治保护是一个极为重要的因素。

林彪集团在"文化大革命"中之所以要处心积虑地整倒邓小平，其目的就是为林彪篡党夺权，谋求"接班人"的地位扫清道路。在中共八届十二中全会上，毛泽东不顾林彪、江青两个集团的鼓噪，坚持保留了邓小平的党籍，这使林彪、江青等人如鲠在喉，难以安枕。

林彪虽已被指定为毛泽东的接班人，但他深知，只要邓小平一天不倒，就威胁尚存。唯有置邓小平于死地，方可解除后顾之忧。于是，林彪、江青等指使"邓小平专案组"加紧进行工作。

江青、康生多次指示"邓小平专案组"，要尽快突击攻下邓小平的所谓"历史问题"。中央专案组第二办公室为加强"邓小平专案组"的外调力量，专门从驻京西宾馆的"叶向真（叶剑英的女儿）专案组"抽调人员进行补充。此后，兵强马壮的"邓小平专案组"加快了活动步伐，四处搜罗取证。赴陕西小组负责调查邓小平1927年初由中共组织派驻冯玉祥部队时的情况；赴上海小组负责调查1928年邓小平在党中央机关工作，和1930年、1931年两次从广西红七军回上海汇报工作的情况；并提审有关人员讯问邓小平留法勤工俭学时期的情况；赴安徽小组负责查找1931年邓小平代表中央巡视安徽省委工作时的线索；赴江西小组负责全面调查邓小平1931年到中央苏区后的活动；赴广西小组负责查证邓小平1929年在左、右江革命根据地的活动；赴湖北小组负责提审邓小平的弟弟、原武汉市副市长邓垦；赴四川小组负责审查邓小平的家世及在家乡的活动；赴天津小组负责找人调查邓小平当年在冯玉祥部队的情况；还派员前往广东、宁夏、湖南、辽宁、江苏等地找邓小平当年的老部下调查取证。

"专案组"人员到处调查取证，仅赴广西小组的3人，在不到两个月里，就跑了4个地区，22个县，提审调查了200多人。

在北京，1969年夏季，"专案组"人员整日奔忙，找在京的人证进行调查，滕代远、袁任远、莫文骅等老同志均受到讯问。在调查中，"专案组"人员面对的时常是一些老同志、老将军。这些身经百战的老共产党员，对于"专案组"用心险恶的查讯，有的本着实事求是的态度予以回答，有的则干脆回避或不予理睬。当"专案组"人员找大将张云逸调查时，就被以"首长身体不好"为名予以拒绝，吃了闭门羹。"专案组"人员在黄永胜和吴法宪的亲自安排下，还找中华人民共和国元帅、中共中央军事委员会副主席聂荣臻进行了一次调查。1969 年 7 月 20 日，在京西宾馆的一个小会议室里，德高望重的聂帅坐在一张藤椅上，面对"邓小平专案组"人员的提问，侃侃而谈。聂帅从 20 世纪 20 年代初期留法勤工俭学时起，就与邓小平成为战友，相知甚深。让他谈邓小平，他可是知道得太多了。聂帅谈得极富耐心，一谈就谈了差不多 40 分钟。他谈的内容，等于把邓小平为共产主义事业而奋斗的历程从头至尾述说了一遍，至于"专案组"人员所要的"材料"和"问题"，连只言片语也未涉及。最后，聂帅说了一句："我身体不好，今天就谈到这里吧。"随后，在秘书的陪同下，头也不回地走了。"专案组"人员听了半天，一无所获，大为懊丧。

从 1968 年 6 月起，在一年半的时间里，"邓小平专案组"为搜寻所谓邓小平的"材料"，先后派出外调小组 93 批，外调人员 223 人次，地域涉及 15 个省、市、自治区，140 多个市、县，行程 30 多万公里。多次往返出入于中组部、中宣部、交通部、公安部、统战部、化工部、一机部、七机部、水产部、解放军总政治部、中央办公厅、中央调查部、中办机要局、对外文委、新华社、《人民日报》社、北京市革委会、北京卫戍区、全国总工会、全国妇联、民航总局、中科院及哲学社会科学学部、宗教局、中央高级党校、中国历史博物馆、空军司令部、海军司令部、北京农业大学、解放军政治学院、最高人民法院、中国人民银行、马列主义编译局、中国医学科学院、北京二七机车车辆厂、民革中央、秦城监狱等近百家单位。[1]

经过反复调查后，"专案组"在写给康生、黄永胜、吴法宪、叶群、李作鹏的一份报告中，不得不哀叹："关于邓小平的历史问题，经反复查档、调查，到目前为止，除了入团、转党问题尚未找到直接人证，以及一些执行机会主义路线的问题外，还没有查到有被捕、叛变、通敌等重大问题的线索。"

在被认为最为要害的"历史问题"上，"邓小平专案组"希望落空。"专案组"没有找到"历史问题"，只好在"现行问题"上做文章。在以上报告

---

[1]毛毛：《我的父亲邓小平·"文革岁月"》，第 105—107 页。

中，他们写道："邓小平伙同杨尚昆在毛主席身边搞反革命窃听，招降纳叛，包庇坏人、叛徒、特务等两部分罪行，已获得不少证据，准备送呈首长审阅。下一步工作，我们拟重点查其意图搞反革命政变，篡党篡政的阴谋活动和里通外国的问题。相应地核实其三反罪行。"3天后，康生批示同意，并将此件送周恩来、陈伯达、江青、谢富治等阅。

"专案组"在调查中仅剩的一个历史疑点，也就是邓小平的入党问题，不久也有了了结。在上述报告转到周恩来处时，周恩来在报告上批示："邓小平是在留法勤工俭学时入团、转党的，我和李富春、蔡畅同志均知道此事。"周恩来既是当年邓小平的上级和战友，长期与邓小平朝夕相处；又是中国旅欧共产主义组织的创建人和领导人。因此，周恩来的批示具有不容置疑的权威性和准确性。既然中共中央政治局常委、中华人民共和国国务院总理已经写出证明了，"邓小平专案组"还有什么理由再去无中生有地捏造什么假材料呢！所以，周恩来的批示，对于总想挖空心思地从邓小平的历史中"突破"点什么东西的"邓小平专案组"来说，不啻于当头一棒。

经过了近3年的"文化大革命"，1969年4月1日至24日，中国共产党第九次全国代表大会在北京举行。出席大会的代表共1512人，代表党员2200万。中共九大代表由少数人酝酿"协商"产生，甚至个别非党员也成了代表。当时，省、直辖市、自治区一级党委和基层党的组织都不能正常工作或者根本没有恢复，全党绝大多数党员还没有恢复党的生活，相当多的第八届中共中央委员仍被审查，甚至被监禁。

在中国共产党第八届中央委员会第一次全体会议上选举产生的中共中央政治局常委中，经过"文化大革命"的风风雨雨，处境已经发生了很大变化。第八届中央政治局常委、中央委员会副主席刘少奇，此时已被作为"叛徒、内奸、工贼"清除出党。第八届中央政治局常委、中央委员会副主席周恩来处境艰难，屡遭暗箭，正在极力苦撑危局。第八届中央政治局常委、中央委员会副主席朱德多次受到"冲击"和大字报的围攻，甚至在中央全会上受到林彪、江青反革命集团成员的当面攻击。第八届中央政治局常委、中央委员会副主席陈云，在"文化大革命"中被诬为"老右倾"，长期受到批判，成了"靠边站"的人物。第八届中央政治局常委、中央委员会总书记邓小平被打成了

"党内第二号走资本主义道路的当权派"，正处在被监禁之中。

这样，在"文化大革命"中没有受到"冲击"的中央政治局常委中，就只剩下了毛泽东主席和在八届五中全会上增选的、经过八届十一中全会改组中央领导机构以后仍保留的唯一的副主席林彪。

在中共八届十一中全会改组中央领导机构以后，进入中央政治局常委的陶铸、陈伯达、康生、李富春，也很快由于对待"文化大革命"的不同态度而出现了不同的命运转折。陶铸由于坚决反对"文化大革命""打倒一切，全面内战"，把大批领导干部打成"走资本主义道路的当权派"肆意批判斗争的错误做法，触怒了江青等人，很快遭到突然袭击，被从中共中央"第四号人物"的位置上拉下了马，先是被打成"全国最大的保皇派"进行批斗，尔后又被横加"大叛徒"的罪名，遭到监禁。李富春在"文化大革命"中被诬指为"右倾"，多次受到"冲击"，在所谓反"二月逆流"中，更被指为"二月逆流"的核心人物，多次受到批判和攻击。只有陈伯达和康生这两位"文革红人"，在"文化大革命"中"冲锋陷阵"，操纵"中央文革小组"和所谓"革命群众组织"，肆意攻击刘少奇、邓小平等老一代无产阶级革命家，制造"天下大乱"，成为平步青云、权倾一时、炙手可热的人物。

在中共九大上，毛泽东被选为大会主席团主席，林彪为副主席，周恩来为秘书长。林彪代表中共中央向大会作政治报告。报告把"无产阶级专政下继续革命的理论"作为社会主义革命的指导思想和"文化大革命"的理论依据肯定下来，使"文化大革命"的错误理论更加系统和完整。报告把党的全部历史归结为两条路线斗争的历史，虚构了一个根本不存在的所谓"以刘少奇为头子的资产阶级司令部"，把"叛徒、内奸、工贼"的帽子强加到刘少奇头上。报告把整个社会主义历史阶段始终存在着"阶级、阶级矛盾和阶级斗争"，阶级斗争必须"年年讲、月月讲、天天讲"作为党的"基本路线"，并以此规定了"斗、批、改"的任务。报告对国际形势作了不切实际的估计，夸大了帝国主义发动世界大战的危险性，因而过分地强调要准备打仗。在九大通过的新党章中，还破天荒地写上了关于确立林彪"接班人"地位的一段话，即"林彪同志一贯高举毛泽东思想伟大红旗，最忠诚、最坚定地执行和捍卫毛泽东同志的无产阶级革命路线。林彪同志是毛泽东同志的亲密战友和接班人"。

大会在选举第九届中央委员会时，林彪集团、江青集团的一批骨干和追随者进入了中央委员会，而许多著名的老一代无产阶级革命家、久经考验的党政军高级领导干部却被排除在第九届中央委员会之外。在大会选出的170名中央委员和109名候补中央委员中，原第八届中央委员和候补中央委员只有53人，仅占第九届中央委员和候补中央委员总数的19%。

中共九大上，林彪集团的主要成员林彪、陈伯达、黄永胜、吴法宪、叶群、李作鹏、邱会作全部进入了中央政治局。江青集团的主要成员江青、康生、张春桥、姚文元也都进入了中央政治局。这样就进一步加强了林彪反革命集团和江青反革命集团在中共中央的地位，使得林彪反革命集团篡党夺权的野心急剧膨胀，直至密谋策划发动反革命武装政变；使得江青反革命集团不断制造内乱，继续祸国殃民。

中共九大的召开，邓小平是从报纸上的新闻报道中知道的。虽然邓小平被确定为"党内第二号最大的走资本主义道路的当权派"，被撤销了党内外一切职务，但没有开除党籍。以一个大政治家多年的政治经验，邓小平深知这一处理的重要性，也深知其中必有毛泽东的考虑。只要没有开除党籍，就留有余地，就存在着今后恢复工作，为人民服务的可能性。中共九大闭幕以后不久，1969年5月3日，邓小平给汪东兴写了一封信，请汪东兴转报毛泽东主席和党中央。在信中，他询问，"九大"开过后，不知是否已到处理他的问题的时候，并表示完全静候党的决定。他向毛泽东表示，将无保留地接受党对他作出的政治结论和组织处理……信中最后提出，想同汪东兴见一面，谈谈他的感受。邓小平的这封信被送到了毛泽东的手中。毛泽东看了以后，批转给林彪及在京的中共中央政治局委员传阅。邓小平的表态，一定在毛泽东心中留下了印象。一是说明邓小平是愿意作自我批评的。毛泽东认为这一点很重要，他在以后的讲话中还曾提到此点。二是证明毛泽东决定不开除邓小平的党籍是正确的。而恰恰是这一决定，为以后邓小平的复出留下一个极其重要的政治伏笔。可能是毛泽东对邓小平的态度所起的作用，中共九大以后，邓小平的处境有所改善，子女们每周也可以回中南海看望邓小平夫妇了。就在这时，邓小平才知道自己的大儿子邓朴方因在"文化大革命"中受到严重迫害而致残一事。邓小平给毛泽东写了一封信，提出请组织上帮助安排，以便使邓朴方得到进一步的治疗。毛泽东和周恩来对此信作了批示。

中央办公厅主任汪东兴与中国人民解放军三〇一医院进行了联系。三〇一医院隶属解放军总后勤部，总后勤部部长是林彪的干将邱会作。在林彪当权的情况下，三〇一医院不愿意接收"有问题"的人。何况这一次要送的是"第二号走资派"的儿子，院方当然更不愿意接收了。直到汪东兴把毛泽东和周恩来的批示拿给三〇一医院的负责人看了以后，他们才同意把邓朴方送进三〇一医院。

中共九大以后，林彪反革命集团自以为已经掌握了党和军队的许多重要权力，篡夺党和国家最高权力的条件已经成熟。因此，他们便在暗中进一步加紧了"抢班夺权"的步伐。

1969年10月，空军司令员吴法宪擅自任命林彪的儿子林立果为空军司令部办公室副主任兼作战部副部长。1970年8月，吴法宪背着中共中央、背着中央军委，私自提出"空军的一切都要向林立果同志汇报，都可以由立果同志调动、指挥"。以后吴法宪又向当时的空军政治委员说："林立果可以指挥空军的一切，调动空军的一切。"当时的空军司令部、政治部、后勤部，都制定了贯彻落实这个"两个一切"的措施。就这样，吴法宪私自把空军的指挥大权交给了林立果，为林立果在空军进行反革命活动创造了条件。林立果利用自己的特殊身份和窃取的权力，在空军组成了一支反革命的"联合舰队"。

中共九大以后，从1969年下半年起，按照林彪、江青等人的旨意，"邓小平专案组"抓紧了对所谓邓小平"现行问题"的调查。在秦城监狱，"专案组"提审了原中共中央政治局委员、中央书记处书记、中共北京市委第一书记彭真，原中共中央西北局第一书记刘澜涛，原中共中央组织部副部长李楚离等；在小汤山监狱，"专案组"提审了原中共中央组织部部长安子文等；在京郊一个部队营区，提审了原中共中央办公厅主任杨尚昆；在总政治部西单一个小看守所，提审了原中国人民解放军总政治部主任肖华；在北京卫戍区监护办公室，提审了原中共中央监察委员会副书记王从吾；在交通干校，提审了原中共中央监察委员会副书记、国家监察部部长钱瑛。此外，还分别提审了潘汉年、刘晓、廖志高等，但均一无所获。

6．"林彪不亡，天理难容！"

九一三事件发生后，邓小平和工人们一起听上级传达中央文件。在听到林彪自我爆炸的消息后，邓小平静静地听工人们讨论，没有讲一句话。直到回家以后，他才十分兴奋和激动地说了一句令家人难忘的话："林彪不亡，天理难容！"

无论古今中外，作为政治家来说，在政治舞台上遭受挫折，都是很正常的现象。

正因为政治领域的斗争需要政治家具备较高的政治修养和充分的思想准备，中国古代的思想家们才留下了那么多饱含哲理、脍炙人口的名言警句。

孟子在《告子》中写道："天将降大任于斯人也，必先苦其心志，劳其筋骨，饿其体肤，空乏其身，行拂乱其所为，所以动心忍性，曾益其所不能。"

苏轼在《留侯论》中写道："古之所谓豪杰之士，必有过人之节。人情有所不能忍者，匹夫受辱，拔剑而起，挺身而斗，此不足为勇也。天下有大勇者，卒然临之而不惊，无故加之而不怒，此其所挟持者甚大，而其志甚远也。"

苏轼在《晁错论》中写道："古之立大事者，不惟有超世之才，亦必有坚韧不拔之志。"

1985年4月15日，新华社报道了中共中央顾问委员会主任邓小平会见非洲一位国家副总统时的谈话。邓小平对这位外国客人说："上一次你是

1973 年秋来中国的，我那年 2 月从江西回到北京，'文化大革命'把许多老干部打倒了，关进了'牛棚'，我也在江西呆了几年。"

邓小平的话，虽然很短，却体现了他独有的一贯风格，既坦率又质朴。然而，在这简短话语的背后，却是一段沉重的历史。

1969 年 11 月 12 日，刘少奇在经过长期的批判、斗争、囚禁之后，在河南开封含冤病逝。

1969 年 11 月，陶铸在经过长期的批判、斗争、囚禁之后，在安徽合肥含冤病逝。

由于受到毛泽东、周恩来的保护，邓小平在"文化大革命"初期被打倒以后，虽然也经受了巨大的磨难，但毕竟熬过了最初那段极端混乱的岁月。

1969 年 3 月，苏联军队侵入中国黑龙江省的珍宝岛地区，打死打伤我国边防部队指战员，制造了严重流血事件。中国边防部队被迫还击。中国外交部 3 次向苏联政府提出强烈抗议。这一边境武装冲突事件，加重了党内存在的关于认为国际形势日益严重、世界大战不可避免的估计。3 月 15 日，毛泽东在"中央文革小组"碰头会上着重谈了准备打仗的问题。[1]

10 月 17 日，林彪作出"关于加强战备，防止敌人突然袭击的紧急指示"，要求全军进入紧急战备状态，抓紧武器的生产，指挥班子进入战时指挥位置等。10 月 18 日，担任中国人民解放军总参谋长的黄永胜等以"林副主席第一个号令"正式下达这个"紧急指示"，引起了各方面的极大震动[2]。

为配合战备需要，中央决定把一些人员从北京疏散到外地。其中既包括毛泽东等中央领导同志，一些"文化大革命"中受批判、"靠边站"的原中央领导同志，也包括一些"文化大革命"中被打成"走资本主义道路的当权派"或被扣上其他罪名的领导同志。在老一代无产阶级革命家中，朱德、董必武被疏散到广东，叶剑英被疏散到湖南，陈云、王震等被疏散到江西，聂荣臻、陈毅等被疏散到河北。被打成"党内头号走资本主义道路的当权派"的刘少奇重病在身，被人用担架抬上飞机，送到河南开封一个壁垒森严的天井院中

---

[1]中共中央党史研究室：《中国共产党历史大事记》，人民出版社 1991 年 9 月第 1 版，第 294 页。

[2]中共中央党史研究室：《中国共产党历史大事记》，第 296 页。

监禁起来，并有一个排的武装部队看押。其实，刘少奇这时已不能说话、不能行动，就是不看押也跑不了了。被打成"党内第二号走资本主义道路的当权派"的邓小平被送往江西南昌，被打成"党内第三号走资本主义道路的当权派"的陶铸被送到安徽合肥。

据当时的中央办公厅主任汪东兴回忆，在中央作出上述决定后，毛泽东曾对汪东兴指示："要把陈云、王震他们放在交通沿线，来去方便。"毛泽东说："万一打起仗来，要找的时候，我还离不了这些人呢。这些人还用得着，我还要他们呢！"在紧张的战备气氛中，要准备打仗，中央安排疏散，毛泽东也要到外地去。周恩来报告毛泽东，想让汪东兴留下，帮助做疏散工作。毛泽东批准汪东兴留下10天。这样，和邓小平等谈话的工作，就落到了汪东兴身上。

1969年10月的一天，汪东兴带着中央办公厅一位副主任来到邓小平家，一是对前次邓小平写信希望见他的回应，二是把准备将其疏散到江西的安排通知邓小平夫妇。汪东兴告诉邓小平，由于战备需要，中央决定将一些人员疏散到外地，邓小平夫妇被安排去江西，去江西后还准备安排他们去工厂劳动锻炼。听到疏散的消息，邓小平感到很突然，他想了一下，向汪东兴提出，他的继母夏伯根自从被撵出中南海后，一直住在外面，现在年纪大了，独自一人无人照看，想带她一起去江西。对于这个请求，汪东兴当即表示同意。最后，邓小平说，以前主席说过，有事情找你，到江西后是不是还可以给你写信?汪东兴表示可以。

邓小平虽然对被疏散到江西感到突然，但汪东兴亲自来谈此事，减轻了他心中的不安。汪东兴承诺以后有事还可以找他，这一点非常重要。也就是说，即使去到千里之遥的外地，也能够保持和中央的联系。汪东兴在几天后又一次来看邓小平时还表示，你们要带什么都可以，带不走的可以留在这里，这个院子不会动的，以后你们回来还可以住这里。

汪东兴是工作在毛泽东身边的中共中央办公厅主任。"文化大革命"初期毛泽东曾交待邓小平有事找汪东兴，以后也一直让汪东兴直接主管邓小平的有关事情。这次汪东兴来见邓小平，不但态度很好，而且承诺以后回来还可以住在原处，这些都富有积极的意义。汪东兴的谈话，使邓小平明白，疏散离开北京，不单单是对邓小平的行动。到了江西后，他们还可以去工厂劳动，不管是学习性质也好，改造性质也好，总算是结束了在北京这种与社会生活完全隔离的软禁状态，应该是好事而不是坏事。见了汪东兴之后，邓小平夫妇心里踏实了，加紧准备离京事宜。

1969年10月，当中央决定把邓小平、陈云、王震等老同志疏散到江西以后，日理万机的周恩来总理于18日上午亲自给江西省革命委员会党的核心小组办公室打电话，找江西省的党政军主要负责人，当得知省革命委员会主任和省军区司令员均不在南昌以后，对办公室主任说："有件事，你们先告诉一下黄先同志（当时任江西省革命委员会副主任、中共江西省革命委员会核心小组成员——笔者注），同时向程世清同志（当时任江西省革命委员会主任、中共江西省革命委员会核心小组组长、江西省军区第一政委——笔者注）报告。中央决定，中央首长要到下面去蹲点，接触实际，适当参加些劳动，向群众学习。有陈云同志，一个秘书和警卫员跟随他，王震同志是夫妇二人，他是全家去。王震不是去过你们那里么？他和你们比较熟悉。你们那里有个五七干校，还可以到干校玩玩，年纪大了，劳动也不行了。"

周恩来在中共九届二中全会上。

心细如发的周恩来，在电话中充满了对老同志的关切之情，在询问了江西冬天是否有暖气以后，说："因为从北方一下子到南方不习惯，希望你们适当注意他们的生活，当然吃是他们自己的，他们要花自己的钱，房费不要太贵了。他们住到你们那里要很好地帮助他们，向群众解释一下。他们除了到农村看看，还可以适当参加劳动。不过他们都是60多岁的人了，身体都不好，尤其是王震同志更差一些。我还告诉他们也可以到工厂学习，看看，接触一下群众，接触一下实际，总之，你们核心小组要帮助他们。"

讲完以上的话后，周恩来郑重地说："邓小平夫妇二人也到你们那里去。……毛主席不是在九大说过吗？邓小平的问题和别人不同，他下去是到农村锻炼。当然，这些人也不能当全劳动力了，也是60多岁了，身体也不太好。收房费也适当照顾一点。黄先同志在家，你可向他汇报一下，具体到什么地方去，什么时候去，请黄先同志给办公厅打个电话再定下来。最后一点，再三强调，这些同志下去，你们要多帮助，要有人照顾他们。"

最后，周恩来又加重语气说："你向程世清政委报告一下，要研究一个具体意见。"

当江西的同志明确表示立即向程世清报告后，周恩来才放心地放下电话。

根据周恩来的指示和具体要求，江西省最后决定，将邓小平安排在南昌市郊的新建县拖拉机修配厂劳动，住在位于该厂附近的望城岗原福州军区南昌步兵学校原少将校长的房子里，即"将军楼"；陈云住在南昌市青云谱江西省军区干部休养所，选择就近的江西石油化工机械厂蹲点调查研究；将王震安排在红星垦殖场招待所住，在该场蹲点调查研究。

邓小平在即将离开北京、前往江西的时候，给汪东兴写了一封信。信中表示接受中央对于他的处理，重申对中央和主席作出过的保证，他将以一个普通党员和公民的身份，尽力工作和劳动，并希望将此信转报主席和党中央。

邓小平知道，这次离开北京，虽然算是结束了被囚禁的状态，但在千里之外的江西，与中央和毛泽东的距离就远了。离开北京之前，他写信给汪东兴表明自己的态度，是要通过汪东兴将信息传递给毛泽东。正如邓小平所预期的那样，汪东兴将这封信转给了毛泽东，而且毛泽东本人也看了邓小平的这封信。

1969年10月21日下午，"邓小平专案组"接到中央专案组第二办公室的通知，到中南海西楼会议室开会。会议由中央办公厅的一位副主任主持，参加会议的还有王稼祥、谭震林等"专案组"的人员。会议开始后，主持人说，王稼祥疏散到河南信阳，谭震林到广西桂林，"中央决定将邓小平疏散到江西南昌下放劳动，接触群众，昨天晚上周总理已经亲自打电话给江西关照过了"。并交代"专案组"负责人："你再带上个人。任务有两条，一是安全送到，路上不能出问题；二是会同江西的同志为他们找个合适的住处，有暖气的更好。邓小平年纪大了，住处跟劳动的地方不要距离太远，远了派车不太好，步行太久或坐公共汽车也不大安全。虽然陈云和王震同志也是去江西，但他们和邓小平不一样。他们两个都在党的九大当选上了中央委员，一般来说还不会出什么问题。邓小平没有选上，'文化大革命'前又挂过像，是'党内第二号走资派'，容易被人认出来，发生揪斗现象。清楚了吧?好，你们回去准备一下，明天早上8点钟赶到沙河机场上飞机。"

在中央办公厅和江西为邓小平去江西的事情忙着的时候，邓小平和家人也在抓紧收拾东西。生活用品很好收拾，关键是要尽可能多地带一些马克思列宁主义、历史、文学等各类书籍，在此后的岁月里，邓小平将从这些书籍中汲取新的智慧和力量。

1969年10月22日，邓小平夫妇与邓小平的继母一行三人，乘飞机从北京直达江西。到南昌后，邓小平一行先被带到一个招待所，由江西省军区一位负责人对他们讲了一次话，叫他们"老老实实接受改造"。几天后，他们被送到了居住的地方——江西省新建县望城岗原福州军区步兵学校院内的将军楼。在这座将军楼里，他们一直住了3年多。

"非淡泊无以明志，非宁静无以致远。"在江西期间，邓小平夫妇被安排到新建县拖拉机修配厂参加劳动。每天上午到工厂劳动半天。邓小平被分配做钳工，这是他青年时代在法国勤工俭学时干过的老本行，没想到几十年以后又派上了用场。重操旧业，他干得仍然是那么认真、那么熟练。卓琳则被分配做拆洗线圈的工作。邓小平因为是"党内第二号最大的走资派"，所以每天上工都由人持枪押送，在工厂也是被实行"不许乱说乱动"的监督劳动。尽管如此，对他们来说，这总是长期与世隔绝以后得到的与外界、与社会、与群众接触的机会。开始的时候，厂里的工人们是怀着好奇的心理观察他们两人的。时间一久，他们的言行举止、劳动态度以及他们的为人，深深地感动了工人们。工人们与这个"大走资派"的隔阂逐渐消除了。在共同的劳动、工作中，工人们与邓小平夫妇建立了深厚的情谊。中国的普通老百姓是最淳朴、最善良的，他们并不认为"文化大革命"中下放劳动的"走资派"有多么坏，而是把这样的人看作是"奸臣误国"时的"好人"。邓小平夫妇在该厂劳动改造的3年中，工人们在力所能及的情况下给予他们的关心和爱护，使他们永远难忘。新建县拖拉机修配厂的后面本来没有路，工人们为了邓小平的安全和上下班方便，特意从工厂围墙上开了个口子修上门，便于邓小平和夫人卓琳上下班时从这里通过。天长日久，邓小平夫妇竟然在这里走出了一条小路。不过这是条泥泞小路，晴天走还可以，遇到风雨天，就难走了。有一天，大雪纷飞，邓小平照样循着这条小路到厂里劳动。快走进厂区时，脚下一滑，跌了一跤。工人们得知这一消息，自动拿起锄头、铁锹，挑着煤渣，冒着刺骨的风雪连夜把路修好。这条小路，以后被人们称为"邓小平小道"。有一次，邓小平在劳动中昏倒，工人们连忙抢救，按照卓琳介绍的方法，冲了一大茶缸白糖水喂到邓小平口中，使他转危为安，然后又用拖拉机把他送回住地。在工厂劳动期间，邓小平夫妇从工人们的关心和爱护中得到了最好的精神安慰和支持。3 年之中，无论刮风下雨，无论酷暑严冬，他们去工厂上班从不间断。

邓小平到江西以后，与刘少奇在河南开封、陶铸在安徽合肥的待遇有明显区别。刘少奇、陶铸都失去了人身自由，由军队武装看押，虽未正式逮捕，实际上等同"犯人"。刘少奇病入膏肓危在旦夕而无人抢救，还被斥责为"装病"。陶铸被关押起来以后称呼看押战士一声"小同志"，会立即遭到一顿劈头盖脑的斥责："谁跟你是同志，你这个大叛徒！"把陶铸气得犹如猛虎入囚笼，有天大的本事也施展不出来了。当然，看押刘少奇也好、值勤战士斥责陶铸也好，与执行人员是无关的，他们只是按照林彪集团、江青集团传下来的"上级指示"奉命行事而已。邓小平在南昌步兵学校有一栋小楼安家，在院子里可以享有充分的人身自由（但不能随便出院子），每天可以到工厂劳动锻炼，接触社会、接触实际、接触工人。这无疑是毛泽东和周恩来关心、保护的结果。但江西省革命委员会却不大理解毛泽东、周恩来的长远战略部署，认为邓小平既然是"党内第二号走资本主义道路的当权派"，就理所当然地应该经常向他们汇报思想。1969 年 11 月 23 日，负责邓小平一家生活的江西省革命委员会的一名干事，按照江西省革命委员会负责人的旨意，让邓小平对到江西一个月来的劳动和学习情况写出心得体会。邓小平回答说："有事我会给毛主席党中央写报告的。"这说明，邓小平对毛泽东对自己的看法，对自己的状况，心中还是有一定把握的。不然，不可能会一口拒绝江西省革命委员会的这一要求。

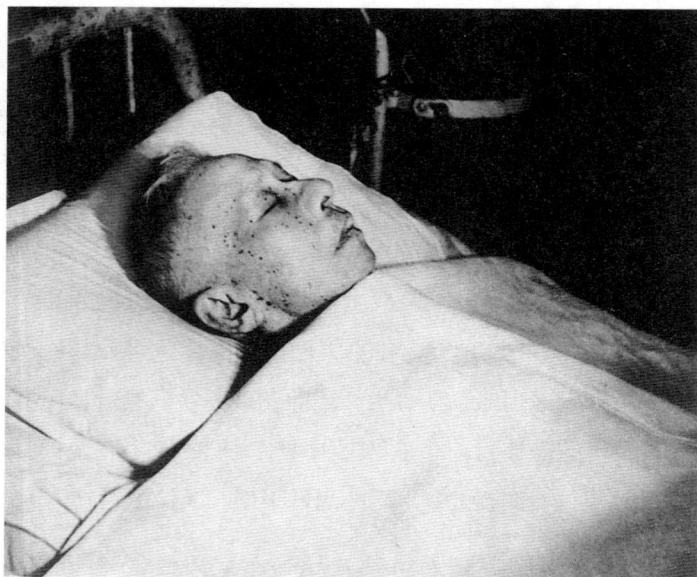

1969 年 11 月 12 日，中华人民共和国前主席刘少奇因遭受政治迫害和人身摧残在河南省开封市病逝，终年 71 岁。

刘少奇的火葬单上写着化名"刘卫黄"，职业为"无业"。

到江西一个多月后，邓小平于 11 月 26 日致信汪东兴。

在信中，邓小平首先介绍了到江西后的生活情况："我们 10 月 22 日离开北京，当日到南昌，住军区招待所 4 天，26 日移到新居，房子很好。移住后，安排了几天家务，买了些做饭的和日用的家具。11 月 9 日，我和卓琳就开始到工厂劳动。每天上午六时半起床，七时三十五分由家动身，二十几分钟就走到工厂，在厂劳动大约三小时半，十一时半由厂回家，吃午饭后睡睡午觉，起来后读毛选（每天力求读一小时以上）和看报纸、夜间听广播，还参加一些家务劳动，时间也过得很快。我们是自己做饭（主要由我的继母做，我和卓琳帮帮厨）。我们过得非常愉快。"

接着，邓小平又介绍了到江西后的劳动情况："我们是在新建县（南昌市属，距南昌二十余里）县办的一个拖拉机修造厂劳动。这个厂原是县里的拖拉机修理站，现扩大为修理兼制造的厂，全厂 80 余人，除劳动外，还参加了两次整党会议和一次年终大干 40 天的动员大会。厂里职工同志对我们很热情，很照顾，我们参加的劳动也不重，只是卓琳心脏病较前增剧，血压增高到低一百高二百，吃力一点，但她尽力每天上班。"

在信中，邓小平还表示，决不辜负主席和党的关怀，决不做不利于党和社会主义祖国的事情，努力保持晚节。

最后，邓小平写道："因为要熟悉一下，所以过了一个月零四天才给你写第一封信，以后当隔一段时间向你作一次报告。如有必要，请将上述情形报主席、副主席和党中央。"

通过写信这种特殊方式，邓小平在江西的日子里仍然与中共中央和毛泽东保持着固定的联系。

除了这一封信之外，邓小平还在附函中提出："来江西时，因飞机超重，只带了一半东西来，还有一些衣物和书籍没有来，书籍差不多全未来，原说由火车托运，至今未到。如可能，请令有关同志查查，最好能运来，如决定留在北京，也请方便时告诉我们。"

汪东兴收到邓小平的亲信后，立即送周恩来、陈伯达和康生传阅，并将邓小平附函中所提到的未到的行李等事务，交中央办公厅一位副主任办理。不久以后，所有的行李和书籍全部运到了江西。这样，邓小平明确感受到，自己写给中央的信，没有人敢截留，汪东兴已经收到了。既然汪东兴收到了这封信，他是必然会转报中央的。这证明，通过汪东兴向中央报告情况的渠道是畅通的。邓小平心里踏实了许多。

"以铜为镜，可以正衣冠；以史为镜，可以知兴替；以人为镜，可以明得失。"邓小平本是一个喜欢读书的人，有了从北京运来的一大批书籍，邓小平的流放生活又增添了新的内容。他的藏书，文史哲经俱全。中国历史方面有"二十四史"、《资治通鉴》等等；中国文学方面有《红楼梦》、《三国演义》、《水浒传》、《西游记》、"三言"、"二拍"、《儒林外史》、《镜花缘》、《西厢记》、《牡丹亭》、《桃花扇》和诗经、唐诗、宋词、元曲，以及现代作家鲁迅、巴金、老舍的作品等等；外国文学方面有托尔斯泰、果戈理、契诃夫、陀斯妥耶夫斯基、巴尔扎克、雨果、罗曼·罗兰、大仲马、莫里哀、萧伯纳、泰戈尔、海明威等著名作家的诸多作品；还有许多外国历史、回忆录、传记、哲学等方面的书，当然，还有许多马克思列宁主义书籍。这些书籍，毫无疑问是一大批宝贵的精神食粮，特别是在邓小平处于流放江西这样的特定历史环境中，它们无疑将伴随邓小平度过寂寞难耐的岁月，会使邓小平的思想迸发出新的智慧的火花，并与邓小平一起迎接春天的到来。

关于邓小平在江西期间的情况，他的女儿毛毛在《在江西的日子里》一文中，曾有过文笔流畅的生动记述：

时间过得真快，转眼严冬已过。一阵绵绵不断，下得人心烦意乱的春雨过后，南方的春天一下子就来了！青草从红土中刚刚钻出，瞬间便连成了一片。那满山的山桃花也都蕾绽花开。从窗中望去，在起伏的山丘上，一团团、一片片，如云如烟。梧桐新叶初发，很快便浓荫遮路。雪白的栀子花沿路皆是，馨香四溢。政治的风暴可以扫荡人们的生活，可以冲击人们的心灵，但挡不住自然界这一片盎然春意。春光不可负，春时不能误。在我们的院子里，三位老人乘着春雨浸润的土地，拓出了两片不小的菜地，种上了白菜、胡豆、辣椒、丝瓜、苦瓜等各色菜蔬。自有了这两片菜地，父亲每日总要抽出时间在园中劳作，挖土、施肥、浇水、锄草，常常干得大汗淋漓。随之而来的是江西素有"火炉"之称的盛夏，真是烈日炎炎，酷热难当。但在三位老人的精心耕耘下，在砂石地上开出的菜园竟然郁郁葱葱、果实累累，使人采之不尽。在楼房后面，祖母还养了几只鸡。这几只小小的生灵似乎特别招人喜爱，善解人意。父亲在院中散步时，它们常常结队而行，跟在人后咕咕作声，使小院里增添了不少的生机。那时因"走资派"的罪名，父母的工资早被扣发，每月仅给他们发一点生活费。他们自己省吃俭用，还要节省一些钱以供当时插队的我和弟弟作为探家路费之习。在经济拮据的时候，养鸡种菜，也的确补充了一些生活所需。

按监管规定，他们三人平时不得随意外出，不得与外人接触。在这个不大的活动天地里，他们的生活倒也很有规律。父母两人每日上午到工厂劳动，下午三人在园中耕作。晚饭后，清扫完毕，三人便围坐在一起听新闻广播。然后父母亲读书看报，祖母就做一些针线补缀之事。父亲和母亲非常热爱看书。离开北京时，经过批准，他们带来了几乎全部的藏书。在那谪居的日子里，父母抓住时机，勤于攻读。特别是父亲，每日都读到深夜。那几年之中，他们读了大量的马列著作，读了"二十四史"以及古今中外的其他书籍。对他们来说，能有如此时间坐下来读书，的确也是难得的机会。我们到江西探亲时，父亲常给我们讲一些历史典故，有时还出题考我们。母亲也时常给我们讲述、议论一些书中精辟之处。在读书中，他们抚古思今，受益不浅。我父亲为人性格内向，沉稳寡言，50多年的革命生涯，使他们养成了临危不惧、遇喜不亢的作风，特别是在对待个人命运上，相当达观。在逆境之中，他善于用乐观主义精神对待一切，并用一些实际的工作来调节生活，从不感到空虚与彷徨。在江西那段时间，他就主要用劳动和读书来充实生活，陶冶精神。

在毛毛的回忆中，还有一个颇为令人深思的生活细节，那就是邓小平的散步：

在江西的这一段时间里，父亲有一个习惯，每天黄昏落日之前，总是十分规律地围着我们那个小小的院子散步。他沉思不语，步伐很快，就这样一圈一圈地走着。日复一日，月复一月，年复一年，那红色的砂石地上，已然被他踏出了一条白色的小路。我时常看着父亲，看着他永远那样认真、永远那样沉静的神情，看着他向前迈出的快速而稳健的步伐。我想，就在这一步一步之中，他的思想、他的信念、他的意志，随着前进的每一步而更加明确，更加坚定起来。这些思想的孕育成熟，是否已为日后更加激烈的斗争做好了最充分的准备呢？

在毛毛如诗如画的叙述中，一个身处逆境而"不坠青云之志"，毫无悲观丧气态度，对生活、对人生、对命运、对前景充满了昂扬之志的大革命家、大政治家的形象，跃然纸上。

"宝剑锋从磨砺出，梅花香自苦寒来"。

真正的宝剑，只有在经过了成百上千次的淬火和磨砺以后，才能放射出令人胆寒的光芒，达到刚柔兼备、削铁如泥的效果。冰天雪地中盛开的梅花，只有在经受了冬季数九严寒的考验之后，才能散发出充满芬芳的馨香，傲霜斗雪，迎春怒放，香气四溢。

在江西的两次"落难"，邓小平虽然艰辛备尝，但是，正是在这种磨难中，邓小平为新的崛起总结着经验，孕育着智慧，积聚着力量……

一位哲人曾经说过，在科学的道路上是没有平坦的大道可走的，只有在崎岖小路上不畏艰险勇敢攀登的人，才有希望到达光辉的顶点。其实，政治家在政治历程中又何尝不是如此呢！20世纪90年代，当苏联瓦解、苏联共产党解散、东欧一系列社会主义国家发生剧变、整个国际共产主义运动出现重大挫折时，邓小平面对国际共运的低潮，多次强调中国共产党要冷静观察，沉着应付，韬光养晦，决不当头，有所作为，把我们自己的事情办好。中国共产党根据邓小平的主张，不受国际风云变幻的影响，坚定不移地一心一意搞好改革开放和现代化建设，创造了政治稳定、经济发展、人民生活水平不断提高的辉煌成就，赢得了国内外的广泛赞誉。

冷静观察，沉着应付，韬光养晦……这何尝不是邓小平在江西"落难"期间应对"十年内乱"的宝贵经验呢！

1970年8月，中国共产党在庐山召开中共九届二中全会，林彪集团为了实现"抢班夺权"的野心，按照事先的密谋策划，由林彪在23日的全会开幕会议上发表关于"天才"问题的讲话。24日，陈伯达、吴法宪、叶群、李作鹏、邱会作（黄永胜此时还未到会）按照密商的口径，一齐出动，分别在各组会议上发起进攻，煽风点火，制造混乱。全会一时被搅乱，许多中央委员上当受骗。25日，毛泽东召开中央政治局常委扩大会议，决定收回载有陈伯达等人发言的华北组会议第二号简报，责令陈伯达检讨。31 日，毛泽东写了《我的一点意见》一文，严厉批评了陈伯达，给了林彪反革命集团以沉重打击。毛泽东采取的一系列果断措施，粉碎了林彪反革命集团在庐山会议上篡党夺权的阴谋。

庐山会议以后，林彪、叶群指使林立果、周宇驰等在上海制定了反革命武装政变计划——《"五七一工程"纪要》，阴谋策划发动武装政变，谋害毛泽东，以"夺取全国政权"。这时，对于"邓小平专案组"的活动，已经无人过问，但"邓小平专案组"却不甘寂寞，于 1970 年 11 月 28 日以"贺龙专案组"名义，给康生、黄永胜、吴法宪、叶群写了一份报告，要求到有关部门继续查找邓小平的"三反罪行"和"招降纳叛"等问题。因康生在庐山会议后看到形势险恶，已经称病；黄永胜在庐山会议前后多次受到毛泽东点名批判，已经"泥菩萨过河，自身难保"。因此，均无批示。吴法宪刚刚在中共九届二中全会上挨了毛泽东的批评，不敢轻举妄动，他将此件转送周恩来和汪东兴。报告送到周恩来处以后，他在上面批示："东兴同志，这全部是公开文件，请你考虑是否需全部调阅。我记得在下放邓小平、谭震林时，已将两人从专案组撤销。"看了周恩来的这个批示，"邓小平专案组"才知道，邓小平的专案在一年多以前就已经撤销了。既然邓小平的专案已经撤销，那么，"邓小平专案组"就成为一个名不正言不顺的"非法组织"了。在这种情况下，"邓小平专案组"向黄永胜和吴法宪等写了一份报告："如已决定邓小平专案组撤销，我们对邓的审查工作立即结束，是否也就不再送呈邓小平的三反罪行和招降纳叛的线索报告了？"这份最后的报告，竟然无人理睬。12 月 24 日，吴法宪的秘书来到"邓小平专案组"，将全体人员召集起来开会，说："你们送上来的关于邓小平问题的报告，和总理对前一个报告的批文，首长们都看了。首长叫给你们说一下，报告不要再送了，邓小平的案子也不要再搞了。材料暂由你们保存，先等着吧。"到此为止，"邓小平专案组"在浪费了国家大量人民币以后，灰溜溜地宣告结束。

1971 年 8 月中旬，毛泽东赴南方视察大江南北。一路上，毛泽东分别会见各地党、政、军的主要负责人，揭露林彪在庐山会议上"急于想当国家主席，要分裂党，急于夺权"的篡党夺权野心。

林彪、叶群从其党羽的密报中获悉毛泽东的谈话内容后，决定以武力谋害毛泽东，发动武装政变。9 月 8 日，林彪亲自下达了"盼照立果、宇驰同志传达的命令办"的武装政变手令，反革命"联合舰队"开始行动。由于毛泽东事先对林彪集团的阴谋活动有所觉察，遂机警地改变了原来的日程，于11 日提前离开上海，使林彪集团的谋杀阴谋没有得逞。12 日，林彪准备带领黄永胜、吴法宪、叶群、李作鹏、邱会作等人乘专机南逃广州，另立中央，实现所谓"武装割据"；同时，秘密调动专机前往山海关机场。

9 月 12 日下午，毛泽东安全回到北京。晚上，周恩来根据有关方面报告，追查林彪私调专机去山海关一事。林彪、叶群、林立果见阴谋败露，于9 月 13 日凌晨仓皇乘飞机逃跑，叛党叛国，投向苏联。飞机进入蒙古境内后，在温都尔汗地区坠落，折戟沉沙，机毁人亡。在毛泽东、周恩来的领导下，林彪反革命集团的其他成员被一网打尽。林彪反革命集团发动的武装政变被彻底粉碎。

林彪在以和平方式争夺国家最高权力的图谋失败后，加紧指使其子林立果准备武装政变。图为武装政变的计划失败后，1971 年 9 月 13 日，林彪携妻叶群、子林立果乘空军 256 号专机出逃，机毁人亡于蒙古人民共和国温都尔汗附近。

"居庙堂之高，则忧其民；处江湖之远，则忧其君。""九·一三"事件发生后，邓小平在江西省南昌市郊新建县拖拉机修配厂和工人们一起，听上级传达关于林彪反革命集团发动反革命武装政变，阴谋败露后叛党叛国，自取灭亡情况的中央文件。这是邓小平自被打倒以后，第一次享受听传达中央文件的"政治待遇"。在两个半小时的听文件过程中，他神情专注，一言不发。听了中央文件以后，工厂以车间为单位组织讨论，邓小平静静地听工人们讨论，没有讲一句话。作为一个曾经长期在政治风浪中纵横驰骋的政治家，在听到林彪自我爆炸的消息后，他的内心一定正在起着翻江倒海般的巨澜。直到回家以后，他才十分兴奋和激动地说了一句令家人难忘的话："林彪不亡，天理难容！"

对于"九·一三"事件，邓小平和全国人民一样感到震惊。在工厂听了中央文件以后，邓小平在住地又反复阅读了几遍。他敏锐地感到，随着林彪反革命集团的败亡，历史发展将会出现重大的转折，这对自己的政治命运，也必然会产生深刻的影响。

劳动之余，邓小平抓紧时间，先后两次给中共中央和毛泽东写信，坚决拥护中共中央粉碎林彪反革命集团政变阴谋的各项重要决策，愤怒声讨林彪的滔天罪行。作为一个共产党员，他要在大是大非面前和一系列重大原则问题上表明自己的鲜明态度和严正立场。同时，邓小平表示了希望为党重新工作的愿望。

对于林彪反革命集团的阴谋活动，邓小平在信中表示了极大的无产阶级义愤。他写道：

前天我第四次同全体职工一决儿，听了关于林彪反革命集团阴谋叛乱的罪证和陈伯达的历史材料，使我更加感到如果不是主席这样从他们的世界观以及他们的政治观点和阴谋活动中，及时地查出了他们的反动本质和极大的危害性，并迅速地把他们暴露于光天化日之下，如果一旦他们完全掌握了党和国家的最高权力，那不但我们的社会主义祖国会变到资本主义复辟，而且会使我们的国家重新沦入半殖民地的地步，更不知会有多少人头落地。没有疑问的，那时，革命的人民和真正的共产党人最终会起来把他们打倒，恢复无产阶级专政和社会主义制度，但是这要经过多长的痛苦的历史反复啊！

邓小平在信中谈了自己对林彪的看法，揭发、批判了林彪在一些党内重大原则问题上的反革命两面派手法和阴谋伎俩：

对于林彪和陈伯达，我没有什么重要材料可以揭发，特别是对于他们的历史我一无所知，只能回忆一下平时对他们的感觉。

对林彪，我过去觉得他很会打仗。我不相信什么百胜将军，不打败仗的将军是没有的。事实上他也不是每仗必胜的。但认为他毕竟是一个军事能手。他的沉默寡言，我也觉得是一个长处。在历史上，我知道他犯了两个错误，一次是在长征时……搞秘密串联……。如果没有主席的威望和坚强的领导，不知会成为什么局面。再一次是抗美援朝，这也是一个严重的政治关头，他又出面反对主席的极端重要的政治决策，并且拒绝到朝鲜作战，按说他是比彭德怀更适当的人选，而他竟拒绝了。在实质上说，他是怕美国，不相信会打败美帝，不相信自己的正义立场和自己的力量。这两件事，一直到八届十一中全会，在大家的自我批评的空气中，他才轻描淡写地说了一下。

在全国解放后，我从一些事情中，逐渐觉得他是一个怀有嫉妒心和不大容人的人，这是我从他对罗荣桓、刘伯承等同志的态度中看出的。……对刘的批评不是与人为善的，林在军委会扩大会议上的讲话更是声色俱厉，他们甚至说到刘在二野没有起什么作用，似乎只有我在那里起作用。当时我曾为此说过，没有那样能够很好合作的司令员，我这个政治委员也起不了什么作用的（我记得在常委会也说过）。对我这个态度，林彪当然是不高兴的。罗荣桓同志同林彪是老战友，按说他们应该是很好的，罗荣桓同志为人朴实、诚恳和厚道，是大家所知道的，罗在干部中是很有威信的，林彪就说过，四野干部有事都找罗，不找他。记不得是不是1959年，罗荣桓同志曾指出林在宣传毛泽东思想中，只强调"老三篇"，[1]是把毛泽东思想庸俗化，林彪非常不高兴，从此对罗的关系很坏。至于对贺龙的关系，大家是知道的。

邓小平在信中，有力地揭露了林彪假借"高举毛泽东思想伟大红旗"之名，行"打着红旗反红旗"、"准备夺权"之实的反动本质：

对于林彪高举毛泽东思想伟大红旗，现在看来，他的确是为的打着红旗

---

[1] "老三篇"指毛泽东的三篇著作：《为人民服务》、《纪念白求恩》、《愚公移山》。

反红旗，是准备夺权，颠覆无产阶级专政、复辟资本主义的步骤，但是过去我一直认为他抓得对，抓得好，比我好得多。……但是，过去在两点上我一直是不同意的，一是林彪只强调"老三篇"，多次说只要"老三篇"就够用了。我认为毛泽东思想是在一切领域中全面的发展了马克思列宁主义，只讲"老三篇"，不从一切领域中阐述和运用毛泽东思想，就等于贬低毛泽东思想，把毛泽东思想庸俗化；一是总感觉林彪的提法是把毛泽东思想同马列主义割裂开来，这同样是贬低了毛泽东思想的意义，特别是损害了毛泽东思想在国际共产主义运动和反对国际修正主义运动中的作用，……我是赞成强调毛泽东思想对于马列主义的继承、捍卫和发展作用的。

对于军队建设，我过去一直肯定林彪在这方面的作用。过去我只觉得他在强调人的决定因素的时候，忽略于军事技术和战术的训练。林彪多次说，只要人不怕死就会打胜仗。这是正确的又是片面的。在"文化大革命"中，我见到"毛主席缔造的，林副主席直接指挥的"这样的提法。觉得这是提高林彪威信的提法，现在原形毕露，才恍然大悟了。

邓小平在信中，还谈到了对陈伯达的一些看法，揭露了陈伯达的伪善面目：

对陈伯达，他的历史我一无所知，甚至他在延安写的《三民主义概论》我也不知道。我对陈的印象是，这个人很自负，很虚伪，从来没有自我批评。他会写东西。对于能写的别人，他是嫉妒的，他经常的口头禅是我是个书生，不行。这就是他惟一的自我批评。他看不起没有他参与过的文章或文件。如果他提出什么不确切的意见，而后来被批判了，他不再说就是，从来没有听他说他在哪件事搞错了。例如，他对"工业七十条"说过不好，他究竟对哪些不同意呢？没听他说过。因为他提出"工业七十条"不好，中央曾指定他负责修改，后来我还催问过他几次，他始终迟迟不搞，不知他葫芦里卖的什么药。……总之，这类的事，还有不少，只是细小，记不起来了。陈伯达多年没有主持过什么工作，对他这样一个握笔杆子的人，总要原谅些，所以我对他的印象只是一般的。至于他主持"文化大革命"中的事情，特别是九届二中全会的事情，只是听了中央文件的传达后，才知道像这样一个坏蛋，以往那种表露不是什么奇怪的……

邓小平在信中，对毛泽东在"文化大革命"中对他的保护，表示了感谢：

主席知道，林彪、陈伯达对我，是要置于死地而后快的。如果不是主席的保护，我不知道会变成什么样子的了。

邓小平在信中，表示了自己对中国共产党粉碎林彪反革命集团取得的伟大胜利的喜悦心情：

我同全党全国人民一道，热烈地庆祝……摧毁林彪反革命集团的伟大胜利。

在信的最后，邓小平向毛泽东表示：

我完全脱离工作脱离社会接触已经5年多了，……我觉得自己身体还好，虽然已经68岁了，还可以做一些技术性的工作（例如调查研究工作），还可以为党为人民做一些工作……我没有别的要求，我静候主席和中央的指示。

邓小平在给毛泽东的这封信中，从历史到现实，一共揭发、批判了林彪五个问题：

第一，"一次是在长征时……搞秘密串联"。

那是在1935年遵义会议以后，毛泽东刚刚在遵义会议上被确立了在中共中央的领导地位，"左"倾教条主义的代表人物博古和共产国际派来的军事顾问李德被取消了最高军事指挥权。毛泽东被重新恢复了对红军的统率权和军事指挥权。此时，中共中央和中央红军还处在敌人的重兵包围之中，为了尽快摆脱敌人，争取主动，跳出敌人四面围、追、堵、截的圈子，毛泽东指挥红军采取了"大踏步的前进"和"大踏步的后退"的作战方法，四渡赤水，力争在"运动"中摆脱敌人和消灭敌人。这就难免要多走一些路。然而，就在这关系到中国革命前途命运、关系到中共中央和红军安危的关键时刻，当时任红一军团军团长的林彪却跳出来反对毛泽东的领导。

对于这段历史，当时担任红一军团政治委员的聂荣臻是历史见证人。他后来作了如下回忆：

四渡赤水以后到会理期间，在中央红军领导层中，泛起一股小小的风潮，算是遵义会议后一股小小的余波。遵义会议以后，教条宗派主义者并不服气，暗中还有不少活动。忽然流传说毛泽东同志指挥也不行了，要求撤换领导。林彪就是起来带头倡议的一个。

本来，我们在遵义会议以后打了不少胜仗，部队机动多了。但也不可能每战必胜，军事上哪有尽如人意的事情。为了隐蔽自己的意图和调动敌人，更重要的是为了甩掉敌人，不可能不多跑一点路。有时敌变我变，事后看起来很可能是跑了一点冤枉路，这也难免。但林彪一再埋怨说我们走的尽是"弓背路"，应该走弓弦，走捷径。还说："这样会把部队拖垮的，像他这样领导指挥还行?!"我说："我不同意你的看法。我们好比落在了敌人的口袋里，如果不声东击西，高度机动，如何出得来?!"在会理休整时，林彪忽然跳出来，给彭德怀同志打电话，他煽动彭德怀同志说："现在的领导不成了，你出来指挥吧! 再这样下去，就要失败。我们服从你领导，你下命令，我们跟你走。"他打电话时，我在旁边。左权、罗瑞卿、朱瑞同志也在旁边。他的要求被彭德怀同志回绝了。我严肃地批评林彪说："你是什么地位?你怎么可以指定总司令，撤换统帅?我们的军队是党的军队，不是个人的军队。谁要造反，办不到!"我警告他说："如果你擅自下令部队行动，我也可以以政治委员的名义下指令给部队不执行。"林彪不肯听我的话，他又写了一封信给中央三人小组，说是要求朱毛下台，主要的自然是要毛泽东同志下台。他还要求我在信上签个名，被我严词拒绝了。我对他说："革命到了这样紧急关头，你不要毛主席领导，谁来领导?你刚参加了遵义会议，你现在又来反对遵义会议。你这个态度是不对的。先不讲别的，仅就这一点，你也是违反纪律的，况且你跟毛主席最久。过去在中央苏区，在毛主席领导下，敌人几次'围剿'都粉碎了，打了很多胜仗。你过去保存了一个小本子又一个小本子，总是一说就把本上的统计数字翻出来，说你缴的枪最多了。现在，你应该相信毛主席，只有毛主席才能挽救危局。现在，你要我在你写的信上签字，我不仅不签，我还反对你签字上送。我今天没有把你说服了，你可以上送，但你自己负责。"最后，他单独签字上送了。

1935 年 5 月 12 日，毛泽东同志在会理城郊外一个名叫铁厂的地方亲自主持召开了中央政治局扩大会议，除了政治局委员以外，彭德怀、杨尚昆同志还有我和林彪参加了这个会议。会上，毛泽东同志对林彪的反党活动进行了严厉的批判。对林彪所谓"走了弓背"的谬论，进行了驳斥。他对林彪说：你是个娃娃，你懂得什么!?

第二，"再一次是抗美援朝……，他又出面反对主席的极端重要的政治决策，并且拒绝到朝鲜作战"。

此事发生在 1950 年。当时，新中国刚刚建立，1950 年 6 月爆发了朝鲜战争。最初阶段，朝鲜人民军在与敌军作战中进展顺利，解放了大片国土，并向大丘、釜山一带进军。正在这时候，美军于 9 月 15 日在仁川登陆，将朝鲜人民军拦腰截为两段，并大举北进，使朝鲜战场局势陡然转折。面对强敌，朝鲜劳动党和朝鲜政府请求中国共产党和中国政府派兵支援。据当时担任中国人民解放军代总参谋长的聂荣臻回忆：中国军队是否参战？"当时在我们党内也是有不同意见的。主要是有些同志认为，我们打了这么多年仗，迫切需要休养生息，建国才一年，困难重重，不到万不得已的时候，最好不打这一仗。对于打不打的问题，毛泽东同志也是左思右想，想了很久。那时部队已经开到鸭绿江边，邓华同志的先遣队已经做好过江的准备，毛泽东同志又让我给邓华发电报，让他慢一点，再停一下，还要再三斟酌斟酌，最后才下了决心。毛泽东同志对这件事确实是思之再三，煞费心血的。不是毛泽东同志好战，问题是美国已经打到我们的国境线上了，不打怎么办?!就这样，我们定下来要打。决策一定，就要全力以赴，必须争取这场战争的胜利。"9 月 30 日，周恩来总理向全世界宣布："中国人民决不能容忍外国的侵略，也不能听任帝国主义者对自己的邻人肆行侵略而置之不理。"周恩来总理还通过印度驻华大使，请印度政府转达中国对美国政府的警告：如果美军越过"三八线"，中国就将出兵援助朝鲜。但美军不顾中国的警告，于 10 月 2 日凌晨，大举越过了"三八线"。当天，中共中央和毛泽东发出指示：决定用志愿军名义派一部分军队至朝鲜境内同美国及其走狗李承晚的军队作战，援助朝鲜同志。毛泽东提出了"抗美援朝，保家卫国"的口号，把国际主义和爱国主义统一起来了。

然而，谁也没有想到在中央开会讨论抗美援朝问题时，林彪却以种种理由反对出兵朝鲜。中共中央作出抗美援朝的决策后，因为考虑到解放战争时期林彪在东北时间比较长，东北的气候与朝鲜接近，有利于熟悉朝鲜的自然环境；中国人民解放军第四野战军的部队曾长期在东北的冰天雪地中作战，比较能适应朝鲜冬季的严寒，预定派往朝鲜作战的中国人民志愿军部队中，第四野战军的部队占的比重较大，其中38军等部队都是四野在东北战场上屡建战功的主力部队；当然，也考虑到林彪有长期的指挥大兵团作战的丰富经验。所以，毛泽东最初决定让林彪担任中国人民志愿军司令员，率部开赴朝鲜，指挥作战。可是林彪却托词有病，硬是不肯去。聂荣臻回忆说："奇怪得很，过去我们在一起共事，还没有看到他怕死到这个程度。"林彪此举，使毛泽东很不满意。后来，毛泽东决定调彭德怀任中国人民志愿军司令员兼政治委员，率兵赴朝鲜作战。当时彭德怀正在西北，担任中共中央西北局第一书记、西北军政委员会主席、西北军区司令员，日常工作极为繁重。中央电令立即赴京，他还以为是研究经济建设，连衣服都没换，立即乘飞机于10月4日飞往北京。第二天参加了在中南海召开的中央政治局会议。中央决定由他赴朝鲜指挥中国人民志愿军，他表示坚决执行命令，没有丝毫的推诿，与林彪的畏惧不前形成一个鲜明的对照。连林彪也不得不酸溜溜地说："看来你还不服老哟！"

日后，林彪自己对别人谈起拒绝赴朝鲜指挥中国人民志愿军作战一事时，曾暗示说，他拒绝在抗美援朝战争中担任中国人民志愿军司令员，乃是因为既对美军不够了解，也对朝鲜的作战环境感到生疏，觉得没有打胜仗的把握。

第三，"对刘（伯承）的批评不是与人为善的"。

此事指1958年发生在军队的"反教条主义斗争"。

"反教条主义"问题，实事求是地讲，并不是由林彪引发的。但林彪在其中推波助澜，煽风点火，起了一定的作用。

1958年军委扩大会议的原定议题是检查军委和各总部对军队工作的领

导。但是，由于种种原因，会议开始后，却把原来意义上克服思想上、工作上缺点的反"教条主义"，变成了一场所谓严重的"路线斗争"。把斗争的矛头指向一大批在军队建设上坚持"正规化"、"现代化"建设，并为此而做出了巨大贡献的高级将帅刘伯承、叶剑英、粟裕、萧克、宋时轮、陈伯钧、李达等同志。把斗争的重点对着不谋私利，不恋权力，一心一意从事军队高级干部教育工作的原解放军南京军事学院院长兼政治委员刘伯承；[1]对着统一领导全军的军事训练和院校工作为提高全军的军政素质做出了极大贡献的解放军训练总监部。

长期以来小病大养、不干工作的林彪，在反"教条主义"中却抓住机会，打击别人，抬高自己，肆意整人，无限上纲。会议一开始，林彪就无中生有，胡说什么："有人一提起学习就想到外国，专学外国的东西，以为只有外国的东西才是好的。这就是迷信，一定要打破迷信观点。""不要一谈到外国的东西就津津有味，把本国的东西看作是'土包子'。""我们的经验很丰富，不能把黄金当黄土甩掉了。"他还耸人听闻地说："有的单位不把毛主席军事著作作为军事基本教材，只作为参考材料，是不对的。有的单位连参考也没有列上，就更不应该。"林彪所提出的这些问题，实际上并不存在，他这样说的目的，是不点名地攻击军事学院和训练总监部，攻击主持这两个单位工作的刘伯承和叶剑英。

"反教条主义"的结果，是从根本上否定了南京军事学院自建院以来的工作，彻底否定了刘伯承自担任军事学院院长兼政治委员和担任训练总监部部长以来辛勤工作、呕心沥血，对提高人民军队军政素质，加强人民军队"正规化"、"现代化"建设方面所做出的重大贡献。

忠心耿耿、为党为国的刘伯承在"反教条主义"中受到了不公正的对待。而新中国建国后拒绝赴朝鲜参战，长期"养病"的林彪，却因为"反教条主义"有功等原因，在中共八届五中全会上被增选为中共中央副主席。

---

[1]1950年11月，中国人民解放军南京军事学院建立，刘伯承任院长兼政治委员，1957年9月离任。同年9月27日，刘伯承任中国人民解放军高等军事学院院长兼政治委员。1958年反对"教条主义"后被免职。1959年4月起，任全国人大常委会副委员长、国防委员会副主席、中共中央军委战略小组组长。

第四，"罗荣桓同志曾指出，林在宣传毛泽东思想中，只强调老三篇，是把毛泽东思想庸俗化，林彪非常不高兴，从此对罗的关系很坏"。

此事是指在如何宣传毛泽东思想问题上，罗荣桓与林彪的一场原则性斗争。

林彪与罗荣桓，本是红军时期、抗战时期、解放战争时期的老战友。红军时期，林彪任红四军军长的时候，罗荣桓任红四军政治委员，从这时起，签发文件、下达命令，即常以"林罗"署名。提起"林罗"，人们便知是指红四军。林彪任红一军团军团长时，罗荣桓任红一军团政治部主任。抗战时期，林彪任八路军一一五师师长，罗荣桓任一一五师政治部主任。平型关大捷后，林彪负伤，先后到延安、苏联养伤、治病，罗荣桓任师政治委员（以后兼代理师长），率部进入山东，开辟了山东抗日民主根据地。解放战争时期，林彪先后任东北民主联军总司令、东北野战军司令员、第四野战军司令员，罗荣桓则分别任副政治委员、政治委员、第一政治委员。新中国建立后，林彪"养病"，罗荣桓担任中国人民解放军总政治部主任兼总干部部部长。后因身体不好，辞去了这两项职务。1959 年林彪出任国防部长，主持中央军委工作后，中央又让罗荣桓再次担任总政治部主任。

平时，林彪性格内向，阴鸷，沉默寡言，劲气内敛，含而不露，城府很深。罗荣桓性格温和，待人和气，处事大度，以诚待人，顾全大局。二人刚柔相济，在革命战争年代基本上配合得很好。除了辽沈战役中在南下北宁线、攻打锦州问题上发生过一次争论外，基本没有出现过其他大的纷争。

但是，林彪主持中央军委工作后，为了抢占"高举"、"紧跟"的制高点，在如何学习、宣传毛泽东思想问题上提出了一系列庸俗化、实用主义的提法。例如，林彪提出，学习毛泽东著作只要学好"老三篇"就行了，提倡"走捷径"、"背警句"、"带着问题学"、"立竿见影"等等。罗荣桓作为全军政治工作的主要负责人，与林彪进行了坚决的斗争。20 世纪 60 年代的一天，中央军委召开常委会议，当讨论《合成军队战斗条例概则》时，讨论稿中有林彪关于"带着问题学"的一段话。罗荣桓当即指出："'带着问题'学毛选，这句话要考虑，这句话有毛病。"林彪听了，很不高兴地说："那你说应该怎么学呢？"罗荣桓说："应当是学习毛主席著作的精神实质。'带着问题学'，这句话改掉为好。"林彪等了一会儿，见没人支持他的观点，只好同意去掉。罗荣桓接着说：

"学习毛主席著作，一定要从根本上学，融会贯通。要学习立场、观点、方法，紧密联系实际……""好吧，散会！"林彪不等罗荣桓讲完，便迎头打断，宣布散会，接着拂袖而去。

罗荣桓尽管为人大度，但在重大原则问题上是坚持原则、寸步不让的。于是，他把与林彪的争论报告给了中央总书记邓小平。邓小平听了罗荣桓的汇报，感到这是个大问题，便在中共中央书记处会议上让大家讨论。大家一致赞成罗荣桓的意见。1975年9月，邓小平在农村工作座谈会上谈到此事时说："林彪把毛泽东思想庸俗化的那套做法，罗荣桓同志首先表示不同意，说学习毛主席著作要学精神实质。当时书记处讨论，赞成罗荣桓同志这个意见。"1977年5月，邓小平又提起这件事说："'两个凡是'不行。""毛泽东思想是个思想体系。我和罗荣桓同志曾经同林彪作过斗争，批评他把毛泽东思想庸俗化，而不是把毛泽东思想当作体系来看待。我们要高举旗帜，就是要学习和运用这个思想体系。"

当年，由于罗荣桓在一系列原则问题上同林彪进行了坚决斗争，所以，林彪怀恨在心，经常在背后制造流言蜚语攻击罗荣桓，"对罗的关系很坏"，并在一次别人提到"林、罗"时，恨恨地说："什么林、罗，林、罗要分开，林、罗从来不是一起的。"

第五，"至于对贺龙的关系，大家是知道的"。

贺龙为人直爽、热情，林彪对人阴鸷、猜忌，两人在性格上正好相反。但这只是次要问题。主要的问题是，林彪自1959年出任国防部长、主持中央军委工作后，仍经常"养病"，不能正常工作，给军队工作带来诸多不便。毛泽东经过再三考虑以后，于1963年在一次中央政治局会议上提议：林彪身体不好，由贺龙主持中央军委工作。大家一致同意。

从此，贺龙作为中央军委第二副主席，开始主持中央军委工作。他与中央军委秘书长、中国人民解放军总参谋长罗瑞卿一起，发挥集体智慧，齐心协力，很快使军队建设呈现出一派热气腾腾的崭新面貌。1964年，全军掀起了大规模的群众性练兵高潮，成效极大，有力地提高了部队的战斗力。从4月中旬到5月中旬，贺龙代表中央军委，连续三次观看了部队的军事表演，并作了重要指示，对部队鼓舞很大。6月15、16日两天，毛泽东、刘少奇、周恩来、朱德、董必武、邓小平等党和国家领导人，由贺龙等同志陪同，亲临北京西郊射击场检阅部队军事训练成绩。观看了部队和民兵的表演后，毛泽东问贺龙：有夜间的吗？贺龙说：现在每个团都有"夜老虎连"，晚上就看"夜老虎连"的表演。毛泽东听了点点头，高兴地说：好，就是要搞夜战，搞近战，训练部队晚上行军，晚上打仗。

但是，贺龙为党为人民为军队建设做出的巨大贡献，招致了阴谋篡党夺权的林彪的极大忌恨和仇视。他先是诬蔑贺龙狠抓军事训练是"单纯军事观点"、"不突出政治"，全盘否定1964年全军的群众性练兵运动。接着在1965年年底的上海会议上，以"反对突出政治"等罪名，打倒了协助贺龙抓军队工作和军事训练的罗瑞卿。然后，又在"文化大革命"中诬蔑贺龙是"大军阀"、"大土匪"、"三反分子"、"要搞二月兵变"，欲把贺龙彻底打倒，置于死地而后快。

1966年8月，"文化大革命"刚刚爆发，林彪就一手炮制了"八·二五"事件，处心积虑地把矛头指向贺龙。林彪集团捏造事实，把一些曾与贺龙共过事的干部抓起来，诬陷为"反党分子"，逼他们"揭发"贺龙。林彪还恶毒地对吴法宪说："贺龙到处插手，总参、海军、空军、政治学院都插了手。""空军是一块肥肉，谁都想吃"，贺龙要派人"夺你的权"，"你要警惕和防备"。不久，吴法宪就向毛泽东写信，说空军有一条以贺龙为代表的"反党黑线"，贺龙是"黑线人物"，"要篡党夺权"。9月14日，毛泽东在中南海与贺龙谈话。毛泽东把吴法宪的信交给他看，笑着说："我对你是了解的。我对你还是过去的三条：忠于党、忠于人民，对敌斗争狠，能联系群众。"贺龙看了信以后，问："是不是找他们谈谈？"毛泽东说："有什么好谈的？"并风趣地说："我当你的保皇派。"但林彪仍不放过贺龙。9月的一天，林彪当面对贺龙说："你的问题可大可小，今后要注意一个问题：支持谁，反对谁。"贺龙心底无私，朗声答道："我干的是共产党，支持谁、反对谁，你还不知道?!"

与此同时，叶群亲自找到当时的中央军委办公厅警卫处处长，口述了一些所谓贺龙的材料，让这位警卫处长以自己名义给中央写信揭发，其主要内容是：

一、"罗瑞卿家里的办公桌，玻璃板底下压着一张照片，其中有贺（龙）、薛明、罗（瑞卿）、郝治平四人合影，天天看，但没有主席的照片。"

二、"我觉得贺（龙）与罗（瑞卿）、彭（真）、杨（尚昆）反党分子来往很为密切。他们经常密谈"。"常去他家的人神态不正常"。

三、"贺（龙）本人自己房间里亲自保管着一支精制进口的小手枪，夜间睡觉时常压在自己的枕头底下，外出带上。不知为了什么？"

四、他对警卫人员的教育不是以政治挂帅，而是业务挂帅。如教育人家如何将枪法练好，并要求每个警卫人员要练得百发百中。

五、"听说体委自动销毁了120部电台，此事甚为可疑。"

六、据说贺龙家曾经"在电话上安装过一个窃听器"。

……

就是以上这些无中生有，捕风捉影，看了令人不禁哑然失笑的"材料"，林彪却把它看成打倒贺龙的"重磅炮弹"。当警卫处处长按照叶群的口授写好上报后，林彪立即下令打印，作为攻击贺龙的"材料"，上报中央，广为分发。

在林彪煽动的打倒贺龙的狂潮中，最荒唐的莫过于根本就是子虚乌有的"二月兵变"了。这个无中生有的谣言出笼后，仿佛一下子长了翅膀，霎时间，"贺龙私自调动军队搞'二月兵变'，在北京郊区修了碉堡"，"大炮安在什刹海，炮口对着中南海"等耸人听闻的"谣言"一个接着一个从北京传开，弄得京华大地几乎无人不晓。

贺龙，就这样被林彪用谣言、用诽谤、用阴谋击倒了。最后，一生乐观、性格豪爽的贺龙，在长期的监禁中屈辱地辞别了世界。直到"九·一三"事件发生后，经毛泽东提议，中共中央才为贺龙平反。粉碎"四人帮"以后，中共中央又正式发出为贺龙同志彻底平反的决定，恢复了元帅一世的英名。

邓小平在江西写给中共中央和毛泽东的信，通过中共江西省委送往北京。中共中央办公厅收到后，转给了毛泽东。

7.邓小平复出始末

> 九一三事件对毛泽东是一个巨大的心理打击。严酷的事实不能不令他进行深刻的内省和反思。经过一番深思熟虑之后，毛泽东果断地采取了一系列重大措施。
>
> 1973 年 4 月 12 日，邓小平恢复工作后第一次在重大的外事场合露面。顿时，他成为宴会中最引人注目的人物。

1971 年发生的九一三事件对毛泽东是一个巨大的心理打击。

历史已经证明，"文化大革命"中被打倒的一大批老干部，恰恰是最真诚地拥护毛泽东的，而"文化大革命"中选拔的"最亲密的战友和接班人"，恰恰要背叛毛泽东、谋害毛泽东。铁的事实摆在了毛泽东的面前。

九一三事件后，毛泽东的身体明显地衰老了，体质明显地下降了。也许是巨大的精神打击，也许是繁重的工作压力，也许二者兼而有之。总之，九一三事件后，1971 年秋天毛泽东大病了一场。

九一三事件，不能不令毛泽东进行深刻的内省和反思。

"文化大革命"初期，依靠红卫兵和青年学生，本意是想在革命的大风大浪中培养和造就一代"无产阶级革命事业的接班人"，结果，却"天下大乱"。本来天真烂漫的青年学生，后来一个个竟然变成了无法无天的"混世魔王"，乱打派仗，制造武斗，不听招呼，闹得不可收拾。最后，只好让他们全部上山下乡,一走了之,每人发一把老镢头,让他们到农村战天斗地,向穷山恶水"开战"去吧。

经过九一三事件,经过5年来的"文化大革命",毛泽东从实践中感受到,还是在长期革命战争中跟着自己南征北战、风雨同舟、患难与共的一大批老干部最靠得住、最可信赖。

在经过一番深思熟虑以后,毛泽东果断采取了一系列重大措施。

首先,委托周恩来在九一三事件后主持中共中央的日常工作。在毛泽东的信任和支持下,周恩来受命于危难之际,抱多病之躯,以超人的毅力,为克服"文化大革命"的"左"倾错误在经济、政治、组织、外交等领域的影响和消除林彪反革命集团干扰破坏所造成的恶果,作了坚持不懈的努力,使各方面的工作有了转机。

其次,撤销中央军委办事组,成立由中央军委副主席叶剑英主持的中央军委办公会议,负责军委日常工作。1971年9月29日,中共中央发出《通知》:"中央鉴于黄永胜、吴法宪、李作鹏、邱会作四同志参加林、陈反党集团的宗派活动,陷入很深,实难继续现任工作,已令他们离职反省,彻底交待。军委日常工作,中央已决定由军委副主席叶剑英同志主持,并筹组军委办公会议,进行集体领导。"毛泽东批示"同意"。10月3日,中共中央通知:"中央决定,撤销军委办事组。军委办公会议由军委副主席叶剑英同志主持,并由叶剑英、谢富治、张春桥、李先念、李德生、纪登奎、汪东兴、陈士榘、张才千、刘贤权10同志组成,即日工作,在中央军委领导下负责军委日常工作。"

这样,形成了九一三事件后周恩来主持中共中央日常工作、叶剑英主持中共中央军委日常工作的新格局。

"疾风知劲草,板荡识诚臣。"九一三事件后,毛泽东想起了被打倒的一大批老干部。

在周恩来的协助下,毛泽东亲自抓落实干部政策的工作,使"文化大革命"中被批判、遭迫害、靠边站的一大批领导干部的命运出现了新的转机。

1971年11月14日,毛泽东在一次座谈会上,亲自为被打成"二月逆流"的老同志平了反。在叶剑英进来时,毛泽东说:"你们再不要讲他'二月逆流'了。'二月逆流'是什么性质?是他们对付林彪、陈伯达、王、关、戚。那个王、关、戚，'五·一六'，要打倒一切，包括总理、老帅。老帅们就有气嘛，发点牢骚。他们是在党的会议上，是公开的，大闹怀仁堂嘛！缺点是有的。你们吵一下也是可以的。同我来讲就好了。"毛泽东的这番话，为过去被诬指为"二月逆流"的谭震林、陈毅、叶剑英、李富春、李先念、徐向前、聂荣臻等老一代无产阶级革命家平了反，使他们得以恢复了政治名誉，并陆续出来工作。

1972 年 1 月初，毛泽东又对周恩来、叶剑英说："'二月逆流'经过时间的考验，根本没有这个事。不要再讲'二月逆流'了。"

毛泽东还说："现在我有事，请你们去向陈毅同志传达一下。"

为了慎重起见，周恩来、叶剑英当时核对记录后，又念给毛泽东听了一遍。

毛泽东说："对。"

这时，陈毅已因身患绝症在医院住了 1 年。

1972 年 1 月 6 日，陈毅已经处于弥留之际。下午 4 时 20 分，叶剑英赶到陈毅的病房，将记录着毛泽东为"二月逆流"平反的一段话，原原本本地向陈毅作了传达。临终之际，陈毅终于放下了这个沉重的"政治负担"。当天深夜 11 时 55 分，陈毅溘然长逝。

1 月 8 日，毛泽东在见到中央政治局送来请他签发的有关陈毅追悼会的文件时，获悉了陈毅离世的消息。

按照文件上所定的规格，陈毅已不属于党和国家领导人，追悼会的规模是按军队的元老一级安排的，由中央军委具体组织，参加人数为 500 人。没有规定毛泽东主席和其他中共中央政治局委员出席。追悼会的地点在北京西郊的八宝山革命公墓。

毛泽东神态凝重地看了文件，删去了悼词后面两段评价陈毅功过的文字，并批示："前面已作了结论，后两段均可不要。功过的评论，不宜在追悼会上作。"然后便签发了。

1 月 10 日午饭后，按照平常的习惯，毛泽东要午睡一会儿。但这一天他却没有睡意，坐在沙发上拿起一本书，也无心翻看，显然是心情烦躁。过了一会儿，他突然问秘书："现在是什么时间？"秘书回答："现在是一点半。"毛泽东马上说："调车，我要去参加陈毅同志的追悼会。"

秘书立即通知调汽车，又通知了中央办公厅主任和有关中央领导人。

宽敞的苏制吉斯牌轿车悄无声息地在毛泽东晚年的住地——北京中南海

"游泳池"门前刚刚停下，毛泽东身着睡衣就要出门。工作人员急忙拿出他平时会见客人时常穿的那套灰色中山装要给他换上，他却仅仅让把一件上衣套在睡衣外面，就不愿再耽搁时间换其他衣服了。工作人员不敢违背他的意思，只好又在外面给他穿了一件银灰色大衣。

毛泽东跨上汽车，便向北京西郊驰去。

周恩来得到毛泽东要出席陈毅追悼会的通知后，当机立断，指示中央办公厅：马上通知所有在京中央政治局委员、候补委员参加陈毅的追悼会；通知宋庆龄参加陈毅的追悼会；通知全国人大、全国政协、国防委员会，凡是提出参加陈毅追悼会要求的，都可以去参加。他还指示中国驻柬埔寨大使康矛召，转告在北京的柬埔寨民族解放阵线主席诺罗敦·西哈努克亲王，如果他愿意，请他出席陈毅副总理的追悼会……

周恩来这一系列果断的指示，迅速提高了陈毅追悼会的规格，将其由一般军队元老一级的追悼会，提高为党和国家领导人一级的追悼会。放下电话，周恩来跨进汽车风驰电掣般地提前赶到了八宝山，一下车就调兵遣将，安排部署迎接毛泽东前来的各项准备工作。

毛泽东来到八宝山后，首先步入休息室大厅。当秘书找到陈毅夫人张茜，并把她引进休息室

"林彪事件"后，毛泽东在很大程度上改变了对"文革"以来遭迫害的大批中共资深官员的看法，并逐步安排他们重新出来工作。1972 年 1 月 10 日，毛泽东突然出现在陈毅的追悼会上，是其上述态度转变的一个重要征兆。

大厅时，其他党和国家领导人已相继赶到。毛泽东见到张茜进来，想起身迎接，被快步走过来的张茜阻止了。下面是根据张茜记录整理的毛泽东与张茜谈话的全文。为保持历史文献的原貌，照录如下：

1972 年 1 月 10 日下午 3 时许，陈毅同志追悼大会开始前，毛主席叫我（指

张茜）到休息室去见他。周总理、邓大姐和李德生同志也在座。

我见到毛主席后非常激动地说：主席怎么也来了?!毛主席说：我也来悼念陈毅同志嘛!陈毅同志是一个好人，是一个好同志。

我说，陈毅同志病危时，还想到主席的寿辰。12月26日那天，他饮食已经很困难，但是还吃了一点寿桃、寿面，祝您老人家健康长寿。

毛主席很关心地问，孩子们呢?叫他们进来嘛。

孩子们进来后，毛主席和他们一一握手，勉励他们说，要努力奋斗。

毛主席又说了一遍：陈毅同志是一个好人，是立了功劳的。

我说：陈毅同志26岁的时候第一次见到主席，从那时起，在您老人家的指引和教导下，他才走上正确的革命道路，也正是这样，才有了我们这一家。

毛主席说，他为中国革命、世界革命做出了贡献，这已经作了结论了嘛。

这时周总理插话：悼词中讲了"努力为人民服务"、"坚持战斗"、"坚持工作"……

毛主席点头说："为人民服务"……

毛主席接着对孩子们说，你们这些年轻人不懂得世事，总要再过20年，要翻几个筋斗，才能够懂得世事。

毛主席问，你们谁是搞科学的?

我的大儿子回答：我是在七机部工作的。

毛主席问：你是七机部哪一派的?

大儿子回答：是九·一五的（九·一五是一个群众组织的名字——笔者注）。

我说：他是保王秉璋的，也保错了。

毛主席说：保错了有什么关系，站过来就是了。

毛主席又一一问及其他3个孩子的情况，接着就让孩子们出去了。

毛主席：陈毅同志和我有过几次争论，那个不要紧嘛。

毛主席又说：他跟项英不同，项英不执行中央的路线，新四军9000人在皖南被搞垮了。当然啰，后来又发展到9万人。陈毅同志是执行中央路线的，陈毅同志是能团结人的。

毛主席说，要是林彪的阴谋搞成了，他是要把我们这些人都搞掉的。

毛泽东在同前来参加陈毅追悼会的柬埔寨国家元首西哈努克亲王的谈话中，通报了林彪于1971年9月13日坐一架飞机要跑到苏联，在温都尔汗摔死的情况。毛泽东说："今天是为陈毅同志举行追悼会。陈毅同志是拥护我的。林彪是反对我的。林彪，他跑了！他的飞机摔到蒙古温都尔汗的沙漠里，他摔死了。"这是中国领导人第一次公开向外国领导人透露林彪事件。

毛泽东还对在座的中央领导人谈到了"二月逆流"的性质问题，再次指出"二月逆流"的性质是陈毅和老同志对付林彪和王、关、戚的。对陈毅等老同志的"二月抗争"给予了高度评价。

在毛泽东谈话过程中，叶剑英把手中的悼词交给了周恩来，使致悼词者由中央政治局委员、中央军委副主席，换成了中央政治局常委、国务院总理。

谈话快结束时，张茜关切地对毛泽东说："主席，您坐一下就回去吧。"

毛泽东摇摇头，说："不，我也要参加追悼会，给我一个黑纱。"于是，工作人员把一块黑纱戴到了毛泽东的胳膊上。

追悼会就要开始了。党和国家领导人、各界人士、干部、战士1500多人肃立在会场上。

毛泽东缓慢地走进陈毅追悼会会场，庄严肃穆地来到大厅里悬挂的陈毅的遗像前。

随后，毛泽东向被一面鲜红的中共党旗覆盖着的陈毅的骨灰盒，深深地鞠了三次躬。

这是毛泽东一生中最后一次参加追悼会。

在中国历史上，凡是涉及一个人物的评价，往往极为慎重，讲究"盖棺定论"。对陈毅的最后定论是由毛泽东亲自作出的。这在新中国建立以来的历史上极为罕见，意义非同寻常。这正如朱德在一首悼念陈毅的诗中写的那样："一生为革命，盖棺方论定，重道又亲师，路线根端正。"

毛泽东亲自参加陈毅的追悼会，表示了对这位老战友的真挚感情，表示了对陈毅一生的高度评价，同时也意味着对陈毅在"文化大革命"中蒙受屈辱的彻底平反。

在陈毅之后，再也没有人能够得到"伟大领袖佩黑纱"的哀荣了。

正是在陈毅追悼会上，毛泽东在谈话中又一次提到邓小平。并且把邓小平和当时任中央政治局委员、中央军委副主席的刘伯承并列在一起。说邓是人民内部矛盾。

毛泽东认为邓小平是人民内部矛盾，这表明毛泽东对已经在"文化大革命"中被打成"党内第二号走资本主义道路的当权派"的邓小平的看法，有了根本性的变化。在"文化大革命"中被打倒的老干部，只要"定性"为是属于人民内部矛盾，便可以过党的组织生活，可以出来工作，可以担任领导职务，可以进入中国共产党中央委员会。这样的例子已不在少数。

于是，周恩来便当场示意陈毅的子女，把毛泽东对邓小平所作的"邓是人民内部矛盾"的"评价"传出去，以便为尽快使邓小平能够早日出来工作创造条件。

……

毛泽东作出的上述这一系列重大决策，表明他在一定程度上已经意识到"文化大革命"的错误，并在逐步采取坚决有力的措施，纠正他所认识到的那一部分错误。

毛泽东的这些决策，为邓小平的复出创造了有利的条件。1972年8月14日，毛泽东阅读了邓小平从江西写给他的信以后，作了一个重要批示：

"请总理阅后，交汪主任（指中共中央办公厅主任汪东兴——笔者注）印发各同志。邓小平同志所犯错误是严重的。但应与刘少奇加以区别。（一）他在中央苏区是挨整的，即邓、毛、谢、古（指邓小平、毛泽覃、谢唯俊、古柏——笔者注）四个罪人之一，是所谓毛派的头子。整他的材料见两条路线、六大以来两书。出面整他的人是张闻天。（二）他没有历史问题，即没有投降过敌人。（三）他协助刘伯承同志打仗是得力的，有战功。除此之外，进城以后，也不是一件好事都没有做的。例如率领代表团到莫斯科谈判，他没有屈服于苏修。这些事我过去讲过多次，现在再说一遍。"

毛泽东的这一大段批语，尽管并不完全正确，例如说"邓小平同志所犯错误是严重的"就不符合历史事实。但是，在当时的历史条件下，毛泽东的这一批示，却有着至高无上的重要意义。

　　毛泽东的批示，虽然着墨不多，但言简意赅，十分精当地评价了邓小平的革命历史。毛泽东对邓小平的这一评价是很高的，与邓小平同时代的其他老同志，还从来没有受到过伟大领袖如此高的评价呢！

　　毛泽东的批示，等于向全党发出了一个强有力的、确凿无疑的信号——毛泽东已经下定决心，要起用邓小平重新出来工作了！

8. "人才难得"

> 邓小平健步登上联合国讲坛，庄严宣布：中国将坚决站在第三世界国家一边，中国永远不称霸。

> 邓小平从联合国载誉归来，毛泽东更为倚重。每当毛泽东会见重要的外国客人时，总能看到邓小平的身影。

在促使邓小平复出和重新工作问题上，周恩来呕心沥血，煞费苦心，起了特别重要的作用。毫无疑问，毛泽东是让邓小平复出并委以重任的决策者。没有毛泽东的决策，任何人也不可能使邓小平重新出来工作。但在毛泽东决策以后，是周恩来抓住不放，排除万难，一以贯之，落实到底，把毛泽东的决策迅速变成了现实。

周恩来与邓小平的革命情谊，长达半个多世纪。早在 20 世纪初，当他们在欧洲勤工俭学时，便一同走上了为共产主义事业而奋斗的道路，在中国旅欧共产主义者的各种集会和活动中，常常可以看到他们并肩战斗的英姿。邓小平在 1980 年 8 月会见意大利女记者奥琳埃娜·法拉奇时，曾无限深情地回顾周恩来说："我们认识很早，在法国勤工俭学时就住在一起。对我来说，他始终是一个兄长。我们差不多同时期走上了革命的道路。他是同志们和人民很尊敬的人。"

邓小平的女儿毛毛曾问过邓小平："在留法的人中间，你与哪个人的关系最为密切？"

邓小平沉思了一下答道："还是周总理，我一直把他看成兄长，我们在一起工作的时间也最长。"

毛毛在《我的父亲邓小平》一书中写道："是的，在法国的两年，在20年代末到30年代初在上海做地下工作的岁月，在江西中央苏区，在长征路上，在革命战争中，在建国后的党和国家最高领导机关中，直到周总理为党、为国、为人民鞠躬尽瘁，吐出最后一息，父亲在长达半个多世纪的岁月中，一直是周恩来的得力助手和忠诚战友……"特别是在"文化大革命"前的1956年至1966年这10年里，周恩来作为中共中央副主席、国务院总理，出席中央总书记邓小平召开的中央书记处会议；邓小平作为中央总书记、国务院副总理出席周恩来主持召开的国务院会议，两人同心协力，互相支持，始终站在中共中央和国务院领导工作的第一线，结下了真挚的情谊。

邓小平在"文化大革命"中被打倒，使周恩来顿时失去了一个有力的臂膀。他千方百计保护邓小平，并一直在寻找着、等待着、思考着如何使邓小平早日出来工作的最佳时机。

邓小平下放江西劳动时，周恩来亲自打电话给江西省革命委员会，要求江西省妥善安排好邓小平的居住、生活、劳动和学习，绝对保证邓小平的安全。

在1970年的庐山会议期间，虽然周恩来在协助毛泽东处理庐山会议上发生的林彪密谋"抢班夺权"这一重大事件的过程中异常繁忙，但他还是挂念着在庐山脚下的邓小平。在紧张的工作之余，一天，周恩来对保健医生说："这里现在有我两个熟人呢！一个是你的同行，她叫郑淑云（指周恩来的一位保健护士，当时在卫生部江西"五七"干校）；另一个是我的同行，叫邓小平，现在南昌附近住。一个郑，一个邓，两个'耳刀'嘛！"过了一会儿，周恩来又轻轻叹息了一声，以惋惜的口吻说："我告诉你，邓小平同志就在山下，本来这一次他是可以上山来的，现在看来又不行了。"

1972年1月10日，在陈毅追悼会上，当周恩来听到毛泽东在谈话中把邓小平"定性"为人民内部矛盾时，立即敏锐地抓住这一千载难逢的有利时机，示意陈毅的子女，将毛泽东的话传出去，为邓小平复出制造舆论。

同年1月下旬，周恩来在接见一个会议的代表时，明确指出：在揭批林彪的过程中，一定不能混淆两类不同性质的矛盾；林彪这伙人就是要把邓小平搞成敌我矛盾，这是不符合主席的意思的。

如今，关于邓小平的复出问题，毛泽东亲自作出了重要批示。有了毛泽东的"最高指示"，周恩来立即抓住时机，雷厉风行，迅速行动。

周恩来首先派人将毛泽东的批示和邓小平的信印制若干份，分送中共中央政治局成员传阅，并立即以中共中央名义通知中共江西省委，对邓小平立即解除监督劳动，恢复党组织生活。

1972年12月18日，周恩来写信给中共中央政治局候补委员纪登奎，中央政治局候补委员、中央办公厅主任汪东兴，再次提出让邓小平出来工作的问题。周恩来写道：

登奎、东兴同志：

昨晚主席面示，谭震林同志虽有一时错误（现在看来，当时大闹怀仁堂是林彪故意造成打倒一切老同志的局势所激成的），但还是好同志，应该让他回来。

此事请你们二人商办。他在桂林摔伤了骨头，曾请韦国清同志（当时任广西壮族自治区党委第一书记、区革命委员会主任——笔者注）注意帮他治好。王良恩同志（当时任中共中央办公厅副主任兼政治部主任——笔者注）了解其情况，可问他关于震林同志一家的近情。

邓小平同志一家曾要求做点工作，请你们也考虑一下，主席也曾提过几次。

周恩来

一九七二、十二、十八

经过周恩来的努力工作，终于排除了在邓小平复出问题上的重重障碍。

实际上，"九·一三"事件以后，中共中央任命了新的中共江西省委负责人，邓小平所处的政治环境开始有了一些转机，生活待遇也逐步好转。

一天，中共江西省委的一位负责人到南昌步兵学校看望邓小平，并传达了中共中央关于恢复邓小平党组织生活的通知。邓小平敏锐地感到，这是一个实质性的变化，表示了政治生命的恢复。"我将来还会出来工作的！"从被打倒的那天起，邓小平始终不渝地保持着这种坚定不移的政治信念。

邓小平在等待着新的历史性的召唤！

1972 年 11 月，经中共中央批准，邓小平先后到井冈山、赣南、景德镇等地进行社会调查。这也是周恩来的精心安排，目的在于逐步为邓小平复出创造条件。

1973 年，毛泽东决定重新起用免职已久的邓小平。3 月 10 日，中共中央决定恢复邓小平党组织生活和国务院副总理职务。图为回京前邓小平在江西望城乡与夫人卓琳（右）、秘书王瑞林（左）合影。

邓小平经樟树、吉安、永新、宁冈来到井冈山。在宁冈，他对当地干部说："井冈山精神是宝贵的，应当发扬。"他还一字一句地说道：我们的党是好的，是有希望的；我们的人民是好的，是有希望的；我们的国家是好的，是有希望的。在井冈山，邓小平参观了黄洋界、八面山、双马石、砂冲、桐木岭五大哨所，参观了大井、小井、黄坳、茨坪，参观了井冈山博物馆、工艺美术厂。邓小平虽然对井冈山斗争的历史十分熟悉，但却一直没有机会到井冈山实地考察。如今多年凤愿得到了却，他的心情格外激动。

离开井冈山，邓小平又来到泰和县考察农业机械化。他询问了小型拖拉机的生产情况，观看了农用水田插秧机操作表演，认为"农业机械化是个方向"。

1972年12月，邓小平驱车向南，经赣州、兴国、于都到会昌、瑞金、宁都、广昌，重温革命战争年代往事，关注老区人民生产、生活，把他对赣南老区人民几十年的深情厚谊播撒在这片红色的土地上。

1973年2月，中共中央正式通知邓小平回北京。邓小平接到中共江西省委转来的通知后，立即收拾行装，告别了曾在这里度过3年多时光的新建县，1973年2月19日，邓小平从南昌乘车到鹰潭，次日转乘福州至北京的特快列车离开江西，于2月22日回到北京。当天晚上，中共中央办公厅主任汪东兴到邓小平的住地看望，邓小平向他表示谢意，感谢他几年以来的关照。汪东兴说："我是按毛主席的意思办的。"

这时，主持中央工作的周恩来，一方面让中央办公厅迅速安排好邓小平在北京的住所；同时，让中央办公厅通知在北京的中央政治局委员开会，讨论关于落实毛泽东的重要批示，让邓小平恢复工作的问题。

1973年3月9日，周恩来致信毛泽东，专门谈了关于恢复邓小平的工作一事，汇报中央政治局几次讨论关于恢复邓小平党的组织生活和国务院副总理职务情况。信中写道："关于恢复邓小平同志的国务院副总理职务问题，政治局几次讨论过，并在主席处开会时报告过"，"政治局认为需要中央作出一个决定，一直发到县团级党委"，以便各级党委向党内外群众解释。同时，向毛泽东报告：现在小平同志已回北京。

毛泽东阅信后，当即于同日在周恩来的这封信上批示，表示同意。

随后，周恩来即批示告知中共中央办公厅主任汪东兴，将中央关于邓小平复职的文件及其附件送邓小平本人阅，并对有关内容提出意见，汪东兴照办了。

1973年3月10日，中共中央向全党发出《关于恢复邓小平同志的党的组织生活和国务院副总理的职务的决定》。

这个决定，虽然限于当时正处于"文化大革命"中的特定的历史环境，还存在一定的历史局限性，带有那个时期的特定的历史烙印。但是，它毕竟作为中共中央正式文件，庄重地向全党正式宣布了恢复邓小平的党的组织生活和国务院副总理的职务的决定，具有重要的历史意义。

中共中央的这个决定，先发至全国县、团级党的组织，然后被迅速地传达到全体共产党员、广大的干部和人民群众。

"邓小平要出来工作了!"这个消息很快传遍了全国城乡，一时间达到了家喻户晓的程度。

中共中央关于邓小平恢复工作的文件发出以后，周恩来向中央政治局请假，要求病休两周，中央的日常工作由叶剑英主持。周恩来太累了。自从"文化大革命"开始以后，他的战友和得力助手一个个被"打倒"了，只有他还在独自苦撑危局。"九·一三"事件发生后，他更是夜以继日地超负荷工作，终于疲劳过度，积劳成疾。如今，经过毛泽东的批准，邓小平恢复工作一事正式成为现实，周总理终于松了一口气，如释重负，可以安心休息几天了。

1973年3月中下旬，周恩来由邓颖超陪同在北京西郊玉泉山对身体做全面检查和治疗。在此期间，他委托邓颖超前去看望回到北京的邓小平和卓琳，表示对老战友的关切之情，同时向邓小平夫妇通报自己的病情。

几天以后，周恩来身体稍有好转，便恢复了工作。他与中共中央政治局委员、国务院副总理李先念等一道，于3月28日会见了邓小平。两位几十年患难与共、心心相印的老战友，在经过了几年"文化大革命"的风风雨雨以后，终于又见面了。

3月29日，周恩来约邓小平到北京中南海毛泽东处开会。会前，在毛泽东的书房里，毛泽东与邓小平见了面。望着几年不见、已经明显苍老的伟大领袖和导师，邓小平百感交集，决心努力工作，不辜负毛泽东的信任和厚望。之后，根据毛泽东的意见，周恩来主持中共中央政治局会议，议定：邓小平"正式参加国务院业务组的工作，并以国务院副总理身份参加对外活动；有关重要政策问题，小平同志列席政治局会议参加讨论"。这次会议还研究了关于筹备召开中国共产党第十次全国代表大会的有关问题。

这次会议以后，邓小平正式恢复了国务院副总理的工作。

4月9日，周恩来、邓颖超在百花争艳、春光明媚的北京西郊玉泉山与邓小平、卓琳夫妇会面，并在一起进行了长时间的谈话。多年以后，邓小平回忆起当年的情景，仍然记忆犹新。他说："我们去看总理，看到他瘦得不成样子。我们相对无言。"周恩来开始谈话后，首先没有谈自己的病情，也没有谈今后的工作，而是直截了当地指出："张春桥是叛徒……"同时要求邓小平要选好保健医生。这是重病在身的周恩来在向邓小平作政治交待，要求他认清"四人帮"的真面目，保重自己的身体，坚持顽强韧性的战斗，为了党和人民的最高利益，同"四人帮"斗争到底。

1973 年 4 月 12 日晚上，宽阔的北京天安门广场华灯齐放，富丽堂皇的人民大会堂灯火辉煌。7 时 30 分，周恩来总理满面春风，神采飞扬，出现在人民大会堂一楼宴会厅，在这里主持举行盛大宴会，热烈欢迎刚刚从柬埔寨返回北京的柬埔寨国家元首、柬埔寨民族解放阵线主席诺罗敦·西哈努克亲王和夫人一行。使各国驻华使节和驻华记者感到惊讶的是，邓小平作为国务院副总理出席了宴会。

这是邓小平恢复工作以后，第一次在重大的外事场合露面。

顿时，邓小平成为宴会中最令人注目的人物。

对于邓小平的这次露面，当时在场的匈牙利驻华记者巴拉奇·代内什作为亲历者，在他所著的《邓小平》一书中，作了详细的描述：

那是 1973 年 4 月，在北京举行的一次宴会上，我第一次见到了他。他孤独一人站在大厅里。他个子明显矮小，但体肩宽阔，显得刚毅有力。身着深色的毛式干部服，但袜子是白色的。此刻，他当然知道，从远处，从人民大会堂大厅里的许多圆桌旁边，数百双眼睛正好奇地注视着他。因为他是在消失之后又从被遗忘的角落里突然出现在人们眼前的。在那些七年前被"伟大的无产阶级文化大革命"这一政治地震压倒在地，尔后又恢复名誉、重新出来的人中间，他是地位最高的一个。

在那离奇而又预示着危险的"革命"开始时，他被称作"中国第二号走资派"。"头号走资派"是前国家主席刘少奇。邓小平重新出来的时候，刘少奇早已成为古人，但当时人们并不知道……

在那次令人难忘的招待会上，等待着宴会开始的中国领导人，正在三五成群地寒暄交谈，而他却孤身只影，缄默无声。然而，他那两只大而近似欧洲人式的眼睛，正扫射着所有在场的人，似乎这孤独丝毫没有使他感到难堪不安，相反他正在察看地势，端详同伴，准备迎接新的任务和斗争。眼前的景象是：这边站着"文化大革命"的一些英雄，他们不久前剥夺了他的一切权力；那边是政治牺牲者。但他现在又站在权力的大厅里，是副总理之一。

此时此刻，他们能相互揣度些什么呢？……很快，乐队奏起了柔和悦耳的迎宾曲。这次宴会的贵宾西哈努克亲王同中国领导人一起，在用鲜花组成的图案装饰起来的主宾桌旁就座。这天是 1973 年 4 月 12 日。根据不成文的礼仪规定，国务院在人民大会堂举行宴会时，被邀请的外交官和记者只能在宴会结束时离开席位，无论会上发表了什么讲话，记者和外交官只能在事后报道消息和书写报告。……可是，4 月的这天晚上，筵席未散就抢先急匆匆地走下楼梯的却不是外交官，而是各国的新闻记者。他们直奔近处的邮电总局，向全世界传播一件重大新闻：邓小平复出！[1]

第二天，邓小平复出的消息作为世界各大新闻媒介竞相报道的重大新闻，很快传遍了整个世界。

从此，邓小平作为中华人民共和国国务院副总理，开始履行自己的职责，频繁地出现在中国和国际政治的舞台上。

毫无疑问，"文化大革命"动乱岁月里的诸多磨难和思考，在邓小平的头脑中留下了不可磨灭的印象。他曾深有感触地说："我一生最痛苦的当然是'文化大革命'的时候。"[2]但是，当受到错误打击、处于逆境时，他从不消沉，总是对党对人民的事业忠贞不渝，为党和国家的前途命运而进行更深刻的思考，发愤要有新的更大作为。因此，他才能顺应历史发展的需要和时代的要求，在经历逆境之后，重新担当党和人民赋予的重任，在思想上有新的创见，在理论上有新的突破，在实践中有新的前进。

远在北美洲的加拿大前总理特鲁多曾就自己应如何对待在政治舞台上的沉浮，请教过邓小平。

特鲁多回忆说："记得在 1979 年，我有几个月下野了，那期间我又访问了中国，去了西藏。从西藏回到北京后，我见到邓小平。我问他，我现在下野了，但希望重返政治舞台，你曾经有过这种经历，你的秘诀是什么？"

邓小平干脆利落地回答："只有一个——忍耐。"

特鲁多便练习忍耐，以后重返政治舞台。

---

[1]匈牙利巴拉奇·代内什：《邓小平》，解放军出版社 1988 年版，第 1—3 页。
[2]《邓小平文选》第三卷，第 54 页。

北欧的芬兰前首相索尔萨，从欧洲人的角度对"忍耐"一词所包含着的深刻哲理和政治内涵进行了诠释。他说：我们芬兰语中有个特别的词汇——忍耐。含意是拥有崇高的信仰，对为之奋斗的事业充满信心。

也许，还是邓小平自己的话最有说服力。1986 年 9 月 2 日，担任中国共产党中央顾问委员会主任的邓小平，在中南海会见了来自太平洋彼岸的美国哥伦比亚广播公司"60 分钟节目"记者迈克·华莱士，回答了他提出的问题：

华莱士提问：邓主任，刚才谈到"文化大革命"，在那时候您和您的家人遭遇如何？

邓小平回答：那件事，看起来是坏事，但归根到底也是好事，促使人们思考，促使人们认识我们的弊端在哪里。毛主席经常讲坏事转化为好事。善于总结"文化大革命"的经验，提出一些改革措施，从政治上、经济上改变我们的面貌，这样坏事就变成了好事。为什么我们能在 70 年代末和 80 年代提出了现行的一系列政策，就是总结了"文化大革命"的经验和教训[1]。

在江西的 3 年多，是邓小平革命生涯中的第二个"低潮"时期，在此期间他经历了极大的磨难。正是这些来自磨难中的思考，这些来自对中国十几年来社会主义建设正反两个方面的经验和教训的深刻总结，开启了邓小平头脑中理论思维和思想智慧的闸门，萌生出建设中国特色社会主义理论的胚芽，奠定了中国在 1975 年"全面整顿"、在中共十一届三中全会以后开辟改革开放和社会主义现代化建设新道路的思想基石。

邓小平复出后，相继担任国务院副总理、中共第十届中央委员、中央政治局委员和中央军事委员会委员，成为中央党政军领导人之一。经过一段时间的工作，毛泽东对邓小平感到十分满意。他多次在一些讲话和谈话中，称赞邓小平"政治思想强"、"人才难得"、"文武全才，不可多得"，决心让邓小平承担起更大的责任。

毛泽东对邓小平的信任、赞扬和支持，引起了觊觎党和国家最高权力的

---

[1]《邓小平文选》第三卷，第 172 页。

"四人帮"反革命集团的严重不安，他们把邓小平视为自己篡党夺权的巨大障碍，千方百计妄图阻止毛泽东对邓小平的进一步重用。1974年3月，在中共中央政治局会议上，江青第一次开始直接向邓小平发难，但遭到了惨败。

这次斗争是围绕着邓小平的联合国之行展开的。

1974年4月，联合国大会举行第六届特别会议。在此之前，中共中央政治局曾于3月间讨论，派谁率中国代表团去参加联合国大会第六届特别会议。江青公开把矛头指向邓小平，以种种理由坚持不同意外交部根据毛泽东、周恩来的意见提出的邓小平率领中国政府代表团前往联合国，并代表中国政府做大会发言的建议。

3月20日，外交部向毛泽东主席呈送了关于中国政府派代表团出席联合国大会第六届特别会议的请示报告，并就代表团团长的拟定人选问题请示毛泽东。毛泽东阅后建议由邓小平担任中国代表团团长。毛泽东认为周恩来病情严重，不可能出国，应当由邓小平率领中国政府代表团出席联大特别会议。这是我国恢复在联合国合法权利后，中国政府重要领导人首次参加联大会议，并将在本次会议上向全世界全面阐明中国的外交政策和纲领。由邓小平出席这样一个重要的会议，毛泽东是深思熟虑过的，因为邓小平在"文化大革命"前曾多次代表中国共产党和中国政府参加与苏联等社会主义国家的谈判和与苏联霸权主义的斗争，具有国际活动和外交斗争的丰富经验。根据毛泽东的指示，外交部于3月22日向中央呈送了关于中国政府出席联合国大会第六届特别会议代表团人选的请示报告。3月24日，经毛泽东和周恩来批示同意后，正式报请中共中央政治局讨论决定。

江青为了阻止邓小平担任中国代表团团长出使联合国，于3月24日晚上在北京钓鱼台国宾馆召见主持起草外交部请示报告的外交部副部长王海容、外交部美洲大洋洲司副司长唐闻生，强令她们立即撤回外交部给中央的请示报告。王海容、唐闻生表示：外交部关于由邓小平担任中国代表团团长出席联合国大会第六届特别会议的请示报告已经上报毛泽东圈阅，外交部无法撤回。3月25日下午，周恩来向王洪文提议一同请示毛泽东，由毛泽东最后定夺。毛泽东让秘书传话给周恩来、王洪文"关于邓小平出国一事，我是个人意见，如果政治局大家都不同意，那就算了。"周恩来当即表示：将于明日向政治局传达，并对有关同志做工作。

在此期间，江青仍不死心，竟然连续4次分别给王海容和唐闻生打电话，企图迫使她们出面撤回外交部给中央的请示报告，大有不达目的誓不罢休的劲头。

面对江青的巨大压力，一直得到毛泽东信任的王海容、唐闻生向中南海毛泽东处打电话请示：

"毛主席是否仍旧主张邓小平率团与会？"

"我们是否将毛主席提议让邓小平当团长的意见说出去？"

毛泽东的秘书请示毛泽东后，除了复述向周恩来、王洪文传达的毛泽东意见外，特别补充了一句："毛主席说，如果实在不行，也可以说明，让邓小平当团长是他提议的。"

3月26日，中共中央政治局在人民大会堂东大厅举行会议，专题研究中国政府派代表团出席联合国大会第六届特别会议事宜。会议中间，江青又节外生枝，派人通知王海容、唐闻生来参加会议。当王海容、唐闻生来到东大厅时，江青大声质问王海容、唐闻生：

"让邓小平率团与会究竟是毛主席的意见，还是外交部的意见？"

"报告是外交部写的？"

当看到王海容、唐闻生一副胸有成竹、沉着稳重、不卑不亢的神态时，江青又改变态度说："不是我江青反对邓小平参加联合国会议。中央军委要开会解决李德生的问题，邓小平必须参加！""现在要搞好根据地，国外的事相对来讲是次要的。"

但是，不论江青是大声呵斥也好，轻声解释也罢，王海容和唐闻生只是一言不发，不予置理，冷眼静观江青"表演"下去。江青见再多说也无用，只得作罢。

当出席会议的大多数中共中央政治局委员获悉由邓小平任中国代表团团长出席联合国大会第六届特别会议是毛泽东的意见后，纷纷表示赞同。会议结束后，中共中央政治局把讨论情况报告了毛泽东，王海容和唐闻生也把有关情况向毛泽东作了反映。3月27日，毛泽东致信江青。

江青：

邓小平同志出国是我的意见，你不要反对为好。小心谨慎，不要反对我的提议。[1]

毛泽东

三月二十七日

接到中央办公厅转来的毛泽东的信，江青不再坚持己见了。

毛泽东的决策，打破了江青企图阻挠邓小平出席联合国大会第六届特别会议的图谋。

当中共中央政治局最后决定由邓小平率领中国政府代表团出席联合国大会第六届特别会议以后，中国外交部负责人乔冠华问邓小平，准备工作应当如何进行？邓小平只说了一句："重要的是要有一篇好的发言稿。"随后，有关方面就集中精力，准备这篇发言稿。代表团讨论时，觉得这篇发言既要坚决支持第三世界关于建立国际经济新秩序的各项主张，还应当向国际社会阐述中国政府对当时国际形势的新看法，即毛泽东关于划分三个世界的战略思想。代表团把这个想法向邓小平请示后，邓小平立即首肯。他还反复强调，要根据毛泽东历次关于外交政策的讲话来写发言稿，要通过这次会议把毛泽东关于三个世界划分的战略思想向全世界作详尽的阐述。初稿写成后，邓小平和大家一起花了一整天的时间，在人民大会堂一段一段地讨论。中午，就在讨论场所用餐，邓小平和大家一样，每人各分得一份饭菜。吃完后，靠在沙发椅上略事休息后继续讨论。当时，邓小平已近70岁高龄，还和大家一起讨论，一点不觉得辛苦，一点也不觉得疲倦。

在讨论中，邓小平认真听取每个同志发言，还不时表示：你们提的这个意见很好。这种不是高高在上的指挥，而是和同志们一道工作的精神，大家都非常感动。当大家讨论到最后一段结束语时，邓小平说，应该讲这样几句话，就是："中国现在不是，将来也不做超级大国……如果中国有朝一日变了颜色，变成一个超级大国，也在世界上称王称霸，到处欺负人家，侵略人家，剥削人家，那么，世界人民就应当给中国戴上一顶社会帝国主义的帽子，就应当揭露它，反对它，并且同中国人民一道，打倒它。"当参与起草的同志记下这几句话后，邓小平说，"你就这样写，不必改。"这将是中国领导人第

---

[1]《建国以来毛泽东文稿》第十三册，第373页。

一次在联合国讲坛上，对国际社会表达中国永远不称霸的决心，特别是最后一句"全世界人民同中国人民一道，打倒它"，是在其他场合都没有提到过的，更显示出中国人民同世界人民利益的一致性，划清了社会主义国家同社会帝国主义国家的界限。

邓小平预定在联合国大会第六届特别会议上的发言稿，报经中共中央政治局讨论时，顺利通过。随后，报送毛泽东最后定夺。毛泽东审阅以后，于4月4日批示："好，赞同。"[1]

就在邓小平全力准备赴联合国的发言稿时，心细如发、虑事周密的周恩来不顾重病在身，亲自为邓小平的出行作细致周密的安排。他召集外交部和民航总局有关负责人开会，研究欢送礼仪和代表团专机的飞行安全，并对民航总局领导同志说："邓小平同志代表中华人民共和国出席联合国大会，我们要为他圆满完成任务打通道路，增添光彩。"为确保航线畅通，周恩来建议民航机组安排东西两线同时试飞，这样如遇到特殊情况，可以确保飞行。当时，中国完全处于对外封闭的状态，没有通往西方国家的飞行航线。周恩来特别批准中国民航飞机申请航线，进行一次极其特殊的飞行任务。

1974年4月6日，邓小平率中国代表团一行，启程赴纽约参加联大特别会议。周恩来根据毛泽东的指示，率领在京的中共中央政治局委员和中央党、政、军等方面负责人前往机场，与数千群众一起，为邓小平和中国代表团举行隆重的欢送仪式。邓小平临行前，面容消瘦的周恩来和精神矍铄的邓小平的手紧紧地握在一起，给人们留下了难以忘怀的深刻印象。

1974年4月，在纽约举行的联合国大会第六届特别会议是联合国成立以来第一次专门讨论反对帝国主义剥削和掠夺，谋求改革国际经济关系的盛会，主题是原料和发展问题。这次大会能够召开，充分反映了发展中国家为反对帝国主义和超级大国的剥削垄断、为建立新的国际经济秩序而进行的成功斗争，也充分反映了第三世界觉醒和团结的强大力量，因而意义十分重大。这是广大亚非拉国家为改变经济不平等地位，要求与发达国家建立经济平等关系的一次重大尝试。"建立国际经济新秩序"就是这次会议的宗旨和口号。

由于这届特别联大有130多个国家参加，一时美国纽约冠盖如云，共有

---

[1]《建国以来毛泽东文稿》第十三册，第386页。

8个国家的总统、总理和78位外交部长和其他部长率团与会并将发言，充分体现了第三世界在国际事务中的崛起和不可忽视的力量。

4月的纽约，草木青翠，春意盎然，鲜花含苞待放。当载着邓小平和中国政府出席联合国大会第六届特别会议代表团的专机徐徐降落在美国纽约肯尼迪机场以后，邓小平身着深灰色中山装，健步走下飞机，神采奕奕地和黄华大使、陈楚大使热烈握手。一群华侨女青年向邓小平献上了一束开得正盛的鲜花。

当晚，邓小平不顾长途跋涉的疲劳，召集中国政府代表团全体二等秘书以上外交官开会研究工作。他首先仔细听取了有关领导同志的汇报，并不时插话表示自己的意见。然后，他说：这次会议将要载入史册，亚非拉国家受人欺侮那么多年，今天提出要建立经济平等关系，这可是划时代的事件，我们中国要支持，我们要配合他们通过一个好的文件和好的行动纲领，大家要据此精神分头做工作，我自己也来做工作，会见一些外长，这方面请乔冠华同志安排。

4月10日上午，联合国大会议厅座无虚席，旁听席位上坐满了来自美国各州的华侨。他们说，今天要听听祖国一位亲人、一位重要领导人邓小平先生的发言。我们虽收入不多，但为了听亲人发言，无论如何也要想办法买张机票赶来旁听。回去以后，心里温暖啊！

9时整，邓小平副总理由中国代表团乔冠华顾问、中国驻联合国黄华大使陪同，在联合国礼宾司司长的带领下步入会场。不少国家的代表上前和邓小平热烈握手，祝贺他荣任团长出席联合国大会第六届特别会议。

邓小平健步登上联合国大会讲台，用凝重的语言代表中国政府发言。他首先指出，联合国成立29年来，举行专门会议讨论反对帝国主义剥削和掠夺、改革国际经济关系的重大问题，还是第一次。这反映了国际局势的深刻变化。讲到这里，许多亚非拉国家代表热烈鼓掌，表示赞同。

接着，邓小平指出："国与国之间的政治和经济关系应当建立在和平共处五项原则基础之上，国际经济关系事务不应由少数国家垄断，广大发展中国家有权参与决定贸易、货币、航运等方面的大事，对发展中国家提供的贷款应该是无息和低息的。"

然后，邓小平提出了在国际政治、经济关系上的六项主张，其中包括各国事务应由各国人民自己来管；国家不论大小、不论贫富，应该一律平等，不应由一两个超级大国来垄断；国际贸易应该平等互利、互通有无；对发展中国家的技术转让必须实用有效、廉价、方便等。

邓小平在为时 30 分钟的发言中，还全面阐述了毛泽东关于"三个世界"划分的战略思想，论述了中国的对外政策，指出：中国是一个社会主义国家，也是一个发展中国家，中国属于第三世界。中国同大多数第三世界国家具有相似的苦难经历，面临共同的问题和任务。中国把坚决同第三世界和其他国家一起为反对帝国主义、霸权主义和殖民主义而斗争，看作自己神圣的国际义务。中国坚决站在第三世界国家一边，中国永远不称霸。

邓小平的大会发言，多次被与会代表的热烈掌声所打断。邓小平发言结束后，会场再次爆发出热烈的掌声。许多国家的代表称赞邓小平的发言透彻地揭露和批判了帝国主义的剥削和掠夺，为第三世界出了气，鼓舞斗志，令人振奋。赞赏邓小平揭露霸权主义的"有限主权论"和"国际分工论"，认为邓小平的发言使他们大受启发，有些国家代表反映说，邓小平副总理站得高，处处为第三世界巩固政治独立和发展经济着想。虽然大家都知道，中国在援助第三世界国家建设方面成果显著，但邓小平副总理对此却只字不提。而有的国家没有为第三世界做什么事，却大肆吹嘘，为自己评功摆好。东南亚一些国家的代表表示，邓小平副总理关于永远不做超级大国的一段话确实说明中国的领导人高瞻远瞩，具有大国的宏伟气魄和胆识。相信今后中国强大了，也会同亚洲各国友好相处，对亚洲的和平有更大的贡献。

邓小平在联合国的发言，赢得了绝大多数与会国家代表的热烈欢迎。毛泽东关于"三个世界"划分的战略思想经过邓小平的全面阐述在国际上产生了深刻而持久的影响，大大提高了中国在国际舞台上的地位和声望。

这样，在"文化大革命"导致国内动乱不已的情况下，中国外交却成为一道亮丽的风景线。根据毛泽东的外交思想和国际战略，中国的国际地位得到了空前的提高，中国在第三世界的影响不断扩大。在整个世界战略大格局中，中国处于最有利的战略地位上。

第六届特别联大经过激烈的辩论，于 1974 年 5 月 1 日通过了有利于第三世界的宣言和行动纲领。

在联合国总部和纽约期间，邓小平还先后会见了美国国务卿亨利·基辛格和几十个国家出席联合国大会第六届特别会议的代表，用言简意赅的语言阐述了中国的外交政策，给许多国家的代表留下了深刻的印象。后来，亨利·基辛格在回忆与邓小平会见这段往事时说："说实话，我那时不知道他是谁，因为他在中国的'文化大革命'中受到迫害。所以，我们那时认为他是中国代表团的一名顾问，甚至不知道他是中国代表团的团长。但他处理事情的果断能力以及对事物的洞察力给我留下了深刻印象。"当基辛格与邓小平谈到实现中美关系正常化这一重大问题时，基辛格说："我们美国政府正致力于两国关系正常化的努力，研究如何实现一个中国的设想，但一时想不出办法来。"实际上，当时由于美国总统尼克松被"水门事件"所缠绕，已经没有精力实现在他的任期内实现中美关系正常化这一预定目标了。对于尼克松政府此时面临的困境，邓小平是十分清楚的。因此，他冷静地表示："中国政府希望这个问题能较快地解决，但也不着急。我们能够体谅美国政府的困难。"

邓小平回国前的一个星期天，风和日丽。在联合国唐明照副秘书长等陪同下，邓小平外出散步，到纽约郊区转了一下，在散步途中，邓小平说，一定要出来看看，才能了解外面的世界，美国这个国家建国历史不长，对它的发展我们要好好研究。这说明，即使在"文化大革命"那样的情况下，邓小平已经开始考虑如何借鉴国外建设经验这一重大问题，充分体现出他思想之深邃和他的远见卓识。

会议期间，邓小平住在中国常驻联合国代表团楼内。有一次在吃饭的时候，他突然问周围的同志："我这次出差，公家给我的零用钱可以买些什么?"当他得知那点钱折成美元买不了什么像样的东西后，他说："那么，买几个克拉松(法式月牙形油酥面包)行吗?"黄华同志说："那倒可以买好多个。不过把面包从纽约带到北京就不好吃了。是不是打个电报给曾涛同志(中国驻法国大使)，请他买100个刚烤好的，在专机经过巴黎时装上飞机，到北京时还能保持新鲜，这样好吗?"邓小平点了点头，表示同意。他说："我年轻的时候在法国雷诺汽车工厂做工，早上只给一杯咖啡和一个克拉松，多一个都不给。所以我觉得克拉松是世界上最好吃的东西，我要带一些给周总理和蔡畅大姐。"

"青山遮不住，毕竟东流去"。

邓小平从联合国载誉归来，毛泽东更为倚重。每当外国国家元首、政府首脑或政治活动家来访，总可以看到邓小平陪同周恩来与之会见的身影。每当毛泽东会见重要的外国客人时，邓小平也总是陪同在场。邓小平已经成为20世纪70年代中国政治舞台和外交舞台上的重要人物。

1974年5月11日，毛泽东会见巴基斯坦总理布托，由周恩来、王洪文、邓小平陪同。

5月18日，毛泽东会见塞浦路斯总统马卡里奥斯大主教，由周恩来、王洪文、邓小平陪同。

5月20日，中共中央向全党发出通知，指出邓小平在联合国的发言"是根据毛主席的历次指示写的，经中央政治局讨论通过，并报请毛主席审阅"，要求各单位"认真学习讨论，领会精神，贯彻执行"[1]。

5月25日，毛泽东会见英国前首相希思，仍由周恩来、王洪文、邓小平陪同。

从以上几次会见可以看出，毛泽东是刻意让新提拔的王洪文和刚刚复出的邓小平陪同自己参加重大的外事活动，并通过参加这些活动，一方面培养毫无外交经验的王洪文，一方面更进一步地观察邓小平。通过观察，毛泽东对王洪文日益失望，而对邓小平则日渐倚重。

这时，周恩来的病情再次加重。5月27日下午3时，邓颖超陪同包括邓小平在内的中央4位领导人，与医疗组一起商谈周恩来的治疗方案。6月1日，周恩来告别了居住25年的中南海西花厅，住进中国人民解放军305医院，并在医院中度过了他生命中最后的一年零六个月。这一年半成为他漫长的革命生涯中最悲壮的岁月。他用自己生命的最后力量，向疾病和比疾病更凶恶的"四人帮"进行着最后的斗争。

---

[1]《建国以来毛泽东文稿》第十三册，第387页。

9. 挫败江青集团的"组阁"阴谋

> 江青借口"风庆轮事件"向邓小平挑衅。邓小平忍无可忍，反击江青说，政治局开会要平等嘛，问题还没搞清楚就戴了这么大的帽子，这会怎么开！说罢拂袖而去。
>
> "四人帮"经过密谋，派王洪文去长沙向毛泽东告状。江青还公然向毛泽东伸手要权，妄图由她来"组阁"。

1974 年 7 月，毛泽东离开北京前往南方，开始了他一生中最后一次南方之行。

毛泽东离开北京到南方以后，中共中央政治局开始加紧进行中华人民共和国第四届全国人民代表大会的筹备工作。其实，这项工作在中共十大以后已经开始，现在则进入了实质性阶段。围绕四届人大的筹备工作，周恩来、邓小平和老一代无产阶级革命家同以江青为首的"四人帮"进行了坚决的毫不妥协的斗争。

江青集团妄图利用四届人大攫取更多的权力，为最终篡夺党和国家领导权开辟道路。周恩来、邓小平和老一代革命家，要坚决捍卫党和国家的最高权力，确保党和国家最高权力掌握在代表党和人民根本利益的马克思主义者手里，坚决粉碎江青集团妄图利用四届人大篡党夺权的图谋。

1974 年 10 月 4 日，正在武汉的毛泽东，让工作人员打电话给在北京主持中央日常工作的中共中央副主席王洪文，告诉他：毛泽东提议，由邓小平任国务院第一副总理，主持国务院的日常工作。

王洪文接到这个电话后，大为吃惊，受到极大的震动。他没有按照毛泽东的指示马上转告周恩来，而是在当天晚上，首先把毛泽东的指示告诉了江青、张春桥、姚文元。江青听了，气得破口大骂："这不是主席的意见，这是总理的主意。"原来，江青想在这次四届人大的筹备工作中当"后台老板"，按照她个人的意图"组阁"，把"四人帮"的成员安排到国务院的重要领导位置上去。毛泽东提议邓小平任国务院第一副总理，大大出乎江青集团的预料，完全打破了江青蓄谋已久的图谋。看着邓小平复出工作，看着邓小平的职位越来越高，看着邓小平管的面越来越宽，看着邓小平经常会见外国政要，看着邓小平还能因为陪外宾经常见到毛泽东主席，江青集团早就又恨又怕了。这次毛泽东又要让邓小平出任第一副总理主持国务院工作，这不就等于说，将来邓小平就可以接周恩来的班吗？对于江青集团来说，邓小平担任国务院第一副总理，将会对他们极为不利。但是，毛泽东亲自作出的决定，不传达也不行。王洪文拖了两天以后，才极不情愿地将毛泽东的这一指示告诉了中央政治局和周恩来。听了毛泽东的这一决定，周恩来非常高兴。10月6日，他特意约邓小平谈话。周恩来希望把自己未竟的事业全都托付给邓小平。

10月6日晚上。江青找周恩来谈话，提出了她关于四届人大人事安排的意见和中国人民解放军总参谋长人选的意见。

江青要竭力阻止邓小平担任国务院第一副总理。

10月11日，中共中央发出关于筹备召开四届人大的《通知》。《通知》向全党、全国提出了迎接四届人大召开的任务，部署了筹备四届人大的具体事宜，并传达了毛泽东的重要指示："无产阶级文化大革命，已经八年。现在，以安定为好。全党全军要团结。"这个文件明确说明：一是四届人大的筹备工作全面开始；二是毛泽东要求全党全军安定团结；三是毛泽东不希望再出现"文化大革命"初期那种"打倒一切，全面内战"的混乱局面了。

10月17日晚，中共中央政治局举行会议。江青有预谋地在会上发难，借口所谓"风庆轮事件"向邓小平挑衅。所谓"风庆轮事件"是这样的：上海江南造船厂制造了一艘万吨轮船"风庆号"。交通部远洋局担心船上安装的国产主机、雷达等"五大件"质量达不到跑远洋的要求，规定该轮跑近洋。

在"批林批孔"运动中，江南造船厂工人和"风庆轮"海员贴出大字报，提出"我们要革命，风庆轮要远航"，要求交通部批准"风庆轮"远航。在远航中，交通部派去协助"风庆轮"首次远航欧洲工作的两位干部在船上抵制按照"四人帮"的意见批判所谓造船买船问题上的"崇洋媚外"、"卖国主义"，因而受到攻击，被诬陷为"代表了一条修正主义的路线"，远航后遭到批斗，并被定为"反革命政治事件"。上海的报纸，曾以《红灯指航向，踏破万层浪》、《乘风破浪，胜利前进》等为题，大量发表评论文章，其目的显然是借题发挥，滋事生非。

江青在看了《国内动态清样》上关于"风庆轮事件"的报道后，认为可以大加利用，攻击国务院和周恩来、邓小平。于是，给中央政治局写了一封信，说：看了关于"风庆轮事件"的报道，"引起了我满腔的无产阶级义愤。试问，交通部是不是毛主席、党中央领导的中华人民共和国的一个部？国务院是无产阶级专政的国家机关，但是交通部却有人崇洋媚外，买办资产阶级思想的人专了我们的政……政治局对这个问题应该有个表态，而且应该采取必要的措施。"张春桥、姚文元、王洪文都批示了与江青相同的意见。

10月17日晚上，中央政治局召开会议，原定的议题是研究四届人大的筹备工作，周恩来抱病参加会议。但会议一开始，江青就气势汹汹地打断了会议的议程，有预谋地挑起事端，提出"风庆轮事件"是"崇洋媚外"和"卖国"的问题，逼着与会的中央政治局委员当场表态。她有恃无恐，大闹政治局，要揪"买办资产阶级"的总后台。她还手持一份关于"风庆轮事件"的材料，逼迫邓小平对此事表示态度，挑衅性地问邓小平：你对这个问题是什么态度？面对这一突然袭击，邓小平从容地回答：我已经圈阅了。并表示对这个材料还要调查一下。江青见邓小平胆敢对抗，便进一步逼问邓小平对批判"洋奴哲学"是什么态度。邓小平先是置之不理，但江青并不罢休，一味胡搅蛮缠继续追逼邓小平表态。邓小平在忍无可忍的情况下，反击江青说，政治局开会讨论问题，要平等嘛，不能用这样的态度对人呀！邓小平继续说，这样政治局还能合作？强加于人，一定要写出赞成你的意见吗？江青一向骄横跋扈惯了，邓小平今天竟然在全体政治局委员面前顶她。使她不禁为之一愣，接着便大叫大闹起来。看见江青如此蛮不讲理，邓小平站了起来，严肃而气愤地说，问题还没有了解清楚，就戴了这么大的帽子，这会怎么开！说罢拂袖而去。邓小平用这样的方式给予江青以狠狠的回击。邓小平走后，张春桥恶狠狠地说："邓小平又跳出来了！"

当天晚上，江青在北京钓鱼台国宾馆 17 号楼私下召集王洪文、张春桥、姚文元密谋，派人于第二天飞到长沙向毛泽东告状。江青说，邓小平之所以这样吵架，就是对"文化大革命"不满意，反对"文化大革命"。张春桥说，邓小平所以跳出来，可能是与四届人大人事安排及对总参谋长的提名有关，这是一次总爆发。王洪文说，邓小平对"文化大革命"不满意，有气，不支持新生事物。姚文元则在日记中写道："斗争形势突然地变化了！邓小平同志在昨天会议结束时站起来骂江青同志"，"已有庐山会议气息！"他们一直研究到午夜时分，决定抓住这一"事件"，精心组织说词，派人去长沙向毛泽东告状。"四人帮"告状之所以如此急如星火，是因为邓小平 10 月 20 日要陪同来访的丹麦首相哈特林夫妇飞往长沙，接受毛泽东的会见。"四人帮"要赶在邓小平一行的前面见毛泽东，以便"恶人先告状"，争取主动。

"四人帮"议定派人赴长沙以后，又接着密谋派什么人去长沙告状？这时，王洪文主动提出赴长沙面见毛泽东。其实，此事是江青的主谋，应当由她去长沙。但江青此时心中却颇有些"自知之明"，她知道毛泽东近一段时间对她很反感，不愿见她。还是在 3 月 20 日，毛泽东就曾致信江青：

"不见还好些。过去多次同你谈的，你有好些不执行，多见何益？有马列书在，有我的书在，你就是不研究。我重病在身，81 岁了，也不体谅。你有特权，我死了，看你怎么办？你也是个大事不讨论，小事天天送的人。请你考虑。"言辞中充满了对江青的严厉批评。

10 月 18 日，王洪文肩负"四人帮"的使命，乘专机赶到长沙。毛泽东的工作人员向毛泽东请示后，毛泽东派张耀祠把王洪文接到住地。下午 2 时，王洪文身着一套灰色毛料中山装，来到 6 号楼毛泽东的会客室。

王洪文首先问候了一下毛泽东的身体情况，然后便转入此行的主题。

当时在场的毛泽东的机要秘书回忆说："四人帮"早在四届人大之前就阴谋篡党夺权。四届人大前夕他们感到形势不妙，很孤立，便企图先发制人，想把周总理、叶剑英同志等搞掉，把权夺到手。1974 年 10 月，王洪文背着周总理和政治局，到湖南毛主席住地，向毛主席告周总理和其他中央领导同志的状。王洪文把周恩来等同志比作在九届二中全会上的林彪一伙要抢班夺权。他说:"北京现在大有庐山会议的味道。我来湖南没有告诉周总理和政治局其他同志。我们四个人(王、张、江、姚)开了一夜会,商定派我来汇报,趁周总理休息的时候就走。我是冒着危险来的。"王洪文别有用心地说:"周总理虽然有重病,但昼夜都'忙着'找人谈话,经常去总理处的有邓小平、叶剑英、李先念等同志。"王洪文到湖南的目的,实际上是"四人帮"阴谋要搞掉周总理,向毛主席要权,并在毛主席面前吹捧张春桥怎样有能力,姚文元又怎样读书,对江青也作了一番吹捧。毛主席当即严厉批评了王洪文。主席说,有意见当面谈,这么搞不好。你要注意江青,不要跟她搞在一起。你回去后找总理、剑英同志谈谈。

在这次谈话中,王洪文还狠狠地告了邓小平一状,诬陷邓小平"在昨天政治局会议上,为了'风庆轮'这件事,江青同志与邓小平同志发生争吵,吵得很厉害。"并将江青和邓小平当时说的一些话重复了一遍,说:"看来邓还是搞过去造船不如买船,买船不如租船那一套。"然后他蓄意借题发挥,诬蔑邓小平:"邓有那样大的情绪,是与最近在酝酿总参谋长人选一事有关。"听了王洪文攻击邓小平的话后,毛泽东很不高兴,对王洪文说,有意见当面谈,这么搞不好,要跟小平同志搞好团结。小平同志政治上强,会打仗呢!

当王洪文于1980年被押上历史的审判台以后,于6月27日写下了关于长沙之行的如下供词:"到长沙的目的就是在毛主席面前搞臭邓小平同志,使他不能工作,当然更不想让他当第一副总理了……这次去长沙告状……主要是恶人先告状。抢在邓小平同志陪外宾去前,目的是要毛主席了解吵架的所谓'真相',也就是了解邓小平的所谓问题……,实际上是诬蔑陷害邓小平同志的一次阴谋活动……"

王洪文于1974年10月18日晚上从长沙飞回北京后,早已将毛泽东在长沙告诫他的"你们不要搞上海帮"等指示忘得干干净净,回到钓鱼台,就一头扎进了江青、张春桥、姚文元的怀抱。

就在王洪文飞往长沙告状的同一天中午,江青大概为了使告状一事"双保险",又在北京钓鱼台约见了王海容和唐闻生。王海容和唐闻生当时都在外交部任职,王任副部长,唐任副司长。毛泽东每次会见外宾,大多由她们二人陪同,同毛泽东接触较多,深受毛泽东的信任。毛泽东晚年行动不便以后，让王、唐两人列席中央政治局会议，然后直接将会议情况向毛泽东报告。毛泽东有些指示也随时让她俩向政治局或中央、国务院的有关部门转达。因此，她们两人是在毛泽东面前说话有分量的人物。

江青找来王海容、唐闻生后，对她们说：主席不久将在外地会见外宾，你们也要参加有关工作，有个重要情况请你们在陪同外宾去的时候向主席报告：10月17日晚上政治局讨论"风庆轮"问题的会上，小平和我发生争吵，然后扬长而去，使得政治局的会议开不下去了；国务院的领导同志经常借谈工作搞串联；总理在医院也很忙，并不全是在养病；小平和总理、叶帅都是在一起的，总理是后台。

大概是觉得自己一人谈的分量还不够，江青又说："这件事我讲不清楚，等晚上我找洪文、春桥、文元一起来，再进一步向你们介绍。"晚上，江青果然又约见王海容、唐闻生到钓鱼台。除了江青以外，张春桥、姚文元和刚从长沙飞回来的王洪文均在座。

江青老调重弹以后，张春桥对周恩来主持的国务院的工作进行了一番诋毁和攻击，矛头显然是指向周恩来，又借"风庆轮"问题诬蔑了邓小平一番，并把10月17日的政治局会议说成是"二月逆流"。姚文元则说北京有"庐山会议"的味道。

王海容、唐闻生听了以后，感到事态严重，于第二天向周恩来作了详细汇报。周恩来冷静地对王海容、唐闻生说：我所了解的情况并不像江青说的那样，而是他们四个人事先计划好要整邓小平，他们已多次这样搞过小平同志，小平同志已忍了很久。

10月20日，外交部王海容副部长、唐闻生副司长陪同丹麦首相哈特林夫妇飞往长沙。毛泽东会见外国客人以后，王海容、唐闻生将北京近几天发生的情况原原本本向毛泽东作了反映。毛泽东听后，气愤地说："'风庆轮'的问题本来是一件小事，而且先念同志已在解决，但江青还这么闹。"

毛泽东从江青的闹事联系到王洪文飞来长沙告状，已经意识到江青是想插手四届人大的人事安排。

于是，毛泽东作出离开北京以来深思熟虑的两项重大决策，并让王海容、唐闻生回北京后，立即将他的意见转达周恩来、王洪文。这两项重大决策是：

一、总理还是总理。四届人大的筹备工作和人事安排问题要总理和王洪文一起管。

二、建议邓小平任国务院第一副总理兼中国人民解放军总参谋长。

此外，毛泽东还要求王海容、唐闻生回京后转告王洪文、张春桥、姚文元，让他们不要跟在江青后面批东西。

王海容、唐闻生回北京后，立即将毛泽东的指示向有关人员作了传达。

已经重病在身的周恩来，听到毛泽东的决策以后极为振奋，他深深地感到了毛泽东对自己的高度信任。同时，也为邓小平能够出任党、政、军的重要负责人而感到由衷的高兴。让邓小平担任国务院第一副总理，代自己承担起主持国务院工作的重任，这正是周恩来患病以来的夙愿。为了使党和国家的领导权不致落到"四人帮"的手里，为了使党和国家的领导权掌握在真正的共产党人手中，周恩来遵照毛泽东的委托，不顾自己做过两次大手术后急需休息、静养的病躯，毅然承担起主持四届人大筹备工作和人事安排的重任。从10月下旬到11月上旬。周恩来连续十几天在医院分别与邓小平、叶剑英、李先念以及王洪文、江青谈话，并约中央政治局成员分三批开会，传达毛泽东的指示，解决"风庆轮"事件问题，研究四届人大的筹备工作。

11月6日，周恩来写信给毛泽东，表示了自己坚决拥护毛泽东的重要决策，积极支持邓小平担负党政军重要领导职务的明确态度。这封信的主要内容有以下三点：

一、"积极支持主席提议的小平同志为第一副总理，还兼总参谋长。"

二、"我的身体情况比7月17日见主席时好多了。只是弱了些，如果12月能开人大，定能吃得消。"

三、"最希望主席健康日好，这一过渡时期，只有主席在，才能领导好。"

11月6日，毛泽东又在长沙会见了特立尼达和多巴哥总理威廉斯博士及其随行人员。会见以后，毛泽东留陪同外国客人来长沙的李先念副总理谈话。李先念向毛泽东汇报了全国工交系统和国家财政方面的情况。由于1974年初开始的批林批孔运动的影响，整个国民经济呈现出下降的态势，全国财政收入也比去年同期下降，而财政支出却比去年同期大大增加。实践证明，频繁地搞政治运动，不仅不能促进生产、促进国民经济的发展，而且会大大影响和阻碍国民经济的正常、健康发展。

听完李先念的汇报，毛泽东感到经济形势严峻，丝毫不容乐观，他久久沉默不语，陷入深思。最后，毛泽东指示说：

"要把国民经济搞上去。"

李先念回北京后，迅速在中央政治局会议上传达了毛泽东的指示。

11 月 12 日，邓小平陪同也门民主人民共和国总统委员会主席率领的代表团飞抵长沙。毛泽东会见外国客人以后，与邓小平进行了亲切的谈话，支持邓小平在中央政治局会议上对江青的有力抵制和斗争，鼓励邓小平承担起党政军领导工作的重任。这是一段颇能反映两位大政治家政治智慧，当时思想、相互理解和谈话风格的简要对话：

毛泽东一开口，就对邓小平说："你开了一个钢铁公司！"表现出了超凡的幽默和赞许。这表明毛泽东已经洞悉邓小平 10 月 17 日在中央政治局会议上顶住了江青的挑衅和无理纠缠。

"主席也知道了。"邓小平笑着说。

"好！"毛泽东称赞了邓小平的做法。

"我实在忍不住了，不止一次了。"邓小平的话中不无解释的成分。

"我赞成你。"毛泽东说。

"她在政治局搞了七八次了。"邓小平接着说。

"强加于人哪，我也是不高兴的。她们都不高兴。"说着，毛泽东把头转向在场的王海容和唐闻生，向邓小平示意王、唐也都不满意江青的做法。

"我主要是感觉政治局生活不正常，最后我到她那里去了一下，钢铁公司对钢铁公司。"邓小平又说。

"这个好！"毛泽东称赞说。

"最近关于我的工作的决定，主席已经讲了，不应再提什么意见了，但是看来责任是太重了点。"邓小平说。国务院第一副总理、兼中国人民解放军总参谋长，千钧重任担在肩上，确实是责任重大啊！

"没办法呢，只好担起来啰。"毛泽东鼓励邓小平道。[1]

---

[1]中央文献研究室编《毛泽东传》(1949—1976) 下卷，中央文献出版社 2003 年版，第1707—1708 页。

　　从这段对话中，不难看出，毛泽东对邓小平寄托了极大的希望，给予了充分的信任，赋予了重大的责任，言谈话语之中，犹如春天的阳光一样使人感到温暖，充满了赞扬、支持和鼓励。而邓小平在毛泽东面前，实事求是，有话直说，不隐瞒自己的政治观点，不掩盖自己对江青的看法，立党为公，光明磊落，赢得了毛泽东的好评。

　　在毛泽东与邓小平谈话后，王海容、唐闻生交给毛泽东一封信。这是她们离开北京时，江青托她们带给毛泽东的信。江青在信中，就四届人大的人事安排问题，再次向毛泽东提出她的主张：由谢静宜任全国人大副委员长，迟群当教育部长，乔冠华当副总理，毛远新、迟群、谢静宜、金祖敏列席政治局，作为"接班人"来培养。江青在这封信里野心毕露，妄图由她来"组阁"的面目暴露无遗。

　　当天，毛泽东在江青的这封信上批示：

　　不要多露面，不要批文件，不要由你组阁（当后台老板），你积怨甚多，要团结多数。至嘱。人贵有自知之明。又及。

毛泽东

十一月十二日[1]

　　看了毛泽东措辞严厉的批评，江青不能不有所表示，11月19日，她又给毛泽东写了一封信：

　　我愧对主席的期望，因为我缺乏自知之明，自我欣赏，头脑昏昏，对客观现实不能唯物地正确对待，对自己也就不能恰当地一分为二地分析。一些咄咄怪事，触目惊心，使我悚然惊悟。

　　自九大以后，我基本上是闲人，没有分配我什么工作，目前更甚。在路线斗争起伏时，我主动地做过一些工作。

　　今后当小心谨慎，不能为党为主席闯祸。当然，需要斗争需要牺牲时，

---

[1]《建国以来毛泽东文稿》第十三册，中央文献出版社1998年版，第394页。

戎要有精神准备。

江青

一九七四、十一、十九[1]

江青的这封信，表面上似乎是表示接受毛泽东的批评，目的却是向毛泽东伸手要权。毛泽东洞悉江青的企图，于 11 月 20 日回书一封：

江青：

可读李固给黄琼书。就文章思想而论，都是一篇好文章，你的职务就是研究国内外动态，这已经是大任务了。此事我对你说了多次，不要说没有工作，此嘱。

毛泽东

七四、十一月二十日[2]

毛泽东要江青读李固给黄琼书，其意思十分明白，批评江青正像李固给黄琼书中说的那样，是"盛名之下，其实难副"。教育她不要总是自以为是，自以为了不起，缺乏自知之明，欲壑难填。

然而，江青却不顾毛泽东的多次批评、告诫、教育，仍然一意孤行，在四届人大人事安排进入最后阶段时，又要求王海容和唐闻生为她向毛泽东转达意见：让王洪文任全国人大常委会副委员长，排在朱德、董必武同志之后。

王海容、唐闻生 1976 年 10 月 17 日揭发说：

1974 年 11、12 月（12 月 23 日之前），中央酝酿四届人大的人事安排期间，江青把我们两人叫到钓鱼台十号楼，要我们去长沙时向主席转达她的意见，由王洪文任副委员长，排在朱德、董必武同志之后。我们向主席报告后，主席对我们说："江青有野心。她是想叫王洪文作委员长，她自己作党的主席。"

毛泽东的话，一针见血，击中了江青在围绕四届人大筹备问题上进行一

---

[1]《毛泽东传》(1949—1976) 下卷，第 1708 页。

[2]《毛泽东传》(1949—1976) 下卷，第 1708 页。

系列频繁活动的真正目的。

毛泽东还让王海容、唐闻生转告周恩来：全国人大常委会，朱德、董必武之后要安排宋庆龄；邓小平、张春桥、李先念等任国务院副总理；其他人事由周恩来主持安排。

四届人大早在几年前就准备召开，1970年庐山会议的主要议题之一就是为筹备召开四届人大作准备，因为出了林彪集团坚持设国家主席、坚持"天才论"而大闹庐山的严重事件，不得不改变了原定的议程。1971年又发生了林彪叛逃事件，不得不再一次改变了党和国家既定工作日程的正常进行。直到1974年，筹备召开与三届人大已经相隔九年的第四届全国人民代表大会才有了较为成熟的条件。

由于毛泽东对江青的多次严厉批评，使江青蓄谋已久的妄图利用四届人大"组阁"的图谋未能得逞。排除了江青的干扰以后，在周恩来的主持下，四届人大的筹备工作顺利进行。他身在医院，心系天下，像一部高速运转的发动机，不知疲倦地超负荷日夜工作着。在审阅了四届人大各界代表的名额分配名单后，他致信中央政治局，要求增加老干部的名额。

在毛泽东和周恩来的指示下，决定由邓小平主持起草周恩来在四届人大上作的《政府工作报告》。1974年11月下旬，邓小平组织起草小组，抓紧起草工作。为了使周恩来能够顺利完成作《政府工作报告》的重任，邓小平建议并报毛泽东同意，决定把《政府工作报告》限定在5000字以内。邓小平亲自拟了三段，每一段一千几百字。讲的都是实际内容，虚的东西能少能免的尽量减。多年以后，邓小平回忆起这段往事时还十分感慨，他说："总理的讲话是我亲自起草的，不能超过5000字。总理身体那么差，写多了他也念不下去。那个时候。我经常去见总理。"周恩来以他一贯的事必躬亲，逐字逐句审阅了《政府工作报告》草稿，并提出了详细的修改意见。在事关党和国家的领导权掌握在哪些人手里的人事安排问题上，周恩来更是反复考虑，煞费苦心。针对江青、张春桥等人企图要将他们的亲信安插在文化部、教育部、国家体育运动委员会等部委的情况，周恩来与邓小平、李先念等人多次研究，交换意见，认为教育部关系到为国家培养什么样的人才，关系到国家的未来和民族的前途，不能让"四人帮"推荐的人选担任教育部长（江青的意图是让迟群担任教育部部长），而以曾经担任过国务院秘书长的周荣鑫担任为妥。但对于文化部、体委的领导人选，则可作一些让步。在形成初步意见后，周恩来在医院分批召集中央政治局成员开会，议定了第四届全国人民代表大会常务委员会委员长、副委员长和国务院副总理候选人名单的三个方案。人事安排问题的准备工作已经基本成熟。

至此，尚需报到长沙的毛泽东那里，由毛泽东最后定夺。1974年11月下旬，叶剑英元帅向周恩来的保健医生了解周恩来的病情后，以十分严肃的语气问，总理能不能外出几天？保健医生听了以后，一时不知道该怎样回答才好。当时，周恩来刚做过膀胱癌电灼术后没有几天，仍有血尿，身体还很虚弱，正在康复当中。他还有较重的冠心病伴有心律不齐等，怎么能随便外出呢？总理目前的健康状况，叶帅是清楚的。他现在提出这样一个问题，肯定是迫不得已。

"总理正在康复当中，身体还比较虚弱，若能再过一段时间，病情稳定一些再外出，我们的把握就大多了。"保健医生谨慎地回答道。

叶剑英听了，似乎放心了一些，关切地说："还有一些时间，你做好外出的准备工作，挑选一个精于的医疗班子。现在，不要跟任何人讲，要保密。"

保健医生感到此事责任重大，心里有点不踏实，起码要先跟邓大姐通个气吧。便很快将叶帅交代的任务报告了邓颖超，并提出了医疗班子的人选和准备工作的设想。"你就按叶帅的意见办，医护人员就这么定，不必再同其他人说了，做好准备工作，等待通知。"邓颖超听了汇报后吩咐说。

12月的一天晚上，叶剑英再次打电话询问周恩来的保健医生："今天总理的情况怎么样？""没有新情况，还算稳定。"保健医生言简意赅地回答。

叶剑英又详细地询问了周恩来日常的饮食起居。接着，慎重地交代说，下个星期，你们要陪总理去长沙见主席。要严守机密，千方百计护理好总理，绝对不能出意外，要安全返回北京。关于出发的时间，你们等待通知吧！

在12月22日下午举行的一次中共中央政治局会议上，决定由周恩来、王洪文二人同去湖南长沙，向毛泽东报告四届人大的准备情况，听取毛泽东的意见。

此时，周恩来已住院半年之久，先后做过两次大手术，身体明显虚弱，近期又连续开会，如何保证他这次外出的顺利，是一个非常重要的问题。叶剑英一直十分关注周恩来住院期间的治疗情况和身体状况，对这次去长沙，他更是不放心，早就指示医疗小组要充分准备，一定要保证总理安全返回。

　　飞往长沙之前，周恩来曾与王洪文约定同乘一架飞机，12月23日中午时起飞。但王洪文以两位中共中央政治局常委不能同乘一架飞机为由，改乘另一架飞机。于是，周恩来先于王洪文飞抵湖南长沙，住进了省委招待所——榕园。一到住地，周恩来就马上让工作人员向毛泽东报告，说他已到长沙，待王洪文到后，再请主席确定约见时间。工作人员一直打听着王洪文从北京起飞的时间，但没有一个准确的消息。这种现象在"文化大革命"前是不会发生的。两个中共中央政治局常委不能同乘一架飞机只是王洪文的借口，真正的原因是这位一切听命于江青、张春桥的中央副主席要在临走前等待江青、张春桥最后一次"面授机宜"。王洪文自己也不知道在什么时间起飞。

　　在榕园，周恩来休息了不到一个小时，便在床上按电铃叫人，值班警卫人员、护士、医生等人进入周恩来休息的卧室，刚开亮电灯，周恩来就问："洪文同志来了吗？"

　　"还没有到。"工作人员回答道。

　　大家劝周恩来躺在床上休息一会儿，养养神。他不肯，坚持要起床。工作人员只好帮他更换衣服，让他到客厅休息。

　　医疗专家们闻声赶到周恩来住室外守候。他们主要担心周恩来的膀胱癌出血，也怕过于劳累诱发心脏病，所以不敢懈怠，一听到有点动静，马上就主动赶过来。

　　周恩来在客厅里沙发上坐等了一会儿，似乎有点焦急。他不时地站起来，到走廊里漫步，有时到大门口去张望。大约在下午5点钟，周恩来刚回到客厅里坐下一小会儿，有人来通报说，王洪文到了。

　　王洪文到了长沙后，住在榕园三号楼，随后来看周恩来。王洪文一进入门厅见到周恩来，在握手时就连忙解释："昨天晚上有点事，睡晚了……"周恩来未等他再往下解释，便用不太高兴的口气说："你这么晚才来，主席已经起床了，在等我们呢……"

　　12月23日晚上7时，周恩来、王洪文来到毛泽东居住的省委9所6号楼，向毛泽东汇报四届人大筹备工作和人事安排方案。毛泽东会见他们时，首先互致问候。在互相问候中谈到身体情况时，周恩来问道："主席身体怎样？"

　　"明年1月起，外宾我不见了，要求见，我也不见了。我吃饭、睡觉还好，游了五次泳。就是讲话、肺、腿有问题。"毛泽东回答道。

"你的病怎么样？"毛泽东对周恩来的身体状况十分关心。

"不要紧，开四届人大没问题。"周恩来答道。

"你身体不好，四届人大以后，你安心养病吧。你还可以到外面走一走，像汉口、长沙。国务院的工作可以让小平同志去顶吧！"毛泽东十分关切地对这位遵义会议以来已经患难与共了40年的老战友说。

在这次会见中，毛泽东对王洪文说："江青有野心。有没有？我看是有。"[1]在谈到议事日程时，毛泽东对周恩来、王洪文说：这次你们来，谈两个问题，一个人事安排，一个理论问题。

在谈到四届人大的人事安排问题时，毛泽东又一次称赞了邓小平。

"他政治思想强。"毛泽东说着用手指了指脑袋。

"政治比他强。"毛泽东指着在座的王洪文说。由于王洪文在场，毛泽东说这句话时，"政治"两个字是用英语讲的。这样，周恩来完全清楚毛泽东说的意思，而王洪文则不知所云了。

"他没有邓小平强。"毛泽东接着说。一边说一边用铅笔在纸上写了个"强"字。

当周恩来继续向毛泽东汇报四届人大的人事安排情况，谈到拟由叶剑英以中央军委副主席兼国防部长，邓小平以国务院第一副总理兼人民解放军总参谋长时，毛泽东明确表示说：

"我看小平做个军委副主席，第一副总理、军委副主席兼总参谋长。"

毛泽东在提议任命邓小平为国务院第一副总理、中央军委副主席兼总参谋长的同时，称赞邓小平"人才难得"。一边说一边用笔费力地在纸上写下了"人才难……"

周恩来接过话题说："人才难得。"表示完全理解和领会毛泽东的意思。毛泽东点了点头。

当周恩来向毛泽东汇报到国务院副总理人选名单时，念道："邓（小平）、张（春桥）、李（先念）……"

毛泽东插话，说："陈"。周恩来立即领会了毛泽东的意思是指陈锡联，随即在副总理人选名单中增加了"陈锡联"的名字。

最后，毛泽东让周恩来、王洪文在长沙多住几天，并说："你们留在这

---

[1]《建国以来毛泽东文稿》第十三册，第395页。

里谈谈，告诉小平在京主持工作。"[1]

　　周恩来向毛泽东的汇报结束后，步出毛泽东住的 6 号楼，工作人员迎上前去，接过他手中的皮包，轻声问："累吗？"周恩来兴奋地说："不累。"上车后，周恩来的保健医生数了数他的脉搏，稍快一点。周恩来说："当然会快一点。"回到住地后，稍事休息，护士为周恩来测血压，又数了脉搏，都已正常，工作人员才放下心来。周恩来对大家说，主席留我在长沙住几天，再休息一下。工作人员观察，周恩来这次见了毛泽东以后情绪很好，估计是在毛泽东那里谈得很顺利。后来才知道，主席同意了中共中央政治局的意见，对几个悬而未决的人事安排，毛泽东作了历史性的决定。

　　12 月 24 日，毛泽东与周恩来、王洪文继续谈话。

　　谈话一开始，毛泽东就对周恩来说："多住几天。你们两位在这里，让邓小平在北京管事。"

　　周恩来说：我们都拥护主席的意见，小平作第一副总理、军委副主席兼总参谋长。

　　毛泽东又提出：由邓小平担任中共中央副主席。

　　在这次谈话中，毛泽东又一次严肃地批评了江青、张春桥、姚文元、王洪文。

　　毛泽东对王洪文说："你不要搞四人帮，搞宗派是要摔跤的。摔了跤，能爬起来就好。"并讲了党的历史上的例子，教育王洪文不要与其他三人搞小宗派。

　　王洪文当即表示："以后不搞了。"

　　毛泽东还要求王洪文就近一段工作中所犯主要错误写一份检讨。王洪文于第二天写了一份检讨，但不知为何这份检讨没有交给毛泽东，却带回了北京。直到粉碎"四人帮"以后，这份检讨才被人们看到：

主席：

　　这次来长沙向主席汇报工作，又一次聆听了主席的教导。受到了深刻的

---

[1]根据作者调研笔记，并核对了《毛泽东传》(1949—1976) 下卷、《周恩来年谱》(1949—1976) 下册、《毛泽东回湖南纪实》。

教育。特别是主席对我的批评："你不要搞四人帮"。主席的批评是完（全）正确的，我诚肯（恳）的接受主席的批评教育。这次主席批准在这里住三天，我应借这个机会来回忆、总结自己犯错误的经验和教训。

两天来我认真的回忆了自己所犯的主要错误。主席发现以后曾多次指示，"你们不要几个人搞在一起"，"你们不要搞上海帮"。我没有坚决的按主席的指示办事。当工作中遇有问题时不是和政治局多数同志商量，研究解决问题，而只是找少数几个同志。虽经主席多次指示，我仍然不觉悟，脱离不开小圈子。主席在离京前的政治局会议上又指示"你们不要（搞）上海帮。"以后有同志来找我议论我仍然顶不住，因此就继续犯错误。10月17日来长沙向主席汇报关于江青同志和小平同志为"风雷（庆）号"批示发生争吵一事我是犯了严重错误的。因为当时在提名总参谋长人选问题上小平同志有不同意见，这本来是党内生活中允许的。但我不是依靠政治局多数同志正确的解决问题，而是只听了少数同志的意见，错误地把提总参谋长人选问题和江青同志批示"风庆轮"问题同小平同志争吵联系在一起，并且乱加猜测，因而就得出了结论说可能有别的什么问题。因此我就提意（议）向主席报告。在这个问题上的是（事）实是：小平同志并不错，而是我犯了严重错误，因为总理身体不好要我主持工作，而我不是全面的听取各方不同意见，而是只听少数同志意见，又不加分析就错误的向主席报告。干扰了主席。我的错误是严重的。

12月25日，毛泽东与周恩来、王洪文再次进行了谈话。

这一天，周恩来因为这次在长沙向毛泽东汇报工作极为顺利，心情格外舒畅。他在楼道里散步时，问工作人员读不读毛主席的诗词，工作人员说有的能熟练背诵，但有的不能够完全理解。于是周恩来就带工作人员一句一句背诵毛泽东的词：《水调歌头·游泳》："才饮长沙水，又食武昌鱼。万里长江横渡，极目楚天舒。不管风吹浪打，胜似闲庭信步，今日得宽馀。子在川上曰：逝者如斯夫！风墙动，龟蛇静，起宏图。一桥飞架南北，天堑变通途。更立西江石壁，截断巫山云雨，高峡出平湖。神女应无恙，当惊世界殊。"周恩来一边散步，一边品味。当背到"不管风吹浪打，胜似闲庭信步，今日得宽馀"和"更立西江石壁，截断巫山云雨，高峡出平湖"的时候，周恩来特别加重了语气。看得出他是在借毛泽东的词，抒发自己的感情，也是对国家因"十年内乱"蒙受苦难，饱经创伤，但最终会驱散阴霾重现雄姿而充满期待。工作人员担心周恩来会太累，提议到房间里打扑克，休息一下，周恩来欣然同意。大家围坐在一张方桌旁"打百分"，这是扑克的一种玩法。虽然周恩来技术并不佳，但他打起来很认真，记牌很准。这样一边打扑克，一边聊天，气氛十分融洽，周恩来问工作人员："去过韶山吗？"大家相互看了看，回答说："没去过。"周恩来说："这里距韶山不远。这两天我休息，你们可以轮班去看看。"工作人员不约而同地说："这次不去了，等总理什么时候去，我们一块儿去。"周恩来笑了笑说："那咱们就一块儿在这里轻松两天吧。"

周恩来在长沙期间根据毛泽东的指示，与王洪文一起听取了湖南省委负责同志对湖南情况的汇报。当汇报到民兵问题时，王洪文说："你们应该把民兵指挥部很快搞起来。可以派人到上海去学习、学习。"省委负责同志说："湖南省军区就是领导和管理民兵的，不应该再成立民兵指挥部，否则就是成立第二个指挥部。我们认为，凡是没有清除派性，两派没有团结起来的地方，没有恢复党组织的地方，一律不恢复民兵组织，更不允许成立民兵指挥部，待条件成熟时，需要恢复民兵组织的，统一归省军区批准、领导和指挥。"周恩来当即表示同意省委负责同志的看法，并要省委负责同志根据湖南的情况办理。后来省委负责同志把这方面的经验总结出来报告中央。为此，中央发了一个关于如何恢复民兵组织的文件。

12 月 26 日上午，周恩来在省委招待所榕园住地休息。因为长沙之行特别顺利，周恩来前一天夜里睡眠不错。通常，上午是毛泽东睡眠时间，不会叫周恩来过去。由于周恩来来湖南没有需要批阅的文件，又有人向周恩来提议玩扑克牌。但这一次，大家只玩了几圈牌，便有人送来了《参考消息》清样。周恩来让保健医生念给他听，里面有这样一些内容：

"中共副主席王洪文在湖南长沙橘子洲头……"

"王洪文副主席频频地在长沙附近出现：说明中共主席毛泽东就在湖南长沙。"

……

周恩来听了这些消息，十分生气地将手上的扑克牌朝桌子上用力一甩，说："他怎么到处乱跑，这样不是暴露了主席活动的地方了吗?"

12月26日，是毛泽东主席生日。

这天上午，周恩来对工作人员说，今天是毛主席的生日。晚上请大家吃顿饭，祝贺一下。周恩来是从不为自己过生日的，也不提倡过生日。只有像宋庆龄、何香凝等一些知名人士过生日，他才会去祝贺，为党内领导人过生日就很少了。工作人员问，都要请哪些人? 周恩来说："就是在这栋楼工作的同志，再请几位省里的党政军负责人。"

晚饭时，湖南省党、政、军领导人等陪同周恩来坐主桌。医疗专家和其他随员另开一桌（王洪文到韶山去了）。

宴会上，周恩来兴致很高，几次站起来举杯为毛泽东主席健康干杯! 因重病在身，不胜酒力，只喝了第一杯酒。接着，他先是以水代酒，后来叫随员代他向大家敬酒。

席间，张平化介绍说，毛泽东在湖南休养期间，身体恢复得很好，这几天情绪特别好。毛泽东看了工作人员为他燃放烟火和爆竹，看得很高兴。出席宴会人员得知毛泽东身体健康，精神愉快，由衷地感到高兴和欣慰。为此，大家纷纷起立，频频举杯，敬祝毛主席健康长寿!

由于周恩来事先有交代，晚饭的菜虽说不很丰富，但是湖南名酒"白沙液"的供应很充足。气氛异常热烈、轻松、无拘无束，大家开怀畅饮。

北京来长沙的客人，对于湖南醇香扑鼻、口感不错、喝起来蛮上口的"白沙液"酒并不熟悉，谁知道它的后劲还挺厉害，有的人喝了"白沙液"，又喝"茅台"酒，这两种高浓度白酒混合起来的作用，使一些久经"酒精"考验的人也被"撂倒"了。

周恩来患病以来未曾有过这样好的情绪。周恩来这次长沙之行，同毛泽东谈得比较顺利，在重大问题上取得了一致意见，毛泽东支持了周恩来。周恩来在榕园为毛泽东生日设寿筵庆祝是不平凡的，是具有重要政治含义的举动。

1974年12月26日，是毛泽东81岁诞辰。毛泽东——这位为中国人民的解放事业，为中国的社会主义革命和建设事业，为中华民族的独立、统一、团结和繁荣昌盛而奋斗了一辈子的伟大的革命家，一直到81岁高龄时还在为国家的前途和命运，昼夜操劳，精心安排，殚精竭虑，呕心沥血。

中共中央、毛泽东历来禁止为领导人祝寿，毛泽东在自己生日这天历来不见任何宾客。尽管这样，工作人员总还是想表示自己的心意。这天早晨，工作人员在毛泽东客厅里摆上了一盘湘潭灯芯糕、一盘香肠、一盘寸金糖、一盘麻花条，在院子里采了自己种的腊梅数枝、纯白茶花数朵，摆在毛泽东的客厅和办公室。毛泽东到客厅休息时，吃了一根灯心糕，看了看摆设的腊梅和茶花，望着工作人员笑了笑，没有说什么，领受了工作人员的一片心意。这一天，毛泽东支走了王洪文，让他到韶山去看一看。中午，毛泽东不愿辜负工作人员的深情厚意，吃了一点长寿面，喝了一口家乡的"芙蓉酒"。然后，让工作人员把"芙蓉酒"喝完，不要浪费。

晚上，毛泽东与周恩来单独进行了长谈。

在这次彻夜长谈中，毛泽东与周恩来谈到了党和国家的前途命运问题、对现任中央每个负责人的优缺点的分析评价等重大问题。在谈话中，周恩来反映了江青、张春桥两人历史上均有严重政治历史问题。毛泽东表示已经知道了，要求周恩来回北京后，把中共十届二中全会开好，把第四届全国人民代表大会开好；不要受江青等人的干扰，也不要安排他们做什么，他们闹他们的，你做你的，放手办事。周恩来听了，十分高兴。

毛泽东与周恩来，这两位伟大的革命家促膝长谈，不觉东方之既白。

……

周恩来、王洪文在长沙停留的5天中，毛泽东一共与他们谈了四次话，除了上面已经谈到的内容之外，还有以下几点：

在谈到江青时，毛泽东说，正在做江青的工作，劝她不要乱批东西，不要出风头，不要参加组织政府（内阁）。江青的工作是看资料，研究国际国内问题，然后提意见。对江青当然可以一分为二，她在批刘批林问题上是对的，说总理的错误是第十一次路线斗争就不对了。

在谈到批林批孔运动时，毛泽东说：批林批孔，批走后门，成了三个主题，就搞乱了，搞乱了也不告诉我……说批林批孔是第二次"文化大革命"是不对的。

在谈到国际形势和中苏关系时，毛泽东提出了明确的看法。

12月27日，周恩来、王洪文飞回北京。

这次毛泽东和周恩来在长沙的一系列谈话，在中国现代史上、在中国共产党的历史上，都有着重要的意义。毛泽东在谈话中清楚地表明：

一、充分肯定周恩来、邓小平的工作，坚决支持他们同江青进行斗争。

二、严厉批评王洪文与江青、张青桥、姚文元搞的是"四人帮"，是"四人小宗派"。

三、坚决支持周恩来对四届人大人事安排的基本意见。

四、再度表示了对王洪文的不信任和批评态度，对王洪文跟着江青搞"四人小宗派"所犯的一系列错误感到生气和失望。

五、高度评价邓小平同江青在原则问题上的坚决斗争。认为邓小平"政治思想强"、"政治上比王洪文强"，"人才难得"，决心赋予邓小平中共中央副主席、国务院第一副总理、中央军委副主席兼中国人民解放军总参谋长的重大责任。

周恩来从长沙飞回北京后，立即按照毛泽东的意见开始紧张工作。1974年12月28日，周恩来召开有王洪文、叶剑英、邓小平、张春桥等参加的中共中央政治局常委会，研究贯彻落实毛泽东长沙谈话的问题。这是邓小平复出后第一次以中央政治局常委的身份出席政治局常委会会议。虽然尚未履行正式手续，但毛泽东说了让邓小平担任中央政治局常委，邓小平就可以出席政治局常委会会议。这次会后，周恩来通知王洪文，将毛泽东审定的四届人大常委会委员长、副委员长和国务院副总理两份名单（草案）印发中央政治局全体委员。

12月29日，周恩来主持召于中共中央政治局会议，传达毛泽东长沙谈话内容和毛泽东的各项指示。到会的中央政治局委员一致拥护毛泽东的意见，并通过了经毛泽东审阅批准的四届人大常委会委员长、副委员长和国务院副总理的预定人选名单。

1975年，中国现代史上极不寻常的一年终于来到了。

1月1日，周恩来同邓小平和李先念谈话。同日，周恩来在人民大会堂主持召开中共中央政治局会议，通过了由邓小平代表中央起草的关于国务院的部、委设置和各部部长、委员会主任、最高人民法院院长人选的报告。

1月3日，周恩来主持有王洪文、叶剑英、邓小平、张春桥参加的中央政治局常委会，研究中共十届二中全会的各项准备工作及在会上传达毛泽东的指示等问题。

1月4日，周恩来和王洪文联名向毛泽东报告中央政治局会议情况，并送去讨论通过的人事安排方案。

根据毛泽东在长沙的决策，经过周恩来的精心运筹，中共中央政治局挫败了"四人帮"妄图阻挠中央任命邓小平担任党政军重要领导职务的图谋。

1975年新年伊始，中共中央于1月5日发出1号文件，通知全党，任命邓小平为中共中央军委副主席兼中国人民解放军总参谋长。

在"文化大革命"这样的特殊时期，毛泽东选择由邓小平担任中共中央军委副主席兼中国人民解放军总参谋长，是一项重大的战略决策。意义深远，非同寻常。

中国人民革命军事委员会和中国人民解放军总参谋长的职务，历来都被视为是十分重要的位置，在全党、全军都具有举足轻重的地位。

中华人民共和国建立后，第一任总参谋长是徐向前。曾任红四方面军总指挥、八路军一二九师副师长、人民解放军第十八兵团司令员兼政治委员、华北军区副司令员，部署指挥过许多著名战役、战斗，是一位在红军时期、抗战时期、解放战争时期都功勋卓著的名将。

第二任是代总参谋长聂荣臻。曾任红一军团政治委员、晋察冀军区司令员兼政治委员、华北军区司令员兼政治委员，率部创建晋察冀抗日根据地和华北解放区。

第三任总参谋长是彭德怀。曾领导平江暴动，创建红五军和红三军团，担任过红一方面军副总司令、八路军副总指挥、第十八集团军副总司令、中国人民解放军副总司令、中国人民志愿军司令员兼政治委员。1952年从朝鲜回国后，任中国人民革命军事委员会副主席兼总参谋长（兼职未公开宣布），主持军委日常工作。

第四任总参谋长是粟裕。在坚持南方红色游击战争和新四军华中抗战中皆为著名指挥员。其过人的文韬武略，在解放战争时期的华东战场上得到了淋漓尽致的发挥。作为华东野战军副司令员兼副政治委员，他筹划了一系列重大的战役、战斗，其高超的军事指挥艺术，达到炉火纯青的程度。

第五任总参谋长是黄克诚。曾任红三军团师政治委员、新四军第三师师长兼政治委员、东北民主联军副总司令、中国人民解放军兵团司令员、中共湖南省委第一书记，素以深谋远虑，办事沉稳，坚持原则，大公无私，勇于直言而著称。

第六任总参谋长是罗瑞卿。曾任红一军团保卫局长、红一方面军保卫局长、抗大副校长、八路军野战政治部主任、中国人民解放军兵团政治委员、公安部部长等职务。精力充沛，办事干练，勇于负责，雷厉风行。

第七任代总参谋长是杨成武。长征中率"开路先锋红四团"斩关夺隘，一往无前。抗战中率部坚持华北抗战，曾大战黄土岭，毙敌酋"名将之花"阿部规秀中将。解放战争中在华北战场东征西杀，屡建功勋。

第八任总参谋长是黄永胜。从广州军区司令员的位置提拔上来后，成为林彪反革命集团的重要成员，九·一三事件后被中共中央隔离审查。

第九任总参谋长是叶剑英。在土地革命战争时期、抗日战争时期、解放战争时期、中华人民共和国建立以后，均担任重要的军队高级领导职务。因长期担任八路军参谋长和中国人民解放军参谋长，被人们亲切地称为"叶参座"。1971年"九·一三"事件后，任中央军委副主席兼总参谋长（兼职未公开宣布），主持中央军委日常工作。

以上九任总参谋长，共有四位元帅，三位大将，两位上将。

邓小平是新中国成立后中国人民革命军事委员会和中国人民解放军的第十任总参谋长，同时又是新中国成立后第三位以军事委员会副主席身份主持总参谋部工作的总参谋长。

1975年1月8日至10日，中共十届二中全会在北京举行。周恩来主持了这次会议，毛泽东因在长沙养病，没有出席。这次会议实际上是一次研究四届人大准备工作的会议。全会讨论了关于四届人大的筹备情况，决定将《中华人民共和国宪法修改草案》、《关于修改宪法的报告》、《政府工作报告》和全国人民代表大会常务委员会、国务院成员的候选人名单，提请四届人大讨论。

中共十届二中全会根据毛泽东的提议，追认邓小平为中共中央政治局委员，选举邓小平为中共中央政治局常委、中共中央副主席。这标志着由于"文化大革命"的原因，邓小平在离开中共第一代中央领导集体8年多以后，不仅重新成为中共第一代中央领导集体的重要成员，而且从原来的中共中央政治局常委、中央总书记上升为中央委员会副主席。这还标志着，由于毛泽东的高度信任，邓小平在第一代中央领导集体中将发挥更大的影响和更加重要的作用。全会还批准了李德生关于免除他所担任的中共中央副主席、中央政治局常委的请求。会议期间，传达了毛泽东的指示："还是安定团结为好。"

1月13日至17日，第四届全国人民代表大会第一次会议在北京举行。这是自1964年12月召开第三届全国人民代表大会以来，整整10年间召开的第一次全国人民代表大会。

据一位当时出席四届人大的代表回忆：第四届全国人民代表大会是一次秘密会议，事前没有公布会议召开的消息，会议的各项活动也是在保密的情况下进行的，只在会后各新闻单位才予以公布。这是前所未有的。大会的代表预先接到了将要出席大会的通知。但何时出发却不知道，通知的人只强调要严守秘密，甚至连自己的妻子也不能告知。1月2日，被送上去北京的军用飞机。经过几小时的飞行，在夜幕降临的时候，抵达北京南苑军用机场，然后又转乘军用汽车去下榻的饭店。车上的工作人员早已把窗帘放下，汽车风驰电掣般跑着，路灯若明若暗，看不清街上的景色，也不知道是向何方驶去。下车后才知道，代表们住的是北京西苑饭店，它的门口竖着两块很大的竹排栅，上面写着"修理期间，暂不接待"八个大字。而事实上，在饭店内先后住进了1000多位代表。到了客房，发现桌上摆有一份"大会代表须知"，规定在会议期间不准与外界通电话，不准外出访亲友，不准亲友来访等。众人不禁想到："此次会议，非同寻常！"1月5日晚，在人民大会堂召开预备会议。当夕阳西下、暮色苍茫的时候。大会工作人员通知，按地区代表团分乘大客车赴会。几十部车分批陆续到达某宾馆集中，大家纷纷下车，由人引导步行进入了一条隧道。走过灯光不甚明亮的一条长长而弯曲的隧道和一道道的闸门，不论老少男女都像夜行军一样，一个跟着一个，有时跟不上，还得跑步前进。经过颇长的一段路，代表们到达人大常委会地下室，拾级而上，才进入人民大会堂。

第四届全国人民代表大会的主要议程是：一、修改宪法；二、审议政府工作报告；三、选举和任命国家领导。在1月13日的大会上，朱德主持会议，张春桥代表中共中央作《关于修改宪法的报告》，周恩来代表国务院作《政府工作报告》。

邓小平在主持起草《政府工作报告》过程中，充分发挥集体智慧，经过起草小组反复思考，决定把周恩来关于四个现代化建设的一贯思想作为重点来写，与周恩来在第三届全国人民代表大会上所作的《政府工作报告》中的有关内容相衔接。在大会上，周恩来强撑病躯，作了《政府工作报告》。为了照顾周恩来总理的身体，在作报告时只让他念开头部分和结尾部分，其余部分由大会工作人员代念。当周恩来念到"我们再用20多年的时间，一定能够在本世纪内把我国建设成为社会主义的现代化强国"；"团结起来，争取更大的胜利"时，与会的人民代表一阵又一阵地热烈鼓掌，许多代表的眼里迸出了激动的泪花。经过了"文化大革命"造成的长期内乱以后，安定团结，实现中国的工业现代化、农业现代化、国防现代化和科学技术现代化，已经是人心所向，成为全国人民的共同愿望和要求。在1月17日的大会上。全体代表一致通过了新的《中华人民共和国宪法》和《关于修改宪法的报告》一致通过了关于政府工作报告的决议，批准了《政府工作报告》。大会用无记名投票方式，选出了第四届全国人大常委会委员长、副委员长、委员，任命了国务院总理、副总理、各部部长、各委员会主任。

朱德当选为第四届全国人大常委会委员长，董必武等22人当选为副委员长。

周恩来被任命为国务院总理。邓小平、张春桥、李先念、陈锡联、纪登奎、华国锋、陈永贵、吴桂贤、王震、余秋里、谷牧、孙健被任命为副总理。

邓小平被任命为国务院第一副总理，被国际舆论和全国人民普遍认为是以周恩来为代表的老一代无产阶级革命家和人民力量的重大胜利，是"四人帮"受到的一次重大挫折。

这个任命表明，在国务院总理周恩来病重期间，将非常自然地由国务院第一副总理邓小平主持国务院的日常工作，从而保证中华人民共和国中央人民政府各项工作的正常运转。

至此，由周恩来具体筹备，毛泽东在长沙最后批准的四届人大人事安排方案得到了圆满实现。

　　江青在四届人大的筹备过程中，虽多方活动，但连遭挫败，"组阁"阴谋完全落空，推荐人选被排除在外。看到四届人大顺利闭幕，她气急败坏，又把王海容、唐闻生召去，破口大骂了一通，以发泄怒气。

　　王海容、唐闻生在 1976 年 10 月 17 日写的一份材料中，作了如下叙述：

　　1975 年年初，四届人大之后，江青又把我们找去，情绪十分激动地把几乎所有的政治局委员都大骂了一遍，并一定要我们把她的意见报告毛主席。我们报告毛主席说，江青对几乎所有的政治局委员都很有意见。毛主席听了以后说："她看得起的人没有几个，只有一个，她自己。"我们又问：您呢？主席说："不在她眼里。"主席又说："将来她会跟所有的人闹翻。现在人家也是敷衍她。我死了以后，她会闹事。"[1]

　　毛泽东的预言在他逝世以后立即得到验证。1976 年 9 月 9 日毛泽东逝世后，江青在政治舞台上仅仅又度过了 28 天，就被逮捕入狱，最终落得个身败名裂的下场。

　　从 1973 年 3 月 10 日邓小平恢复国务院副总理职务，经过中共十大当选为中央委员，到 12 月 22 日中共中央根据毛泽东的提议，决定邓小平任中央政治局委员、中央军委委员，参加军委领导工作；再到 1975 年 1 月，任中央军委副主席兼人民解放军总参谋长，十届二中全会上当选为中共中央副主席，四届人大一次会议上被任命为国务院第一副总理。在不到两年的时间里，邓小平再次跃升为中央党、政、军的主要负责人。

　　这一切，完全是来源于毛泽东的亲自决策，得力于周恩来的鼎力支持。

　　在新中国的中央领导人中，能被毛泽东同时如此集中地授予中共中央、国务院、中央军委和中国人民解放军总参谋部的主要领导职务，除了邓小平以外，还没有第二个人。

　　刘少奇被确立为毛泽东的接班人时，最高职务是中共中央副主席、中华人民共和国主席，在国务院、中央军委和人民解放军中没有兼任任何职务（虽然新中国建立前，刘少奇也曾兼任过军委副主席、总政治部主任）。

　　林彪被确立为毛泽东的接班人时最高职务是中共中央副主席、中央军委

---

[1]《建国以来毛泽东文稿》第十三册，第 395—396 页。

副主席、国务院副总理兼国防部长。

综观邓小平从复出到走上中央党、政、军主要领导岗位的全过程，可以清楚地看到，每一步都离不开毛泽东的精心筹划。

第一步是让邓小平恢复工作，熟悉情况，建立威信。

毛泽东亲自提议让邓小平恢复工作，又在邓小平的信上作了十分重要的批示，充分肯定邓小平在中央苏区时站在以毛泽东为代表的正确路线一边"是挨整的"，"没有历史问题"，在抗日战争和解放战争中"协助刘伯承同志打仗是得力的，有战功"，新中国成立后在反对苏联霸权主义的斗争中"没有屈服于苏修"。使邓小平能够顺利走出"文化大革命"初期笼罩在他头上的"党内第二号走资派"的阴影，参加国务院的领导工作，在中共十大上当选为中央委员。

第二步是让邓小平出席联合国大会，在国际舞台上"公开亮相"。

1974 年 4 月召开的联合国大会第六届特别会议是一次不同寻常的会议，与会的均为各国重要政治活动家和政府首脑。中国政府代表团团长，作为十亿中国人民的代表与会，在会上全面阐述中国政府的对外政策，必然引起全世界的关注，必将大大提高在国际政治舞台上的威信和重大影响。江青集团正是看到了这一点，竭力阻止派邓小平赴联合国出席这次会议。但江青没有想到，派邓小平前往联合国的决策来自毛泽东。于是，她只好收敛起反对的锋芒。实践证明，正如毛泽东所期望的那样。邓小平的联合国之行取得了空前的成功，绝大多数国家和国际舆论对于邓小平在大会上阐述的毛泽东关于"三个世界"划分的战略思想普遍给予高度评价。亚洲、非洲、拉丁美洲的第三世界国家认为中国站在他们一边，更是给予热烈的赞扬。就是被划为第二世界的发达国家，也不反对"三个世界"的划法。只有被划为第一世界的苏联霸权主义对"三个世界"的划分进行了猛烈的攻击。许多新闻媒介在评论邓小平的联合国之行时指出，邓小平不仅代表着新中国的形象，而且无疑也是周恩来总理的一位"最好的代理人"。

第三步是提议由邓小平任中共中央政治局委员、中央军委委员，参加军委领导工作，担任中国人民解放军总参谋长，让邓小平进入中央领导核心和军队领导核心。

为此，毛泽东亲自在 1973 年 12 月的中共中央政治局会议、军委扩大会议上推荐邓小平，为邓小平大造舆论。例如，称赞邓小平"办事比较果断"，"柔中有刚，绵里藏针，外面和气一点，内部是钢铁公司"，等等。以毛泽东当时在全党、全军、全国的最高权威，对邓小平作出如此高的赞誉，意图是十分明显的：在自己和周恩来总理都身患重病的情况下，尽量打破常规，扫清一切可能出现的障碍，尽快把邓小平推上中央党、政、军的主要领导岗位，使中国共产党开创的社会主义事业后继有人。

第四步是完成组织手续，使邓小平正式承担起中央党、政、军的主要领导工作。

毛泽东作为一个经历了长期革命战争、长期政治斗争的党和国家主要领导人，在作出重大决策之前，往往要反复思考，反复推敲，甚至离开北京，避开繁忙的国事，静下心来考虑问题。一旦经过深思熟虑，下定决心，便坚决进行到底，任何人也休想阻挡，直至达到预期的目的。对于选择邓小平承担中央党、政、军主要领导工作，毛泽东在武汉、长沙考虑了5个多月。尔后，通过1975年1月的中共中央1号文件、中共十届二中全会、第四届全国人民代表大会，迅速完成了组织手续和法律程序。

从上述历史发展过程，可以十分清楚地看到，在毛泽东的晚年，特别是1973年以后，毛泽东虽然在全局上仍然在继续"文化大革命"的错误，并使这种错误在党和国家的工作中占据着主导的地位。但是，在一些具体问题上，在一些具体工作中，他也采取了一些措施，以此来着手纠正他自己意识到的那一部分"文化大革命"的错误。例如，解放了一大批老干部；无论是以后的"批林批孔运动"还是"反击右倾翻案风运动"，他都一再强调，坚决不允许"文化大革命"初期那种"打倒一切,全面内战"的混乱局面重演，坚决把"运动"置于各级党委领导之下；多次严厉地批评江青集团，等等。这反映出毛泽东在"文化大革命"已经"大乱"了9年之后，迫切希望达到他所说的"天下大治"，使党和国家的政治生活重新走上正常的轨道。在自己重病在身、周恩来也重病在身的情况下，毛泽东希望有一个人能够大刀阔斧，雷厉风行，把自己的想法变成现实，能够把自己领导中国人民开创的社会主义事业继承下来，推向前进，能够足以托付治国安邦的重任。

毛泽东选择了邓小平，他把治国安邦的重任，把中国的前途和希望寄托在邓小平身上，又一次把邓小平推到了中国历史发展的潮头上，又一次把邓小平推到了党政军主要领导工作的第一线上。

第四届全国人民代表大会胜利闭幕以后，以周恩来、邓小平为核心的新的国务院领导集体开始工作。1975 年 1 月底，周恩来抱病在医院里主持召开中共中央政治局常委会议，研究新的国务院领导集体的分工问题。2 月 1 日，他嘱咐国务院办公室主任吴庆彤，请邓小平将国务院各位副总理的分工列出，说：有些话小平同志不好讲，由我来讲。

2 月 1 日下午，周恩来在北京人民大会堂主持召开四届人大闭幕后的第一次国务院常务会议，审定国务院 12 位副总理的分工，邓小平等副总理出席会议。会议确定邓小平"主管外事，在周恩来总理治病疗养期间，代总理主持会议和呈批主要文件"。会议还确定李先念、纪登奎、华国锋 3 名常务副总理"负责处理国务院日常事务"。

会上，周恩来对大家说："我身体不行了，今后国务院的工作由小平同志主持。"又说，"医院是不想放我出来的，但我还是想争取每个星期来和大家见一面。"

1975 年 2 月 2 日，周恩来给毛泽东报送了《关于国务院各副总理分工问题的请示报告》。《请示报告》中明确提出：由邓小平副总理"主管外事，在周恩来总理治病疗养期间代总理主持会议和呈批主要文件"。毛泽东批准了这个报告。

从此，在毛泽东和周恩来的支持下，邓小平作为中共中央副主席、国务院第一副总理、中共中央军委副主席兼中国人民解放军总参谋长，实际上开始主持中央日常工作。

毛泽东的南方决策得到圆满实现。

10. "三项指示为纲"

　　邓小平主持中央工作后，排除"四人帮"的干扰，大刀阔斧地进行"全面整顿"。邓小平在这次整顿中"用了几个人才"，即万里、胡耀邦、张爱萍和周荣鑫。他们以"不怕第二次被打倒"的气概，挺身而出，冲锋陷阵。

　　中国共产党第十次全国代表大会以后，江青、张春桥、王洪文、姚文元等利用在中央窃取的权力，加紧进行以篡夺党和国家最高领导权为目的罪恶活动，妄图打倒周恩来和一批中央领导同志，实现其篡党夺权的狂妄野心。为此，江青集团进行了一系列阴谋活动。

　　1973 年 7 月，毛泽东在一次同王洪文、张春桥的谈话中曾说过，林彪同国民党一样，都是"尊孔反法"的。1973 年 8 月 5 日，毛泽东写了《七律·读〈封建论〉呈郭老》：

　　　　劝君少骂秦始皇，焚坑事业要商量。
　　　　祖龙虽死魂犹在，孔学名高实秕糠。
　　　　百代都行秦政法，十批不是好文章。
　　　　熟读唐人封建论，莫从子厚返文王。[1]

---

[1]《建国以来毛泽东文稿》第十三册，第361页。

中共"十大"以后，江青集团经过密谋策划，提出开展所谓"批林批孔"运动，扭转"批林整风"的方向，把矛头直接指向周恩来和老一代无产阶级革命家以及一大批重新恢复工作的党政军领导干部。

邓颖超、邓小平在"十大"主席台上。

历史的见证——『文革』的终结

1974年1月，经毛泽东批准，中共中央转发了由江青主持清华大学、北京大学大批判组选编的《林彪与孔孟之道》（材料之一），要求在全党全国范围内开展一场群众性的深入的"批林批孔"运动。从此，把揭发批判林彪反革命集团的罪行和"批林整风"运动变成了所谓的"批林批孔"运动。

1月24日和25日，江青等人未经中央政治局讨论，擅自在北京连续召开由人民解放军各总部、驻京部队各单位和中央直属机关、国家机关人员参加的"批林批孔"动员大会。江青等人指使迟群、谢静宜在会上作了煽动性演说，借批"走后门"为名，攻击诬蔑国务院和中央军委的领导同志。江青在大会前后还以个人名义给海军、空军、南京部队、广州部队等领导机关写信、送材料，派亲信给南京军区某部防化连送材料，鼓动开展"批林批孔"运动，宣扬自己，打击别人，妄图搞乱部队。

中共中央副主席、中央军委副主席叶剑英对此极为忧虑，于 1 月 30 日致信毛泽东，反映情况，说明问题的严重性。毛泽东经过反复考虑，于 2 月 15 日在叶剑英来信上批示："剑英同志：此事甚大，从支部到北京牵涉几百万人。开后门来的也有好人，从前门来的也有坏人。现在，形而上学猖獗，片面性。批林批孔，又夹着'走后门'，有可能冲淡批林批孔。小谢、迟群讲话(指谢静宜、迟群在 1 月 25 日批林批孔动员大会上的讲话——笔者注)有缺点，不宜向下发，我的意见如此。"[1]毛泽东还批评江青说："有意见要在政治局讨论，印成文件发下去，要以中央的名义，不要以个人的名义，比如也不要以我的名义，我是从来不送什么文件的。"毛泽东扣发了江青等人精心炮制的准备发到全国去播放的"批林批孔"动员大会的录音带。在这期间，江青等人还制造了河南省"马振抚公社中学事件"，把一个学生的自杀当作教师推行"智育第一"的"修正主义教育路线"的结果。江青集团把这个事件作为"批林批孔"运动中的所谓"修正主义教育路线复辟、回潮"的典型，煽动青年学生对广大教师和教育工作者进行批判，造成

江青、张春桥在"十大"主席台上。会后，江青、张春桥、王洪文、姚文元结为"四人帮"。

[1]《建国以来毛泽东文稿》第十三册，第 377 页。

了极其恶劣的影响。最后，逮捕了马振抚公社中学的一位负责人和一位教师，株连了一大批教师和干部。从此，搞得学校不敢管理，教师不敢讲课，学生不愿上课，整个教育系统一片混乱，严重影响了中华民族青年一代的整体素质。

江青集团策划的"批林批孔"的主要内容，是批判林彪所谓的"克己复礼"，也就是"复辟"。其目的是含沙射影地攻击周恩来和周恩来主持中央日常工作期间恢复工作的一大批党政军领导干部。江青集团在报刊上大量刊载反动文章，不批林，假批孔，以批"周公"、批"宰相"、批所谓"现代大儒"来影射攻击周恩来。《人民日报》发表了康生指使中共中央党校写作班子唐晓文杜撰的《柳下跖痛骂孔老二》的反动文章；《红旗》杂志刊载北京大学、清华大学大批判组的文章《孔丘其人》，将孔丘重病卧床的时间提前两年，借以影射攻击积劳成疾、身患重病、坚持工作的周恩来。江青还亲自布置北京大学、清华大学大批判组以"梁效"的化名撰写了《从〈乡党〉篇看孔老二》的反党文章，对周恩来进行人身攻击。

江青、张春桥等人还以"法家"自居，说什么西汉王朝前期和中期"反复辟斗争"之所以取得胜利，是因为"在中央政权始终保持了一个法家领导集团"。为此，他们竭力要把"批林批孔"运动纳入所谓"儒法斗争"的轨道。江青授意其"御用"写作班子，要批"现在的儒"，说什么"如果现在没有'儒'，为什么反孔老二?"江青在天津的一次谈话中露骨地说："这次运动的重点是批'党内的大儒'"，把矛头指向周恩来。同时又指使她的亲信狂热吹捧吕后、武则天的"丰功伟绩"，为她篡党夺权大造反革命舆论。通过这些事实，人们已经不难看出江青集团所竭力策动的"批林批孔运动"、"评法批儒运动"究竟是要达到什么目的了。

"司马昭之心，路人皆知"。江青等人的倒行逆施，受到广大人民群众和人民解放军指战员的有力抵制。于是，江青集团提出"要放火烧荒"，把矛头指向中央军委的领导人和各级军事领导机关，妄图搞乱军队。对地方，江青集团煽动"夺权"，煽动停工、停产，制造混乱，使刚刚趋向稳定的政治局面又遭到破坏，生产大幅度下降。1974年，煤炭比上一年同期下降6.2%，铁路运输量下降2.5%，钢铁下降9.4%，化肥下降3.7%。

为了扭转这个趋势，中共中央于1974年7月1日发出《关于抓革命，促生产的通知》，号召共产党员和共青团员模范地贯彻"抓革命，促生产"的方针，努力把国民经济搞上去。毛泽东也更加清楚地看到，江青集团是成事不足，败事有余，治国无方，捣乱有术。

经过一段时间思考，毛泽东果断决定，在自己和周恩来都患病的情况下，推出邓小平主持中央党政军日常工作。

于是，通过1975年1月的中共中央1号文件、中共十届二中全会和中华人民共和国第四届全国人民代表大会第一次会议，邓小平担任中共中央副主席、国务院第一副总理、中央军事委员会副主席兼中国人民解放军总参谋长，主持中央工作。

邓小平主持中央工作以后，迅即对全国各个方面进行"全面整顿"，成效显著。

对此，邓小平在1987年10月会见匈牙利社会主义工人党总书记卡达尔时曾经说起过：

"就我们国家来讲，首先是要摆脱贫穷。要摆脱贫穷，就要找出一条比较快的发展道路。贫穷不是社会主义，发展太慢也不是社会主义。否则社会主义有什么优越性呢？社会主义发展生产力，成果是属于人民的。就是说，在我们的发展过程中不会产生资产阶级，因为我们的分配原则是按劳分配。当然分配中还会有差别，但我们的目的是共同富裕。要经过若干年的努力，体现出社会主义的优越性，体现出我们走社会主义道路走得对。"

"在对社会主义作这样的理解下面，我们寻找自己应该走的道路。这涉及政治领域、经济领域、文化领域等所有方面的问题。我们提出要搞建设，搞改革，争取比较快的发展。说到改革，其实在1974年到1975年我们已经实验过一段。1973年周恩来总理病重，把我从江西'牛棚'接回来，开始时我代替周总理管一部分国务院的工作，1975年我主持中央常务工作。那时的改革，用的名称是整顿，强调把国民经济搞上去，首先是恢复生产秩序。凡是这样做的地方都见效。不久，我又被'四人帮'打倒了。我是'三落三起'。1976年四五运动，人民怀念周总理，支持我的也不少。这证明，1974年到1975年的改革是很得人心的，反映了人民的愿望。粉碎'四人帮'以后，十一届三中全会重新确立了实事求是的思想路线，确定了以发展生产力为全党全国的工作中心，改革才重新发动了。"[1]

从邓小平的这段谈话中，可以清楚地看到：整顿就是改革。

邓小平在1975年搞的全面整顿，实质上也就是全面改革的先声。

"久乱思治"。从1966年开始的"无产阶级文化大革命"运动，到1975年，已经整整搞了9年。全党、全军、全国人民已经厌倦了这种无休无止的所谓"政治大革命"。人心思安，人心思治。

1975年1月，周恩来在第四届人大一次会议上所作的《政府工作报告》中，重申了第三届人大《政府工作报告》提出的"两步设想"："第一步，用十五年时间，即在1980年以前，建立一个独立的比较完整的工业体系和国民经济体系；第二步，在本世纪内，全面实现农业、工业、国防和科学技术的现代化，使我国国民经济走在世界的前列。"这个宏伟目标，受到了全国人民的热烈欢迎。"早日实现四个现代化"成为全国人民的一致呼声。

邓小平主持中央工作以后，在当时特定的历史条件下，采取了以毛泽东晚年提出的正确指示去纠正"文化大革命"的错误的方法。他很快把毛泽东在中共十届二中全会期间提出的关于"还是安定团结为好"的指示，在长沙听取李先念汇报经济工作时提出的关于"把国民经济搞上去"的指示，汇集概括在一起，加以提炼，提出了"学习理论、反修防修，安定团结和把国民经济搞上去"的"三项指示为纲"的指导方针。

在当时"文化大革命"的特定的历史环境下，邓小

中共"十大"召开时毛泽东已年迈体衰。大会闭幕式后，毛泽东一时无法站立。周恩来向大会宣布：请代表们先走，主席目送大家退场。

---

[1]《邓小平文选》第三卷，人民出版社1993年版，第255页。

平提出"三项指示为纲",从顺序上看,不能不把"学习理论,反修防修"放在第一项,但在实际上,邓小平提出的"三项指示为纲"却是对"文化大革命"中坚持"以阶级斗争为纲"的彻底否定。"三项指示"为纲,最核心、最本质的问题是以"把国民经济搞上去"为纲。从邓小平1975年大力坚持"以三项指示为纲"来全面推动全国各个方面的工作来看,在"三项指示为纲"的方针中,实质上已经具备了中共十一届三中全会以后提出的"以经济建设为中心"的基本路线的雏形。因此,"以三项指示为纲",实质上也就是以"把国民经济搞上去"为纲,即"以经济建设为中心"。

当时,最紧迫的任务,就是要尽快"把国民经济搞上去"。长期的"文化大革命",尤其是1974年江青、张春桥、姚文元、王洪文提出开展的所谓"批林批孔"运动,极大地冲击了工业、农业、交通运输、科学技术等各个方面的工作,使整个国民经济陷入严重的混乱状态。邓小平面对"文化大革命"和"批林批孔"运动造成的生产下降、铁路不通、问题成堆、积重难返的重重困难,忧心如焚。他按照四届人大提出的要把中国建设成为具有四个现代化的社会主义强国的宏伟目标和发展国民经济的正确方针,以毛泽东的"三项重要指示为纲"。以"不怕第二次被打倒"的大无畏革命精神,以一个彻底的唯物主义者的勇气,果断地采取了一系列的有力措施,努力排除江青反革命集团的干扰,召开了解决交通、工业、农业、科技等方面问题的会议和军委扩大会议,义无反顾,奋不顾身地着手对各个方面的工作进行全面整顿,大刀阔斧、雷厉风行地纠正"文化大革命"的错误,使全国形势明显好转,在较短的时间里,收到了极大的成效。

1975年邓小平主持中央工作期间开展的全面整顿,首先从铁路系统开始进行重点突破。自"文化大革命"以来,特别是"批林批孔"运动以来,由于"四人帮"在铁路系统的帮派势力的破坏,造成徐州、南京、南昌、太原等地铁路运输长期堵塞,阻碍津浦、京广、陇海、浙赣四条铁路大干线的畅通,并影响其他铁路干线的运输。针对这种情况,据谷牧回忆,1975年2月中旬的一天,国务院召开常务会议进行研究。主持会议的邓小平进会场的时候,边走边愤慨地说:"铁路问题太严重,不抓不行了。"他坐下后,与会同志便纷纷反映徐州等几个铁路局严重阻塞,影响津浦、京广几条大干线运输的紧迫情况。经过一番讨论，邓小平迅速拍板，立即进行整顿，迅速扭转局面，为把国民经济搞上去创造条件。

2月25日至3月8日，中共中央召开全国省、自治区、直辖市委主管工业的书记会议。邓小平在会上作了《全党讲大局，把国民经济搞上去》的重要讲话。

邓小平在这个讲话中，开门见山，直奔主题，首先强调指出："现在有一个大局，全党要多讲。大局是什么？三届人大和四届人大的政府工作报告，都讲了发展我国国民经济的两步设想：第一步到1980年，建成一个独立的比较完整的工业体系和国民经济体系；第二步到20世纪末，也就是说，从现在算起还有25年时间，把我国建设成为具有现代农业、现代工业、现代国防和现代科学技术的社会主义强国。全党全国都要为实现这个伟大目标而奋斗。这就是大局。"[1]

邓小平在讲话中批评了那种认为"抓革命保险，抓生产危险"，因而只敢抓革命、不敢抓生产的怪现象，强调要认真抓好生产。他说："毛主席讲，要抓革命，促生产，促工作，促战备。听说现在有的同志只敢抓革命，不敢抓生产，说什么'抓革命保险，抓生产危险'。这是大错特错的。目前生产的形势怎么样？农业还比较好一点，但是，粮食产量按全国人口平均每人只有609斤，储备粮也不多，农民的收入就那么一点。工业方面那就确实值得引起严重注意。现有的生产能力没有发挥出来。去年一年，工业生产情况是不好的。今年是第四个五年计划的最后一年，生产再搞不好，势必影响第五个五年计划的实行。我们必须预见到这种形势，认真抓这个问题。"[2]

邓小平还指出：怎样才能把国民经济搞上去？分析的结果，当前的薄弱环节是铁路。铁路运输的问题不解决，生产部署统统打乱，整个计划都会落空。所以中央下决心要解决这个问题。

关于解决铁路问题的办法，邓小平在会上提出了三条措施：一是"要加强集中统一"；二是"建立必要的规章制度，增强组织纪律性"；三是"反对派性"，铁道部门的人事调动，由铁道部统一管理。

---

[1]《邓小平文选》第二卷，人民出版社1994年10月第2版，第4页。
[2]《邓小平文选》第二卷 第4—5页。

"全面整顿"在铁路系统取得成效、取得经验以后，邓小平迅速以钢铁工业为"突破口"，狠抓了对整个工业生产的整顿。

在"文化大革命"的动乱岁月，钢铁工业是一个"重灾区"，受到的破坏特别严重。这是由于大型钢铁企业实力雄厚，人数众多，在当地大都处于举足轻重的地位，是"文化大革命"中各派群众组织都竭力争夺的地方，因而"内战"不断，硝烟四起，折腾得格外厉害，几乎没有一个大钢厂不曾发生武斗。1974 年的情况尤为严重，鞍钢、武钢、包钢、太钢频频告急。包钢 4 座焦炉仅有一座带"病"生产。武钢本来经过一年多的落实政策，狠抓管理，情况大有好转，冶金部专门在武汉召开现场会推广武钢经验，国务院还批发了这次会议报告，人称武钢"一年巨变"。可是"四人帮"大搞"批林批孔"运动，又使武钢形势急转直下，结果，1974 年钢产量由 1973 年的 182.8 万吨，一下子跌到 74.8 万吨。当时，其他企业的情况也大体相同，生产秩序被搞乱，生产设备遭到严重破坏，职工情绪非常低落。

1975 年 5 月 21 日，邓小平主持召开国务院办公会议，专门讨论钢铁工业问题。会上，邓小平针对钢铁工业的严重混乱局面，斩钉截铁地指出："这种情况继续下去，是破坏！现在是到了下决心解决钢铁问题的时候了。"根据他的意见，中共中央在北京召开钢铁工业座谈会，国务院有关部委、17 个省市和 11 个大钢厂的负责同志参加了会议。在深入详细地了解和掌握了钢铁工业当时的情况和存在的问题后，邓小平、叶剑英、李先念、谷牧等领导同志一起接见了参加会议的代表。铁道部部长万里到会介绍了铁路整顿的经验。中央在会上提出了整顿钢铁工业的任务，要求欠产比较多的几个大企业限期扭转生产下降的局势。5 月 29 日，邓小平在会上作了《当前钢铁工业必须解决的几个问题》的讲话。

会议确定，1975 年计划生产 2600 万吨钢的指标不能动，欠产要补上，几个大钢厂要限期扭转局势。

邓小平对冶金工业大刀阔斧的整顿，立刻收到了显著成效。6 月份全国钢的平均日产量 72400 吨，超过了全年 2600 万吨钢计划的平均日产水平；鞍钢、武钢、太钢等重点企业的生产经营形势也有了喜人的变化。这种好的发展势头一直持续到 1975 年第四季度。

鞍山钢铁公司是邓小平一直十分关注的一个具有悠久历史的老厂，也是中国钢铁工业的摇篮。从 20 世纪 50 年代到 70 年代，邓小平先后多次到鞍钢视察指导工作，对鞍钢的生产建设作出了一系列重要指示，特别是倡导和强调鞍钢要不断进行技术改造。遵照邓小平的指示，鞍钢取得了不间断的技术进步，逐渐成为中国老企业改造的样板。

1975 年 9 月 15 日，邓小平在国务院常务会议上，专门针对鞍钢的情况发表讲话。他十分尖锐地说："鞍钢这么大的企业，有管理问题，也有体制问题，整个生产过程，是从上到下一环扣一环的，要有一个强有力的生产指挥机构，现在由市委直接管厂子的办法，不是管生产的好办法。事实上，市委是抓不过来的，因为忙于其他多于抓生产。市委第一书记可以兼公司党委第一书记，但是公司必须单独有个班子(指恢复鞍钢党委及恢复鞍钢公司的建制)，不是管油、盐、酱、醋、菜，而是指挥生产，成为一个完整系统。鞍钢干部有的是，有许多好干部，可以大量提拔嘛！"邓小平还说："领导鞍钢这么大的企业，那么复杂，没有懂行人，没有强有力的指挥机构，不打败仗才怪呢！"[1]

邓小平关于解决鞍钢问题的重要讲话，一针见血，语重心长，对于以后恢复鞍山钢铁公司建制，整顿鞍钢的生产与管理，具有决定性的作用。同时，也抓住了整顿鞍钢、解决鞍钢问题的要害，受到鞍钢广大工人、干部的热烈欢迎和坚决拥护。

1975 年 9 月 19 日，鞍山市委正式写了《关于成立鞍山钢铁公司，建立鞍钢党委的请示报告》，由辽宁省委转报中央。

可是，当时辽宁省紧跟"四人帮"又窃取了领导大权的个别人却对邓小平的讲话置若罔闻，他们表示反对恢复鞍钢建制。10 月中旬，中共中央委托主管工业生产的谷牧在前门饭店召集辽宁省委和鞍山市委领导同志研究这个问题，在会议讨论中，省、市委的意见明显分歧。辽宁省委出席会议的负责人按照毛远新的意见反对恢复鞍山钢铁公司，还说："鞍钢一些老家伙积极主张成立鞍山钢铁公司，他们连做梦也想着再当经理或副经理，过那个官瘾。"前门饭店座谈会结束时，谷牧说："看来省、市委对此问题有不同看法，今晚政治局开会，我向中央汇报，最后再由中央决定。"听了谷牧向中央汇

[1]鞍山钢铁集团公司：《邓小平同志与鞍钢》。

报的情况后，邓小平非常坚决地坚持原来的意见。后来，毛远新得知中央和邓小平等领导同志坚持要恢复鞍山钢铁公司和鞍钢党委以后，又听从了某些人的主意，主张把鞍山钢铁公司一分为三，建立三个公司、三个党委。为此，鞍山市委建议组织联合调查组慎重研究这个问题。市委多次召开会议反复听取调查组和各方面意见后，一致认为鞍钢是一个联合生产的大企业，又集中在鞍山一个地区，生产联系非常密切，应当成立一个公司、一个党委为宜。1975 年 11 月 18 日，中央正式发出《关于成立鞍山钢铁公司，建立鞍钢党委问题的批复》。批复中说："中央同意成立鞍山钢铁公司，并建立鞍钢党委和革委会。鞍钢党委和革委会归鞍山市委和市革委会领导。鞍山市的主要精力要放在鞍钢，切实地把鞍钢的工作抓好。"中央文件中标明这个批复是由谷牧批示，经过邓小平、李先念等中央领导同志共同圈阅的。毛远新等看了批复以后，再也没有什么话可讲了。

随后，邓小平又将关注的目光投向了新中国诞生后新建的第一个大型钢铁联合企业武汉钢铁公司。经过各个方面的共同努力，武钢的一米七连轧机组在这一时期顺利投入使用。

接着，邓小平以铁道系统和冶金工业整顿的成功经验为典型，抓住关键，在全国进行全面整顿。

邓小平主持的对工业系统的大力整顿，很快就收到了显著的成效。据1975 年 7 月 17 日中共中央转发国务院《关于今年上半年工业生产情况的报告》指出："3 月以来，工业生产和交通运输一月比一月好，原油、原煤、发电量、化肥、水泥、内燃机、低级纸制品、铁路货运量等，5、6 月份创造了历史上月产的最高水平。军工生产的情况也比较好。"经过 1975 年一年的全面整顿，同 1974 年比较，工业总产值由 1974 年只增长 0.3%，上升为 1975 年增长 15.1%；钢产量由 1974 年下降 410 万吨，变为 1975 年增长278 万吨；原煤产量由 1974 年下降 400 万吨，变为 1975 年增长 6900 万吨；发电量由 1974 年只增长 20 亿度，变为 1975 年增长 270 亿度；棉纱产量由1974 年下降 16.4 万吨，变为 1975 年增长 30.5 万吨。

中国是一个农业大国，农业是整个国民经济的基础。为了整顿在"文化大革命"中遭到很大破坏的农业和农村工作，1975 年 9 月中共中央决定召开全国农业学大寨会议。毛泽东对这次会议十分重视，会议召开前夕，他提议，凡能去的中央政治局委员，都要参加这次会议，并委托邓小平代表中央作重要报告。

根据国务院的安排，参加全国农业学大寨会议的代表共 3845 人。会议分两个阶段进行，9 月 15 日至 28 日在昔阳，参观大寨等先进单位，听取经验介绍；9 月 29 日到北京，参加国庆活动，继续开会，10 月 12 日结束。历时近 1 个月。

9 月 15 日上午 9 时，全国农业学大寨会议在昔阳县拖拉机厂新厂房正式开幕。华国锋主持会议，陈永贵致开幕词，陈锡联、江青、姚文元、吴桂贤也参加了会议。

当会议主持人宣布请邓小平代表中共中央、国务院作重要讲话时，会场上立即爆发出暴风雨般的掌声，不少参加会议的老干部流下了激动的热泪。如此热烈的场面、如此动人的真情，使邓小平非常感动，他干脆一手推开主席台上放置的讲话稿，开始了即席讲演。早已在他头脑中思考成熟的思想、观点，像滚滚波涛，倾泻而出。邓小平首先论述了搞好农业在四个现代化中的重要意义，指出，实现四个现代化，关键是农业现代化，如果农业搞得不好，很可能拖了我们国家建设的后腿。正是在这次大会上，邓小平与江青展开了针锋相对的斗争。

当邓小平说到：“这次会议是很重要的，可以说是 1962 年七千人大会以后各级领导干部来得最多的一次重要会议。”

江青插话说：“内容不一样。”

邓小平驳斥说：“重要性一样。”

接着，邓小平阐述道：“这次会议涉及的问题，虽然不像 1962 年的七千人大会那样全面，但就实现 25 年的目标来说，这次会议的重要性仅次于那次会议，或相当于那次会议。”

邓小平强调指出，要有农业这个基础的发展，才能推动工业、国防和科学技术另外三个现代化的前进。如果农业搞得不好，很可能农业拉了我们国家建设的后腿。

讲到这里，邓小平深有感慨地说：“毛主席提出‘深挖洞，广积粮，不称霸’，我们现在积了多少粮？”他还心情沉重地说：“全国还有部分县、地区，粮食产量还不如解放初期。"

听到邓小平否定"文化大革命"以来的"大好形势",江青又插话:"不能那么说,那只是个别的。"

"个别的也是不得了的事呀!""就是个别的,也是值得很好注意的事。"邓小平针锋相对,寸步不让。

接着,邓小平以对农村实际情况的深入了解,摆事实说:"据 23 个省、市、自治区统计,人民公社基本核算单位农业产值按人口计算平均 124 元。最低的贵州,倒数第一,只有六十几元;四川倒数第二,九十几元,这行吗?"

江青又插话:"8 千万人口。"

邓小平说:"9 千多万啰!""啰"字音高韵长,反映了他内心对江青胡乱插话的极度反感和对江青孤陋寡闻的极大蔑视。

"类似四川,100 元左右的还有好几个省。这是讲产值,还不等于社员收入。社员收入有的很少,有的还倒欠账。这种状况,我们能满意吗?"邓小平继续讲道。

江青又抢着说:"有些债要取消了。"

邓小平扫视了江青一眼,当即指出:"那是政策问题,中央要另行研究。"

邓小平在讲话中,提出了各方面都要进行整顿的问题。邓小平强调对各方面的工作都要实行整顿的方针,实际上就是要系统地纠正"文化大革命"的错误。

邓小平说:"毛主席讲过,军队要整顿,地方要整顿。工业要整顿,农业要整顿,商业也要整顿,我们的文化教育也要整顿,科学技术队伍也要整顿。文艺,毛主席叫调整,实际上调整也就是整顿。"

邓小平的这段话,一口气讲了八个方面的整顿。实际上是指向"四人帮"的宣战书,是纠正"文化大革命"错误的动员令,是向四个现代化进军的冲锋号。他说出了广大人民群众的心里话,在全党、全军、全国引起了强烈反响,广大人民群众无不觉得他讲得痛快淋漓,为之拍手称快。

按照中央研究决定的议程,"全国农业学大寨会议"本来没有安排江青讲话。但邓小平讲话后,江青却执意要讲话。她一开口,就批评有的省、自治区、直辖市委的负责人不重视会议,"第一书记只来了一个内蒙古的尤太忠"。邓小平当即指出:各省、自治区、直辖市是按照中央通知办事,主管农业的书记来了就行。

江青十分放肆地大谈什么"评《水浒》"、"学理论抓农业"、"《水浒》的要害是架空晁盖"。还说要给大家发她关于"评《水浒》"的讲话稿，播放她的讲话录音，一副气势汹汹、不可一世的模样。江青的所作所为，引起了与会同志的极大反感。

在全国农业学大寨会议以后，各级党组织大张旗鼓地贯彻落实会议精神，各地抽调了上百万干部到农村整顿后进社队。中央还专门发出文件，强调不能把社员正当的家庭副业当作资本主义来批判。经过整顿，1975年全国农业总产值比上年增长4.6%。粮食产量达到5690亿斤，比上年增产185亿斤。绝大多数农产品的产量都有所增长。

与此同时，科学、教育、文艺领域也都进行了大量的整顿。在"文化大革命"中被破坏得混乱不堪的科研机构、大中小学校、文艺团体开始展现出新的勃勃生机，长期被诬蔑为"臭老九"、"臭知识分子"、"改造对象"的广大知识分子，从全面整顿中看到了希望，看到了前途。尤其是邓小平传达的毛泽东指示"老九不能走"的讲话贯彻以后，广大知识分子欢欣鼓舞，奔走相告，各项工作开始逐步走上正常轨道。

邓小平主持工作以后，中央提出要进一步落实党的干部政策和知识分子政策，对一大批尚未"解放"和尚未安排工作的干部进行了"解放"，使之重新走上领导岗位，为大批专家、教授和知识分子恢复了工作。对"文化大革命"中造成的冤、假、错案继续进行平反。

1975年5月17日，毛泽东在对中央军委关于贺诚(原总后勤部副部长)任职的报告上批示："奇文共欣赏，疑义相与析。贺诚无罪，当然应予分配工作。过去一切诬蔑不实之词，应予推倒。印发中央同志。"[1]同时，毛泽东在一个批示中指出，"周扬一案，似可以从宽处理，分配工作，有病的养起来并治病"[2]。在此期间，根据毛泽东批示的精神，在邓小平的主持下，一批老干部相继被从监禁中放出来治病或分配工作，重新获得了政治上的解放和工作的权利。

---

[1]《建国以来毛泽东文稿》第十三册，第432页。

[2]《建国以来毛泽东文稿》第十三册，第441页。

在 1975 年平反冤、假、错案的工作中，影响最大的是为原中共第八届中央政治局委员、国务院副总理、中共中央军委副主席贺龙举行骨灰安放仪式，并通过这一举动，再次为贺龙平反昭雪、恢复名誉。

贺龙一案，是"文化大革命"中林彪集团制造的大批重大冤案之一。

贺龙去世后，由林彪集团控制的"贺龙专案组"还继续诬陷贺龙，在一份关于贺龙的审查报告中，诬蔑贺龙是"篡军夺权阴谋家"。

林彪反革命集团被粉碎，使贺龙一案开始出现新的转机。1973 年 2 月 29 日，毛泽东在中南海与张春桥等人的一次谈话中，深有感触地说：

"我看贺龙没有问题，策反的人，贺把他杀了。我有缺点，听一面之辞。"

但是，毛泽东关于为贺龙平反的指示，被张春桥所封锁。他既不向中央政治局传达，也不贯彻落实毛泽东的指示，致使为贺龙平反一事迟迟得不到解决。

同年 12 月 21 日，毛泽东在同参加中央军委常委扩大会议的同志的谈话中说：

"我看贺龙同志搞错了。我要负责呢。当时我对他讲，你是一个方面军的旗帜，要保护你。总理也保护他。要翻案呢，不然少了贺龙不好呢。杨、余、傅也要翻案呢，都是林彪搞的。我听了林彪一面之辞，所以我犯了错误。小平讲在上海的时候，对罗瑞卿搞突然袭击，他不满意。我赞成他。也是听了林彪的话，整了罗瑞卿呢。""有几次听一面之辞，就是不好呢。向同志们做点自我批评呢。"

在一次中央会议上，当毛泽东问周恩来关于贺龙同志的问题时，周恩来说："贺龙同志冤枉了。"

毛泽东听后连声说：

"翻案，翻案，翻案！"

1974 年，毛泽东同邓小平谈话时说："要给贺龙同志平反。"邓小平立即在中共中央政治局会议上作了传达。

周恩来在 1974 年已经身患重病。他亲自调阅贺龙的材料，重新审查，推翻了林彪集团和"贺龙专案组"用逼供信方法捏造的"证据"，报经中央批准，给贺龙平反，恢复名誉。

在毛泽东的直接关注下，经过周恩来、邓小平的努力，1974 年 9 月，中共中央正式发出《关于为贺龙同志恢复名誉的通知》。

中央的这个通知，印发到县团级，并口头传达到党内外群众。

但是，中共中央正式为贺龙平反昭雪以后，由于"四人帮"的干扰和阻挠，一直没有为贺龙召开追悼会。

1975 年 6 月，是贺龙逝世 6 周年。这时，邓小平作为中共中央副主席、国务院副总理、中央军委副主席兼中国人民解放军总参谋长主持中央工作，正在进行全面整顿。"四人帮"多次受到毛泽东批评，处境很不妙。中共中央政治局于 6 月 6 日正式决定，为贺龙举行骨灰安放仪式。

随后，中共中央决定，贺龙同志骨灰安放仪式于 1975 年 6 月 9 日下午举行，由中共中央副主席、中央军委副主席叶剑英代表中共中央、中央军委致悼词。

6 月 7 日，贺龙长女贺捷生致信毛泽东，说 6 月 6 日接到通知，中央军委等单位举行贺龙骨灰安放仪式，要求对外"保密，不治丧，不致悼词，不献花圈，不报道，不宣传"，等等。贺捷生认为这样做不符合 1974 年中央为贺龙恢复名誉的通知精神，故请求补行葬礼，挽回影响。

贺捷生同时写信给周恩来，表示如果照原来方案办理，将不参加这一仪式。周恩来即于当日致信毛泽东："今年 6 月 9 日为贺龙同志开逝世 6 周年纪念会事，我也知道，后因我 3 月开刀治疗，未再过问。此事系 6 月 6 日政治局决定，今得贺捷生同志此信，特送上，如主席另有指示，当与政治局设法补救。"

6 月 9 日，毛泽东对周恩来信批复："照总理意见办理。"

周恩来随即委托国务院办公室转告贺捷生，要她顾全大局，一定参加贺龙骨灰安放仪式。贺捷生表示听总理的话。

本来，1975 年 1 月四届人大召开后，周恩来因重病在身已经住院。当 6 月 9 日下午举行贺龙骨灰安放仪式时，他抱病赶到现场。

一贯仪表端庄的周恩来，迈着沉重的步履进入悼念大厅后，首先走到签到桌前，拿起一支毛笔，饱蘸墨汁，往"签到簿"上签名。但是，长期的重病在身又使他力不从心，他那曾经力挽狂澜、扭转乾坤的手臂微微颤抖着，"周恩来"3 个字的签名也失去了往日的潇洒和飘逸。

签名以后，周恩来动情地说："我不行了。我本想替邓小平代签，不行，签不动了。他现在正在谈判（邓小平当时有外事活动），把这个（签到簿）送去，叫他签，纪念。留作纪念……"

走到休息室门口时，周恩来停顿了一下，目光炯炯，仿佛在寻找着什么。当看到贺龙夫人薛明时，立即大步走了过去。周恩来走进休息室后，在"文化大革命"中始终陪伴着贺龙、经历了九死一生的薛明仿佛看见了亲人一样，一下子扑到周恩来身上，满腹的痛楚、辛酸、委屈再也压抑不住，痛哭失声。周恩来热泪盈眶，扶着薛明的肩膀，声音颤抖地说："薛明，我没有保护好老总啊……"周恩来在与薛明及贺龙子女的会面中，向他们表示深切的慰问，并对在"文化大革命"中未能保住贺龙、贺龙去世后骨灰未能移至八宝山革命公墓深表内疚。言毕，一贯自我克制能力极强的周恩来，再也忍不住满腔悲愤，热泪长流，泪湿衣襟。

贺龙的一个女儿走过来，握着周恩来的手，说："周伯伯，你要保重身体呀！"

周恩来缓缓地说："我的时间也不长了！"

顿时，整个休息室里哭声响成一片。

过了一会儿，心细如发的周恩来对薛明和贺龙的子女们说："你们先在这里休息，我出去商量商量。"

当周恩来又返回休息室时，首先问叶剑英道："叶帅，你那个讲话稿呢？"

叶剑英从口袋里掏出讲话稿说："在这里。"

周恩来接过讲话稿，说："给我，我来讲。"一边说着，一边看讲话稿的内容，并亲笔在讲话稿上做着修改。

周恩来的这一举动，使贺龙骨灰安放仪式上的致悼词者，由中共中央副主席、中央军委副主席变成了中共中央副主席、中华人民共和国国务院总理。这无疑进一步提高了为贺龙治丧的规格，使贺龙骨灰安放仪式的规格由军队元老一级升格为党和国家领导人一级。显然，这一非同寻常的举动是周恩来深思熟虑的结果。在当时的历史情况下，林彪虽已自取灭亡，但"四人帮"仍在一侧虎视眈眈。周恩来只有通过提高为贺龙治丧的规格这一举动来对老战友进一步表达深切悼念之情了。

下午4时，"贺龙同志骨灰安放仪式"正式开始。

周恩来步履沉重地来到覆盖着鲜艳的中国共产党党旗的贺龙骨灰盒旁，

代表中共中央，为贺龙亲致悼词。

简短的悼词，包含着中共中央对贺龙的高度评价，也包含着周恩来对老战友的无限深情。极度的悲痛使周恩来几次哽咽失声，几乎讲不下去。

致悼词前，全场向贺龙的骨灰和遗像三鞠躬。周恩来一连鞠了8次躬，向自己的这位亲密同志和老战友，向这位忠诚的共产主义战士，表示深切的悼念和敬意。

这是周恩来生前最后一次出席老一代无产阶级革命家的追悼会，也是他最后一次公开露面。

1975年，在邓小平主持中央日常工作期间，中央连续召开军委扩大会议和工业、农业、交通、科技等一系列重要会议，采取果断有力的措施，对许多方面的工作进行整顿。同时开展平反冤、假、错案的工作，落实党的干部政策和知识分子政策，使全国政治、经济形势有了明显的好转。

随着毛泽东对邓小平的日益信赖，随着邓小平在中国政治、经济生活中地位的日渐提高，随着邓小平代表中国在国际交往中活动的日益频繁，国际社会对邓小平的认识和了解也日渐深入。曾经担任过美国中央情报局局长、美国副总统和美国总统的乔治·布什，当时正在担任美国驻中国联络处主任。他在回忆录《白宫：我的目标》中谈到了当时感觉到的邓小平在中国地位的上升。乔治·布什写道：

1975年10月19日，国务卿基辛格到达北京，为福特总统在这一年晚些时候访问北京做准备。像以往一样，他的议事日程安排得满满的，要在2天内与邓小平副总理举行3次长时间会谈，以拟出福特总统会见毛主席之后要发表的公报的细节。

世界上这2位最有权力的领导人在会谈中会谈些什么？没有人能拟出计划。通常的做法是在来访的领导人到来之前就要由双方外交首脑把会谈结论的轮廓或者条款准备好。这样就可以确定会谈的议程，并且减少在重要问题上产生误解的风险。

参加基辛格——邓小平会谈的中方人员有外交部长乔冠华，美方有国务卿的助手及副国务卿菲尔·哈比卜和我。在此之前，我曾几次见过邓小平。他在中国的权力地位正在上升，很可能在毛泽东和周恩来去世后执掌最高权力。他不停地吸烟喝茶，举止就像生活在农村中的普通百姓中的一员。这是一位来自中国西南部四川省的豪侠斗士。

在会见外国领导人时，邓小平具有一种把握强硬和灵活间最佳比例的高超才能。但是，在与基辛格的会谈中，他却明显地咄咄逼人，措词强硬。[1]

"为政之要，贵在用人。" 1991 年 8 月，邓小平在一次同几位中央负责同志的谈话中，谈到要注意发现和使用人才的问题时说"的确是人才难得啊"，"一个人才可以顶很大的事，没有人才什么事情也搞不好"。他以 1975 年搞全面整顿为例子说："1975 年我抓整顿，用了几个人才，就把几个方面的工作整顿得很有成效，局面就大不一样。"邓小平在这里讲的 1975 年抓整顿中"用了几个人才"，指的是当时在全面整顿中作出了突出贡献的一批领导干部，而这批领导干部中，被誉为"四位先锋"的万里、胡耀邦、张爱萍、周荣鑫最为突出。邓小平说的"几个人才"主要指的是他们。

1975 年邓小平主持中央工作，以强烈的历史使命感和责任感，以非凡的胆识和魄力，开展全面整顿，曾解放、起用了一大批具有丰富领导工作经验的党政军高级领导干部。他们在"文化大革命"中，或者曾长期受到批斗，或者被送进"五七干校"劳动改造，或者"靠边站"……多年失去为党为人民工作的权利。一旦重新走上新的领导岗位，他们勇挑重担，敢于负责，为全面整顿作出了重大贡献。

在邓小平主持中央工作、进行"全面整顿"中作出了突出贡献的第一位先锋是当时担任铁道部部长的万里。

万里，山东东平人。1936 年加入中国共产党。从事地下工作时，曾任中共东平县委书记。抗日战争爆发后，长期在冀鲁豫抗日民主根据地从事抗日斗争。历任中共东平县委书记，泰西地委宣传部长、组织部长，鲁西区党委宣传部副部长，地委副书记，冀鲁豫区第二地委书记、第七地委书记、第八地委书记兼冀鲁豫军区第八军分区政治委员。解放战争时期，任冀鲁豫区

---

[1]乔治·布什：《白宫：我的目标》。

党委委员、秘书长。南京解放后，任南京市军管会财委副主任、经济部长、建设局长。后随第二野战军(即刘邓大军)进军大西南，任西南军政委员会工业部副部长、部长。20世纪50年代调入中央工作，任国务院建筑工程部副部长、城市建设部部长。1958年，任中共北京市委书记、北京市副市长等职。万里是北京著名的人民大会堂等"十大建筑"建设工程的主要负责人，因成绩显著，曾受到毛泽东的称赞。"文化大革命"爆发后，中共北京市委被打成"独立王国"，先遭改组，继而又被彻底冲垮。万里亦遭到批斗、监禁。"九·一三"事件后，毛泽东、周恩来批示解放了一大批老干部，万里于1973年担任中共北京市委书记、北京市革命委员会副主任。

万里性格开朗，为人随和，在工作上有能力，有魄力，有主见，有胆识，敢于负责，勇于开拓，是一位具有大将风度的帅才。他从革命战争年代起，就分管经济工作，积累了丰富的领导工作经验。在中华人民共和国第四届全国人民代表大会第一次会议上，万里被任命为中华人民共和国铁道部部长。

从抗日战争、解放战争到进军大西南、管理大西南，万里一直是邓小平的老部下。邓小平对万里的才干、魄力十分了解。所以，邓小平搞全面整顿，首先选择铁路系统作为整个工交领域的"突破口"。

万里不负众望，一马当先，首先在铁路系统打响了全面整顿的"第一炮"，成为全面整顿的"开路先锋"。

万里过去从事过党务工作、经济工作，主管过工业、财政、城市建设，却唯独没有主管过铁路。据万里说，开始中央领导人找他谈话，要他出任铁道部部长时，他本想推说，但看到重病住院的周恩来的信任，老领导邓小平的支持，一种责任感使他勇敢地担起了这副担子。四届人大结束的第二天，万里就到铁道部走马上任，一面抓紧铁道部的组建工作("文化大革命"中铁道部一度与交通部合并)，一面调查研究，了解情况。

1975年1月28日，万里上任刚刚10天，邓小平就约见万里，听取情况汇报，说："你了解的情况怎么样?谈一谈。"万里汇报了"文化大革命"，特别是"批林批孔"给铁路系统造成的严重破坏情况。邓小平听了以后，就铁路的体制问题、干部管理问题、建立规章制度问题、保证安全正点问题，明确进行了指示。万里当即表示，铁路问题复杂，派性问题严重，争取半年解决问题。邓小平说："不行，不能拖，不能等，要用最快的速度，最坚决的措施，迅速扭转形势，改变面貌。"万里回铁道部后，立即主持召开铁道部党委临时领导小组会议，传达邓小平的意见。

2月6日，邓小平再次约见万里，在谈话中，邓小平强调指出："要用最快的速度、最有力的措施，迅速改变铁路面貌。"他要求铁道部代中央起草一份关于解决铁路问题的文件，并对文件如何起草作了明确要求。

万里回去后，立即与国家计委副主任房维中一起，组织起草《中共中央关于加强铁路工作的决定》文稿。初稿完成后，送邓小平审定。邓小平亲自加上了一段话："所有铁路职工，都要做好本职工作，个人服从组织，下级服从上级，一切行动听指挥。领导干部、共产党员和共青团员要成为遵守纪律的模范。对在抓革命、促生产中表现好的职工和单位，要给予表扬。表现不好的，要进行批评教育。对于少数资产阶级派性严重、经过批评和教育仍不改正的领导干部和头头，应该及时调离，不宜拖延不决，妨碍大局。对严重违法乱纪的要给予处分。"

很显然，邓小平如此重视铁路系统的整顿工作，是要抓住铁路系统这个"麻雀"予以解剖，从中取得经验，以点带面，推动全局，搞好整个工交领域和全国各个领域的全面整顿工作。

《中共中央关于加强铁路工作的决定》，经邓小平亲自改定，中共中央政治局讨论通过，由毛泽东圈阅同意，于1975年3月5日以中共中央"中发[1975]9号"文件方式，迅速发往全党。这是全国开始全面整顿的第一份文件，它不仅对1975年的铁路系统整顿，而且对整个工交领域、对全国各行各业的整顿都起了重要的作用。

经过一番认真筹备，2月25日至3月8日，中央召开了解决铁路系统问题的全国工业书记会议，邓小平到会作了《全党讲大局，把国民经济搞上去》的重要讲话，提出了整顿铁路系统的一系列重要措施。

接着，万里手持《中共中央关于加强铁路工作的决定》和邓小平在全国工业书记会议上的重要讲话这两把"尚方宝剑"，对徐州、郑州、南昌等"老大难"铁路局和分局进行全面整顿，反对派性，增强党性，扭转了局势。

经过万里对铁路系统的有力整顿，铁路——这个国民经济的大动脉，终于被疏通了。很快达到了中央要求的：畅通无阻，四通八达，安全正点，当好先行。

1997 年 10 月 10 日，万里在接受中央党史研究室几位同志采访时，回顾 1975 年主持铁路整顿的情况。万里十分感慨地说："铁路整顿嘛，他(指邓小平——笔者注)点名让我到铁道部去，搞了以后，我整顿有了成绩以后，有一次国务院开会，冲着张春桥，大讲整顿，要我在国务院汇报。汇报以后，他(指邓小平——笔者注)就借题发挥了，大讲整顿。在张春桥跟前讲。所以一'批邓'，我就不行了，我们两个一块儿被打倒的。'右倾翻案风'，我是先带头嘛！否定'文化大革命'，我首先带头。'文化大革命'中我们两个一起倒的，我们两个有这样相连的关系。在'反击右倾翻案风'中我们一块倒的。"

在邓小平主持中央工作、进行"全面整顿"中做出突出贡献的第二位先锋是当时担任中国科学院党的核心小组负责人的胡耀邦。

"红小鬼"出身的胡耀邦是湖南浏阳人。他自幼参加革命，1929 年冬加入中国共产主义青年团，1933 年转入中国共产党。在土地革命战争时期，曾任中央苏区反帝拥苏总同盟青年部部长、宣传部长，共青团苏区中央局秘书长。参加了著名的长征。到达陕北后，任共青团中央宣传部长、组织部长。抗日战争时期，历任中国人民抗日军政大学政治部副主任、抗大一大队政治委员、中央军委总政治部组织部长。解放战争时期，前往华北前线，历任冀热辽军区代理政治部主任，晋察冀军区第四纵队政治委员、第三纵队政治委员，中国人民解放军第十八兵团政治部主任，先后参加了保卫张家口、解放石家庄、太原战役和宝鸡战役等战役战斗。

解放战争后期，中国人民解放军第十八兵团进军大西南，胡耀邦任中共川北区委第一书记兼川北行署主任和川北军区政治委员。1952 年奉调进京，任中国新民主主义青年团中央书记处书记，开始长期主持团中央的工作。1956 年在中共八大上当选为中共中央委员。1957 年任共青团中央第一书记。20 世纪 50 年代末兼任中共湖南省委书记处书记兼湘潭地委第一书记。1965 年兼任中共中央西北局第二书记和陕西省委第一书记。"文化大革命"爆发后，胡耀邦首当其冲，受到批斗，后被送到设在河南省信阳地区潢川县黄湖的"团中央五七干校"劳动改造。在艰苦的"劳动改造"中，胡耀邦头上戴着"中国共青团系统头号走资本主义道路的当权派"的"大帽子"，一边参加农田劳动，一边刻苦阅读社会科学著作。他拒不承认强加给他的"罪名"，在危难中积聚力量，武装头脑，等待历史的契机和召唤。

邓小平主持中央工作以后，很快让胡耀邦恢复了工作，并准备派他到中国科学院主持全面整顿工作。

长期领导青年工作和共青团工作的胡耀邦为人真诚，热情豪爽，忠诚坦白，大公无私，工作热情高，干劲大，方法多，尤其善于宣传鼓动，具有打开新局面的干劲和魄力。根据邓小平的总体部署，在1975年的全面整顿中，中国科学院的整顿、科学技术工作的整顿，是全面整顿的一个重要方面。邓小平的意图，是希望通过派胡耀邦等对中国最高科学研究机构——中国科学院的整顿，带动、促进对整个中国科技界的整顿。

自从"文化大革命"爆发以来，中国科学界遭受了一场空前的浩劫，在异常艰难的环境中，广大科学工作者怀着强烈的责任心和追求真理的热忱，怀着对"四人帮"倒行逆施的强烈愤慨，坚持利用一切可能的机会进行研究工作。上海冶金研究所有两位科学工作者，在被批判和监督劳动期间，每天晚上坚持整理资料和过去的实验数据，编写出半导体材料在中国发展的建议和近4万字的量子化学论文。数学研究所的陈景润，克服重重困难，从未间断研究"哥德巴赫猜想"问题，取得了可喜的成就。像这样的科学工作者，其他各个研究所也有，尤其是许多理论工作者，始终没有放弃自己的研究。正是他们的努力，才使中国的科学工作在"文化大革命"这一非常时期得以延续。在这动乱的岁月里，他们多么盼望"科学的春天"尽快到来啊！

就在这时候，人们听到了这样的信息："党中央派一个老红军到科学院主持工作来了！""胡耀邦到中国科学院来了！"这个令人振奋的消息，不胫而走，像春风一样很快传遍了中国科学院及所属各个单位。

胡耀邦手持中共中央和邓小平授予的"整顿中国科学院"的"尚方宝剑"，主持召开中国科学院和所属单位各种类型的座谈会、调查会，深入调查研究，大力贯彻中央关于全面整顿的一系列文件精神，强调"四个现代化，科学技术现代化是关键"。同时，花大力气全面落实党的知识分子政策和干部政策，受到广大科技人员的热烈欢迎。

在对中国科学院的"全面整顿"中，胡耀邦等特别注重抓好组织整顿、落实政策。整顿开始后，胡耀邦等人旗帜鲜明地反对派性，落实政策，复查在"文化大革命"中对受审查者所作的结论,对于没有安排工作的科技人员,尽量给予安排。为了使更多的科技人员发挥所长,胡耀邦不失时机地进行调查,发掘人才。8月19日,他与部分科学家座谈,十分诚恳地说:"拜托大家帮助我一下。"这种久违了的礼贤下士的态度,使与会的科学家们十分感动。胡耀邦列举了一位毕业于英国牛津大学搞植物生态研究的科学家回国后于1970年被下放的事例,问大家:"就你们所知,还有没有一些有成就的人,现在在农村,或是分配工作不当而不能发挥作用的?请你们给我开个名单,有一个就写一个,有两个就写两个……写好了寄到我这里来。"经过认真的调查研究和积极工作,中国科学院在4个月的整顿中,被落实政策的科研人员和干部达800多人,人心为之大顺。

有一次,胡耀邦与几位科技人员交谈,大家告诉他,这些年陈了接受工人、农民的"再教育",就是搞生产,与白菜、土豆打交道。有些研究所每周搞业务的时间不足20个小时。这些问题使胡耀邦感到非解决不可,已刻不容缓。

在深入调查研究的基础上,胡耀邦根据邓小平的多次指示,查阅了一些重要的历史文件,理论联系实际,主持写出了科学院工作汇报提纲——《关于科技工作的几个问题》,提出了在科技系统中全面整顿、系统纠正"文化大革命"错误的一系列正确主张。这是一份在中国科学院初步拨乱反正、正本清源,力图恢复中国科学院正常的工作秩序、科研秩序,并进一步发展中国科学技术的重要历史文献。

9月26日,邓小平主持召开国务院会议,听取胡耀邦代表中国科学院所作的工作汇报,并对继续整顿中国科学院作出新的指示。

当胡耀邦汇报中国科学院情况,讲到科研人员一周只有四个半天搞业务时,胡乔木插话补充:"看电影也占工作时间。"胡耀邦接着说:"大家不满意。"邓小平说:"怎么会满意呢?"当胡耀邦汇报到科研人员的生活情况时,邓小平说:"不是一般的问题,高级科研人员的房子被占?修房子。"当胡耀邦汇报到落实政策时,邓小平说:"研究所、研究室领导不调整,说落实,他搞他的。一个县、一个工厂不把领导班子弄好,谁执行政策?你落实,他就落虚。归根到底是领导班子的问题。"

最后,邓小平和国务院有关领导同志充分肯定了胡耀邦主持起草的《关于科技工作的几个问题》中提出的正确主张。同时,邓小平对中国科学院的工作作了重要指示："一、科研工作要走在国民经济的前面，现在是拖整个的后腿 。二、要从保证时间、配备班子、专业对口、生活上照顾、政治上关心等多方面来创造条件发挥研究人员的作用。现在是不务正业、少务正业。少数人秘密搞，像犯罪一样。三、要又红又专。白专，只要对中华人民共和国有好处，比只占茅房不拉屎的、闹派性的、拖后腿的人好得多。四、科技事业要后继有人，中心是办好教育，我们有个危机，可能发生在教育部门，把整个现代化水平拉住了。五、教师地位问题。只挨骂，几百万教员怎么能调动积极性？科技人员叫生产力，就是劳动者。"对于如何进一步整顿中国科学院，使科技工作走在国民经济的前列，邓小平早已深思熟虑，胸中有数。所以，他在讲话中一语破的，要言不烦，句句点中要害。

著名科学家钱三强曾经回忆说："耀邦同志在 1975 年以后来到中国科学院担任党的核心小组第一副组长，在邓小平同志领导下，对受'四人帮'破坏严重的中国科学院进行调查研究，他和李昌同志对各研究所都摸了底，特别是亲自与广大科技人员进行座谈，从而提出了《关于科技工作的几个问题（汇报提纲）》，对于科技战线的成绩估价、组织领导、知识分子政策等重大问题，提出了符合实际的见解，反映了广大科技人员的心声，得到邓小平等领导同志的首肯。"

在邓小平坚强有力的领导和关注下，经过胡耀邦等同志的大力整顿，中国科学院和整个科技界的工作开始展现出新的面貌，科技工作有所恢复，思想认识得到提高，科技工作的地位和作用开始受到各方面的重视。

在邓小平主持中央工作、进行"全面整顿"中作出了突出贡献的第三位先锋是当时担任中国人民解放军国防科学技术委员会主任的张爱萍。

张爱萍是四川达县人，1926 年加入中国共产主义青年团，1928 年转入中国共产党，1929 年参加中国工农红军。曾任共青团中央局秘书长，少年先锋队中央总队总队长，红三军团团政治委员、师政治部主任。中华苏维埃共和国中央执行委员会候补执行委员。参加了中央革命根据地的反"围剿"斗争和红军艰苦卓绝的长征。南征北战，屡立战功。长征胜利后，任军委骑兵团政治委员。红军时期，张爱萍、彭雪枫、杨勇、黄克诚等，都是红三军团总指挥彭德怀麾下久经革命斗争和战火考验，能征惯战，深受彭德怀信任和器重的青年将领。

抗日战争时期，张爱萍历任中共浙江省委军委书记、中共豫皖苏省委书记、八路军苏皖纵队政治委员、八路军第五纵队第三支队司令员、新四军第三师副师长兼"常胜九旅"旅长、新四军第四师师长兼淮北军区司令员。参与开辟豫皖苏抗日根据地。解放战争时期，任华中军区副司令员、华东军区海军司令员兼政治委员等职务，是陈毅、粟裕指挥下的华东战场的一员名将。

中华人民共和国建立后，张爱萍历任中国人民解放军第三野战军第七兵团司令员兼浙江省军区司令员、华东军区暨第三野战军参谋长、中国人民解放军副总参谋长。

1958 年张爱萍在中共八大二次会议上被增补为候补中央委员。1960 年兼任国防科委副主任，1962 年兼任国防工业办公室副主任。

"文化大革命"中，因为张爱萍红军时期曾在红三军团工作，是彭德怀的老部下，从而被林彪集团诬指为"彭德怀的黑干将"，并加上其他莫须有的罪名，长期监禁，百般迫害。

1975 年，主持中央军委工作的叶剑英、邓小平，考虑任命张爱萍为中国人民解放军国防科委主任，整顿因为"文化大革命"造成的国防科技工业系统混乱不堪的状态，研制国防建设急需的新型战略武器。

1975 年 3 月，中共中央军委正式发布命令，任命张爱萍为中国人民解放军国防科委主任。

上任当天，张爱萍立即率领一个精干的国防科委工作组直接来到第七机械工业部（即以后的航空航天工业部）。在七机部的下属单位中，张爱萍选择了七机部第一研究院（即以后的中国运载火箭技术研究院）"解剖麻雀"，这是七机部的一所重要研究机构，也是张爱萍"文化大革命"以前来过的地方。进了七机部一院以后，乍一看，张爱萍还以为是走错了地方，那种"文化大革命"造成的破败状态是他这个被关了多年"牛棚"的人根本想象不到的。真是荒草与废纸（打"派仗"的大字报纸）齐飞，污水与垃圾横流。而这竟然是摆在他面前的严酷的现实，怎能不令人感到痛心疾首。

两天以后，张爱萍率领国防科委工作组来到二三〇厂及第十三研究所。这是一个担负生产运载火箭的动力平衡要件陀螺仪及平台的重要国防工厂。该厂及第十三研究所的情况与张爱萍一行在七机部第一研究院看到的情况基本上一样。

对于这种状况，广大干部、工人看在眼里，急在心里。但是，他们无权无势，无人撑腰，没有后盾，只能眼睁睁看着"群众组织"在那里打派仗、瞎折腾。在张爱萍主持召开的一个干部、工人座谈会上，一位工人一针见血地指出："这几年我们是在吃社会主义。"

"怎么叫吃社会主义？"张爱萍问。

"拿着国家给的工资，不干活，有的对公家的东西想拿就拿，想砸就砸，这在哪个社会能行？这不是吃社会主义吗？"这位值得尊敬的工人直言不讳，一吐为快。

"好！讲得好！"张爱萍当场表扬了这种敢讲真话的精神。

经过深入的调查研究，座谈了解，分析问题，张爱萍终于弄清了七机部这个由原国防部第五研究院发展起来的战略武器研制、生产部门混乱不堪的症结所在——这就是在"文化大革命"中形成并愈演愈烈的派性。派性猖獗，必然带来歪风盛行、正气不振，更遑论国防科研了。

于是，张爱萍到国防科委上任不久，就以强烈的事业心和高度的责任感，狠抓了对各方面的整顿。

张爱萍首先从国防科研系统的重灾区第七机械工业部入手，把消除派性作为重点，对派性作了坚决的、毫不留情的批判。张爱萍提出"一定要消除派性，不整顿好绝不罢休"。他号召"就是要讲党性，讲大局，讲团结，讲组织纪律"。

3月27日，张爱萍在第七机械工业部所属的厂、所、部、站以上干部会上作了《坚定不移地反对资产阶级派性》的系统讲话。

张爱萍的讲话，受到了广大干部、职工的热烈欢迎，几乎每讲一段，都要被会场上群情振奋的长时间热烈掌声所打断。

为了彻底排除派性的干扰，从思想上武装广大干部、党员、职工和群众，张爱萍亲自主持选编了毛泽东关于加强团结、克服派性、促进科研生产的语录，广泛印发，非常有效地运用了这一强大的思想武器，使得严重对立的两派都不敢反对，不得不老老实实地坐下来学习。仅两个月，七机部整整乱了8年的混乱局面得到有效的整顿，恢复了正常的工作秩序和科研秩序，各项工作条分缕析，面貌日新。在此基础上，组织研究制定了国防科研的近期和远期规划，向中共中央、毛泽东主席呈报了战略武器研制方案；对科研机构和组织进行了调整，以洲际导弹为中心的科研生产开始走上正常轨道。

对于七机部的整顿，邓小平给予了坚决的支持，指出"现在再搞派性，就是顽固的资产阶级派性"，"凡继续搞派性的，坚决调走"。1975年7月中共中央下发了关于调整七机部人事和组织机构、巩固发展已取得的整顿成果的重要文件。

被"文化大革命"搞得瘫痪了的国防科研系统之所以能经过短短几个月全面整顿，迅速大见成效，最主要的一条是张爱萍坚定不移地贯彻落实邓小平关于全面整顿的一系列指示精神，毫不动摇地排除"四人帮"的干扰破坏。同时，全面整顿也是人心所向，得到了国防科研系统广大干部、群众的坚决支持和全力拥护。停止动乱、全面整顿、恢复正常的工作秩序、科研秩序和生产秩序，不仅是老一代无产阶级革命家的愿望，也是全体关心国家命运、期盼祖国富强的人民群众的心愿。

在邓小平主持中央工作、进行"全面整顿"中作出了突出贡献的第四位先锋是当时担任教育部部长的周荣鑫。

周荣鑫，山东蓬莱人。1937年加入中国共产党，是人们称为"三八式"的抗战干部。抗日战争和解放战争时期，历任中共中央党校教务处干事、中共河北省行唐县委组织部长、张家口平绥铁路局党委书记、中共晋察冀中央局党校教务主任，中共晋察冀中央局和中共中央华北局副秘书长。中华人民共和国成立后，历任中央人民政府财经委员会副秘书长，建筑工程部副部长，中共浙江省委常委，中共浙江大学委员会书记、浙江大学校长，国家教育部副部长，国务院副秘书长，国务院秘书长，中国科学院党的核心小组副组长等领导职务。

周荣鑫是一位知识分子型的领导干部，好学深思，处事稳重，事业心强，在国务院工作期间，是周恩来总理的一位得力助手，深为周恩来总理所信任。在四届人大召开前，中共中央政治局研究教育部长人选时，江青集团竭力想把当时任清华大学党委书记、清华大学革命委员会主任的迟群安插到教育部长的位置上，妄图由'四人帮'来长期独霸教育阵地。周恩来总理识破了"四人帮"的阴谋，在教育部长人选问题上寸步不让，经与邓小平副总理、李先念副总理等反复研究，毅然决定派熟悉教育事业、热心教育事业的周荣鑫出任教育部长。

教育系统自"文化大革命"以来，是深受"四人帮"之害的重灾区，被"四人帮"糟蹋得不像个样子。全国几乎所有的大、中、小学校，都是校舍破旧，门窗破烂，校园里荒草遍地，门可罗雀。大批学校被解散、关闭、迁移，校舍被挪作他用。无论大、中、小学校的领导干部，在"文化大革命"中一律被打成所谓"走资本主义道路的当权派"、即"走资派"，受到批斗、迫害，大批学有专长的、有事业心、有责任感的骨干教师，被打成"修正主义教育黑线的黑干将"扫地出门，在校的教师不敢教，学生不能学……具有五千多年悠久的光辉灿烂的文明历史的中华民族，由于"文化大革命"的严重摧残，教育事业已经到了崩溃的边缘，简直面临着夭折的危险。

中国的教育事业亟待彻底整顿！

就是在这样的情况下，周荣鑫肩负着周恩来总理、邓小平副总理交给的整顿教育事业的重任，到教育部上任了。

周荣鑫自担任教育部长以后，首先广泛调查研究，听取各方面对改变教育界现状的意见。他多次召开教育部和部属单位，大专院校的干部、教师座谈会、汇报会，深入了解教育界急待解决的严重问题，然后提出解决问题的正确主张。在调查研究中，他深深地感到"文化大革命"对教育界的危害太严重了，必须从根本上予以整顿。

在深入、全面调查研究的基础上，7月19日至8月15日，周荣鑫主持召开了在国务院研究长远规划的务虚会上成立的文教规划务虚小组会议，会议按照实现四个现代化的任务，研究了文化教育长远规划的方针、政策、综合平衡、奋斗目标和为此而应采取的重大措施等重要问题。会议在整顿教育问题上取得了比较一致的意见，指出：要从指导思想等方面，解决不少单位不敢提智育、文化，在科学研究和教学工作中忽视基础科学，以及只顾当前、不顾长远等倾向。

1975年9月，邓小平在全国农业学大寨会议上，明确提出要在全国各个领域进行全面整顿，"我们的文化教育也要整顿"。9月26日，邓小平在听取胡耀邦关于中国科学院工作汇报时，曾指出：科技事业要后继有人，中心是办好教育，我们有个危机，可能发生在教育部门，把整个现代化水平拉住了。又说：教师地位问题，只挨骂，几百万教员怎么能调动积极性?邓小平还提出：要选数理化好的高中生，直接入科技大学。

邓小平针对教育界问题的重要指示，对周荣鑫、对整个教育界震动很大，产生了极大的鼓舞作用。对于加快教育界的整顿步伐，是个强有力的推动。10月份，在周荣鑫的主持下，教育部针对"文化大革命"以来教育界存在的严重问题，开始起草教育工作汇报提纲，准备向国务院汇报后，经过中央批准发向全国，大刀阔斧地对教育界进行彻底整顿。

在教育界的整顿，确实收到了很大成效。大学开始讲授基础课、专业课，中、小学开始按照德育、智育、体育全面发展的教育方针，对学生进行正规化教学。在许多中学，地理、外语等早已被取消了的课程又重新被恢复起来。教学秩序逐步走向正规，校园里又响起了琅琅的读书声。当1977年中共中央决定恢复大学招生制度后，1977级、1978级两届大学生中间，有相当多的一批人，是来自1975年教育整顿中的中学生。正是他们在那几年学到的基础知识，在考大学时派上了用场。这些专业知识帮助他们跃入"龙门"，成为粉碎"四

历史的见证——『文革』的终结

1975年1月5日，经毛泽东提议，中共中央任命邓小平为中共中央军委副主席兼中国人民解放军总参谋长。在1975年1月8日至10日举行的中共十届二中全会上，邓小平被选为中共中央副主席、中央政治局常委。四届人大一次会议上，邓小平被任命为国务院副总理，名次排在周恩来总理后的第一位。周恩来病重期间，邓小平主持中央日常工作。他开始系统地纠正"文化大革命"的错误，全国局势有了明显的好转。

人帮"后，经过考试招入大学的最早两届大学生。

在邓小平主持中央工作，于1975年对全国各个领域进行"全面整顿"时，还有许许多多像万里、胡耀邦、张爱萍、周荣鑫这样的代表着"中华民族的脊梁"的高级党、政、军领导干部，奋战在全国"全面整顿"的各个"战场"上。

这些领导干部重新恢复工作以后，看到各个方面被"文化大革命"搞得混乱不堪，无不痛心疾首，寝食不安。邓小平主持进行全面整顿，正合他们的心愿。为了党和人民的根本利益，为了中华民族的强盛和发展，为了从根本上改变各个领域的混乱局面，他们一个个像万里、胡耀邦、张爱萍、周荣鑫那样，以"不怕第二次被打倒"的大无畏的彻底唯物主义精神，置个人的荣辱安危于不顾，挺身而出，冲锋陷阵，在中国现代历史上写下了一篇篇气冲霄汉的壮丽篇章。

中国人民不会忘记他们！

历史不会忘记他们！

1975年在邓小平的主持下，全面整顿以排山倒海之势、雷霆万钧之力，在全国的各个领域全面展开。全党、全军、全国人民无不欢欣鼓舞，干劲倍增，国民经济的发展呈现出热气腾腾的喜人景象。这是自1966年"文化大革命"以来的9年间，第一次出现的真正的"大好形势"。

但是，这时的宣传舆论阵地还掌握在"四人帮"的舆论总管姚文元手里，整个宣传、理论、思想工作也被"四人帮"所操纵。"文化大革命"爆发后，中共中央负责主管宣传、理论、舆论工作的中共中央宣传部，首当其冲，被打成"阎王殿"彻底砸烂。中国意识形态领域的领导权落到了"中央文革小组"即陈伯达、江青、张春桥、姚文元的手里。中共九大后，"中央文革小组"自行消亡。1970年中共九届二中全会以后，11月6日，中共中央作出《关于成立中央组织宣传组的决定》。规定中央组织宣传组管辖中央组织部、中央党校、人民日报社、《红旗》杂志社、新华总社、中央广播事业局、光明日报社、中央马恩列斯著作编译局的工作，工、青、妇中央一级机构和它们的"五七"干校，以及中央划归该组管辖的单位的工作。原中共中央宣传部、中央政治研究室均取消。中央组织宣传组以康生为组长，组员为江青、张春桥、姚文元、纪登奎、李德生。康生在中共九届二中全会后即称病不出，李德生以后因调任沈阳军区司令员前往东北，中共中央组织宣传方面的大权遂为江青、张春桥、姚文元所掌握。他们凭借窃取的这一部分权力，呼风唤雨，兴风作浪，搞乱了理论、搞乱了思想，把意识形态领域折腾得不像个样子。

随着全面整顿的深入发展，必然要在意识形态领域拨乱反正，正本清源，把被"四人帮"颠倒了的理论是非、思想是非重新颠倒过来，把被"四人帮"篡夺的宣传理论工作的领导权重新夺回来，使之真正掌握在代表党和人民根本利益的人手里。

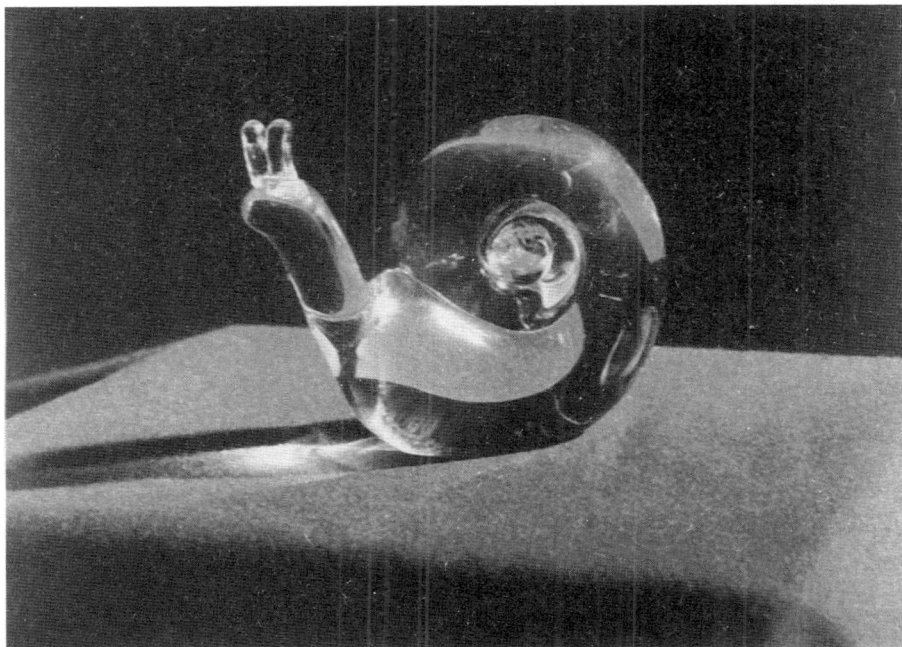

1973 年年底，第四机械工业部技术考察团访问美国康宁公司时，该公司赠送的礼物是玻璃蜗牛。1974 年 2 月 10 日，江青等人声称康宁公司送蜗牛是骂中国爬行主义，借此攻击国务院领导"崇洋媚外"，此即所谓"蜗牛事件"。图为康宁公司赠送的礼品玻璃蜗牛。

1975 年六七月间，根据邓小平的提议，经过中共中央批准，正式成立了国务院政治研究室。据说，在酝酿成立这一机构时，仅仅名称是叫政治研究室还是政策研究室，邓小平就反复考虑了很久，再三斟酌。如果叫政策研究室，顾名思义是研究党的路线、方针、政策的，那就很可能会被"四人帮"

找个借口置于他们控制的中央组织宣传组之下。所以，邓小平最后决定叫政治研究室，作为国务院的一个下属机构，由国务院来领导。由此可见，邓小平对成立国务院政治研究室的高度重视。

国务院政治研究室正式成立后，由胡乔木等7人组成领导小组负责日常工作。

胡乔木长期担任毛泽东的秘书，起草、主持起草或参与起草过许多著名的中共文献和重要理论文章，有"党内一支笔"的美誉。是中共有名的"笔杆子"和理论家，熟悉意识形态方面的工作，具有领导这方面工作的丰富经验。他主持国务院政治研究室的工作以后，和领导小组其他同志一道，立即全力以赴地投入到工作中去，带领政治研究室根据邓小平全面整顿的要求，调查研究，起草文件，撰写理论文章，很快成为全面整顿的"智囊团"。

在邓小平主持中央工作、进行全面整顿的日子里，国务院政治研究室在意识形态领域冲锋陷阵，并与有关方面负责人一起，起草、修改、形成了三篇被"四人帮"诬蔑为"三棵大毒草"而被广大党员、干部和人民群众称之为"三株大香花"的重要文献：《关于加快工业发展的若干问题》、《科学院工作汇报提纲》、《论全党全国各项工作的总纲》。

这是三篇集中概括、反映邓小平决心纠正"文化大革命"的错误，对全国各行各业实行全面整顿，恢复和发展中共八大路线的重要文献。这三篇文稿虽然在当时均未能作为正式中央文件下达或公开发表，但在全面整顿中所起的巨大作用却是不可估量的。

正因为这三篇文稿击中了"四人帮"的要害，触到了"四人帮"的痛处，所以，在"四人帮"掀起"反击右倾翻案风"的恶浪以后，几乎集中了所有的舆论工具，对这三篇文稿大加挞伐。在"四人帮"的指使下，他们的御用写作班子集中火力，口诛笔伐，把这三篇文稿称之为"三株大毒草"，进行系统的"批判"。

《论全党全国各项工作的总纲》，被诬蔑为"兜售'三项指示为纲'的修正主义纲领"，"复辟资本主义的宣言书"。

《科学院工作汇报提纲》，被诬蔑为"是《二月提纲》在新形势下的变种"，是"反对无产阶级在整个上层建筑对资产阶级实行全面专政"的"一个修正主义标本"。

《关于加快工业发展的若干问题》，被诬蔑为"工业战线上复辟资本主义的黑纲领"，"是洋奴买办的经济思想和一整套修正主义办企业路线的写照，名为加快工业发展，实为加快资本主义复辟"。

由江青严密控制的北京大学、清华大学大批判组还编辑了《评〈论全党全国各项工作的总纲〉》、《评〈关于加快工业发展的若干问题〉》、《评〈关于科技工作的几个问题〉（即〈科学院工作汇报提纲〉）》的三本小册子，由人民出版社出版，大量印刷，向全国广泛发行，妄图掀起全国范围的对这三篇文稿的"革命大批判"，为"四人帮"策动的"反击右倾翻案风"服务。

然而，事物的发展总是与那些逆历史潮流而动的人的主观愿望相反。这三篇重要文稿一经与广大干部、群众见面，立即引起了人们的广泛兴趣。人们读了这三篇文稿以后，纷纷提出：

"这些文章不是写得很好吗？为什么要进行批判？"

"这三篇文章真是说出了'文化大革命'以来，长期压在心头想说而不敢说的心里话。"

"什么'三株大毒草'，明明是'三株大香花'嘛！"

更有一则曾在当时广泛流传的"政治笑话"说：

某工厂正在一个车间里召开批判会，批判"三株大毒草"。当发言者念到批判文章中引述的"大毒草"的内容时，恰巧一位迟到的工人进来了。听了一会儿以后，这位工人忍不住说："今天学习的是什么文件，怎么说得这么好呵！很久没有听到传达这么好的文件了！"

被"四人帮"诬蔑为"三棵大毒草"的三篇文稿，却被广大人民群众认为是"三株大香花"。

泾渭竟然是如此分明。

仅仅从对待上述三篇文稿的截然不同的态度上，已经可以清楚地看到整个人心的向背。"人民，只有人民，才是创造历史的真正动力。"而逆历史潮流而动、逆广大人民群众的心愿而动的"四人帮"的彻底覆灭，已经是必然的了。

11."评《水浒》"风波

周恩来语意深重地对工作人员说："我这是最后一次同你们合影了。希望你们以后不要在我的脸上打××。"

面对江青集团的肆意诽谤，周恩来心中充满了悲愤，他在以自己生命的最后力量，向国际社会表示他对邓小平寄予的厚望和坚定不移的支持。

看着邓小平主持的"全面整顿"有声有色地开展起来，"四人帮"并不甘心他们在一系列问题上受到的挫败。他们大肆进行阴谋活动，处心积虑地寻找机会，伺机反扑。

在国务院一些部委进行的整顿中，在一些省、市、自治区进行的整顿中，都曾遇到过在"四人帮"支持下的帮派体系的反对、阻挠、干扰和破坏。他们或者秘密串联，召开"派性会议"，商量对策；或者向上级写诬告信，诬蔑陷害坚决进行整顿的领导干部；或者利用他们在领导班子中窃取的那一部分权力，为派性张目，给整顿设置重重障碍；或者贴出大字报、大标语，攻击、谩骂、诽谤勇于搞整顿、敢于捅"马蜂窝"的领导干部，把为进行整顿而采取的各种措施诬蔑为"复辟"、"倒退"，是"翻文化大革命的案，算文化大革命的账"，是"否定文化大革命中的新生事物"；如此等等，不一而足。各种"文化大革命"中常用的方式方法，无所不用其极。他们的目的只有一个，抵制全面整顿的顺利进行，继续"文化大革命"所造成的混乱局面。

历史的见证——『文革』的终结

1974 年，毛泽东和邓小平在一起。

　　"四人帮"还通过各种阴谋手段，直接对邓小平主持的全面整顿进行诬蔑和攻击。1975 年 6 月 10 日，邓小平陪同来访的菲律宾总统马科斯到上海参观访问。王洪文立即秘密打电话给张春桥、姚文元，并对主持上海市委工作的市委书记马天水布置说："邓小平到上海，你要注意。"邓小平在上海期间，考虑到马天水是战争年代参加革命的老干部，又是长期在上海负责工交系统的老人，出于对马天水的教育挽救，根据毛泽东对"四人帮"的批评和中央政治局几次批评"四人帮"会议的内容，向马天水传达了毛泽东对江青、对"四人帮"的多次批评的精神，告诫马天水不要把什么都当成"资产阶级法权"来批判，要维护各级党委的领导，不要弄得各级党委的话没人听。最后，还告诉他以后到北京还可以再谈谈。但马天水在"文化大革命"中经过"四人帮"的先打后拉，早已心甘情愿地上了"四人帮"的"战车"，卖身投靠了"四人帮"。听了邓小平教育挽救的谈话后，不仅毫无悔改之意，反而鬼迷心窍，将邓小平同他谈话的内容密报给了王洪文和姚文元。王洪文和姚文元让马天水将邓小平同他的谈话内容整成材料，用大字抄写，报给毛泽东，并附上王洪文的话，诬蔑这次谈话是一次"策反"的谈话，在政治上、组织上都是错误的。妄图通过这件事，诬告邓小平，制造毛泽东对邓小平的不信任，离间毛泽东与邓小平的关系。王洪文、姚文元的用心是极其险恶的。

在1975年夏天召开的中央军委扩大会议，根据毛泽东关于"军队要统一"、"军队要整顿"的指示精神，全面部署了对军队的整顿工作。中共中央副主席、中央军委副主席叶剑英、邓小平代表中共中央、中央军委在会上发表的重要讲话，在全党、全军、全国都产生了很大、很好的影响。王洪文作为中央军委常委，张春桥作为中央军委常委兼中国人民解放军总政治部主任，均参加了这次会议，他们在会上一言不发，并没有提出任何不同意见。会后，他们却大肆制造谣言，攻击军委扩大会议"问题多着呢"，"要批判的不只是这两个讲话"，诬蔑会议后军队各大单位经过调整组成的领导班子是"复辟班子"，等等。王洪文还利用手中的权力调阅会议记录和有关文件，阴谋"秋后算账"。1975年秋，王洪文又采用瞒天过海的手法，向毛泽东诬告说："七、八、九三个月，谣言一大堆，集中在江青同志，谣言来自北京。"公然把人民群众中流传的毛泽东和中央政治局对江青、对"四人帮"的批评情况，诬蔑为"谣言"，并加以歪曲，欺骗毛泽东。

1975年8月，"四人帮"又企图利用评论《水浒》的机会进行反扑。

毛泽东的晚年，眼睛因患白内障，看书很困难，这对于这位每天都手不释卷的伟人来说，实在是太不方便了。须知，读书，对于毛泽东来说，是像吃饭、睡觉一样，具有同等重要的意义的。有时候，读书甚至比吃饭、睡觉还重要。

为了解决毛泽东的读书问题，中共中央办公厅从北京大学中文系选了一位女教师，专门给毛泽东读书。每次女教师读书以后，毛泽东一般也谈谈看法，对书中的内容作一些评论。

8月13日这天深夜(实际上应为8月14日凌晨)，女教师在读书之后，请教毛泽东对几部古典小说的评价问题。毛泽东在谈到《水浒》这部古典小说时说：

"《水浒》这部书，好就好在投降，做反面教材，使人民都知道投降派。

"《水浒》只反贪官，不反皇帝。摒晁盖于一百零八人之外。宋江投降，搞修正主义，把晁盖的聚义厅改为忠义堂，让人招安了。宋江同高俅的斗争，是地主阶级内部这一派反对那一派的斗争。宋江投降了，就去打方腊。

"这支农民起义队伍的领袖不好，投降。李逵、吴用、阮小二、阮小五、阮小七是好的，不愿意投降。

"鲁迅评《水浒》评得好。他说：一部《水浒》，说得很分明：因为不反对天子，所以大军一到，便受招安，替国家打别的强盗——不'替天行道'的强盗去了。终于是奴才(《三闲集·流氓的变迁》)。

"金圣叹把《水浒》砍掉了二十多回。砍掉了，不真实。鲁迅非常不满意金圣叹，专写了一篇评论金圣叹的文章《谈金圣叹》(见《南腔北调集》)。

"《水浒》百回本、百二十回本和七十一回本，三种都要出。把鲁迅的那段评语印在前面。"

女教师一边听着毛泽东这一套独出新意不同凡响的谈话，一边迅速记录了下来。事后，毛泽东的机要秘书让女教师把毛泽东关于评论《水浒》的谈话记录整理出来，交给了中央办公厅。

当时掌握意识形态大权的姚文元，见到毛泽东评《水浒》的谈话后，立即意识到大有文章可做。他闻风而动，给毛泽东写信说：

评论《水浒》，"对于中国共产党人、中国无产阶级、贫下中农和一切革命群众，在现在和将来，在本世纪和下世纪坚持马克思主义，反对修正主义，把毛主席的革命路线坚持下去，都有重大的、深刻的意义。应该充分发挥这个'反面教材'的作用"。

姚文元还向毛泽东提议：

为了执行毛主席提出的任务，拟办以下几件事：

一、将主席批示印发政治局在京同志，增发出版局、《人民日报》、《红旗》、《光明日报》及北京批判组谢静宜同志、上海市委写作组。附此信。

二、找出版局、人民文学出版社同志传达落实主席指示，做好三种版本印刷和评论的工作。我还看到一种专供儿童青年读的《水浒》，是根据七十一回本改的六十五回本，也要改写前言，增印鲁迅的话，否则流毒青少年。

三、在《红旗》上发表鲁迅论《水浒》的段落，并组织或转载评论文章，

《人民日报》、《光明日报》订个计划。

以上可否，请批示。

姚文元

一九七五年八月十四日

毛泽东见到姚文元的请示信后，在上面批示了"同意"二字。

从此，在姚文元的"导演"下，《红旗》杂志、《人民日报》等各大报刊，连篇累牍地发表评论《水浒》的各种社论、评论 和理论文章，在全国掀起了一个评《水浒》的高潮。

其实，"四人帮"热心于评《水浒》的目的，完全是"醉翁之意不在酒"。

自从评论《水浒》的运动开始以后，在1975年5月3日和5月27日、6月3日等中央政治局会议上分别受到毛泽东和中央政治局委员们批评、向毛泽东和中央政治局写过书面检讨、一度消沉的江青，故态复萌，借评《水浒》之机，又猖狂起来。

1975年8月下旬，江青对文化部长于会泳等人说："主席对《水浒》的批示有现实意义。评论《水浒》的要害是架空晁盖，现在政治局有些人要架空主席。"

9月12日，江青在山西省昔阳县大寨人民公社大寨生产大队召开的一次群众大会上的讲话中，借题发挥，含沙射影，无中生有，制造事端，大讲了一通评论《水浒》"要联系实际"问题。她说：

"首先向同志们报告一个好消息，咱们主席的身体很健康。最近在接见西哈努克亲王他们的时候，主席的眼睛都能看得见西哈努克头上的白发，听觉比我好。最近评《水浒》是我们主席亲自批的，因为我们党内有十次路线错误，今后还会有的。不学就不能够识别坏人嘛！林彪就学冯玉祥啊！他是大盗窃犯、大贪污犯。说他怎么艰苦啦，睡硬板床啦，烧煤球炉啦；什么一块馍馍一次吃不完留着下次吃啦，才见鬼哟！我去看了他那个床头上有一块很宽很大的木板，上头尽写着吃什么，吃什么有营养价值。其中还有很滑稽的事情，说什么吃茶叶膀胱出汗。请问膀胱出汗谁知道？还说吃杏脯，吃一个不出汗，吃两个出汗。我说好，我来试验试验，结果我吃多少也不出汗。我不吃反而拼命出汗，我有出汗的毛病，就是汗腺不平衡，因为做过放射治疗。

那个家伙他是造谣，所以你们不要把学评《水浒》看成是文学界的事。主席对学马列的讲话，有人就不提，胆敢删掉。现在我们批《水浒》，就是要看清宋江是如何排斥晁盖、架空晁盖的。他把那些土豪劣绅，武将文吏请到梁山上去，把重要的岗位统统都占领了。不然，他那么容易得逞？晁盖一死，第二天全部实现了。所以说，搞修正主义很容易。我每天是'闻鸡起舞，枕戈待旦'嘛！大家要提高警惕。"

9月17日，江青又在大寨召集北京电影制片厂、长春电影制片厂、新闻纪录电影制片厂、新华社、人民日报社、法家著作注释组、北京大学清华大学大批判组等单位的一百多人，进行谈话。在谈话中，江青再次大放厥词，胡言乱语，攻击别人，美化自己。她说：

"评《水浒》就是有所指的。宋江架空晁盖，现在有没有人架空主席呀？我看是有的。"

"三十三条语录政治局一遍都没有学完。""他们反对学理论，反对限制资产阶级法权。"

"党内有温和派，有左派，左派领袖就是鄙人。"

"最近，有那么一些人，把主席批评我的一封信，江某人向政治局传达的，政治局没有讨论，给传出去了。"

"我这个人天天挨骂，修正主义骂我，共产党员还怕挨骂吗？""在北京我跟他们斗了半年多了。"

江青在大寨的这两次讲话，哪里是在评论《水浒》，分明是在借古喻今，指桑骂槐，肆意诬蔑、诽谤、影射周恩来、邓小平和老一代无产阶级革命家；发泄对中央政治局几次会议批评她的不满情绪；蓄意把评论《水浒》的矛头指向现实的政治生活，为"四人帮"篡党夺权制造舆论。

在"四人帮"控制下的舆论工具，也按照"四人帮"的意图，极尽影射之能事，锋芒所向，"司马昭之心，路人皆知"。

8月28日，《红旗》杂志第九期发表《重视对〈水浒〉的评论》一文。这篇文章说："充分开展对《水浒》这部书的批判，充分发挥这个反面教材的作用，使人民群众都知道投降派的真面目。"

8月31日，《人民日报》发表《评〈水浒〉》的长篇文章，说："在社会主义历史阶段，要反修防修，坚持无产阶级专政下的继续革命，就必须知道投降派，识别投降派，反对投降派。"

9月4日，《人民日报》发表《开展对〈水浒〉的评论》的社论。这篇社论中把毛泽东评论《水浒》的谈话用黑体字排印出来，公开发表。并强调指出：评论《水浒》"是我国政治思想战线上的又一次重大斗争，是贯彻执行毛主席关于学习理论、反修防修重要指示的组成部分……"

在江青集团借着评论《水浒》，大肆鼓噪"要联系实际"，大批"党内的投降派"的时候，身患癌症、重病在身的周恩来，对江青集团的险恶用心是十分清楚的。早在四届人大闭幕以后，由于"四人帮"的"组阁"阴谋在四届人大上被彻底挫败，他们气急败坏，就把周恩来视为他们篡夺党和国家领导权的最大障碍，多次挑起事端，利用各种机会，进行攻击。周恩来始终以大局为重，以党和人民的根本利益为重，坚持党的原则，不给"四人帮"篡权夺权的阴谋以丝毫可乘之机。但是，他也确实考虑过同"四人帮"进行坚决的毫不调和的斗争可能会出现的各种后果。1975年7月1日，周恩来在同来访的泰国总理克立·巴莫签署了中国和泰国建立外交关系的联合公报以后，一部分工作人员抓住摄影记者还在的机会，围住周恩来，要求同他合影。周恩来同意了大家的要求，但又语意深重地说："我这是最后一次同你们合影。希望你们以后不要在我脸上打××。"在"文化大革命"中，凡是一个人被"打倒"了，与他合过影的人，为了表示与他划清政治界限，往往要在合影照片上的这个人脸上划上×。工作人员听了周恩来的话，心情都十分沉重。

面对江青集团借着评《水浒》所进行的肆意诽谤，周恩来心中充满了悲愤。他要用一个共产主义战士的光明磊落，反击"四人帮"这一伙躲在阴暗角落里的卑鄙的政治小人的无耻攻击。

虽然此时的周恩来已经走到了生命的尽头，但仍以顽强的毅力抓住一切时机努力为党为人民工作，表明了坚持顽强斗争的决心和勇气。

1975年9月7日，重病在身的周恩来不顾病情的严重恶化和医务人员的再三劝阻，坚持会见了由罗马尼亚共产党中央执行委员会委员、中央书记维尔德茨率领的罗马尼亚党政代表团。在宾主互致问候中，谈到自己的身体情况时，周恩来以一个彻底的唯物主义者的态度，坦率地说："马克思的请帖，我已经收到了。这没有什么，这是不以人的意志为转移的自然法则。"

接着，周恩来无限感慨地说："时间过得真快！才只有10年，就在10年前，我到布加勒斯特去参加乔治乌·德治同志的葬礼，大衣也没穿，步行走了4个多钟头。现在，我可以告诉你，就连4分钟也走不了了！"

在回顾访问罗马尼亚的往事时，周恩来充满深情地说："我再也不能看到漂亮的布加勒斯特了。但是，我还可以从电影上、从照片上、从图画上看到它。"

最后，周恩来谈到了中国的接班人问题。他请维尔德茨转告罗马尼亚社会主义共和国总统、罗马尼亚共产党中央委员会总书记：

"经过半个多世纪毛泽东思想培育的中国共产党，是有许多有才干、有能力的领导人的。现在，第一副总理已经全面负起责任来了。"

这时，陪同周恩来会见外宾的一位中共中央政治局委员、国务院副总理解释说：这就是邓小平同志。

接着，周恩来又表情十分严肃地说：

"具有五十多年光荣历史的中国共产党，是敢于斗争的！"

虽然，周恩来早已知道自己患的是不治之症，但是，亲眼看到邓小平已经主持中央工作，各项工作都呈现出新的气象，他为此而感到由衷的喜悦。

"现在，第一副总理已经全面负起责任来了"这关键性的一句话，周恩来一字一顿，掷地有声，坚定而有力量。因为，他从邓小平作为"第一副总理""已经全面负起责任来了"中看到了中国的前途和希望，从而对未来充满了美好的寄托和坚定不移的信心。

他感到自己的心血没有白费，他为此而感到欣慰！

这是周恩来最后一次会见外国客人，实际上，也是他以自己生命的最后力量，向国际社会表示他对邓小平寄予的厚望和坚定不移的支持。

几天之后，周恩来又一次进行大手术之前，一些中共中央政治局委员去看望他，周恩来用锐利的目光直视着张春桥，说："你和洪文同志要好好帮助小平同志工作。"

1975年9月20日，在医院对周恩来进行一次手术前，或许意识到自己将不久于人世，周恩来特意让工作人员拿来了自己于1972年6月23日在中央批林整风汇报会上所作的《关于国民党造谣诬蔑地登载所谓"伍豪启事"问题的专题报告》的录音记录稿，用已经颤抖的手，郑重地亲笔签上了自己的名字，并注明了签字的环境和时间："于进入手术室，一九七五、九、二十"。在进入手术室时，周恩来大声说道："我是忠于党、忠于人民的！我不是投降派！"在场的邓颖超要求中共中央政治局委员、中共中央办公厅主任汪东兴将此情况报告给毛泽东。

周恩来的这几句话，掷地有声，光明磊落，足可以惊天地而泣鬼神！

这是周恩来在用自己最后的力量，来同"四人帮"这伙邪恶势力所进行的坚决的抗争！

这是周恩来在用自己最后的力量，来捍卫自己为中国革命和建设事业英勇奋斗的一生的清白历史。

这是周恩来在用自己最后的力量，来捍卫自己不容玷污的政治尊严和崇高人格！

对于这件事，邓小平一直难以忘怀。1991年9月29日，在观看电影《周恩来》时，邓小平回顾当年的情景，往事历历在目，不禁感慨万千。他清楚地记得当时和中央政治局常委们在医院守候的情景，清楚地记得周恩来在进手术室时对他大声说的话语。他说："总理讲的是心里话，也是讲给'四人帮'听的。"

自1965年酝酿和发动"文化大革命"以来，江青、张春桥、姚文元、王洪文一伙是惯于借批判一本书掀起一场政治运动或打倒某个人的。

如今到了1975年，"四人帮"又企图利用评《水浒》大做文章，故伎重演，含沙射影，把矛头指向周恩来、邓小平等老一代无产阶级革命家；指向粉碎林彪反革命集团以后，恢复工作，重新走上各级领导岗位的一大批领导干部；指向四届人大新任命的国务院和各部委负责人。"四人帮"的狼子野心，何其毒也。早已在历时9年的"文化大革命"中看穿了"四人帮"阴谋伎俩的中国人民，对"四人帮"的罪恶行径表示了极大的义愤。

江青在大寨发表讲话以后，就有正直无私的新华社记者甘冒风险，将江青的讲话记录整理后，报给了新华社负责人。新华社负责人觉得此事重大，主张上报给毛泽东，表示了对江青大寨讲话的极大愤慨。若干年后，当年曾参与向毛泽东反映情况的吴冷西（当时为国务院政治研究室负责人之一）在接受《文化报》记者采访时，首次披露了当时新华社副社长穆青等同志向毛泽东状告江青的始末：

1975 年 9 月，华国锋在昔阳主持召开全国农业学大寨会议。邓小平同志按照党中央的安排，在会议上发表了讲话。谁知江青却赶到会议上大放厥词，口口声声地说她"代表毛主席向大家问好"，并且露骨地宣扬《水浒》中"宋江架空晁盖"，以此影射邓小平同志。

正在会议上采访的新华社记者听了江青的论调后，十分气愤，立即将她的言论写成材料交到了时任新华社副社长的穆青的手中。

穆青分析着这份材料，感到事关重大，便立即打电话给我，说有要事希望与我个别商量。我即乘轿车从中南海北门出来，绕到新华社的后门，将正在路边悄悄等候的穆青接上车来。

在车上，穆青把江青的那份讲话材料交给了我。我和穆青都感到江青的矛头是对准小平同志，事态非常严重。于是，我立即把材料交给胡乔木同志。乔木看后便和我一道来到邓小平的家中。小平提出，由我们设法把材料报告给毛主席，向毛主席揭露江青的政治阴谋。

乔木要我用车把穆青从新华社后门悄悄接出来。我们在车上仔细地商量如何才能经过唐(闻生)、王(海容)两小姐，直接把材料送到毛主席手中。这时，穆青建议，由他找新华社负责中央领导人活动报道的记者李琴想办法。我同意了这一方案。

穆青找到李琴，向她讲述了上书给毛主席的重要政治意义。李琴满口答应完成任务。穆青和当时任新华社社长的朱穆之又联名给毛主席写了一封信。他们知道，在"四人帮"肆虐的政治高压下，写这样的信，需要承担巨大的政治风险。

随后，新华社记者李琴将江青大寨讲话记录稿交给唐闻生。准备由唐闻生选择适当时机或者在毛泽东接见外宾时面交毛泽东。但是以后由于形势发生变化，这封信未能转交毛泽东。尽管如此，这些同志在江青集团猖獗时，敢于冒着政治风险同江青集团进行殊死搏斗的精神，仍然是永垂青史的。

1975 年 9 月 24 日下午，毛泽东在北京中南海会见以越南劳动党中央委员会第一书记黎笋、越南劳动党中央政治局委员黎清毅为正副团长的越南民主共和国党政代表团。会见结束后，邓小平向毛泽东汇报了江青在大寨讲话的情况。毛泽东听了以后，对江青的大寨讲话极为愤怒，说："放屁，文不对题。那是学大寨，她搞评《水浒》。这个人不懂事，没有多少人信她的，政治局也没有多少人信她的。"由于毛泽东明确否定了江青的大寨讲话，使邓小平排除了"四人帮"的干扰，继续大刀阔斧地推进整顿。

当全国农业学大寨会议召开期间，江青向主持大会的中共中央政治局委员、国务院副总理华国锋要求，在大会上播发她9月12日在大寨大队群众大会上的评《水浒》讲话录音时，华国锋不敢做主，请示了毛泽东。毛泽东当即批评江青的讲话是"放屁，文不对题"。又说："稿子不要发，录音不要放，讲话不要印。"

由于毛泽东的严厉斥责，江青集团妄图利用评《水浒》制造新的政治动乱的阴谋，终于没有得逞。

实际上，在粉碎"四人帮"以后，据当年为毛泽东读书的北京大学中文系那位女教师回忆，毛泽东评《水浒》的谈话，本意就是回答女教师提出的关于如何评价中国几部古典小说的问题，根本没有包含其他意思。这位女教师说：

主席一向关心历史、哲学史和文学史的研究工作，重视对作家作品的评论。当时，他老人家虽在病中，日理万机之余，仍是手不释卷；尤其爱读鲁迅的文章，读时，常常发出赞许的笑声。偶或，他也让我提些问题，然后，通过解答，亲切慈祥地给我讲点历史、文学史和鲁迅。我曾向他请教过关于一些作家作品的评价问题。(1975年)8月13日，我又请教了关于他提到过的那几部古典小说的评价问题。他先讲了《三国演义》、《红楼梦》等几部书的问题，然后谈到了《水浒》。关于《水浒》，学术界的基本评价，向来是很高的，甚至有的说，这是一部千古不朽的农民运动的史诗。但到1974年，《北京日报》到北大中文系约写一篇批判《水浒》的文章时，却透露说《水浒》是只反贪官，不反皇帝。由于不是正式消息，对精神实质理解不一，学术界在讨论时，分歧又很大，这篇文章没有发表。因此，当谈到《水浒》时，我顺便向主席请教了这件事。主席说，那两句话，是他在一次政治局扩大会议上讲的。接着我又请教他：既然如此，那么《水浒》一书的好处在哪里？应当怎样读它?……"

从以上这段回忆中,可以十分清楚地看到,毛泽东纯粹是为了答复女教师的"请教",才谈了关于如何评价《水浒》的那一番话的。

而"四人帮"所搞的评《水浒》运动,则完全是借题发挥,另搞一套。

粉碎江青集团以后,邓小平专门在一次会见外宾时谈了评《水浒》的真相,通过揭露江青集团的阴谋,以正视听。那是 1977 年 9 月 29 日的上午,邓小平和邓颖超一起会见英国籍华人作家韩素音,在谈到"四人帮"问题时,邓小平指出:"四人帮"把老干部都叫"民主派",说"民主派"必然是"走资派","走资派"必然是反革命。这是他们篡党夺权的第一个纲领。他们还有第二个纲领,即把知识分子打成"臭老九"。以上两种人加起来为数就不少了。还有别的帽子,打击面就更宽了。"四人帮"带给我们的真是一场灾难!邓小平在谈到评《水浒》的情况时指出:毛主席并不是针对任何问题讲的。那时他眼睛不好,找人读书,有一次找人读《水浒》,在读的过程中毛主席有些评论,说:《水浒》好就好在暴露了投降派。宋江同高俅的斗争实际上是地主阶级内部的斗争,且《水浒》中有革命派,宋江混进去篡夺了领导权,使农民运动走向投降的道路。《水浒》好就好在这里。金圣叹做了一件坏事,把一百二十回改为七十一回,把暴露宋江投降的一些情节去掉了。所以,如真正了解作者的思想,暴露宋江,应该恢复一百二十回或一百回。毛主席评《水浒》就是这么一个过程,并不是针对哪个人的。后来,"四人帮"歪曲毛主席评《水浒》的意思。1975 年农业学大寨会议期间,江青以批《水浒》为名,实际上就是批"民主派"、"走资派"和"投降派"。她想借此名义转移会议方向。我报告了毛主席,毛主席听了我的汇报说:简直放屁,文不对题,不要听她的话。我马上打电话制止了。"四人帮"就是干这种事情。他们说宋江夺权把晁盖架空,实际上他们首先是说周总理把毛主席架空,后来又说我把毛主席架空。这完全是"四人帮"自己制造的。[1]

---

[1]中共中央文献研究室编:《邓小平年谱(1975—1997)》,中央文献出版社 2004 年版,第 209 页。

砥柱中流

1. "反击右倾翻案风"

毛泽东希望由邓小平主持作一个肯定"文化大革命"的决议，总的评价是"三分缺点，七分成绩，基本正确，有所不足"。邓小平说：由我主持写这个决议不合适，我是桃花源中人，"不知有汉，无论魏晋"。

1975 年邓小平主持中央工作后，毛泽东对邓小平是支持的。但是，江青集团竭力反对邓小平提出和贯彻落实"三项指示为纲"的方针，反对邓小平实现"安定团结"的一系列措施，反对邓小平"把国民经济搞上去"的一系列部署，反对邓小平系统地纠正"文化大革命"的错误。于是，江青集团发动了"反击右倾翻案风"运动。1976 年 1 月周恩来逝世。4 月 5 日前后，北京天安门广场发生悼念周恩来、反对"四人帮"、拥护邓小平的群众运动，"四人帮"乘机诬陷邓小平，他再一次被错误地撤销党内外一切职务。9 月，毛泽东逝世。10 月，"四人帮"被粉碎，"文化大革命"结束。在未来的岁月中，中国应该走怎样的一条路，这是亿万人民十分关切的重大问题。在叶剑英、陈云等的积极推动下，1977 年 7 月，中共十届三中全会决定恢复邓小平的中共中央副主席、国务院副总理、中央军委副主席兼中国人民解放军总参谋长的职务。当时面临的形势十分严峻，整个国家问题成堆，亟待解决。邓小平一出来工作，立即表现出战略家的远见卓识，在千头万绪中抓住具有决定意义的环节，首先推动思想路线的拨乱反正，领导和支持开展真理标准问题讨论，掀起了一场影响深远的当代中国伟大的思想解放运动。

1975 年 9 月，"四人帮"企图利用评《水浒》发动一场政治动乱的阴谋虽然被毛泽东及时制止了，然而随着邓小平主持的全面整顿的深入发展，毛泽东和邓小平之间在如何看待和对待"文化大革命"问题上却出现了明显的分歧。

毫无疑问，毛泽东最初对邓小平是信任的、是坚决支持的，对邓小平的魄力、能力、才干和工作作风尤为重视。因此，在 1975 年赋予邓小平主持中央党政军日常工作的重任。

从 1975 年年初到 1975 年 9 月，毛泽东对于邓小平进行的全面整顿，一直保持着支持的态度，还是把邓小平作为周恩来的接班人及他本人身后主政的人选之一。9 月 24 日，毛泽东在会见越南劳动党中央委员会第一书记时说："现在天下最穷的不是你们，而是我们。我们有 8 亿人口。我们现在有领导危机。总理身体不好，一年开过四次刀，危险。康生身体不好，叶剑英身体也不好。我 82 岁了，我也有病。"毛泽东用手指着陪同会见的邓小平说，"只有他算一个壮丁"。

但是，邓小平对全国各个方面的全面整顿，不能不否定"文化大革命"中所实行的许多错误政策，不能不逐渐发展成为对"文化大革命"错误的比较系统的纠正。而"文化大革命"又恰恰是毛泽东晚年极为重视的一件事。他已经知道对这件事拥护的人少，反对的人多，并在"九·一三"事件以后逐渐纠正了一些他所意识到的"文化大革命"的错误。他还多次表示对于"文化大革命"中的"打倒一切，全面内战"很不赞成。但总的来说，毛泽东一直没有能够从总体上、从全局上、从根本上认识到"文化大革命"的错误，并且一直在全局上对"文化大革命"持肯定的态度。而 1975 年全面整顿给全国各行各业带来的显著变化，在事实上是对"文化大革命"错误的一个有力的否定。

邓小平所进行的全面整顿的性质，从实质上说，发展下去，将是从理论到实践对"文化大革命"的彻底否定。因此，全面整顿遭到依靠"文化大革命"飞黄腾达，窃据党政要职，并企图继续依靠"文化大革命"篡党夺权的"四人帮"的强烈反对。

同时，彻底否定"文化大革命"的这种发展前景也是毛泽东所不能容许的。

于是，全国形势发生逆转。而形势发生逆转并爆发"反击右倾翻案风"运动的导火索，是从毛泽东对一封信的批示这样的特殊形式开始的。

1975年8月13日，清华大学党委副书记刘冰等4人给毛泽东写信，反映迟群的问题。

这封信的全文如下：

小平同志转呈主席：

我们是在清华大学领导班子中工作的几个共产党员。自1968年7月27日，在您老人家亲切关怀下，工人解放军毛泽东思想宣传队开进学校，贯彻执行您的革命路线，学校面貌发生了巨大变化，现在学校教育革命形势很好，广大干部和教职工欢欣鼓舞，目前正在贯彻您的三项指示，为把教育革命搞好而努力工作。

迟群同志随宣传队进校，作为学校的主要负责人，我们就同他相处共事，前几年他的工作是努力的，群众反映是好的，对于他所传达的中央和上级精神，我们一直是认真领会坚决执行的。但是，近几年来，迟群同志在赞扬声中经不起考验，没有自知之明，也没有知人之明，思想和作风上起了严重变化，官做大了个人野心也大了，飞扬跋扈，毫无党的观念，搞一言堂，搞家长制，资产阶级生活作风越来越严重，背离了主席接班人五项条件的要求。

由于清华所处的地位和对外影响，一年多来，我们的心情十分沉重，为了党的事业，我们从维护大局出发，对迟群同志的问题总是尽量在我们几个主要负责人内部解决，对于他从爱护教育出发，多次劝说和帮助，谢静宜同志也对他作过严肃认真的批评，但他拒不接受，仍一意孤行。学习了无产阶级专政理论，他口头上说要改正，但实际上没有什么变化，越来越糟糕。我们本着对党的事业负责的态度，向您老人家如实汇报，请求中央派人解决。

对迟群同志的问题，我们是有缺点错误的，主要是我们党性不强，有私心杂念，因此对他的错误斗争不力，一味迁就，这是我们应向您老人家、向党中央作深刻检讨的，并衷心地接受对我们的批评教育。我们一定要努力工作，把学校教育工作搞上去。

敬祝

您老人家健康长寿

中共清华大学委员会

副书记　刘　冰

副书记　惠宪钧

副书记　柳一安

常　委　吕方正

一九七五年八月十三日

　　刘冰等人写的这封信，由邓小平转给了毛泽东。据毛泽东晚年的机要秘书回忆，毛泽东收阅了刘冰等人反映迟群问题的来信后，最初没有表示态度，只是让机要秘书把这封信放在一张存放待办件的桌子上……

　　由于毛泽东没有回音，1975年10月13日，刘冰等人再次上书，又给毛泽东写了第二封信，进一步揭发、反映迟群、谢静宜的问题：

　　邓副主席并呈毛主席：

　　关于迟群同志的问题，我们曾于8月13日向您和毛主席老人家作了报告，我们希望他改正错误，好好工作。可是两个月来，他表现更为不好，搞了许多违背党的原则的活动。尽管我们努力落实毛主席老人家的三项指示，想把学校工作搞好，但他的这些活动，使我们在工作中遇到困难。这使我们不得不再次向您和毛主席老人家报告他的情况。

　　……

　　为了迟群同志能够改正错误，为了党的事业，我们希望谢静宜同志也能站在党的立场上同他的错误作斗争。谢静宜同志曾对迟群同志的错误作过批评，我们在上次报告中曾经提到过。我们也曾向她反映过对迟群有意见，每次她都劝说我们。最近，我们向她反映对迟群的意见后，她越来越明显地袒护迟群的错误，在一次书记会上，因为一个干部的批准手续问题，她借题发挥，用威胁的口气说："岂有此理，你们告去吧！"联想起十大以后迟群发泄不满情绪时，她曾在迟群面前握着迟群的手讲些不合原则的话，当时我们就实在看不下去。我们希望谢静宜同志在党内是非问题上坚持党性原则，起到积极作用。我们盼望中央解决我们班子的问题，以便我们更好地朝气蓬勃地带领全校师生员工更加深入贯彻落实毛主席老人家的三项指示，把学校工作搞好。我们一定要顾全大局，一定要坚持党的原则，按中央指示办事解决我们班子的问题，一定要按照毛主席老人家的教导"力戒骄傲"，努力工作。我们绝不因为对迟群同志有意见而影响对主席三项指示的贯彻。请毛主席老人家和中央放心。

上次报告由于仓猝，迟群同志的错误遗漏了一些，现在补充送上（见关于迟群同志的错误补充情况）。

以上报告如有错误请中央指教和批评。

敬祝毛主席老人家健康、长寿！

中共清华大学委员会

副书记　刘　冰

副书记　惠宪钧

副书记　柳一安

一九七五年十月十三日

在刘冰等人给毛泽东的第一封信中，只揭发、反映了迟群的一些严重问题。在他们给毛泽东的第二封信中，则进一步大胆揭发、反映了迟群在中共十大和四届人大以后，由于没有当上中共中央委员和国家教育部部长，对毛泽东主席和周恩来总理极端不满，公开攻击中共中央和中央领导同志，在群众中造成恶劣影响等新的事实。同时，也反映了谢静宜的问题。真有一股子"舍得一身剐，敢把皇帝拉下马"的精神。刘冰等人上书毛泽东的第二封信，仍由邓小平转给了毛泽东。

在"批林批孔"运动中，迟群、谢静宜曾多次被江青派为"信使"，先后到部队、工厂、农村、机关传送江青写给一些单位的信和送给这些单位的"批林批孔"资料，中共中央文件上曾多次提到他们的名字，因而成为全国闻名的人物。

在迟群、谢静宜控制下的北京大学、清华大学大批判组，一贯秉承江青的意图，炮制了大量为"四人帮"篡党夺权、攻击老一代无产阶级革命家服务的"理论文章"，成为在"文化大革命"中为江青充当"笔杆子"、"炮队"的一支骨干力量。在"文化大革命"中相当长的一段时间内，由北京大学、清华大学大批判组或由这个"大批判组"化名的"梁效"的文章，竟能左右中国的舆论界和理论界，成为中国意识形态领域的"主导力量"。"梁效"的文章所透露的政治信息，竟然成为人们观察中国政治变化的"晴雨表"，在全国形成了"小报抄大报，大报抄梁效"的很不正常的怪现象。特别是在"文化大革命"的中后期，"四人帮"每发动一场新的政治运动或想打倒某个人，必然先由"梁效"发起'舆论攻势'，用大块大块、整版整版的"理论文章"，作为"重型炮弹"，进行"火力袭击"，极尽造谣、诬蔑、诽谤之能事。在"评法批儒"运动中是如此，在"批林批孔"运动中是如此，在"评《水浒》"运动中是如此，在"反击右倾翻案风"运动中更是如此。

对于迟群，毛泽东并不熟悉，也无好感。因为八三四一部队在毛泽东身边工作的同志经常在毛泽东那里反映迟群的恶劣行为，毛泽东曾说过，迟群是北京的一霸，不能当部长。对于谢静宜，毛泽东倒是比较熟悉，因她原在中央办公厅工作，时常完成一些毛泽东交办的任务，故毛泽东总是称她为"小谢"。

刘冰等人揭发、反映迟群、谢静宜问题的两封信，由邓小平转给毛泽东以后，引起了毛泽东的深思。毛泽东把这两封信与社会上否定"文化大革命"的呼声，与邓小平在全面整顿中对"文化大革命"理论与实践的否定，联系到了一起，作为一个重大的政治问题来进行考虑、进行处理了。

于是，毛泽东在刘冰等人两次来信上作了如下批示：

"清华大学刘冰等人来信告迟群和小谢，我看信的动机不纯，想打倒迟群和小谢。他们信中的矛头是对着我的。我在北京，写信为什么不直接写给我，还要经小平转。小平偏袒刘冰。清华大学所涉及的问题不是孤立的，是当前两条路线斗争的反映。"

从毛泽东的批示来看，毛泽东的意见是很明确的，不仅认为刘冰等人写信反映迟群和谢静宜的问题"矛头是对着我的"，而且把转信的邓小平也牵连了进去(当然，就是邓小平不转刘冰的信，"反击右倾翻案风"运动也必然会爆发，不过是以其他的方式爆发罢了)，认为邓小平转了刘冰等人的信，就是偏袒、支持刘冰，并且把刘冰上书这件事上升到"两条路线斗争"的高度，认为"清华大学所涉及的问题不是孤立的，是当前两条路线斗争的反映"。

毛泽东作出这个批示还有另外一些方面的原因。

　　1975 年下半年，根据毛泽东的意见，鉴于他行动、说话已经十分困难，中央决定将毛泽东的大弟弟革命烈士毛泽民的儿子毛远新调到中央工作。毛远新毕业于哈尔滨军事工程学院，参加了东北地区的"文化大革命"，在"革命三结合"中担任辽宁省革命委员会副主任，以后逐渐担任了中共辽宁省委书记、中国人民解放军沈阳军区政治委员。毛远新调到中央后，担任毛泽东和中共中央政治局之间的联络员。

　　但毛远新到北京给毛泽东当联络员后，思想、行动与"四人帮"，特别是江青十分接近。对此，邓小平看得十分清楚，保持了应有的警惕。

　　10 月 31 日，邓小平给毛泽东写了一封信，提出："我有些事须向主席当面谈谈，并取得主席的指示和教诲。明日下午或晚上都可以。如蒙许可，请随时通知。"[1]11 月 1 日晚上，毛泽东即把邓小平找去谈话。在这次谈话中，毛泽东批评了邓小平为刘冰等人转信之事。邓小平向毛泽东询问，这一段时期以来中央工作的方针、政策正确与否。毛泽东肯定地说："对。"

　　1975 年 9 月底至 11 月初，毛远新先后几次同毛泽东谈话，以汇报工作、反映情况为名，攻击邓小平主持的全面整顿工作。

　　对毛远新在发动"反击右倾翻案风"运动中的作用，姚文元于 1980 年 7 月 25 日在秦城监狱中受审时曾作了以下交待：

　　姚文元：另外，我再补充一点，在批邓中毛远新是起了很坏的作用的。

　　审判员：毛远新是怎么参加政治局（会议）的？

　　姚文元：毛远新是以毛主席的联络员的名义列席政治局会议的，但他又不像是联络员，他的每次发言都成了中心调子，每次传达毛主席指示之后，都有他自己的解释，而且还说毛主席同意他的看法。这就超过了联络员的职责，这也说明当时党内生活极不正常。批邓时，他经常跑到江青身边商量一些事情。江青对毛远新也是没有什么顾虑的，把他当作自己的孩子一样。听说毛远新是由江青抚养大的，感情很深，江青喜欢叫毛远新乳名"小豆子"，毛远新也一直称江青"妈妈"。有一次开会时，江青得意地说："远新也当了几年省委书记了，政治局会上我叫他同志，他叫我同志，回到家里爱叫什么

---

[1]《邓小平年谱（1975—1997）》，中央文献出版社 2004 年版，第 124 页。

就叫什么。"

审判员：毛远新和江青的关系你是怎么知道的?你还知道哪些?

姚文元：江青讲毛远新是孩子一类的话是在政治局会上说的。另外我听王秀珍说过，毛远新的妻子是王洪文介绍的，原来是上海国棉十七厂的一个工人。我觉得这都不是很正常的现象。

审判员：以江青为首的"四人帮"处心积虑地要第二次打倒邓小平同志，目的是什么?后果是什么?这是什么性质问题?

姚文元：这个，我也不知道。"四人帮"反对邓小平副主席有很复杂的历史背景，也有各种不同的原因。当时毛主席还健在，邓小平副主席主持工作，很多问题毛主席是支持他的，怎么会在毛远新汇报后一下子转过来了?没有人解释过，我也有这个疑问，但找不到答案。我一直有个感觉，觉得毛主席是不是在培养毛远新。这完全是我的一种感觉，错了是我的一种感受，错了完全由我个人负责。

毛远新于1975年9月底至11月初向毛泽东反映的主要有以下几个方面的内容：

今年以来，在省里工作，感觉到一股风，主要是对"文化大革命"。1."文化大革命"怎么看?主流、支流，十个指头，三七还是倒三七，肯定还是否定? 2. 批林批孔运动怎么看，主流、支流，似乎迟群、小谢讲了走后门的错话干扰，就不讲批林批孔的成绩了。口头上也说两句，但阴暗面讲得一大堆。3.刘少奇、林彪的路线还需不需要继续批，刘少奇的路线似乎也不大提了。工业现代化主要强调加强企业管理、规章制度，但工交战线主要矛盾是什么?农业、财贸战线也有类似问题，教育革命主流、成绩是什么?……文艺革命主流、支流……等等，总之，"文化大革命"中批判了刘少奇、林彪的路线，批判了17年中各条战线的修正主义路线还应不应该坚持下去。

对"文化大革命"，有一股风，似乎比1972年批"极左"而否定"文化大革命"时还要凶些。

担心中央，怕出反复。

我很注意小平同志的讲话，我感到一个问题，他很少讲"文化大革命"

的成绩，很少提批刘少奇的修正主义路线。

"三项指示为纲"，其实只剩下一项指示，即生产上去了。

粉碎"四人帮"以后，在审判"四人帮"及其主要成员的法庭上，毛远新曾如实交待了他在担任毛泽东和中央政治局的联络员期间，在发动"反击右倾翻案风"运动、诬陷邓小平问题上所起的恶劣作用：

"我在中央当毛主席联络员这一段，说我向毛主席诬陷邓小平，我不服气。因为邓小平当时就是要纠正'文化大革命'的错误，主席思想上虽然有对邓小平不满意的地方，但要不是我首先提出有一股风，就不能造成后来在全国的'反击右倾翻案风'运动。当时江青他们四个人是挨了主席批评的，日子不好过。从这个意思上讲，我起了江青反革命集团起不到的作用，我起的作用超过了他们，我在1975年、1976年对党和国家犯了大罪，这是我的真心话。在京西宾馆马天水等人诬陷邓小平，那些话是张春桥讲的，他们一讲我就接受了，而且还有发挥，如在辽宁讲邓小平是'邓纳吉'，这些话是我说的，这是诬陷。"

1975年10月中旬，康生，这个在党内长期以"极左"面目出现的野心家和阴谋家，已经重病在身。此时，康生自知已不久人世，但仍强撑病体，面见毛泽东，告了邓小平一状。他对毛泽东说："最近，我一直在考虑一个问题，主席亲自发动的这场'文化大革命'，是史无前例的一件大事。对于这样具有伟大历史意义的大革命，却有人想全盘否定它，反攻倒算。我斗胆说一句，邓小平才上台一年多时间，就辜负了主席期望。我担心现在的'中央文革'成员，今后都不是他的对手。我不是从个人出发，我活不了几天啦。完全是从主席亲自发动的'文化大革命'出发。"

当年，毛远新与康生都是非常人物。毛远新因为是毛泽东的侄子，在"文化大革命"中"经风雨，见世面"，经历了东北地区"文化大革命"的全过程，被有的人吹捧为"无产阶级革命事业的可靠接班人"，是毛泽东晚年比较信任的青年人之一。康生则早年在共产国际工作过，曾任中国共产党驻共产国际代表团副团长(团长为王明)，归国后担任过中央情报部长和中央社会部长，号称"马克思主义理论家"、"中国的捷尔任斯基"、"反修战士",主持写过"九评",又担任第十届中共中央副主席的重要职务,也是毛泽东比较重视的人物。这两个人的这些看法,引起了毛泽东的注意和重视。

毛泽东是一个在重大政治原则问题上决不让步的人。一旦他认为邓小平要否定"文化大革命",要否定他晚年所从事的"无产阶级专政下继续革命"的理论和实践,要否定"文化大革命中涌现出来的各种新生事物"时,对邓小平的态度就发生了根本性的变化。毛泽东说:"有两种态度,一是对文化大革命不满意。二是要算账,算文化大革命的账。"[1]

1975 年 11 月,由于毛泽东不能容忍邓小平系统地纠正"文化大革命"的错误,又发动了所谓"批邓、反击右倾翻案风"运动。图为北京评剧团的大字报专栏。

问题的性质骤然严重了。

1975 年 11 月初,毛泽东要毛远新去找邓小平、陈锡联、汪东兴开会,把他的意见全讲出来。毛远新照办了。于是,毛远新在 11 月 2 日召开的会议上谈了否定全面整顿的意见。他在发言中对邓小平主持中央工作以来的形势进行攻击,对工业、农业、财贸、教育、文艺等方面经过全面整顿取得的成绩予以否定。邓小平却明确表示,不能同意毛远新关于"中央搞了个修正主义路线"的意见,不能同意毛远新对中共中央九号文件下发以后全国形势

---

[1]《邓小平年谱(1975—1997)》,第 125 页。

的看法。

邓小平十分坦率地说："这个问题还可以再想一下，你的描述，是中央整个执行了修正主义路线，而且是在所有领域都没有执行主席的路线。说毛主席为首的中央搞了个修正主义路线，这个话不好说。"邓小平对过去的主要工作和讲话作了简略的回顾。指出："我是从今年3月九号文件开始抓工作，主持中央工作是7月。九号文件以后是什么路线，我主持中央工作三个多月是什么路线，可以考虑嘛。上我的账，要从九号文件开始算起。从九号文件以后全国的形势是好一点，还是坏一点，这可以想想嘛。对九号文件以后的评价，远新同志的看法是不同的。是好是坏实践可以证明。"最后，邓小平向与会者强调："昨天晚上，我问了主席，这一段工作的方针政策是怎样?主席说对。"[1]

11月3日，毛远新向毛泽东汇报了11月2日晚上的会议情况。听完毛远新的汇报，毛泽东不禁对邓小平的态度有些失望。毛泽东对邓小平是寄予信任和希望的，本来是想让邓小平作一点自我批评也就算了，没有料到邓小平态度如此坚定。因此，毛泽东指示毛远新：继续开会，范围扩大一点，让李先念、纪登奎、华国锋、张春桥也参加，8个人先行讨论。毛泽东说："对文化大革命，总的看法：基本正确，有所不足。现在要研究的是在有所不足方面，看法不见得一致。"总的评价是"三七开，七分成绩，三分错误"。毛泽东还说："文化大革命犯了两个错误，一、打倒一切；二、全面内战。"毛泽东要求开8人会议时，要抓住当前两条路线斗争，集中讨论"文化大革命"问题，要以他对"文化大革命"的结论为基础，对"文化大革命"做个决议。

接着，按照毛泽东的要求，召开了有邓小平、陈锡联、汪东兴、李先念、纪登奎、华国锋、张春桥和毛远新8人参加的会议。这次会议专题讨论对"文化大革命"的认识问题。张春桥等人在会上攻击邓小平说：刘冰之所以把信寄给你，是由于你与刘冰彼此立场、感情有某些一致的地方。会后，毛远新向毛泽东汇报了召开8人会议的情况。毛泽东听完后说：我批评某人不是打倒，而是改正错误，团结起来，搞好工作。安定团结不是不要阶级斗争，阶级斗争是纲，其余都是目。毛泽东指示8人会议要逐步扩大几个人。开会就

---

[1]《邓小平年谱（1975—1997）》，第126页。

是帮助小平同志及大家，互相帮助，搞好团结，搞好工作[1]。毛远新问毛泽东："这次会议争取在对文化大革命这个问题上能初步统一认识，对团结有利。目的是通过讨论，团结起来，搞好工作。是这样吧?"毛泽东肯定地回答："对。"毛泽东还特别对毛远新说："这个不要告诉江青，什么也不讲。"这时，毛泽东仍想把事情限定在数量有限的几个中央政治局委员范围内，通过温和的方式解决问题，不想让江青插手，把事情闹大，从中生事。由此可见，毛泽东还在尽力维护他从 1974 年下半年开始努力实现的"安定团结的政治局面"。

11 月 3 日，中共中央政治局委员、全国人大常委会副委员长、中共北京市委第一书记、北京市革命委员会主任吴德来到清华大学，在校党委扩大会议上传达了毛泽东在刘冰等人两封来信上的批示。

以此为起点，"反击右倾翻案风"运动拉开了帷幕。

在"四人帮"的干将迟群的一手操纵下，清华大学先后召开一千多人参加的党委扩大会议和全校大会，揭发、批判刘冰和教育部长周荣鑫等"否定教育革命，翻文化大革命的案"的言行。实质上是明批刘冰、周荣鑫，暗指邓小平。

会后，清华大学、北京大学在"四人帮"帮派体系的策划下，贴出大批大字报进行所谓"教育革命大辩论"，开展"反击右倾翻案风"，点名批判刘冰、周荣鑫等人。这一消息很快传开，各地一些在全面整顿中受到批判的"帮派人物"纷纷到清华大学、北京大学"看大字报"、"取经"。一些在全面整顿中本来已经"安定团结"的地方，又纷纷乱了起来。一场新的政治动乱骤然而起，大有从北京波及全国之势。

11 月 15 日，邓小平致信毛泽东，主动提出不再主持中央日常工作的建议。毛泽东阅后于当晚批示："暂时仍由小平同志主持……"[2]

11 月 20 日，根据毛泽东的意见，中央政治局举行会议，讨论对"文化大革命"的评价问题，对邓小平作了错误的批评。尽管如此，毛泽东仍然希望在"文化大革命"问题上统一认识，会议根据毛泽东的意见，提出由邓小

---

[1]《邓小平年谱（1975—1997）》，第 127—128 页。
[2]《邓小平年谱（1975—1997）》，第 130 页。

平主持作一个肯定"文化大革命"的决议，总的评价是"三分缺点，七分成绩，基本正确，有所不足"。邓小平说：由我主持写这个决议不合适，我是桃花源中人，"不知有汉，无论魏晋"。实际上，邓小平仍然坚持自己对"文化大革命"的否定性看法，坚持自己的正确主张。

随后，对邓小平的批评逐步升级。"四人帮"借机兴风作浪，要求中央政治局停止邓小平的工作。毛泽东仍对邓小平寄予一定程度的希望，让邓小平"专管外事"。

11月下旬，根据毛泽东的指示，中央政治局要在北京召开有130多名党政军领导机关负责的老同志参加的打招呼会议，并在会上传达经过毛泽东批准的《打招呼的讲话要点》。

这次会议的目的，是向党政军高级领导人传达毛泽东对刘冰等人的信的批示及有关指示。因为邓小平仍在主持中央工作，所以在召开"打招呼会"之前，邓小平将中央草拟的《打招呼的讲话要点》报送毛泽东审定，并于11月21日写信将开会的方式向毛泽东作了报告："遵照主席指示，向一些同志打个招呼，免犯错误。现拟了一个136人名单，并拟了一个打招呼的谈话要点，都是由政治局会议讨论修改了的，现送上，请审阅批示。""打招呼的办法是，把大家召集到一块儿谈，政治局同志都出席。""政治局商量，准备把谈话要点发给各大军区司令员和政委，以及省市委第一书记，也给他们打个招呼，此点也请主席批准。"[1]

毛泽东收到邓小平的报告后批示："很好。但不仅只是老同志，要有中年、青年各一人同昕同议。如同此次十七人会议那样。即也要对青年人打招呼，否则青年人也会犯错误。请政治局再议一次，或者分两次开，或者先分后合。"11月23日，毛泽东又给邓小平写信："还是你们议的好，先给老同志打招呼。青年问题暂缓。因有的还未结合，有的在打派仗(如七机部)，有的貌合神离(如清华)，召集不起来。"[2]

11月24日，中央召开的"打招呼会"在北京举行。参加会议的有全体在京的中共中央政治局委员、中央党政军机关一些负责的老同志，共130余

---

[1]《邓小平年谱（1975—1997）》，第132页。

[2]《邓小平年谱（1975—1997）》，第132页。

人。会议由邓小平主持。他首先指出会议的主题："今天开的是打招呼的会议。在北京的政治局委员都到了，还请了一百多人。先念一念毛主席批准的政治局的《打招呼的讲话要点》。"

然后，邓小平宣读了毛泽东亲自审阅批准的《打招呼的讲话要点》：一、清华大学党委副书记刘冰等诬告迟群、谢静宜，矛头实际上对着毛主席。根据毛主席指示，清华大学党委召开常委扩大会议，就刘冰等同志的信展开了大辩论，并已扩大至全校师生。二、毛主席指出：刘冰等人来信告迟群和小谢，"动机不纯，想打倒迟群和小谢，他们信中的矛头是对着我的。"毛主席的指示非常重要，清华大学出现的问题绝不是孤立的，是当前两个阶级、两条道路、两条路线斗争的反映。这是一股右倾翻案风。有些人总是对这次"文化大革命"不满意，总是要算"文化大革命"的账，总是要翻案。通过辩论，弄清思想，团结同志，是完全必要的。三、毛主席指示，要向一些同志打个招呼，以免这些同志犯新的错误。

邓小平一口气读完了《打招呼的讲话要点》后。又说道："下面稍微说明几点"：一、"三个正确对待"的问题，也就是毛主席所说的要正确对待"文化大革命"、正确对待群众、正确对待自己。二、毛主席说要以阶级斗争为纲，这是党的基本路线，有一种提法，说以毛主席"三项指示为纲"，这是不正确的。阶级斗争是纲，其他两项是目。三、要正确对待新生事物，应该支持和肯定，不要指手画脚，教育界和各行各业都要注意这个问题。四、老中青三结合，特别是对青年干部，采取一棍子打死的态度不对。最后，清华这场大辩论很快要扩大到全国，至少扩大到教育、文化领域。

毛泽东要求邓小平在会议上传达《打招呼的讲话要点》和毛泽东的有关指示精神，实际上是包含着他对邓小平的一番良苦用心。他希望邓小平能够认识"错误"，并在传达的时候有所表示；同时要通过这次传达，给老同志们"打个招呼"，让大家都知道毛泽东的态度，使老同志不要再犯否定"文化大革命"的错误。

11月26日，中共中央发出《关于转发〈打招呼的讲话要点〉的通知》，向各省、市、自治区党委第一书记、各大军区党委第一书记、中央和国家机关各部委党的负责人、军委各总部和各军兵种党委第一书记，通报"打招呼会议"情况，转发《打招呼的讲话要点》，要求在上述党委的常委中传达讨论。

从此开始,"反击右倾翻案风"运动终于拔地而起,从清华大学波及全国,引起了一场新的全国规模的政治动乱。

"反击右倾翻案风"运动一开始就将矛头直指邓小平,全盘否定全面整顿,这令周恩来十分愤慨。12月8日,周恩来在医院与王洪文的谈话中,告诫王洪文要记住毛泽东1974年在长沙谈话时关于"江青有野心"的指示。当周恩来看到"反击右倾翻案风"的浊浪愈来愈猛烈时,他一方面担忧中国社会主义事业的前途命运,一方面担心邓小平能否承受住这样巨大的政治压力。一天,周恩来特意派人把邓小平找到医院问道:"态度会不会变?"邓小平明确答复:"永远不会!"周恩来说:"那我就放心了!"这是两位心心相印的无产阶级革命家置个人生死荣辱于不顾,决心为在中国实现安定团结、把中国引向建设社会主义强国道路而奋斗到底、誓死不渝的政治宣言。其浩然正气,直冲云天。

1975年12月,中央政治局连续开会。这些会议仍由邓小平主持。邓小平后来形容这些会议时说:"我主持会,也就是开始时说声'开会',结束时说一句'散会'。其他的时候,只是一言不发地坐在会场里,轻蔑地听着'四人帮'胡说八道一通。"

在会议进行了一段时间以后,邓小平于12月20日在中共中央政治局会议上发言。他说:"九号文件以前一段时间,看到相当部分工业生产上不去,事故比较多,不少地方派性比较严重,确实很着急。二、三月间铁路运输问题很多,影响到各方面的生产,所以我提出首先从铁路着手解决问题。在这个问题上,除了在管理体制上提出强调集中统一以外,特别强调了放手发动群众,批判资产阶级派性,强调了抢时间,企图迅速解决问题。因此,在方法上强调对少数坚持打派仗头头采取坚决调离的方法。徐州问题的解决,铁路上的面貌很快地改观,我当时觉得,用这种方法的结果,打击面极小,教育面极大,见效也最快。同时我还觉得江苏运用铁路的经验解决了全省其他问题,也得到较快较显著的效果,所以我认为这个方法可以用之于其他方面。紧接着,把这样的方法用之于钢铁,用之于七机部,用之于某些地区、某些省,用之于整顿科学院的工作。在这次会议之前,我还自认为这些方法是对头的,所以,当有同志对这些方针和方法提出批评的时候,我还觉得有些突然，有些抵触情绪。"[1]

邓小平还谈了对派性，对工业生产，对文教系统，对老、中、青三结合，对新生事物，特别是对"文化大革命"的态度。认为最主要、最根本的原因，是对"文化大革命"的态度问题。他说，"桃花源中人"，八年未工作，不是主要原因，主要原因是思想认识问题。[2]

邓小平讲的都是真话。他主持中央工作、进行全面整顿，其目的就是要否定"文化大革命"、消除"文化大革命"在各个领域造成的混乱状态，全力以赴把国民经济搞上去，为实现四届人大提出的"四个现代化"而奋斗。这样做的效果十分显著，功过是非，历史自有评说！

---

[1]《邓小平年谱（1975—1997）》，第 136—137 页。

[2]《邓小平年谱（1975—1997）》，第 137 页。

2.不断升级的错误批判

"反击右倾翻案风"爆发后，全国形势迅速发生逆转。万里、胡耀邦、张爱萍和周荣鑫被"四人帮"诬蔑为"邓小平的黑干将"，分别受到点名批判，停止了领导工作，再度成为"靠边站"的人物。

在"反击右倾翻案风"运动中，江青集团强调"要联系本系统本单位实际情况"、"要上挂下联"。即上面批判"邓小平刮右倾翻案风"，教育系统要批邓联周，批判教育部部长周荣鑫，铁道交通运输系统要批邓联万，批判铁道部部长万里；中央国家机关系统要批邓联胡，批判中国科学院主要负责人胡耀邦；国防科技系统要批邓联张，批判国防科委主任张爱萍。当时，"四人帮"称这四人为邓小平的"四大金刚"、邓小平全面整顿的"黑干将"、"大刮右倾翻案风的急先锋"。

"反击右倾翻案风"爆发以后，迅速从北京扩大到全国范围，本来已经开始逐渐走上正常轨道的党和国家政治生活再次被打乱。邓小平主持中央工作后，全力以赴推进的对全国各个领域的全面整顿工作，被迫中断。随着"反击右倾翻案风"运动不断地深入和扩大，从不点名地批判邓小平，最后发展到公开点名批判邓小平。广大干部、党员和人民群众对来之不易的"安定团结"的大好局面遭到破坏、毁于一旦，无不痛心疾首，扼腕叹息。当时担任中国人民解放军总后勤部副部长的张震回忆说：1975年我到总后勤部工作不久，"四人帮"就发起了"批邓"、"反击右倾翻案风"，小平同志领导的各项整顿被迫中断，形势发生了逆转。在这期间中央召开的一次会议上，我看到了小平同志，他虽然沉默寡言，但表情依然十分坚毅。我问他身体好吗?他说还好。我说，你多保重，留得青山在，不怕没柴烧。小平同志沉思着，没有吭声。我想，他一定明白了我话中的意思。

而"四人帮"对于"反击右倾翻案风"却是蓄谋已久的。早在1975年10月，王洪文就与上海市委、上海市革命委员会有关负责人，以及文化部部长刘庆棠等人多次密谈。王洪文叮嘱这些"四人帮"党羽："要密切注意清华、北大动向，那里有大事。"他还让这些人"要讲究策略"，要"振奋精神，准备斗争"。后来，王洪文还将"四人帮"在上海的党羽召到北京打招呼。他嚣张地诬蔑："邓小平是还乡团的总团长，华国锋、叶剑英、李先念等都是还乡团的分团长。""反击右倾翻案风"开始后，"四人帮"及其帮派势力乘机呼风唤雨，兴风作浪，或策划于密室，或点火于基层，唯恐天下不乱。

中华大地，再度出现"文化大革命"初期的那种混乱局面。

1975年12月30日，张春桥以中共中央政治局常委、国务院副总理身份会见阿尔巴尼亚来华访问的客人。在谈到当时中国正在进行的教育革命大辩论的情况时，这个"四人帮"的主要成员介绍说：

"现在争论的头一个问题，是对'文化大革命'以前十七年教育怎样估计。"

张春桥认为：这十七年是"资产阶级专了我们的政"。"但是，有人说，这十七年很好，那个时候倒是马列主义的，相反，'文化大革命'以来，学校反而不好了，教育质量降低了，在课堂上课少了。大学生还不如以前中学生读书多。"

张春桥在谈话中，还肆意诬蔑了一心一意抓好教育整顿，为恢复正常的教学秩序、提高教学质量作出了极大成绩的周荣鑫一通，说什么"我们的教育部长也有问题"。

12月1日，经过"四人帮"的一番精心策划以后，以北京大学、清华大学大批判组名义抛出的第一篇"反击右倾翻案风"的长篇文章《教育革命的方向不容篡改》，在1975年的《红旗》杂志第十二期上公开发表。

这篇文章，仅仅从题目上就可以看出其背景很硬，根子很粗，口气很大，来势凶猛，咄咄逼人。

这是根据"四人帮"的旨意在中央报刊上公开发表的第一篇混淆是非、

颠倒黑白的"反击右倾翻案风"重头文章，也是"四人帮"射向在全面整顿中纠正"文化大革命"错误的广大干部和群众的一发"重磅炮弹"，是"四人帮"发起"反击右倾翻案风"舆论攻势的"第一炮"。

此文于12月4日被《人民日报》和其他报刊全文转载，中央人民广播电台向全国进行了广播。

许多经历过那段大动乱岁月的人们至今对当时的情景仍然记忆犹新。

12月14日，中共中央转发了《清华大学关于教育革命大辩论的情况报告》。这个《报告》的基本内容和许多极"左"语言，成为"反击右倾翻案风"运动的基调。

以《教育革命的方向不容篡改》的公开发表和《清华大学关于教育革命大辩论的情况报告》被中共中央转发为标志，全国性的"反击右倾翻案风"运动正式爆发。铺天盖地的大字报又贴满了党政机关、学校、工厂和部队领导机关。各级党政领导干部被作为"不肯改悔的走资派"再度遭到揪斗，铁路运输重新瘫痪，大批工厂停工停产。许多省、地(市)领导机关不断遭到冲击，被弄得开不成会，办不成公。许多领导干部不断遭到围攻和无理纠缠，被弄得吃不好饭，睡不好觉，无法履行工作职责。

"四人帮"还利用他们篡夺的那一部分权力，把中共中央、国务院和中央军委在全面整顿中发出的大批机密文件，把中共中央、国务院、中央军委一些领导同志在1975年全面整顿中的讲话、报告、指示、批示，加以断章取义，歪曲篡改，印成没有文件标志、没有印发机关的所谓"白头材料"，大量向全国广泛散发，供各地"四人帮"的帮派体系进行批判。

"四人帮"颠倒是非，混淆黑白，全面否定1975年在邓小平主持下全面整顿的全部成果，把自邓小平主持中央工作以后为治理"文化大革命"的混乱局面而采取的一系列正确的路线、方针、政策、措施，一概诬蔑为"右倾翻案风"。

在1975年的全面整顿中不辞辛劳、日夜奔忙的大批党政领导干部，被戴上"邓小平的黑干将"、"还在走的走资派"、"还乡团头子"的帽子，受到无休止的批判斗争。万里、胡耀邦、张爱萍、周荣鑫这四位在全面整顿中呕心沥血，冲锋陷阵，为铁道整顿、科技界整顿、国防科技和国防工业整顿、教育界整顿立下了大功的先锋人物，被"四人帮"诬为"邓小平的黑干将"、

"右倾翻案的急先锋"、"大刮右倾翻案风的四条汉子",分别受到点名批判,停止了领导工作,再度成为随时准备接受"革命群众"批判的"靠边站"人物。

1975年11月8日,"四人帮"中的头面人物张春桥以分管教育的副总理的名义,找周荣鑫谈对教育界形势的看法。

周荣鑫坚持对教育进行整顿的正确方针,认为当前教育界急待解决的问题是学生不读书。这个问题不解决,就不能培养和造就大批"四化"建设的合格人才,就会拖"四个现代化"的后腿。

张春桥对周荣鑫的看法大为不满,说:"社会上有否定文化大革命,否定教育革命的风。"并认为这是教育界急待解决的问题。

接着,张春桥又说出了一番令人震惊的"文革高论"。他说:"一个是培养有资产阶级觉悟的有文化的剥削者、精神贵族,一个是培养有觉悟的没有文化的劳动者,你说要什么人?"

随即,张春桥又自问自答,语出惊人地说:"我宁要一个没文化的劳动者,而不要一个有文化的剥削者、精神贵族。"

这是什么逻辑?完全是地地道道的诡辩论加胡说八道。

周荣鑫理所当然地不同意张春桥的说法,对他的观点进行了批驳。

张春桥恼羞成怒,以势压人,责令周荣鑫就"刮右倾翻案风"问题作出检查。他还为迟群大唱赞歌,说什么,迟群1968年带领"工人、解放军毛泽东思想宣传队"到清华大学以来,路线是正确的,等等。

1975年下半年,迟群就开始按照江青的旨意,搜集周荣鑫在各种会议上的讲话材料,并于同年11月22日送给江青。与此同时,迟群还指使清华大学一些人公开张贴诬陷周荣鑫的大字报,指挥清华大学、北京大学大批判组编印了《周荣鑫是怎样同毛主席教育革命路线对着干的》、《周荣鑫修正主义教育观点》、《周荣鑫右倾翻案言行》等8种材料,诬陷周荣鑫"把矛头指向毛主席和以毛主席为首的党中央","妄图恢复资产阶级在学校的一统天下,专无产阶级的政"。并将这些材料铅印2万册,广为散发。

1976年2月,迟群秉承张春桥的旨意,伙同教育部的"四人帮"帮派势力头头策划成立了"教育部临时领导小组",夺了周荣鑫的领导权。迟群说:"要把邓(小平)、周(荣鑫)打倒,不批怎么行……"1976年3月,本来就有病的周荣鑫因受迫害病情加重。迟群在教育部咒骂他说:"东风来就装死装病，西风来就大搞翻案"，煽动对周荣鑫继续批斗。"四人帮"的帮派势力在迟群的授意下，更加紧了对周荣鑫的迫害，连续 5 天轮番对身患重病的周荣鑫进行残酷批斗。

据不完全统计，自从"反击右倾翻案风"的浪潮起来后，在"四人帮"的指使下，周荣鑫先后被追查、批斗五十多次，身心遭到极大的摧残。1976年 4 月 12 日上午，在一次批斗、追查会上，周荣鑫的身体再也支持不住，当场昏倒在地。当天晚上含愤辞世，终年 59 岁。

周荣鑫，这位肩负着党和人民的重托，肩负着周恩来总理的期望，忠心耿耿，尽职尽责，整顿教育，希望为国家培养大批"四化"建设的合格人才的教育部长，就这样以身殉职，被"反击右倾翻案风"的恶浪吞没了。

万里，作为邓小平主持"全面整顿"的先锋之一，在"反击右倾翻案风"中也屡遭磨难。万里的母亲只有万里这一个儿子，万里早年参加革命斗争，成为职业革命家以后，她在担负沉重的家庭生活负担的同时，默默无闻地为革命作了许多贡献。当中共东平县委第一次会议在万里家的破土屋中召开时，万里的母亲一边在屋外纳鞋底，一边为屋里开会的这些"青年革命家"站岗放哨。全国解放以后，万里把母亲从东平接到了北京。她到北京后，几乎把全部家务都承担起来了。万里是一位孝子，深感母亲的一生是很不容易的！可是，就在 1976 年 5 月间，"反击右倾翻案风"愈演愈烈之际，母亲病重。此时，万里正在铁道部受批判，不能在母亲身边尽孝，心情非常难过，又不便告诉母亲。然而外边的风声，母亲不可能一点也听不到。

万里的儿子万伯翱回忆了当时的情形：

那时"四人帮"正掀起"批邓、反击右倾翻案风"的高潮。刚刚从中国经济边缘中理出头绪和稍有起色的国防、能源、交通、教育等又陷入一片茫然和混乱。当时父亲任铁道部部长，他昼夜奔忙在全国的钢铁运输线上，刚把"四人帮"破坏得不像样的铁路整顿得"多装快跑，当好先行，四通八达"，却又被打倒。就连奶奶也问我："你爸爸领导铁道部，使车辆安全、正点到达，也不对吗？"我只好回答："有人说这是资本主义，他们说宁要'社会主义的误点'，也不要爸爸的'资本主义的正点'。"这位平凡而伟大的母亲，临终时头脑仍然清醒，还曾问："邓小平现在如何了？他要打不倒，你爹爹就不要紧啊!"她始终坚信自己的儿子是劳动人民和共产党的好儿子。父亲那时正在铁道部写检查挨批斗,他请假到医院向奶奶遗体告别,看到她那满头银发和饱受风霜的脸,闭不紧的双目似乎倔犟地在质问苍天:"指鹿为马之日,何时结束?大千世界,朗朗蓝天,何时还我儿子的清白?"祖母的遗体就要被拉走火化时,父亲泪流满面,失声哽咽,他又异常突然地扑向奶奶,警卫人员和孩子们忙把他架住了。遗体被拉走了,父亲和我们的哭声震荡在"红色恐怖"的京城……久经战火考验的父亲,从不流泪,这是我第一次看到父亲动容。

1976年5月间,万里腿痛,医院诊断是"脉管炎",要他休息治疗。万里非常要强,没有住院治疗。到了6月上旬,他走路时有一条腿使不上劲,有时一瘸一拐,小腿很明显地一条粗、一条细。医生说,这种病闹不好是要截肢的,甚至有生命危险。万里听了还有点犹豫,认为"这个时候住院不好,人家是否会说闲话,以为我逃避斗争"。6月15日,万里总算在大家的劝说下住进了北京医院。万里住院后,"四人帮"及其追随者并没有放松对万里的批判,6月20日,当时在国务院任副总理的孙健亲自到北京医院向万里宣布中央决定:"铁道部日常工作由××主持",要万里检查交代问题。万里的夫人边涛说:说起这件事儿可真有点"神"了,他们曾经三次准备开批斗大会都没开成:第一次是7月27日××派人到医院通知万里,明天召开铁道部机关全体大会,要万里检讨。第二天凌晨,发生了唐山大地震,没开成。第二次是9月8日来通知,第二天毛主席逝世了,又没开成。第三次通知是10月6日,就在当天"四人帮"垮台了。边涛说,你看看多巧,三次都差一点儿,大概是万里"命大",感动上帝了。

在"反击右倾翻案风"愈演愈烈之际,胡耀邦的日子也很不好过。在"四人帮"的鼓噪下,胡耀邦、李昌被迫停职反省,并遭到批斗。

1976年2月的一天,由"四人帮"精心策划,在首都体育馆举行"反击科技界右倾翻案风",即批判胡耀邦和李昌大会。姚文元事先通知要在《人民日报》第一版预留好版面,准备报道这次批判大会实况。胡耀邦因病未到场,他在电话中勉励李昌"要坚决顶住逆流,泰山压顶不弯腰,原则问题决不让步。沧海横流,方显出英雄本色"。批判大会开始以后,与会的科研人员和干部、群众向主席台上递条子："我们不认识胡耀邦、李昌，想要认识谁是胡耀邦、李昌。"这时，李昌在主席台上站了起来，一身正气，气宇轩昂，全场爆发出雷鸣般的热烈掌声。李昌被要求在会场绕行一周，与会者向他投来亲切的目光和善意的微笑，以示慰问和鼓励。真是公道自在人心。对胡耀邦、李昌的批判会，一下子变成了对他们的声援会。而且，许多与会者纷纷退场。结果《人民日报》对这次会议无法报道，"四人帮"的帮派势力不得不草草收场。

"沧海横流，方显出英雄本色"；"四害"跳梁，更展现将军风骨。在"四人帮"掀起"反击右倾翻案风"浪潮的日子里，张爱萍以一个老共产党员久经考验的大无畏精神和高风亮节，大义凛然，坚决抵制，维护了党的原则和共产党人的尊严。

在"四人帮"及其帮派势力的策划下，张爱萍在1975年全面整顿中主持工作和分管过工作的有关单位，拟于1976年1月8日召开大会，对张爱萍进行批判。但是，由于这一天周恩来总理逝世，策划者不得不取消原定1月8日对张爱萍的大会批判。张爱萍曾给一些同志讲，是周总理在保护我，用他的走来免除我的一场灾难。然而，这个代价太大太大了!我宁可用自己的生命换来周总理的健康。

10天以后，对张爱萍的批判大会于1月18日在先农坛体育馆举行。这是一个有国防科委机关、二机部和七机部机关及二三〇厂等单位参加的有七八千人的大规模批判大会。一位亲历者回顾说："参加这次批判会是上级硬行指派人数拉去的，对二三〇厂的职工，会前没告诉会议内容。当我们知道是批判张主任时，不少人都骂缺德。我们看到张主任又黄又瘦，旁边还跟着个医生，带着个氧气袋，大家心里都很难过……"

也许是底气不足，心虚胆怯；也许是为了壮一壮声势，抖一抖威风，大会主持者在会议开始时即向全体与会人员宣布，在这次批判大会上，张爱萍要有个检讨。

张爱萍有什么错误必须检讨呢?全场七八千双目光一齐投向了久未露面的张爱萍。

与会人员中除了跟随"四人帮"的跳梁小丑以外，绝大多数干部、群众是以尊敬、关心、期盼的目光迎接张爱萍的。

张爱萍果然是大将风度，没有辜负与会同志的信任和尊敬。只见他身着中国人民解放军军装，身板笔挺，坦然自若，缓步走到主席台正中，首先向全场与会同志点头致意，然后缓缓从军装口袋里掏出一张纸，语调平稳，语言清晰地念道："去年3月我重新工作以来，到了一些单位，接触了一部分干部群众，讲了一些话，也做了一些决定。假如我犯了路线上的错误，将由我个人承担全部责任。与其他同志没有任何关系！"在这个讲话中，张爱萍用了"假如"二字，那里面蕴涵着不承认"四人帮"强加的各种罪名的深刻内涵，同时也表示了"好汉做事好汉当"的英雄气概。听了张爱萍这个出人意料别开生面的"检讨"，霎时间，整个会场像凝固了一样，但过了片刻，整个会场又沸腾了起来。

然后，张爱萍缓步走下主席台，昂然离去。他，用这种行动，表示了对"四人帮"导演的这一幕闹剧的抵制和蔑视。

群英七千不展眉，

沉默无语忧安危。

"右倾翻案"帽子飞，

"今不如昔"罪名追。

听狂吠，大棒挥，

"革命左派"乱世魁。

莺歌燕舞瞎鼓吹，

山河破碎又问谁？

这是张爱萍为那次批判大会写下的"纪实诗"。

张爱萍因病住院后，中共中央副主席、中央军委副主席叶剑英当时就打电话询问其病情，并告诉张爱萍：你没有错，要沉住气。同时，叶剑英副主席给予三〇一医院三条指示：

"对张爱萍的病要好好治疗、精心护理；不允许外人进医院干扰他的治疗；没有我的批准，张爱萍不能离开医院，一定要安心养病。"

叶剑英对三〇一医院的"三条指示"，字字千钧，充满了对张爱萍的无限关心和强有力的支持。

当时，曾经长期主持过中国国防科技工业的聂荣臻也到三〇一医院来看望张爱萍，嘱咐他安心治疗，并告诉他说："我就是你的总后台，这个后台我当定了！"聂荣臻一边说，一边用手杖敲着地面，让人感动不已，顿生敬意。

为保护好张爱萍，使其免遭"四人帮"帮派势力的"冲击"，三〇一医院院长亲自安排，并向有关医护人员提出了注意事项。为了确保张爱萍住院绝对安全，医护人员在病房门口挂上牌子，遇到有人来干扰，就以"正在治疗"或"进行特殊治疗，谢绝外人入内"为由，将来人拒之门外……公道自在人心，由此可见一斑。

历史的见证——『文革』的终结

3."天安门事件"

面对"四人帮"掀起的阵阵恶浪，中国人民勇敢地发出了正义的呐喊。

清明节这天傍晚，叶剑英悄悄乘车来到天安门广场，老帅的心被深深地震撼了，也许，就在这个时候，他已经暗暗下定了决心……

叶剑英预感到一场大的政治风暴即将来临，这一天，他在住地情不自禁地用俄语轻声朗诵起高尔基的名篇——《海燕》。

1975 年的冬天是一个寒冷的冬天。

1976 年的元月更是滴水成冰。

1976 年 1 月 1 日，当中华大地进入新的一年的第一天，中国舆论界最权威的《人民日报》、《红旗》杂志、《解放军报》发表了题为《世上无难事，只要肯登攀》的元旦社论。

从 1966 年开始的'文化大革命"，到 1976 年已经整整进行了十年。其间，大大小小的政治运动一个接着一个，一个连着一个，一个套着一个。利用"两报一刊"的社论指导中国政治运动的方向，早已经成为"文化大革命"中的一个不成文的惯例。这是人人皆知的事情。无论是中国人还是外国人，都已经习惯于从"两报一刊"的社论中判定中国政治运动的基本走向。

1976 年的"元旦社论"，传出了毛泽东对"三项指示为纲"的指责：什么"三项指示为纲",安定团结不是不要阶级斗争,阶级斗争是纲,其余都是目。

在"两报一刊"元旦社论精神的"指引"下,"反击右倾翻案风"运动犹如脱缰的野马、失控的列车,以更加迅猛的势头向前发展。

1976年1月7日,江青在中共中央政治局举行的一次会议上,对邓小平进行了肆无忌惮的"批判",诬蔑邓小平在全国搞右倾翻案、复辟倒退,说邓小平还号称不怕第二次被打倒,拼老命也要干。

江青没有料到,她这段批判发言在全国传开以后,不仅没有起到她所预计的批判效果,反而使拥护邓小平进行全面整顿的广大干部、群众更加支持和崇敬邓小平了。

在"四人帮"控制的报纸、刊物、广播电台、电视台开足马力,连篇累牍地进行"反击右倾翻案风"的时候,周恩来逐渐走到了生命的尽头。一方面他以超过常人的毅力忍受着疾病的折磨,一方面又敏锐地注视着国内的政治风云变幻。在这令人担忧的日子里,邓小平仍然经常到医院去看望周恩来。1975年12月中旬以后,周恩来已经生命垂危,经常处于昏睡状态。在周恩来生命的最后时刻,邓小平两次到医院看望他的兄长和老战友。叶剑英、李先念等也都相继到医院看望。

邓小平在接受批判的同时,时刻关注着周恩来的病情和要求。1975年12月20日清晨7时,病情严重的周恩来要找中共中央调查部(改革开放后改组为国家安全部)部长罗青长谈台湾问题。医务人员用电话请示邓小平,邓小平心情沉重地说:"总理病成这个样,他要找谁就找谁。"12月22日下午一时半,邓小平与其他中央领导人听取了周恩来医疗组的紧急汇报。28日午夜,周恩来再次病危,医疗组对周恩来进行抢救,邓小平被从睡梦中叫起,和其他五位中央负责人赶到三〇五医院,陪同邓颖超一起守候在周恩来的病榻边,直到看见周恩来的病情有所回转后,才离开医院。

1976年1月5日,医生们为周恩来做了最后一次手术。邓小平等在京的中共中央政治局委员一直在周恩来的住地守候着。

"人生自古谁无死,留取丹心照汗青。"1976年1月8日9时57分,为共产主义事业奋斗了一生的周恩来与世长辞。

周恩来的逝世使批判邓小平的会议无形中被"冲"了。这时,邓小平在名义上还主持着中央的日常工作,他心中忍受着巨大的悲痛,全力以赴,力求妥善安排好周恩来的丧事。

1976 年 1 月 8 日，即周恩来逝世的当天，邓小平给毛泽东写信报告说，中央政治局专门讨论了周恩来同志的丧事问题，议定了三个内容，一是向毛主席的请示报告；二是关于周恩来逝世的讣告；三是周恩来治丧委员会名单。邓小平请示：第二、三项"均须于今晚广播，现送请审批，退汪东兴办理"。毛泽东在 9 日批示："同意。"

次日，邓小平再次因周恩来丧事写信请示毛泽东："总理逝世消息发表后，不少国家要求派代表团或代表来参加葬礼。"其中有阿尔巴尼亚的阿利雅，明晨动身；日本自由民主党总裁、日本内阁总理大臣三木武夫，明晨动身；斯里兰卡共和国总理班达拉奈克夫人，今晚动身。邓小平写道："政治局对此作了专门讨论，决定仍按主席的批准方案(一律不请)执行。由政治局发一个正式公告，现送上请批示，以便发表。退汪东兴办。"邓小平提出，由他自己约见阿尔巴尼亚驻中国大使，乔冠华约见日本驻中国大使，韩念龙约见斯里兰卡驻中国大使，予以说明。毛泽东批准了这一方案。

1 月 9 日，由毛泽东、王洪文、叶剑英、邓小平、朱德等 107 人组成的周恩来治丧委员会正式成立。首都天安门、新华门、劳动人民文化宫、外交部等地，下半旗志哀。1 月 10 日、11 日，党和国家领导人及各界代表 1 万多人来到北京医院，向周恩来的遗体告别。全国人大常委会委员长朱德，郑重地举起右手，向周恩来致以最后的敬礼。叶剑英、邓小平、宋庆龄、李先念等向周恩来沉痛志哀，作最后的诀别。在北京医院门前，自发赶来的干部、群众不断擦拭着长流的眼泪，希望能够看一眼周恩来的遗容，表达对周恩来的不尽的哀思和崇高的敬意。

周恩来虽死犹荣，令"四人帮"极为忌恨。当新华社请示周恩来逝世报道等有关事宜时，姚文元下令不许组织悼念此报道。在"四人帮"的控制下，周恩来逝世后的 6 天里，只发了两条有关消息。在周恩来的遗体告别仪式上，所有的人都神情悲痛。而江青不但不行脱帽礼，反而故作姿态，左顾右盼，东张西望。全国亿万民众从电视机中看到江青的"表演"后，都极为愤怒。在举国哀悼的日子里，"四人帮"下令，不准群众戴黑纱，不准送花圈，不准设灵堂，不准开追悼会，不准挂周恩来遗像。"四人帮"的党羽文化部长于会泳竟然强迫文艺单位照常演出，还通知公安机关追查群众打来的抗议电话。"四人帮"的一系列倒行逆施，实际上是在与人民为敌，自掘坟墓。

"山不厌高，水不厌深；周公吐哺，天下归心。"周恩来的逝世，在中国人民的心中引起了无限的悲痛。1 月 11 日下午，当周恩来的遗体被送往八宝山火化时，百万民众顶着凛冽的寒风，自发地从四面八方涌上北京街头，向周恩来致以最崇高的敬意，作最后的告别！

当周恩来的灵车经过北京长安街时，十里长街上，顿时响起人民群众悲痛的哭声，有的人热泪盈眶，有的人泪洒衣襟。当时，大文豪郭沫若曾写了《怀念周总理》一诗，真实地反映了周恩来逝世后，万民垂泪、五洲同哀的情景：

> 革命前驱辅弼才，
> 巨星隐翳五洲哀。
> 奔腾泪浪滔滔涌，
> 吊唁人涛滚滚来。
> 盛德在民长不没，
> 丰功垂世久弥恢。
> 忠诚与日同辉耀，
> 天不能死地难埋。

为举行周恩来的追悼会，邓小平于 1 月 12 日致函毛泽东："悼词是由政治局会议审定的。现送上，请审阅批示。"毛泽东圈阅后批示"同意"。但是，由谁来为周恩来致悼词，又成为一个大问题。虽然自从"反击右倾翻案风"爆发以来，邓小平已经成为"批判对象"，但还没有被打倒，在名义上还主持中央工作。因此，让邓小平为周恩来致悼词最为适宜。

在中央开会讨论议定周恩来追悼大会议程时，张春桥提出由叶剑英致悼词。叶剑英说："我不能作，悼词由邓小平来作最合适；请小平同志来作。"江青、张春桥反问道："那合适吗？"叶剑英说："我看不出来有什么不合适，他是中央委员会副主席、中央军委副主席，他又是周恩来总理的亲密战友，代理总理工作，为什么邓小平同志不合适？我作不合适，只有小平作合适。"叶剑英说得很坚决。

由于叶剑英当时的身份是中共中央副主席、中央军委副主席、国防部部长，在中央领导集体的职务和位置排列都居于江青、张春桥之上。所以，叶剑英坚持由邓小平代表中央在周恩来追悼大会上致悼词，"四人帮"也就没办法再反对了。

举行周恩来追悼大会的议程定下来以后，邓小平又全力以赴，投入了准备周恩来丧事活动和完成周恩来遗愿的紧张工作。1月14日，邓小平写信给中共中央政治局委员："东兴同志就总理骨灰撒散地点事与邓大姐商议。据查玉泉山已无水流，他们商定改用安-2型飞机撒到江河山地，邓大姐本人只送到机场，由工作人员上机撒散。以上办法较撒在固定一地好，应予同意，东兴同志已按此准备。"在信的传阅过程中，十四位中共中央政治局委员画圈表示同意。至此，邓小平为周恩来丧事活动安排的大事基本上确定下来。

1月15日，中共中央、全国人大常委会、国务院以及各界群众代表5000多人，在北京人民大会堂隆重举行"周恩来同志追悼大会"。

图为1976年1月15日，周恩来追悼会在北京人民大会堂举行。中共中央副主席、国务院副总理邓小平致悼词。

中国共产党中央委员会副主席邓小平在周恩来同志追悼大会上致悼词。

邓小平致的悼词，语气凝重，字字句句有千钧之力，充分反映了全党、全军、全国人民对周恩来的无限崇敬之情，也充分体现了他对周恩来这位长期患难与共，肝胆相照的同志、战友、兄长的无限怀念之情。

周恩来辞世后，国务院总理之职不可久悬。"四人帮"中的张春桥早就觊觎着国务院总理的职位。"文化大革命"以来，他费尽心机，疯狂地影射、攻击周恩来；策动"反击右倾翻案风"运动，把斗争矛头指向第一副总理邓小平，无不包含着篡夺国务院总理职务的"祸心"。然而，张春桥却打错了算盘。1976 年 1 月 21 日和 28 日，毛泽东先后提议，由华国锋任国务院代总理，主持中央日常工作。中共中央政治局经过讨论，一致通过了毛泽东的提议。

1976 年 2 月 2 日，中共中央发出 1976 年 1 号文件《中共中央通知》，正式向全党通报：由华国锋同志任国务院代总理。在叶剑英同志生病期间，由陈锡联同志负责主持中央军委工作。

这个文件的下发，是一个重要信号，它表明，毛泽东已经决心用新的接班人华国锋，来取代他自 1973 年以来所委以重任，寄予信任，重点培养的接班人邓小平。从此，由华国锋代替邓小平，主持中共中央日常工作和国务院的领导工作。

按照毛泽东的这一决策，虽然国务院总理的职务没有交给周恩来和全党全国人民寄予厚望的邓小平，但是也没有交给"四人帮"。这就为以后的历史发展留下了机会，使党和人民粉碎"四人帮"的斗争能够较为顺利地进行。

华国锋，山西交城人，生于 1921 年 2 月，1938 年在抗日战争的烽火中加入中国共产党，是典型的"三八式"干部。在抗日战争和解放战争中，曾任交城县抗日救国联合会主任，中共交城县委书记兼县大队政治委员，中共阳曲县委书记兼县大队政治委员。

在解放战争进入战略进攻阶段以后，人民解放军渡江南下、向华南广大地区进军时，华国锋是"南下干部"之一。

新中国建立后，华国锋历任中共湘阴县委书记兼县人民武装部政治委员，中共湘潭县委书记兼县人民武装部政治委员，中共湘潭地委副书记兼湘潭地区行政公署专员，中共湘潭地委书记。由于湘潭是毛泽东主席的家乡，因此华国锋的工作情况开始受到毛泽东的注意。以后，华国锋被提拔到湖南省委工作，任省委统战部长。

1959 年庐山会议以后，中共湖南省委第一书记周小舟因被打成"彭德怀、黄克诚、张闻天、周小舟反党集团"的重要成员而遭到撤职。中共湖南省委因此而改组。经毛泽东提名，华国锋任中共湖南省委书记处书记，同时兼任湖南省人民政府副省长。

毛泽东在 20 世纪五六十年代曾多次到湖南视察工作。华国锋或汇报工作，或陪同视察，与毛泽东的接触日益增多，在毛泽东的头脑里留下了较好的印象。

"文化大革命"爆发后的初期阶段，华国锋也曾受到过一些冲击。但很快在 1968 年湖南省革命委员会成立时，作为"革命领导干部的代表"参加了"三结合"，担任湖南省革命委员会副主任。1969 年，在中共九大上，华国锋第一次进入中国共产党中央委员会，被选为中央委员。以后，又相继担任湖南省革命委员会代主任、主任，中共湖南省委第一书记兼人民解放军广州军区政治委员和湖南省军区第一政治委员，成为集湖南省党、政、军主要领导职务于一身的重要人物，是湖南省名副其实的"第一把手"。

1970 年庐山会议以后，林彪反革命集团加紧进行篡党夺权的阴谋活动。1971 年，毛泽东为粉碎林彪反革命集团作准备，在视察大江南北时，曾在长沙对华国锋谈过关于林彪的问题，表示了对华国锋的极大信任。湖南以外的中国人和外国人第一次知道华国锋的名字，主要始于毛泽东在 1970 年 12 月 18 日同美国新闻记者埃德加·斯诺的一次谈话。毛泽东在谈到家乡湖南的情况时说："湖南省的人物也出来几个了。第一个是湖南省委现在的第一书记华国锋，是老人。"毛泽东在这里说的"老人"，是指华国锋在"文化大革命"以前就是湖南省委的负责人之一，是过去湖南省委的"老人"的意思。当斯诺把毛泽东同他的谈话内容整理成文章，在美国《生活》杂志发表后，因其中谈到中美关系和尼克松访华等极为敏感的国际问题，在全世界引起了极大的反响和震动。华国锋的名字亦开始被外国人所注意。粉碎林彪反革命集团发动的武装政变后，国内开展批林整风运动，先后下发了几批内部文件，向党内外广大群众传达。《毛主席会见美国友好人士斯诺的谈话纪要》，即为其中之一。于是，中国人也从中知道了华国锋的名字。

"九·一三"事件后，经毛泽东提议，华国锋被调入中央工作，先后担任国务院业务组副组长、组长。1973年5月，华国锋和王洪文、吴德一起列席中央政治局会议，并参加中央政治局的工作。1973年8月，华国锋在中共十大上当选为中央政治局委员。1975年1月，在四届人大上被任命为国务院副总理兼公安部部长。

华国锋被毛泽东亲自选定为国务院代总理，一下子堵住了张春桥阴谋篡夺党和国家最高权力的"路子"。张春桥眼睁睁地看着自己朝思暮想、日夜盼望的国务院总理的位置一下子落到了华国锋手里，虽然气急败坏，但是又无可奈何。联想到1975年中共中央一号文件任命邓小平为中共中央军委副主席兼中国人民解放军总参谋长，张春桥气不打一处来，非常愤恨地在笔记本上写下了一则《有感》，以发泄他对毛泽东的重要决策的强烈不满，赤裸裸地暴露出他反革命野心家的真面目。

张春桥这样写道：

又是一个一号文件。

去年发了一个一号文件。

真是得志更猖狂。

来得快，来得凶，垮得也快。

错误路线总是行不通的。可以得意于一时，似乎天下就是他的了，要开始一个什么新"时代"了。他们总是过高地估计自己的力量。

人民是决定的因素。

代表人民的利益，为大多数人谋利益，在任何情况下，都站在人民群众一边，站在先进分子一边，就是胜利，反之，必然失败。正是：

爆竹声中一岁除，春风送暖入屠苏。

千门万户曈曈日，总把新桃换旧符。

一九七六年二月三日有感

张春桥在《有感》中，把自己打扮成一副"代表人民的利益，为大多数人谋利益，在任何情况下，都站在人民群众一边"的样子。实际上，"文化大革命"以来他的所作所为，丝毫也没有代表人民的利益，丝毫也没有为大多数人谋利益，丝毫也没有站在人民群众的一边。相反，他始终代表着"四人帮"的利益，为"四人帮"谋利益，在任何情况下，都站在"四人帮"一边，为"四人帮"篡夺党和国家的权力，为制造"文化大革命"的动乱局面，或出谋划策，或下达指令，或直接指挥，对党和国家犯下了累累罪行。

周恩来逝世以后，人们曾希望"反击右倾翻案风"运动就此被打断。然而，"四人帮"却倒行逆施，逆民心而动，企图用"反击右倾翻案风"冲淡人民群众悼念周恩来的悲痛气氛。1976年1月13日，姚文元连续三次给新华社下达指示："不要因为刊登悼念总理的活动把日常抓革命促生产的报道挤掉了。"他还指责说："这几天报纸登唁电数量太多，太集中"，并具体要求以后唁电版面要往后放。在"周恩来同志追悼大会"举行的前一天，由姚文元一手策划于1976年1月14日在《人民日报》第一版以通栏标题刊登《大辩论带来大变化——清华大学教育革命和各项工作出现新面貌》的长篇文章，胡说什么："近来，全国人民都关心清华大学关于教育革命的大辩论。"公然信口雌黄，伪造民意。

在举行"周恩来同志追悼大会"的同一天，"四人帮"控制的《人民日报》不去反映中国人民的悲痛心情，却又抛出"梁效"的黑文《教育革命与无产阶级专政》，胡说什么"树欲静而风不止，斗争并没有止息"。

1976年2月13日，《光明日报》在第一版刊登了一篇题为《孔丘之忧》的文章，用极其恶毒的语言影射攻击周恩来，把悼念周恩来逝世的中国人民诬蔑为"哭丧妇"。这篇文章写道，"让旧制度的'哭丧妇'抱着孔丘的骷髅去忧心如焚、呼天号地吧。我们伟大的祖国'到处莺歌燕舞'，无产阶级教育革命正在胜利前进！"其手段之卑鄙，令人发指。"四人帮"的倒行逆施，激起了全国人民的强烈愤慨。

2月份，在"四人帮"的策划下，以《红旗》杂志第二期发表的北京大学、清华大学大批判组的《回击科技界的右倾翻案风》和《人民日报》发表的《无产阶级文化大革命的继续和深入》为起点，"反击右倾翻案风"运动再次掀起新的"浪潮"。针对1975年的全面整顿，矛头对着邓小平和在各个领域主持整顿工作负责人的所谓"反击右倾翻案风"文章，在报刊上连篇累牍地抛了出来。一时篇篇黑文犹如滔滔浊浪翻滚而来，大有排山倒海、铺天盖地之势。

"反击右倾翻案风"运动再度"升级"。

2月5日，中共中央发出《通知》，将《打招呼的讲话要点》扩大传达范围，传达到党内外群众。

2 月 6 日，中共中央批转中央军委关于停止学习和贯彻执行 1975 年 7 月邓小平、叶剑英在军委扩大会议上的讲话的文件。

2 月 25 日，中共中央召开有各省、市、自治区和各大军区负责人参加的会议。会上传达了毛泽东自 1975 年 10 月至 1976 年 1 月的多次谈话。

在这次会议上，已经受命主持中共中央日常工作的华国锋，于 2 月 25 日代表中央在会上讲话。他要求与会的领导干部"深入揭发批判邓小平同志的修正主义路线错误"。

针对当时与会的许多领导干部，对批判邓小平很不理解，难以接受，思想上转不过来弯子等问题，华国锋要求大家，"在揭发批判过程中转好弯子"。

华国锋在讲话中，还要求到会的各省、市、自治区和各大军区负责人"把反击右倾翻案风的斗争开展起来"。

华国锋还说："毛主席说，错了的，中央负责。政治局认为，主要是邓小平同志负责。"

会议期间，张春桥多次攻击邓小平是"垄断资产阶级"、"买办资产阶级"、"对内搞修正主义，对外搞投降主义"。

江青于会议期间，在 3 月 2 日擅自召集十二省、区领导干部会议，并发表长篇讲话。她拉开架势，信口开河，胡说八道，大放厥词，集中攻击诬蔑邓小平。同时，吹捧武则天、吹捧吕后，借古喻今，为自己篡党夺权制造舆论。江青说：

"邓小平这种事，恐怕很多同志不知道内幕，当然我知道的也不太多。不过，我是一个首当其冲的人物。他在去年 4 月底，不请示主席，擅自斗争一个政治局委员，从 4 月底一直斗我到 6 月。邓小平是谣言公司的总经理，他的谣言散布的很多……

"首先打我。因为他知道我是一个过了河的卒子。在捍卫主席革命路线上，我是一个过了河的卒子，我很光荣。我这个过了河的卒子，能够吃掉他那个反革命老师，所以他首先打我……

"他七五年一月出来，刚刚只有一年多嘛。不过我对他一直有警惕，有这么一个问号。这个人出来以后，从来不说一句无产阶级文化大革命有什么伟大的成果……

"据这次揭发，他家的常客是什么人呢?李井泉、胡乔木、胡耀邦，还有王海容、唐闻生，还有什么人，我就搞不清了，那都是无话不说，交待任务的……

"邓小平说我是个勇敢分子。现在看来，全国的谣言都是邓小平弄的。说我一切职务撤销，下放劳动啊，说我已经自杀了。其他的，人家不给我看，说怕我看了生气……

"别人造谣说我是武则天。我说，在阶级问题上，我比她先进，但在才干上，我不及她。

"有人写信给林彪说我是武则天，有人又说是吕后。我也不胜荣幸之至。吕后是没有戴帽子的皇帝，实际上政权掌握在她手里。她是执行法家路线的。

"武则天，一个女的，在封建社会当皇帝啊，同志们，不简单啊，不简单。她那个丈夫也是很厉害的，就是有病，她协助她丈夫办理国事，这样锻炼了才干。从李世民到李治的能臣，她都用，而且为她所用。她简单吗?但是那些个孔老二的徒子徒孙专门攻击这样的人。其实在春秋战国时期就有个很厉害的女人——赵太后。同志们知道我讲过这个历史。齐威后，那都是很厉害的。他们就是用下流的东西诽谤武则天，诽谤吕后，诽谤我……"

江青的讲话，不仅肆意攻击了邓小平，而且明目张胆地为自己在1975年春天多次受到毛泽东的批评翻案、为自己在1975年5月和6月间受到中共中央政治局几次会议的批评翻案。有人把她的讲话内容汇报给毛泽东以后，引起毛泽东极大的震怒，他愤怒地斥责说："江青干涉太多了，单独召开十二省讲话。"

3月3日，中共中央发出《关于学习〈毛主席重要指示〉的通知》，转发了毛泽东1975年10月至1975年1月关于"反击右倾翻案风"的多次谈话。同一天，中共中央还转发了华国锋在中央召开的各省、市、自治区和各大军区负责同志会议上的讲话。

从此，"批邓"问题在党内正式公开了。

就在中央召开会议期间，"四人帮"控制的舆论工具"反击右倾翻案风"的势头更加猛烈。2月29日，《人民日报》发表"梁效"、"任明"的《评"三项指示为纲"》。这篇文章诬蔑说："'三项指示为纲'是一个否定以阶级斗争为纲的、彻头彻尾的修正主义纲领。这个纲领的要害，是复辟资本主义。"

文章不点名(但实际上已经点了名)地攻击邓小平,说"'三项指示为纲'是党内那个坚持刘少奇、林彪修正主义路线的不肯改悔的走资派……提出来的。""'三项指示为纲',是直接反对无产阶级文化大革命运动和批林批孔运动的。"

此文一出,"不肯改悔的走资派"一词,就成了"反击右倾翻案风"运动中报刊上的一个"专有名词"——专门用来指邓小平,成为一种"不点名"的"点名批判"。

对于"四人帮"通过《评"三项指示为纲"》散布的歪理邪说,广大干部、群众极为反感。在全国政协直属学习组的一次会议上,为李宗仁先生归国作出了贡献,并与李宗仁先生一起归国的程思远的发言就很有代表性。

程思远说:"这些日子,有一个多月了,对新近开展的批'三项指示为纲'、反击'右倾翻案风',我处于非常困惑、思想紊乱的状态。有理论问题、认识问题,更有实际问题,我都迷惑不解。在理论上,有个问题我感到糊涂。根据毛主席的教导,党内有思想斗争,这毫不为怪。但党内思想斗争是否会一下子扩大到篡改党的路线,复辟资本主义呢?是依据哪些条件而由思想斗争上升到阶级斗争的呢?一个人思想认识上有错误,提'三项指示为纲',而没有提'阶级斗争为纲',这个人是否就一下子上升为敌我矛盾,成为无产阶级的敌人呢?我实在弄不清楚。第二个问题,'三项指示为纲'里的三项指示都是毛主席的话,我过去认为很好,现在的'文件'、'社论'又告诉我,'三项指示为纲'错了,而且是严重的方向性的政治错误,但是'三项指示为纲'的错误其要害究竟是什么?我实在搞不明白,这个思想弯子不容易转过来。第三,毛主席、周总理在去年四届全国人大,对国家领导机构已做了人事交替的安排,这是一件大事。但是不到一年的时间,国内政治局面仍不安定,特别是自周总理病逝至今,明确开展了这场反击右倾翻案风运动,全国风起云涌,再度陷入混乱。像我这种不了解内情、心中有事放不下、神经又脆弱的人,真是经受不了啊,我的血压也由原来长期正常的130/80,升到160/90,那是夜不能寐的恶果啊!我家小孩子从外边抄回来的《党内那个不肯改悔的最大走资派一百例》,说是反革命修正主义的纲领,我看了又看,就是看不懂,理解不了,何以它成了反革命的纲领?我还听来人讲,最近四川省大字报上街,炮轰中共四川省委,公开点了四川省委主要负责人的名,而且指名邓小平是后台，提出再度打倒邓小平。我听到这些消息，很不理解，心里非常难过！"程思远讲到这里，竟然热泪长流。

尽管广大人民群众对"四人帮"诋毁全面整顿、批判"三项指示为纲"的胡说八道不屑一顾，但"四人帮"仍然全力开动各种宣传机器，与《评"三项指示为纲"》这篇毒汁四溅、暗藏杀机的黑文相呼应，接连抛出了一大批长篇理论文章。

3月1日，《红旗》杂志第三期发表经姚文元审定的池恒的文章《从资产阶级民主派到走资派》，2月12日《人民日报》全文转载。

在同期的《红旗》杂志上，还发表了初澜的《坚持文艺革命，反击右倾翻案风》。

3月3日，《人民日报》发表以本报记者名义写的《批判党内那个不肯改悔的走资派》的文章。

4月1日，《红旗》杂志第四期发表苗雨的《反击卫生战线的右倾翻案风》。

同期的《红旗》杂志还发表程越的《一个复辟资本主义的总纲——〈论全党全国各项工作的总纲〉剖析》。

在这些文章中，"四人帮"除了肆意诬蔑邓小平是"不肯改悔的走资派"、否定"文化大革命的伟大成果"、"算文化大革命的账，翻文化大革命的案"，诬蔑邓小平主持的全面整顿是"复辟、倒退"以外，还提出了"老干部就是民主派，民主派就是走资派"的又动公式。根据江青关于"民主派发展到走资派是客观的必然规律"的旨意，公然论证道："从资产阶级民主派到走资本主义道路的当权派，从民主革命时期党的同路人到社会主义时期的反对派、复辟派，这不正是不肯改悔的走资派所走过的道路吗？"

"四人帮"的帮派体系还公开明目张胆地叫嚷："现在革命的对象，就是旧社会吃过糠，抗日战争负过伤，解放战争扛过枪，抗美援朝渡过江的民主派"；"现在要打倒的就是爬雪山、过草地的'走资派'，戴红领章、红帽徽的'走资派'"等等，妄图在"反击右倾翻案风"运动中打倒从中央到地方的一大批党政军领导干部，篡夺党和国家的各级领导权。

"四人帮"逆历史潮流而动，违背中国人民的意志而行，全盘否定1975年的全面整顿，肆意攻击在1975年主持中央工作期间作出了巨大成绩的邓小平，在报刊上影射诽谤周恩来，这种种倒行逆施，激起了全国人民极大的愤慨。

面对"四人帮"掀起的"反击右倾翻案风"的阵阵恶浪，中国人民勇敢地发出了正义的呐喊。

1976 年 4 月，以发生在首都北京的"天安门事件"为中心，全中国人民掀起了一场声势浩大的以悼念周恩来、拥护邓小平、实现"四个现代化"、反对"四人帮"为中心内容的强大的群众运动，史称"四五运动"。

这是一场充分反映了中国人民高度的政治自觉和历史主动精神的大规模群众运动。它虽然被"四人帮"残酷镇压下去了，但是，它所产生的震天撼地的巨大政治影响，却是任何人都永远消除不了的。这场意义深远的群众运动，为半年以后党和人民粉碎"四人帮"反革命集团，奠定了强大的群众基础。

"四五运动"的爆发，绝不是偶然的事件。它是十年"文化大革命"人心丧尽的必然结果。而"四人帮"在 1976 年掀起的"反击右倾翻案风"运动中，利用手中控制的舆论工具肆意批判邓小平、诬蔑周恩来，则是这场群众运动爆发的直接因素。

周恩来逝世以后，中国人民陷入无限的悲痛之中，迫切希望能在报刊上多读到一些反映周恩来生平业绩的悼念文章，慰藉忠魂，表达哀思。但"四人帮"一手遮天，强奸民意，不仅不刊登悼念周恩来的文章，反而变本加厉，连篇累牍地刊登一些《大辩论带来大变化》、《孔丘之忧》一类的黑文，继续把攻击矛头指向邓小平和周

运送周恩来遗体的灵车驶过长安街。北京百万市民自发伫立街道两旁，默哀致意，目送灵车开往八宝山。

恩来，恶毒诬蔑周恩来和悼念周恩来的广大人民群众。

当时，人们认为，"四人帮"把持下的上海《文汇报》，3月5日在刊登新华社关于沈阳部队指战员学习雷锋的一篇新闻稿时，全部删去了周恩来关于学习雷锋的题词"憎爱分明的阶级立场，言行一致的革命精神，公而忘私的共产主义风格，奋不顾身的无产阶级斗志"。

3月25日，上海《文汇报》在刊登的一篇题为《走资派还在走，我们就要同他斗》的报道中，出现了这样一段话："孔老二要'兴灭国，继绝世，举逸民'，党内那个走资派要把被打倒的至今不肯改悔的走资派扶上台。"当时，人们认为，这是"四人帮"操纵上海《文汇报》公然丧心病狂地把矛头公开指向周恩来，含沙射影地诬蔑周恩来是"党内走资派"。

"四人帮"发动"反击右倾翻案风"运动的罪恶行径，激怒了广大人民群众。"蓄之愈久，发之愈速"。中国人民积蓄已久的悼念周恩来，拥护邓小平，声讨"四人帮"的情绪，终于像火山一样爆发了。

南京大学的青年学生和教师一马当先，于3月28日走上街头，抬着周恩来的大幅遗像和寄托哀思的花圈，高呼"保卫周恩来"等口号，排着浩浩荡荡的游行队伍，前往周恩来战斗过的梅园新村和雨花台烈士纪念碑，向周恩来表达深切的敬意。成千上万的工人、学生、教师、机关干部继之而起。南京很快形成了悼念周恩来、声讨"四人帮"的高潮。3月29日，南京大学师生又贴出"警惕赫鲁晓夫式的个人野心家、阴谋家篡夺党和国家的最高领导权"的大标语。同时，他们还走上街头、火车站，贴出了"打倒张春桥"等声讨"四人帮"的大标语。3月30日，当南京大学的师生得知昨天写在开往上海的列车上的大标语，在进入上海市区前被全部冲刷以后，又用柏油和白色油漆在开往上海等方向的列车上书写了许多大幅标语：

"揪出《文汇报》的黑后台！"

"谁反对周总理就打倒谁！"

"警惕赫鲁晓夫式的人物上台！"

……

这些大幅标语，随着列车飞往四面八方，把南京人民的斗争情况迅速传向了祖国各地。

南京人民的正义斗争，吓得"四人帮"惊恐万状。他们盗用中央的名义，于 4 月 1 日发出《关于南京大字报问题的电话通知》。

于是，南京人民的正义斗争，遭到了"四人帮"及其帮派体系的残酷镇压。

但是，长期以来深藏于广大人民群众心中的对"四人帮"倒行逆施的满腔怒火，是压不住、扑不灭的。

一场群众性的反对"四人帮"的新的浪潮正在酝酿之中。

在北京，从 3 月 19 日开始，以天安门广场为中心，出现了更大规模的悼念周恩来、拥护邓小平、声讨"四人帮"的群众运动。成千上万的青年、学生、工人、机关干部、知识分子和社会各界人士，或排着整齐的队伍，或扶老携幼，自发地聚集到天安门广场，在人民英雄纪念碑前敬献花圈、花篮、张贴传单、标语，朗诵诗词，发表演说，表达对周恩来的深切悼念，对邓小平全面整顿的大力支持，对早日实现"四个现代化"的强烈渴望，对"四人帮"祸国殃民、倒行逆施的严厉谴责。

与此同时，在杭州、郑州、太原等地也爆发了人民群众自发地悼念周恩来、反对"四人帮"的声势浩大的群众运动。

清明节前后，首都人民悼念周恩来、声讨"四人帮"的活动，如大海的波涛，汹涌澎湃，一浪高过一浪。

4 月 1 日，在庄严肃穆的天安门广场上，人如海花似潮，悲歌动地冲九霄。以悼念周恩来、怒斥"四人帮"为主题的文章、诗词大

北京各界市民纷纷前往天安门广场，深切悼念周恩来。

量出现在人民英雄纪念碑上和广场附近的松树干上。

在天安门广场出现的诗词中，充满了号召人民群众奋起反对"四人帮"

的战斗锋芒。其中一首这样写道：

昔日悼总理，
悲痛若断肠。
今朝想总理，
浑身是力量。
豺狼何所惧，
虎豹咱敢降。
识破假马列，
怒斥妖婆娘。

4月2日，从这天上午起，北京市各单位都传达了关于南京事件的电话通知和北京市委的电话通知，说什么"南京事件是反革命事件"，"天安门有反革命捣乱"，"清明节送花圈是旧习惯，应当破四旧"，"清明节是鬼节"等，要求人们不要去天安门广场。

然而，"抽刀断水水更流"。4月2日，天安门广场的人潮仍然有增无减。

这天清晨，中国科学院一〇九厂的三四百名职工，抬着精心制作的巨大花圈，高举着写诗文的诗牌，排着整齐的队伍，沿着王府井大街、东长安街等繁华街道，来到天安门广场的人民英雄纪念碑前，把花圈献给周恩来、陈毅、杨开慧和革命先烈。并在人民英雄纪念碑前竖立起四块巨幅诗牌，上面用大字书写着：

红心已结胜利果，
碧血再开革命花；
倘若魔怪喷毒火，
自有擒妖打鬼人。

诗句的锋芒，直刺"四人帮"的心脏。引人注目，发人深思，催人猛醒，使人振奋。

4月3日，从清晨开始，无数的人流冲破"四人帮"下达的道道禁令，从四面八方汇集到天安门广场。

北京广播器材厂的1000多名职工、家属，抬着花圈和"敬爱的周总理，我们永远怀念您"的大匾，来到了天安门广场……

中国科学院半导体研究所的近千名知识分子、干部和职工，抬着花圈，来到了天安门广场……

来自北京其他单位的悼念队伍，一队接一队地来到了天安门广场……

这一天，人民群众放在人民英雄纪念碑前悼念周恩来和革命先烈的花圈，达到数千个。在纪念碑周围的柏树上，人民群众献上的白花层层叠叠，仿佛万朵玉兰傲霜怒放。

在天安门广场这花的海洋、人的浪潮、诗的怒涛中，一首以"江桥摇"暗指江青、张春桥、姚文元"眼看要垮掉"的诗格外引人注意。

该诗以《向总理请示》为题目，全文如下：

黄浦江上有座桥，

江桥腐朽已动摇。

江桥摇，

眼看要垮掉，

请指示，

是拆还是烧？

在诗句辛辣的词语中，迸发着锐利的锋芒。

4月4日是清明节，是中国历史传统中悼念先烈的日子。这一天又恰逢星期天。北京天安门广场悼念周恩来，反对"四人帮"的活动达到了高潮。

上午8时开始，北京曙光电机厂的3000余名职工和北京青云仪器厂的1000余名职工，分别排着整整齐齐的队伍，高举"深切悼念敬爱的周恩来总理"的巨大横标和精心制作的花圈，来到天安门广场。

数不尽的人群，从四面八方拥向天安门广场。有1400多个单位的职工，在人民英雄纪念碑四周摆放了2073个花圈，来悼念周恩来。自发参加纪念活动的200多万人民群众，用数不清的白花、花圈、花篮、花环、诗词、文章、条幅、标语，把天安门广场装点成了名副其实的"花山诗海"。

上午10时，一位青年工人在人民英雄纪念碑前以血明志，在一块白绸上写下血书：

"敬爱的周总理，我们将用鲜血和生命誓死保卫您！"

1976 年清明节前夕，北京近百万群众连续几天到天安门广场献花圈，诵诗词，悼念周恩来，声讨"四人帮"。天安门广场成为全国性抗议运动的中心。

历史的见证——『文革』的终结

上午 11 时，首都钢铁公司一位青年工人登上天安门广场北面用来照相的木台，作了《怀念敬爱的周总理》的演讲。

清明节这一天，在无数众多的诗词中，有一首《清明悼总理》的长诗，感情真挚，爱憎分明，深切地表现了人民群众对周恩来的悼念之情，愤怒地斥责了"四人帮"的罪恶行径，郑重表达了人民群众拥护早日实现"四个现代化"的愿望。

晚上，天安门广场仍然人山人海。这时，在人民英雄纪念碑西南角的汉白玉栏杆上，出现了一篇短文：

第十一次路线斗争大事记

一、1974 年 1 月，江青扭转批林批孔运动的大方向，企图把斗争矛头对准我们敬爱的周总理。

二、1974 年 12 月，江青背着中央接见外国传记记者，诬蔑中央领导同志，并企图在四届人大争当总理。

三、1975 年 1 月，毛主席识破了江青的野心……召开了四届人大，邓小平同志重新回到了中央工作，取得了斗争的初步胜利，全国人民欢欣鼓舞。

四、1975 年 7 月，毛主席严厉地批评了江青，停止其在中央的工作。在周总理养病期间，中央的工作由邓小平同志主持，斗争取得了决定性的胜利，全国人民大快人心。

五、最近的所谓反右倾斗争，是一小撮野心家的垂死的翻案活动。他们已经成了不得中国大多数人心的过街老鼠。

这篇短文的作者，显然比较了解毛泽东多次批评江青和"四人帮"的内情，文中所述事实基本上符合历史实际。天安门广场上的群众发现以后，纷纷诵读、传抄，使夜幕下的天安门广场又出现了新的怒斥"四人帮"的高潮。

在清明节前后的悼念活动期间，一位青年工人曾在巍峨的人民英雄纪念碑上，贴出了一首五言诗，一直被人们广为传抄。这首诗的全文是：

欲悲闻鬼叫，
我哭豺狼笑。
洒泪祭雄杰，
扬眉剑出鞘。

诗句言简意深，义正词严，犹如一把出鞘的宝剑直刺"四人帮"的心脏。

在广大人民群众奋起悼念周恩来、反对"四人帮"的日子里，亿万中国人民的心飞向了天安门广场，广大干部的心连着天安门广场。虽然限于当时的特殊原因，他们不能亲自来到天安门广场投入战斗，但他们的心无时无刻不在关注着天安门广场上的伟大斗争。老一代无产阶级革命家、中共中央副主席、中央军委副主席叶剑英，就非常关注天安门广场上的群众运动。4 月 1 日，他从办公室工作人员那里看到从天安门广场抄回来的"欲悲闻鬼叫，我哭豺狼笑。洒泪祭雄杰，扬眉剑出鞘"这首诗后，非常欣赏，反复吟诵，连声称赞：好诗，好诗！并打听作者的姓名，表示了极大的关心。4 月 2 日，北京、南京都在采取措施，阻止人民群众悼念周恩来、反对"四人帮"的活动。叶剑英预感到一场大的政治风暴即将来临，他为党和国家的前途命运担忧，决心像暴风雨中的海燕一样砥柱中流，挽狂澜于既倒。这一天，他在住地情不自禁地用俄语轻声朗诵起高尔基写的名篇《海燕》。

4 月 3 日，叶剑英听了办公室工作人员讲述的天安门群众运动场面以后，非常激动地表示，一定要亲自去天安门广场看一看，但被工作人员阻止了。清明节前这几天，叶剑英经常让工作人员和孩子们把从天安门广场抄来的诗词一首一首读给他听，听了以后，还要人抄给他看。他常常边读边赞："这些诗词情真意切，爱憎分明，大气磅礴，真是难得的好词啊！"清明节这天傍晚，叶剑英再也忍不住了，悄悄乘车，来到天安门广场，他要亲眼看看人民群众的空前壮举。汽车在缓缓行驶，叶剑英的心，与广场上的花山诗海融为了一体，与广场上数不尽的人民群众融为了一体。叶剑英以深情的目光注视着广场上的壮观场面，那高大的花圈和洁白的花朵，是人民群众献给周恩来的心香；那要求实现"四化"的充满激情的词章，是人民群众拥护邓小平全面整顿的呐喊；那犹如匕首、投枪般锐利的诗词，是人民群众反对"四人帮"的怒吼。在这庄严肃穆的天安门广场，在这中国人民内心深处真挚感情爆发的地方，老帅的心被深深地震撼了！也许，就在这个时候，老帅已经下定了决心，坚决粉碎"四人帮"反革命集团，上慰忠魂，下顺民心，写出中华民族历史新的篇章。

中国人民自发的以天安门广场为中心的悼念周恩来、拥护邓小平、反对"四人帮"的大规模群众运动，反映了中国人民的心声，表达了中国人民的意志，显示了中国人民的力量。这一切，都使"四人帮"惊恐万状，胆战心惊。自"文化大革命"以来的十年间，总是他们在那里盗用"群众运动"的名义，"运动"别人。如今觉醒了的人民群众用"群众运动"的方式起来反对他们了，这怎能不令他们惊慌失措呢？

从 1976 年 3 月 30 日至 4 月 26 日，王洪文、张春桥、江青、姚文元先后给当时的《人民日报》总编辑鲁瑛打了 24 次电话：一是给广大群众悼念周总理的活动定性为反革命性质；二是诬陷邓小平和中央其他领导同志，欲将他们置于死地；三是打击敢于起来与"四人帮"作斗争的群众；四是出谋划策，为"四人帮"篡党夺权加紧制造反革命舆论。

王洪文 3 月 30 日在电话中恶狠狠地说：

"你们在南京有记者吗？(鲁瑛答："有记者")叫他们反映重要情况。南京大街贴出打倒张春桥的大字报，那些贴大字报的是为反革命复辟造舆论。

南京事件是因为省委有走资派，它的性质是对着中央的。"

姚文元4月2日15时40分又在电话中布置：

"要分析一下这股反革命逆流，看来有个司令部。报纸要继续反击右倾翻案风，掌握斗争大方向。这股反革命逆流这样猖狂，是没落阶级的表现，是不得人心的。因为有个资产阶级，他们是要跳的。"

4月3日姚文元再次打电话精心策划说：

"是否可以写这样一篇社论，题目是'牢牢掌握斗争大方向'。首先讲，当前反击右倾翻案风的斗争形势大好，取得了很大胜利，党内那个不肯改悔的走资派已很孤立，工农业生产有很大发展。在这种形势下，我们要牢牢掌握斗争大方向。

"第二段，要讲阶级斗争是很激烈的，要提防阶级敌人的破坏，要追查谣言等。

"最后，要批邓，警惕转移斗争大方向，多讲几句。要写得短，气要足。"

4月4日姚文元又一次打电话攻击人民群众的纪念活动：

"天安门人民英雄纪念碑前的活动，是反革命性质。一要抓紧批邓，二要打击反革命。你们内部要继续讨论这种活动的性质，认清性质。要继续批邓，不要听信谣言，听到要追查。"

4月5日王洪文亲自到天安门广场坐镇旁边的一座小楼，用电话指挥《人民日报》记者："跟着最坏的，离开天安门再抓。4日抓了3个。你们盯住，不仅社会上的，要盯党内资产阶级，民兵要参加对党内资产阶级的斗争。"

早在3月份，人民群众刚刚开始往天安门广场送花圈时，"四人帮"的干将、北京市公安局长刘传新（"四人帮"被粉碎后，畏罪自杀)就布置对送花圈的单位、人数和花圈数进行登记上报。以后，他又布置人员到广场监视人民群众的活动、照相取证、撕毁诗词，并拘捕了几十个人。4月2日，正式成立首都工人民兵、北京市公安局、北京卫戍区联合指挥部，抽调了3000余人组成机动力量，随时准备出动。"四人帮"还采用各种卑劣手段，伪造情况，歪曲事实，隐瞒事实真相，欺骗中共中央和毛泽东。

4月3日凌晨4时40分，在黎明前的黑暗掩护下，王洪文由便衣人员保护，窜到天安门广场，打着手电筒察看了人民群众放在人民英雄纪念碑四周的花圈和诗词后，气急败坏地给在公安部的亲信打电话，说："你还在睡觉呵，我刚到天安门广场去看了一下，那些反动诗词你们拍下来没有？不拍下来怎么行呢？将来都要破案的呀！否则到哪里去找这些人呢？你们应该组织人去把它拍下来，要考虑到将来破案嘛。"王洪文一声令下，他的亲信立即行动，布置人员照相取证，在夜深人静时毁坏花圈，撕毁诗词，干尽了见不得人的勾当。

4月4日晚上，中共中央政治局召开会议，主持中央政治局工作的华国锋主持会议，研究天安门广场连日来发生的大规模群众活动的情况。在江青等人的左右下，会议认为，天安门前聚集那么多人，公开发表"反革命"的演说，这"是反革命煽动群众借此反对主席、反对中央，干扰、破坏斗争的大方向"[1]。华国锋说："很恶毒的"，"一批坏人跳出来了，写的东西有的直接攻击主席，很多攻击中央"。吴德说："看来这次是一个有计划的行动。邓小平从1974年至1975年他作了大量的舆论准备……今年出现这件事是邓小平搞了很长时间的准备形成的。""性质是清楚的，就是反革命搞的事件。"江青从姚文元那里得知《第十一次路线斗争大事记》的内容后，气急败坏，点着北京市委、北京军区负责人的名字说："中央的安全还有没有保障？为什么攻击中央的人不抓？抓不着要拿你们是问。"毛远新将这次会议向毛泽东报告说：政治局分析了当时北京的情况，认为多数人是悼念总理，少部分有影射攻击中央的，个别是非常恶毒的。政治局认定，"这次是反革命性质的反扑"，"看出存在一个地下的'裴多菲俱乐部'，有计划地在组织活动。"并且决定，从当晚(4日)开始，清理花圈、标语和抓"反革命"。这个报告得到了毛泽东的批准。[2]

4月5日，广大人民群众继续涌向天安门广场，在"还我花圈，还我战友"的口号下，采取抗议行动。晚上5时半，由中共北京市委第一书记吴德出面，发表广播讲话。

晚上9时30分，出动1万名民兵、3000名警察和5个营的卫戍部队，带着木棍，封锁了天安门广场，对留在广场的群众进行殴打，并逮捕了一些

[1]中共中央党史研究室：《中国共产党六十年大事记》(1919年5月—1990年12月)，人民出版社1991年版，第319页。

[2]中共中央党史研究室：《中国共产党六十年大事记》，第319页。

人。[1]但是，这种镇压却进一步激起了广大人民群众对"四人帮"的愤怒。

4月6日凌晨，中央政治局召开会议，部分在京的中央政治局委员听取北京市委关于天安门事件的汇报，认为群众的行动"是反革命暴乱性质"，并决定继续组织3万名民兵集中在天安门广场附近待命，派出9个营的卫戍部队在市区内随时机动。会议还建议北京市委将天安门事件写成材料通报全国，以便各地了解情况，有所准备。毛远新向毛泽东书面报告了政治局会议的决定，毛泽东表示同意。

4月7日早晨7时，姚文元便召集《人民日报》总编辑鲁瑛，让他到人民大会堂，组织人马，以《人民日报》工农兵通讯员和《人民日报》记者名义撰写所谓的"现场报道"《天安门广场的反革命政治事件》，为"四人帮"镇压广大群众的悼念活动制造借口，大造"反击右倾翻案风"的舆论。在"四人帮"的直接指使下，由姚文元一手策划指挥炮制的这篇文章，颠倒是非，混淆黑白，捏造事实，罗织罪名，对广大人民群众悼念周恩来、声讨"四人帮"的正义行动进行了肆意诬蔑。在这篇文章撰写过程中，王洪文、张春桥、姚文元进行了具体的策划。张春桥大放厥词说："这帮家伙写那些反动诗，就是要推出邓小平当匈牙利反革命事件的头子纳吉。"姚文元多次布置说："要鲜明地点出邓小平。"要把"有预谋、有组织、有计划地制造的反革命的政治事件"这句话写上去。

4月7日，毛远新两次向毛泽东报告情况。毛泽东同意公开发表《人民日报》记者关于天安门事件的所谓"现场报道"和4月5日晚上北京市委第一书记在天安门广场的"广播讲话"。听了报告后毛泽东当即表示："据此开除邓的一切职务，保留党籍，以观后效。以上待三中全会审议批准。"并说："由中央政治局作决议、登报。这次，一、首都；二、天安门；三、烧、打。这三件事性质变了。"毛泽东还提出华国锋任总理。[2]

4月7日下午，毛远新向毛泽东汇报了中共中央政治局讨论他上午的指示的执行情况，并请示晚上广播中共中央根据毛泽东的指示作出的两个决议的问题。

---

[1]中共中央文献研究室：《〈关于建国以来党的若干历史问题的决议〉注释本》，人民出版社
　　1985年9月第1版，第429页。

[2]中共中央文献研究室：《〈关于建国以来党的若干历史问题的决议〉注释本》，第429页。

在谈到中共中央作出的第一个决议是任命华国锋为国务院总理的时候，毛泽东补充说："还要任党的第一副主席，并写在决议上。"

晚上，中央政治局开会，一致通过了根据毛泽东指示作出的两个决议。

第一个决议是：华国锋任中共中央第一副主席、国务院总理。

第二个决议是：邓小平问题的性质已经变为对抗性的矛盾，撤销邓小平党内外一切职务，保留党籍，以观后效。

这两个决议通过一个小时以后，立即以异乎寻常的速度，由中央人民广播电台向全国进行了全文广播。第二天，《人民日报》在第一版用大字标题，全文公布了这两个决议。

粉碎"四人帮"以后，一位当年在毛泽东身边工作的同志回忆说：

"1976年清明前后，首都人民在天安门广场悼念周总理。当时，主席对外面情况一点都不知道，他病重动不了，连讲话的气力也没有，根本不知道外边发生了什么事。那些日子毛远新时常来。他说政治局的同志连夜开会，认为天安门前发生的事件不是孤立的，是一次匈牙利事件在中国的重演，还说邓纳吉之类的话。主席也无力细问，只能点头表示知道了。

"4月5日，毛主席正重病卧床。江青说有事要同主席谈。她走到主席床前对主席说：'我来之前，特意到天安门广场绕了一圈，一路上硝烟弥漫，一伙人烧房子，烧汽车，这是以死人压活人。邓小平是他们的总后台。我要控诉。我建议开除邓小平的党籍。'又说：'政治局已经开了会，作了安排，你放心，过一会儿毛远新还要来向你报告开会的详细情况。'

"不多时，毛远新带着政治局关于四五的决议让主席表态。主席听了汇报后用红笔在纸上写了'同意，要保留党籍，以观后效'。后来《人民日报》发表的《天安门广场的反革命政治事件》和社论，主席没有看过。"

两个决议的发表，明确说明，毛泽东已经下定决心，将华国锋作为自己最后选定的接班人。此时的毛泽东已经82岁，年事已高，身体日益衰弱，急于托付后事。1976年2月，毛泽东提议由华国锋任国务院代总理，但没有提出提高华国锋在中共中央的地位，使华国锋只能以中央政治局委员的身份代理国务院总理。这表明毛泽东对华国锋还要进行一段时间的观察、考察和考验，才能最后下定决心。

华国锋担任国务院代总理、主持中央日常工作以后的两个月间，在一系列重大问题上，都坚决贯彻执行毛泽东制定的路线、方针、政策。毛泽东怎么指示，华国锋就怎样照办。这使毛泽东感到华国锋办事可靠，十分放心。在经历了三四月间的天安门广场事件以后，毛泽东终于最后下定了决心，让华国锋作为自己的接班人。为了巩固华国锋的接班人地位，毛泽东采取了一个中国共产党历史上史无前例的举措，即在提名华国锋任国务院总理，中共中央形成决议以后，又提议在决议上增加"还要任党的第一副主席"。毛泽东的这一决策，使华国锋成为"中国共产党中央委员会第一副主席，中华人民共和国国务院总理"，并由中共中央正式形成决议，立即公开发表。

这样，华国锋的接班人地位虽然没有宣布，但却是在决议中写得清清楚楚，明明白白的。毛泽东当时是中共中央主席，而华国锋任第一副主席、国务院总理，已经成为毛泽东之下的中国共产党中央委员会的第二号人物、中国国务院的第一把手。

过去，在中国共产党的历史上，从来没有设过中央第一副主席的正式职务名称。刘少奇从1945年中共七大以后，一直到1966年中共八届十一中全会之前，在长达21年的漫长岁月里，长期居于中共中央第二号人物的地位，是仅次于毛泽东的党内第二把手，也是毛泽东在中共七大上亲自选择的第一个接班人。但刘少奇从1956年到1966年担任中共中央副主席职务整整10年，从来没有被毛泽东提议在中央副主席前边加上过"第一"两个字。

显然，毛泽东是希望通过任命华国锋为中共中央第一副主席、国务院总理，向国内外明确表示，自己已经选择了华国锋作为接班人。并通过这种异乎寻常的做法，引起人们对原来不太引人注目的华国锋的注意，迅速提高华国锋的威信，尽快巩固华国锋的地位，不断增强华国锋的声望，使华国锋具有法定的身份和特殊的地位。这样，在自己身体不行的时候，华国锋就能够顺利接班。

毛泽东的深谋远虑和用心良苦，由此可见一斑。

对于邓小平，毛泽东始终是器重的。虽然邓小平在全面整顿问题上、在如何对待"文化大革命"等一系列问题上，与毛泽东有不同的看法，根据毛泽东提议通过的中共中央决议，标志着邓小平作为毛泽东接班人的地位又一次被排除了。但毛泽东对待邓小平始终是持留有余地的态度，以便使事物还可以有新的转化。毛泽东在提出"反击右倾翻案风"前后，开始主张在中央政治局内部，由几位政治局委员对邓小平进行"批评、帮助"。继而，又提出由邓小平主持作一个肯定"文化大革命"的决议。在关于"反击右倾翻案风"问题的多次谈话中，毛泽东一再强调，邓小平"还是人民内部问题，引导得好，可以不走到对抗方面去"；"邓与刘、林还是有一些区别的"；"批是要批的，但不应一棍子打死。对犯有错误和缺点的人，我们党历来有政策，就是惩前毖后，治病救人。要互相帮助，改正错误，搞好团结，搞好工作。"一直到天安门事件以后，在作出中共中央4月7日决议前，毛泽东仍提出，要"保留党籍，以观后效"。这表明毛泽东虽然认为邓小平在对待"文化大革命"问题上与自己看法不一致，但并不是反对自己，因此，他总是希望邓小平能够"改正错误"，在统一对"文化大革命"认识的基础上"搞好团结，搞好工作"。

由于毛泽东在晚年始终未能认识到"文化大革命"的严重错误，一直深陷"文化大革命"的"泥潭"而不能自拔，在理论和实践上坚持和维护"文化大革命"的错误，再加上"四人帮"反革命集团利用毛泽东晚年的错误，搬弄是非，挑拨离间，歪曲事实，汇报假情况，上报种种经过他们肆意歪曲的假材料，进行篡党夺权的阴谋活动，由此产生了一系列严重后果：谁反对"文化大革命"、谁否定"文化大革命"的错误理论和实践、谁在实际工作中触及"文化大革命"这个"禁区"，谁就会被认为是反对毛泽东晚年所进行的"无产阶级专政下继续革命的探索"、被认为是"否定文化大革命的伟大成果"，因而也就被认为是反对和否定毛泽东晚年的理论和实践。在毛泽东看来，"在路线问题上，没有调和的余地"。谁如果被认为是反对或否定"文化大革命"，那就必然会轻则受到批判，重则被彻底打倒。邓小平正是因为在1975年的全面整顿中，实际上全面否定了"文化大革命"的"左"倾错误，因而导致了第二次被"打倒"的命运。在毛泽东与邓小平之间，不存在任何"权力之争"，也不存在任何"个人恩怨"。唯一存在于两位伟大的革命家之间的矛盾就是：一个要坚持和维护"文化大革命"的错误理论和实践，一个要否定"文化大革命"错误理论和实践。唯此而已。

天安门事件以后，"四人帮"把邓小平打成"全国最大的不肯改悔的走资派"、"天安门事件的总后台"、"右倾翻案风的风源"，在全国掀起了一场更大规模的"批判邓小平的修正主义路线"、"批邓、反击右倾翻案风"的运动。并对以天安门群众运动为中心的全国性悼念周恩来、拥护邓小平、声讨"四人帮"的群众运动进行了残酷镇压。到处追查所谓"政治谣言"，收缴所谓"反动诗词"，逮捕参与过反对"四人帮"活动的人民群众。仅在北京市，截至6月17日，经过"四人帮"在北京市公安局的"干将"的全力追查，共搜集了诗词、悼文原件583件；强迫群众交出的诗词、悼文照片和现场照片108000多件；从中选出重点600余件编成《天安门广场反革命事件罪证集》，加上其他"重点线索"，总计立案追查的共1984件。共拘捕群众388人。至于以隔离、办学习班、谈话等方式审查的数量更大，全北京市被触及的群众数以万计。"四人帮"除了借追查所谓"天安门事件的黑后台"，在各省、直辖市和自治区大施淫威以外，还把魔爪伸进了军队。"四人帮"借清查天安门事件中的人和事，派出工作组进驻二炮领导机关。张春桥及其党羽在高级干部会上说："二炮送的花圈最早、最大，挂得最高，是影响最坏的一支部队！"叫嚷要清查所谓"黑后台"，逼迫二炮司令员和政治委员下令抓人。张春桥还质问二炮司令员："你们二炮为什么送花圈？为什么不抓人？你们为什么不批邓？"二炮司令员巧妙回答说："周总理逝世的时候，正当二炮司、政、后、技机关多数同志都在外地拉练，未能参加周总理的遗体告别仪式和悼念仪式，大家回到北京后，趁清明节编送了花圈，表示隆重的悼念！清明节又是我们民族的传统祭祀日。"由于二炮的领导同志顶住了压力，保护了同志，使"四人帮"大为恼火。与此同时，二炮司令员于3月下旬在二炮通信部的一次讲话中，重申军队存在"肿、散、骄、奢、惰"和领导班子存在"软、懒、散"的问题，重申仍要贯彻军委扩大会议精神，并要秘书拿来叶剑英、邓小平的讲话，继续学习。这件事被人反映上去，成了二炮司令员抵制"运动"、搞"复辟"的"罪证"，把二炮领导同志说成是"复辟势力"、"还乡团头子"，上上下下搞得乌烟瘴气，二炮领导同志也被批斗。由此，二炮贯彻军委扩大会议精神出现的新局面也急剧恶化起来。

四五运动虽然被"四人帮"镇压下去了，但是四五运动所体现出来的亿万中国人民的集体意志和集体力量，却是任何人、任何力量也扼杀不了的。四五运动所代表的中国人民的历史主动精神，将永远作为中华民族的宝贵精神财富，永载史册，永垂青史。

对于 1976 年春天清明节前后爆发的四五运动，邓小平在 1987 年 10 月作了这样的高度评价：'说到改革，其实在 1974 年到 1975 年我们已经实验过一段。1973 年周恩来总理病重，把我从江西'牛棚'接回来，开始时我代替周总理管一部分国务院的工作，1975 年我主持中央常务工作。那时的改革，用的名称是整顿，强调把国民经济搞上去，首先是恢复生产秩序。凡是这样做的地方都见效。不久，我又被'四人帮'打倒了。我是'三落三起'。1976 年四五运动，人民怀念周总理，支持我的也不少。这证明，1974 年到1975 年的改革是很得人心的，反映了人民的愿望。"

1976 年天安门事件以后，就在"四人帮"掀起的"批邓、反击右倾翻案风"的恶浪甚嚣尘上之时，广大工人、农民、人民解放军指战员、知识分子和各级领导干部，仍然表示了对邓小平主持的全面整顿的坚决支持的态度。

1975 年 8 月开始担任中国人民对外友好协会会长的老资格外交家王炳南，在"批邓、反击右倾翻案风"中的态度，反映了老同志、老干部的普遍心声。

"批邓、反击右倾翻案风"运动开始后，中国人民对外友好协会也奉命举行"批邓、反击右倾翻案风"大会。王炳南在会上传达了有关"批邓、反击右倾翻案风"的中央文件，作了动员讲话。但他的讲话与其说是动员"批邓"，还不如说是为邓小平评功摆好。王炳南说，因为邓小平工作做得多，所以头上的"辫子"也多，就像维吾尔族姑娘的头发一样，很容易被人揪"辫子"。他还说，现在报纸上批判"走资派还在走"，我们希望他不要走，希望他再回来嘛！与会同志对王炳南语意汉关的讲话心领神会，会场上响起一片笑声和掌声。作为一个高级领导干部，在当时形势下顶风逆浪说出这样的话，是要承担巨大的政治风险的。然而，言为心声，不吐不快。即使会被人"抓小辫子"也要一吐为快，这就是这位老共产党人的风骨。

天安门事件以后，邓小平虽然第二次被"四人帮"打倒了。但是，公道自在人心。在广大人民群众的心目中，邓小平永远是打不倒的。真正代表人民利益，并全心全意为人民谋利益的人，是永远不会被打倒的。历史的发展虽然会走过曲折的道路，但历史前进的总趋势却犹如黄河九曲，终归大海一样，是任何力量也抗拒不了的……

对于第二次被打倒，邓小平在主持中央工作之初就有这个思想准备，他曾经号召在各个领域主持工作的同志，要有"不怕第二次被打倒"的精神。关于再次落难后邓小平的思想状况，经常与他朝夕相处的女儿毛毛在一次接受记者的采访时作了如下谈话：

父亲的最高德行是"善于忍耐"。

越王勾践铸造的剑中间柔韧、两侧锋利，柔韧锋利兼具的剑是为战胜对手。同样，刚强韧性兼具是为应付险境。父亲的品德在这两方面尤为突出。

国外有人评价我父亲：他拥有一个最高的德行——善于忍耐。在非常年代里，父亲被打倒的时候，除了忍耐，他能做什么呢？一个人在不能有所作为的时候最好是忍耐。有时要忍受你不能忍受的东西。忍耐是一个人获得精神平衡的基础。他第一个妻子难产死亡，孩子也夭折了；第二个妻子在他最困难的时候离开了他；政治上他经历三起三落，晚年大儿子因他致残，他都忍受过来了。毛泽东曾让汪东兴转达给父亲一些话，其中就有：要忍，不要着急。病中的周恩来也曾问他："态度会不会变"，父亲坚定、明确地回答："永远不会"。这是他们置个人荣辱乃至生命于不顾的一次政治盟誓。上至官宦，下至黎民，在人身不由己的时候，只能忍耐。现在我理解了他在著作中说的"制度不好可以使好人无法充分做好事，甚至会走向反面"。还有他在历经磨难后说的"永不翻案"。他能跟毛泽东保持联系6年（1966至1972年），就为实现复出这一愿望。他第二次复出了，但又被打倒，这次他视为人生最后一搏，置个人生死、家庭于不顾，对他认定正确的事情死不悔改。

坚韧确实是他的最高德行。要说明的是，父亲不是天生就善于忍耐。党内斗争的激烈、国家和个人命运的坎坷，改变了父亲的天性。我曾听邓妈妈（邓颖超）说，你爸爸年轻时可不是这样的，爱说爱笑，他最大的变化是不爱讲话了。大革命时期，上海公共租界的一幢房子里，周伯伯、邓妈妈住楼上，父亲、张锡瑗妈妈住楼下，邓妈妈说，经常听到这对小夫妻高声谈笑，在白色恐怖的上海滩上，巡捕森严的租界地里，这笑声给人盼头。刘英妈妈也证实父亲年轻时的活跃。李富春叫爱说爱笑的父亲"小弟弟"。

不议国事，父亲的习惯。"老爷子，聊聊天呀"。我们有时跟他套近乎。"有什么好聊的",他就这样回绝我们。他从不对我们说他过去的事,问他,往往是:"有什么好说的"。他一星期也没几句话。我妈妈跟他相反,活跃开朗笑口常开。我们的性格像我妈妈。我常常想,俗话说:江山易改,禀性难移。像父亲这样的性格大转变,是非常环境扭曲了他,特别是"文化大革命"。

曾经在抗日战争、解放战争、新中国建立以后长期在邓小平领导下工作的一位老同志回忆说:

小平同志具有坚定的信念和坚强的性格,坚持实事求是,百折不挠地为真理而斗争,表现了大无畏的政治勇气。他"几落几起",在党内不止一次受到过错误批判和不公正处理,曾被指责为所谓"错误路线的头子"、"党内第二号走资本主义道路的当权派"、"右倾翻案风的代表人物"等,甚至受到错误处分。但是,小平同志坚持真理,坚信真理终究是会胜利的,保留自己的正确意见,同时忍辱负重,遵守组织纪律。1976年在小平同志蒙冤后还没有恢复工作的时候,我到他的住处去看望他。在谈到前两年的工作时,他说:"针对当时国民经济的混乱状况,坚决采取各项措施进行全面整顿,尽快把国民经济搞上去的做法是没有错的,我在这样做的时候已经作了再一次被打倒的准备。"小平同志为了党和人民的利益置个人安危于不顾的博大胸怀,确实令人钦佩。

4. "你办事，我放心"

在华国锋看来，毛泽东写给自己的三句话，尤其是最后一句"你办事，我放心"，是将来自己正式成为接班人的最有力最重要的依据。在毛泽东逝世后，华国锋也确实是这样做的。

"老骥伏枥，志在千里。烈士暮年，壮心不已。"1976年4月30日晚上，毛泽东由华国锋等陪同，在中南海自己那放满了中国线装古籍书的书房里，亲切会见了来自友好国家新西兰的政府首脑——新西兰总理马尔登。

会见以后，送走了客人。按照毛泽东晚年的惯例，这时要由陪同接见的中央领导人向毛泽东汇报一下近期的主要工作。担当这一任务的，最初是周恩来。中共十大以后，是周恩来和十大新选出来的副主席王洪文。周恩来病重住院以后，是主持中央日常工作的邓小平。周恩来逝世，邓小平在"反击右倾翻案风"中受到错误的批判以后，担当这一任务的便换成了中共中央第一副主席、国务院总理华国锋。

华国锋抓紧时间，简明扼要地向毛泽东汇报了近段时间中央的主要工作和全国的形势，最后说："全国总的形势很好，也有几个省的形势不大好……"

毛泽东一边认真地听着，一边认真地思考着，深邃的目光注视着这位自己亲自选定的外表憨厚的接班人。

这时，毛泽东的病情已经十分严重，没有工作人员的搀扶，甚至不能自己站起来。在华国锋汇报完工作以后，毛泽东为了表示对华国锋的信任和支持，拿起放在沙发旁小茶几上的铅笔，十分费力地用劲在白纸上写下了：

慢慢来，不要着急；

照过去方针办；

你办事，我放心。

写罢，毛泽东把白纸交给了华国锋。

这三句话，虽然字写得不太清楚、十分潦草，字迹也有些模糊。但是，熟悉毛泽东笔法的人，只要稍加辨认，仍不难看出，这是千真万确、独具一格的"毛体"。一个年近 83 岁的久病老人，能够克服身体不便的困难，写下这三行字，已经很不容易了。

毛泽东手书给华国锋的这三句话，表示了对华国锋的无限信任和有力支持。

华国锋深深体会到了毛泽东写给自己这三句话的分量和含义，立即在中共中央政治局会议上，向在京的全体中央政治局委员作了传达。与会的中央政治局委员们都在自己的笔记本上作了亲笔记录。

在华国锋看来，毛泽东写给自己的这三句话，尤其是最后一句"你办事，我放心"，是将来毛泽东去世以后，自己正式成为毛泽东接班人的最有力最重要的依据。在毛泽东逝世以后，华国锋也确实是这样做的。

1976 年 6 月 15 日，早已重病在身，自知将不久于人世的毛泽东，在病情不断加剧的情况下，将自己最后选定的接班人华国锋召到了病床前。

毛泽东——这位早在青年时代就写下了"自信人生二百年，会当水击三千里"的气魄宏大的诗句，立志要"改造中国与世界"的伟人，直到暮年，仍然保持着敏锐的思维和清醒的头脑。他要向自己的接班人华国锋亲自交代一下后事。

毛泽东对华国锋及当时也在场的王洪文、张春桥、江青、姚文元、王海容等人说："人生七十古来稀，我八十多岁了，人老总想后事，中国有句古话叫盖棺论定，我虽未盖棺也快了，总可以定论吧！我一生干了两件事，一是与蒋介石斗了那么几十年，把他赶到那么几个海岛上去了，抗战八年，把日本人请回老家去了。对这些事持异议的人不多，只有那么几个人，在我耳边叽叽喳喳。无非是让我及早收回那几个海岛罢了。另一件事你们都知道，就是发动'文化大革命'。这事拥护的人不多，反对的人不少。这两件事没有完，这笔遗产得交给下一代，怎么交？和平交不成就动荡中交，搞不好就得血雨腥风了，你们怎么办？只有天知道。"[1]

如果说毛泽东有遗嘱的话，这就是毛泽东的"政治遗嘱"。83 岁的毛泽东已经清醒地认识到，发动"文化大革命"，"这事拥护的人不多，反对的人不少"。但他既没有认识到"文化大革命"的错误也无力去纠正"文化大革命"的错误了。他在 1966 年致江青的一封信中所提到的通过"天下大乱达到天下大治"的设想，到他临终之际也没有能够实现。

1976 年 7 月 6 日，伟大的马克思主义者、无产阶级革命家、中华人民共和国全国人民代表大会常务委员会委员长朱德，在北京逝世，终年 90 岁。

7 月 28 日，河北省唐山、丰南地区发生强烈地震，波及天津、北京地区，京畿为之震动。北京故宫大殿前用汉白玉雕刻的巨龙身上，可以清楚地看到震裂的痕迹。在中国古代典籍中，有许多每当大人物离世，"地动"或"天降巨星"的记载。唐山地震波及北京以后，人们联想起了 1976 年 4 月发生在吉林的那场世界历史上罕见的陨石雨。据当时新华社报道："最大的三块陨石，每块重量超过了 100 公斤，最大的一块重量为 1770 公斤，大大超过了美国收藏的目前世界上最大陨石的重量(1078 公斤)。这次陨石雨，无论是数量，重量和散落的范围，都是世界罕见的……"

毛泽东听到吉林陨石雨的消息后，以他那惯常的旁征博引、论古道今的幽默语言和风格，对工作人员说："中国有一派学说，叫做天人感应。《三国演义》里说诸葛亮、赵云死时，(天上)都掉过石头(陨石)，真是有声有色，不同凡响。不过，要是谁死了都掉石头，地球恐怕就沉重得转不动了。"

1976 年的中国，地动山摇，天降陨石，真是天崩地裂。难道真的有大人物离世吗？

1976 年 9 月 8 日晚上，北京人民大会堂灯火辉煌，即将结束对中国访问的西萨摩亚国家元首马列托亚·塔努马菲利第二殿下，正在举行访华答谢宴会，宴请中国的党、政、军重要领导人，庆祝此次访华取得圆满成功并对在华期间受到的盛情款待表示谢意。正当宴会进行到高潮时，一阵急促的电话铃声传来了毛泽东病危的消息。

---

[1]《中国共产党执政五十年》，中共党史出版社 1999 年 10 月版，第 456 页。

华国锋作为中共中央第一副主席、国务院总理，是这场宴会的主宾，接了电话以后，华国锋匆匆讲完话，没有等宴会结束，便向主人告别，驱车迅速赶到中南海。就在这天晚上，毛泽东停止了呼吸。

1976年9月9日，伟大的马克思主义者、无产阶级革命家、中国共产党中央委员会主席、中国共产党中央军事委员会主席、中国人民政治协商会议全国委员会名誉主席毛泽东与世长辞。

毛泽东逝世的时候，邓小平已经失去了人身自由，处于一种活动空间仅限于自己家庭所在的大院内的"软禁"状态。他虽然不能亲自前往中共中央设置的吊唁大厅，向自己尊敬的伟大领袖和导师表达无限沉痛的心情，但仍然和家人一起，在家中设置了一个悼念毛泽东的灵堂，献上了一幅花圈，表达自己对毛泽东的无限真挚的感情。

对于毛泽东，邓小平始终充满了尊敬。

虽然，在毛泽东

中共中央第一副主席、国务院总理华国锋在毛泽东追悼大会上致悼词。左为中共中央副主席叶剑英。1976年10月7日，中共中央政治局决定华国锋任中共中央主席、中央军委主席。华国锋，山西交城人，历任中共县委、地委书记，湖南省委书记处书记，省委第一书记，国家公安部部长，国务院副总理，总理，中共中央主席，中央军委主席。

与邓小平之间，在如何看待"文化大革命"等问题上存在着不同意见，但这在政治家之间是十分正常的现象。邓小平始终把毛泽东看做是伟大的领袖和导师。

1980年10月25日，邓小平就起草《关于建国以来党的若干历史问题的决议》问题，在同中央负责同志的谈话中，对如何评价毛泽东的功过和毛泽东思想，讲了十分中肯、十分深刻的意见：

关于毛泽东同志功过的评价和毛泽东思想，写不写、怎么写，的确是个非常重要的问题。我找警卫局的同志谈了一下，他们说，把我前些日子和意大利记者法拉奇的谈话向战士们宣读了，还组织了讨论，干部、战士都觉得这样讲好，能接受。不提毛泽东思想，对毛泽东同志的功过评价不恰当，老工人通不过，土改时候的贫下中农通不过，同他们联系的一大批干部也通不过。毛泽东思想这个旗帜丢不得。丢掉了这个旗帜，实际上就否定了我们党的光辉历史。总的来说，我们党的历史还是光辉的历史。虽然我们党在历史上，包括建国以后的三十年中，犯过一些大错误，甚至犯过搞"文化大革命"这样的大错误，但是我们党终究把革命搞成功了。中国在世界上的地位，是在中华人民共和国成立以后才大大提高的。只有中华人民共和国的成立，才使我们这个人口占世界总人口近四分之一的大国，在世界上站起来，而且站住了。还是毛泽东同志那句话：中国人民从此站起来了。国内的人民也罢，国外的华侨也罢，对这点都有亲身感受。没有中国共产党，不进行新民主主义革命和社会主义革命，不建立社会主义制度，今天我们的国家还会是旧中国的样子。我们能够取得现在这样的成就，都是同中国共产党的领导、同毛泽东同志的领导分不开的。恰恰在这个问题上，我们的许多青年缺乏了解。

对毛泽东同志的评价，对毛泽东思想的阐述，不是仅仅涉及毛泽东同志个人的问题，这同我们党、我们国家的整个历史是分不开的。要看到这个全局。这是我们从决议起草工作开始的时候就反复强调的。决议稿中阐述毛泽东思想的这一部分不能不要。这不只是个理论问题，尤其是个政治问题，是国际国内的很大的政治问题。如果不写或写不好这个部分，整个决议都不如不做。当然，究竟怎么个写法好，还要认真研究大家的意见。

不管怎么写，还是要把毛泽东同志的功过，把毛泽东思想的内容，把毛泽东思想对我们当前及今后工作的指导作用写清楚。三中全会以后，我们就是恢复毛泽东同志的那些正确的东西嘛，就是准确地、完整地学习和运用毛泽东思想嘛。基本点还是那些。从许多方面来说，现在我们还是把毛泽东同志已经提出、但是没有做的事情做起来，把他反对错了的改正过来，把他没有做好的事情做好。今后相当长的时期，还是做这件事。当然，我们也有发展，而且还要继续发展。

七大规定毛泽东思想为全党的指导思想。我们党用毛泽东思想教育了整整一代人，使我们赢得了革命战争的胜利，建立了中华人民共和国。"文化大革命"的确是一个大错误。但是我们党还是粉碎了林彪、"四人帮"两个反革命集团，结束了"文化大革命"，一直发展到今天。这些事情，还不是毛泽东思想教育的一代人干的？我们现在讲拨乱反正，就是拨林彪、"四人帮"破坏之乱，批评毛泽东同志晚年的错误，回到毛泽东思想的正确轨道上来。不写或不坚持毛泽东思想，我们要犯历史性的大错误。

现在有些同志把许多问题都归结到毛泽东同志的个人品质上。实际上，不少问题用个人品质是解释不了的。即使是品质很好的人，在有些情况下，也不能避免错误。红军时代中央革命根据地打AB团，打AB团的人品质都不好？开始打AB团的时候，毛泽东同志也参加了，只是他比别人觉悟早，很快发现问题，总结经验教训，到延安的时候就提出"一个不杀、大部不抓"。在那种异常紧张的战争环境中，内部发现坏人，提高警惕是必要的。但是，脑子发热，分析不清，听到一个口供就相信了，这样就难于避免犯错误。从客观上说，环境的确紧张。从主观上讲，当然也有个没有经验的问题。

毛泽东同志在"文化大革命"中也不是想把所有老干部都整倒。如对贺龙同志，林彪从一开头就是要整的，毛泽东同志确实想过要保。虽然谁不听他的话，他就想整一下，但是整到什么程度，他还是有考虑的。至于后来愈整愈厉害，不能说他没有责任，不过也不能由他一个人负责。有些是林彪、"四人帮"已经造成既成事实，有些是背着他干的。不管怎样，一大批干部被打倒，不能不说是毛泽东同志晚年的一个最大悲剧。

毛泽东同志到了晚年，确实是思想不那么一贯了，有些话是互相矛盾的。比如评价"文化大革命"，说三分错误、七分成绩，三分错误就是打倒一切、全面内战。这八个字和七分成绩怎么能联系起来呢？

对于错误，包括毛泽东同志的错误，一定要毫不含糊地进行批评，但是一定要实事求是，分析各种不同的情况，不能把所有的问题都归结到个人品质上。毛泽东同志不是孤立的个人，他直到去世，一直是我们党的领袖。对于毛泽东同志的错误，不能写过头。写过头，给毛泽东同志抹黑，也就是给我们党、我们国家抹黑。这是违背历史事实的。

根据邓小平的意见，在《关于建国以来党的若干历史问题的决议》中，专门写了"毛泽东同志的历史地位和毛泽东思想"这一部分，对毛泽东在中国革命和中国社会主义建设中的历史地位，对毛泽东思想在中国革命和中国社会主义建设中的重要指导作用，都进行了高度评价和全面阐述。

5. 粉碎"四人帮"

叶剑英与华国锋、汪东兴商定：采取果断措施，将"四人帮"一网打尽。叶剑英说：这是一着很险的险棋，又非走不可，既要果断，又要周密，要确保万无一失。

1976 年 9 月 9 日毛泽东逝世以后，全党、全军、全国人民顿时陷入了极大的悲痛之中。在 1976 年不到一年的短短时间里，中国人民相继失去了周恩来、朱德、毛泽东三位伟大的领袖。广大群众悲痛欲绝，泪湿衣襟。

然而，"四人帮"却加紧了篡夺党和国家领导权的阴谋活动。毛泽东逝世的第二天，"四人帮"就盗用中央办公厅的名义，通知各省、市、自治区，重大问题要及时向他们请示报告，企图切断中共中央与全国各地的联系，由他们发号施令，指挥全国。江青还想方设法盗窃毛泽东保存的文件、材料和手稿，企图加以篡改，作为篡党窃国的依据。姚文元等还公开动员和秘密串联一些人给江青写"效忠信"、"劝进书"。王洪文私拍了准备上台时用的"标准像"。张春桥穷凶极恶地暗地里制造要"镇反"、要"杀人"的计划。他们有计划、有预谋地伪造了"按既定方针办"的所谓"毛主席临终嘱咐"，写进《人民日报》、《红旗》杂志、《解放军报》社论《毛主席永远活在我们心中》一文中，于 1976 年 9 月 16 日公开发表。这篇文章说，"按既定方针办"，就是"坚持以阶级斗争为纲，坚持党的基本路线，坚持无产阶级专政下的继续革命"。

从 9 月 17 日起，姚文元不断给新华社打电话，再三强调要反复宣传所谓"按既定方针办"的"临终嘱咐"。各中央新闻单位据此对"按既定方针办"的"临终嘱咐"进行了反复的重点宣传。

"四人帮"伪造并大力宣传"按既定方针办"这一"临终嘱咐"的目的，是想造成一种毛泽东在临终时给他们作了"临终嘱咐"的假象。借以打着毛泽东的旗号，继续坚持"文化大革命"和"反击右倾翻案风"的"既定方针"，继续打击邓小平等老一代无产阶级革命家和一大批领导干部，篡夺党和国家的最高权力。

其实，毛泽东在临终前一直昏睡不醒。1976 年 9 月 7 日，毛泽东生命垂危，不断抢救，又不断陷入昏迷状态。即使如此，每当他清醒过来的时候，还是要看书。他语言的含糊与声音的微弱，连最能听懂他话的秘书，也不明白他说的是什么。他示意给他拿过纸和笔来，用颤抖的手在纸上写下了个"三"字，给了秘书，然后又用手敲敲木床的床头。秘书这才猜出了他的意思，他是要看关于日本首相"三木武夫"的书。

当时正是三木武夫准备下台的时候，当毛泽东的秘书找来介绍三木武夫的一本书，拿给毛泽东看时，毛泽东点点头，露出了满意的神态。但是，毛泽东的手已经没有托住这本书的力气了，尽管这是一本很薄很薄的书，也只好由别人为他托着。毛泽东看了几分钟，就又昏迷过去了。这是毛泽东一生中读的最后一本书。

所以说，毛泽东在临终之前，根本没有作过任何"按既定方针办"的"临终嘱咐"。

9 月 19 日，江青打电话给华国锋，要求召开中共中央政治局常委紧急会议，并提出她和不是政治局常委的姚文元以及连中央委员也不是的毛远新都要参加会议，却不让中共中央副主席叶剑英参加会议，以便研究她所提出要解决的"重大问题"。

华国锋问江青："会议讨论什么问题？"

江青却说："有紧急事情，你来中央不久你不懂。"

江青又来到人民大会堂，纠缠着要求华国锋同意将毛泽东的所有文件、档案、资料、手稿交给毛远新整理，企图由"四人帮"来垄断毛泽东的文件、档案、手稿等资料，以便随时可以伪造和篡改毛泽东的指示。

在 9 月 29 日召开的中共中央政治局会议上，江青公然提出"毛主席逝世了，党中央的领导怎么办"的问题，图谋篡权。毛远新本来在会前写信给华国锋，提出毛主席逝世了，他的联络员使命也结束了，要求研究同意他回辽宁的问题。但当华国锋念了毛远新的信，华国锋、叶剑英、李先念等政治局委员都同意让毛远新回辽宁的时候，江青却大发脾气，坚决反对。张春桥也提出毛远新不能走，要让毛远新整理毛泽东留下的手稿、资料，要由毛远新"准备三中全会的政治报告"，等等。当"四人帮"的无理要求均遭到政治局委员们的否决之后，江青破口大骂，胡搅蛮缠，闹得政治局会议开不下去，只好不了了之。

以后，江青又多次向中央办公厅主任汪东兴索要毛泽东的文件、手稿。汪东兴在征求了叶剑英的意见后，坚决拒绝了。

在此期间，"四人帮"频繁活动。他们与上海的死党之间"热线"不断，种种迹象表明，"四人帮"要"闹事了"。如果他们的阴谋得逞，党和人民就要遭难，中国的历史就不知道又要倒退多少年。

"沧海横流，方显出英雄本色"。就在这历史发展的关键时刻，为了中国共产党、中国人民和中华民族的最高利益，华国锋、叶剑英、李先念与汪东兴等，挺身而出，力挽狂澜，毅然决然地站到了粉碎"四人帮"反革命集团的第一线。

叶剑英早就对"四人帮"保持着高度的警惕。中国人民解放军总政治部原副主任华楠回忆说：

1976 年年初，还是"四人帮"横行的时候，我任解放军报社社长。1 月 7 日，也就是敬爱的周总理逝世前一天的傍晚，我突然接到叶剑英元帅亲自打来的电话。他说："你今晚给我送一本毛主席论教育的语录来吧。"我意识到叶帅可能有重要指示，心里非常激动。到叶帅家后，他和我亲切握手，然后把我带去的毛主席论教育的语录放在一边。当时我真是百感交集，有一种受尽劫难见亲人的感觉，不禁哽咽着说："叶副主席，毛主席称赞您是'吕端大事不糊涂'呀……"

为了缓和我的激动情绪，叶帅让我先坐下来，写下解放军报社领导班子的名单，又询问了我"文革"当口的经历，询问了解放军报社的情况，谈了约一个小时。他重点讲的是"真理必胜"。

叶帅说："现在总理的身体很不好，令人担心。你要掌握好《解放军报》，以便稳定军队。你们对于张春桥他们的捣乱采取拖的办法，应付得好，对付他们要千方百计。你要团结报社领导班子的大多数，团结报社的大多数，孤立造反派。不管情况多么复杂，都要坚信真理必胜！"他说到"真理必胜"这四个字的时候，语气很重，还握了握拳头。在叶帅炯炯的目光里，我看到了他那力挽狂澜的勇气和信心。我和他握别时，叶帅又一次强调说："真理必胜！"[1]

毛泽东逝世后，叶剑英一方面与邓小平、陈云、李先念、邓颖超等老一代无产阶级革命家保持经常的联系，征求他们对如何解决"四人帮"的意见；一方面经常和华国锋接触，坚决支持他顶住"四人帮"篡党夺权的一切无理要求，决不能让"四人帮"篡党夺权的阴谋得逞。同时，叶剑英与华国锋通过深入交谈，沟通思想，在解决"四人帮"问题上取得共识，形成了一致意见。华国锋曾于1977年3月22日在中央工作会议闭幕会上的讲话中说："叶副主席同'四人帮'斗争是很坚决的。他找到我那儿，和我商量，他说，我们和'四人帮'的斗争是你死我活的斗争。在那段时间里，我和政治局不少同志都进行了接触，进行过酝酿。"

在党和人民粉碎"四人帮"的生死搏斗过程中，汪东兴也是一个关键人物。由于汪东兴长期担任中央办公厅主任兼警卫局长，是中央警卫部队八三四一部队的主要负责人。因此，在粉碎"四人帮"的斗争中，汪东兴有着举足轻重的作用。华国锋、叶剑英通过几次与汪东兴的谈话，了解到汪东兴在粉碎"四人帮"问题上是坚决站在党和人民根本利益立场上的。他们一致认为，为了党和人民的根本利益，为了中国共产党和中国社会主义事业的前途，一定要解决"四人帮"的问题，至于个人的命运就不考虑了，要考虑党和国家的命运。

与此同时，叶剑英作为中共中央副主席、中央军委副主席，还与人民解放军军事科学院的主要负责人粟裕、宋时轮，总参谋部主要负责人杨成武，总政治部主要负责人梁必业，空军的主要负责人张廷发、吴富善，海军的主

---

[1]《人民政协报·春秋周刊》2007年8月16日B4版。

要负责人萧劲光、苏振华，北京军区的主要负责人傅崇碧，北京卫戍区的主要负责人吴忠、吴烈等，保持着密切的联系，要求他们加强战备，掌握好总部机关、陆海空军和海防边防，掌握好部队，提高警惕，随时准备对付一切突发事件。

9月21日，中共中央军委副主席、老一代无产阶级革命家聂荣臻元帅，派自己在革命战争年代的老部下，当时担任人民解放军副总参谋长的杨成武去找叶剑英，建议"采取果断措施"，解决"四人帮"的问题。

聂帅在《聂荣臻元帅回忆录》中写道：

林彪自取灭亡以后，以江青为首的"四人帮"反革命集团，继续阴谋篡党夺权，为非作歹，干了大量的罪恶勾当。1976年4月，波澜壮阔的天安门事件，是对"四人帮"的一次群众性声讨，结果遭到了法西斯式的疯狂镇压。特别是毛泽东同志病重和逝世前后，"四人帮"的阴谋活动达到顶点。全党和全国人民无不感到极大的愤怒。忧心忡忡。我也和大家一样，为党和国家的前途与命运担忧。1976年9月21日，杨成武同志来看我，他谈了"四人帮"的倒行逆施和军队面临的严重形势。我把我的担忧心情也向他说了，要他马上到叶剑英同志那里，转告叶帅"'四人帮'一伙是反革命，是什么坏事都干得出来的，要有所警惕，防止他们先下手。如果他们把小平暗害了，把叶帅软禁了，那就麻烦了。'四人帮'依靠江青的特殊身份，经常在会上耍赖，蛮横不讲理，采用党内斗争的正常途径来解决他们的问题，是无济于事的，只有我们先下手，采取断然措施，才能防止意外。"成武同志当即就去了叶帅那里，回来对我说，叶帅与我有同感，他想的和我想的是一样的，完全同意我的意见，他马上找有关同志商量，采取行动，并立即搬家，以防意外。10月5日，叶剑英同志又要成武同志告诉我，已经商量好了，要我放心。[1]

一天，李先念受华国锋委托，来到叶剑英的住地，两人携手进屋坐下后，李先念谈了对形势的看法。叶剑英说，我们同他们(指"四人帮")的斗争是你死我活的斗争，只有你死，才能我活，没有调和的余地了，要彻底解决他

---

[1]《聂荣臻元帅回忆录》，解放军出版社2005年版，第688—689页。

们的问题，还要有周密的部署。

隔了一天，叶剑英亲自去拜访华国锋，两人单独进行长谈，详细讨论了对"四人帮"及其主要成员实行隔离审查的时间和措施，研究了向中共中央政治局其他成员通报的步骤以及接管重要新闻单位的人选。

这说明，华国锋、叶剑英和李先念已经下定决心，要彻底粉碎"四人帮"反革命集团，为党、为人民、为国家，铲除这个连续制造了"十年内乱"，弄得党无宁日、国无宁日、民无宁日的祸害了。

在中共中央政治局的多数同志取得解决"四人帮"问题的一致意见后，应该着手部署的就是如何选择适当的时机、采用适当的方式去解决"四人帮"了。

当时，曾经有人主张用召开中央会议的方式来解决"四人帮"的问题。叶剑英认为，"四人帮"是一个反革命集团，我们党同"四人帮"的斗争不是一般的斗争，其性质已经超出党内斗争的范围，是你死我活的斗争，必须采取特殊方式彻底解决。叶剑英经过与华国锋、汪东兴的几次商量，最后决定：以召开会议形式对"四人帮"隔离审查，采取果断措施，彻底解决，然后立即召开中央政治局会议，向会议报告。叶剑英说："这是一着很险的险棋，又非走不可，必须果断，又要周密。要万无一失地办事。"

这时，"四人帮"进一步加紧了篡党夺权的步伐。

10月1日，江青来到清华大学，把邓小平诬蔑了一通，说："文化大革命揪出了刘少奇、林彪，其实是他们自己跳出来的，邓小平也是自己跳出来的。4月4号他还参加了政治局会议。今年2月，他说洪文同志回来了(指王洪文1975年回上海"调查研究"后，又返回北京——笔者注)，我就不干了，主席还是让他工作。天安门事件给他做了总结，主席是宽大为怀的。主席让我们选王明当中央委员，我们都不愿选他。主席做了很多工作，说当反面教员也要选。主席体格是非常好的，但刘少奇、林彪，特别是邓小平迫害主席。我在主席逝世后的第一次中央会上，就控诉了邓小平，要开除他的党籍，没有开除，要以观后效，还会有人为他翻案。"

在清华大学大兴分校，江青说要准备迎接"最盛大的节日"。

10月初，张春桥在亲笔写的一个提纲中写道："历史与现实。如今。时代。革命与专政。怎样革，怎样巩固政权，杀人。"

10月2日，王洪文让摄影人员依次给他拍摄了身着中山装、军装的标准照、办公照114张，并从中选定了标准照，指令让人按照周恩来的标准照进行修版，准备"上台"时使用。

10月3日，王洪文到平谷县，大放厥词："中央出了修正主义，你们怎么办？打倒！别人搞修正主义我也打倒他。""今后还可能出唐小平、王小平之类，要警惕！"

姚文元则控制着舆论工具，连篇累牍地宣传"四人帮"伪造的"按既定方针办"的毛泽东"临终嘱咐"，为"四人帮"的篡党夺权活动大造舆论。

在"四人帮"控制下的上海，"四人帮"的余党连续向被他们操纵的"上海工人民兵"突击发放各种枪、炮74000多件，各种弹药1000多万发。

10月2日，当华国锋在审定外交部长乔冠华于9月30日送审的《中国代表团团长在联合国大会第三十一届会议上的发言》(稿)时，根据毛泽东给自己写的"照过去方针办"的原话，删掉了原稿中"按既定方针办"这句话，并特意批示：文中"引用毛主席的嘱咐，我查对了一下，与毛主席亲笔写的错了三个字。毛主席写的和我在政治局传达的都是'照过去方针办'，为了避免再错传下去，我把它删去了。"老奸巨猾的张春桥看到华国锋的批示后，为避免暴露"四人帮"伪造"临终嘱咐"的阴谋，急忙出面阻止传达华国锋的批示，在文件上批道："国锋同志的批示，建议不下达，免得引起不必要的纠纷。"

尔后，江青亲自出马找迟群、谢静宜，胡说什么马克思逝世以后，恩格斯始终不渝地坚持马克思的"既定方针"。而恩格斯逝世以后，列宁坚持了马克思、恩格斯的"既定方针"。她还要人写文章，说什么刘邦死后，吕后如何坚持了刘邦的"既定方针"。

10月4日，北京大学、清华大学大批判组在《光明日报》第一版发表用"梁效"的署名按照"四人帮"的旨意撰写的长篇文章——《永远按毛主席的既定方针办》。这篇文章写道：

"'按既定方针办'这一谆谆嘱咐，是伟大领袖毛主席对我们党和整个国际共产主义运动历史经验的高度概括和深刻总结。

"学习毛主席'按既定方针办'的嘱咐，我们信心满怀，斗志更坚。

"篡改毛主席的既定方针，就是背叛马克思主义，背叛社会主义，背叛无产阶级专政下继续革命的伟大学说。

"一切修正主义头子要篡改这一既定方针，必然要篡改马列主义、毛泽东思想，阉割它的革命灵魂，磨灭它的革命锋芒。

"'走资派还在走'。这个'走'的基本内容，就是反对党在整个社会主义历史时期的基本路线，颠覆无产阶级专政，复辟资本主义，也就是篡改毛主席的既定方针。

"我们一定要牢记毛主席'不斗争就不能进步'的教导，团结百分之九十五以上的干部和群众，准备迎接二十次、三十次的路线斗争，在同党内资产阶级，同以苏修叛徒集团为中心的现代修正主义的斗争中，把毛主席开创的无产阶级革命事业进行到底。

"任何修正主义头子胆敢篡改毛主席的既定方针，是绝然没有好下场的。"

有的人认为这篇文章的发表，标志着"四人帮"向毛泽东最后选定的接班人华国锋的公开挑战。

有的人认为这篇文章的发表，标志着"四人帮"发出了篡党夺权的动员令。

有的人认为"四人帮"要闹事了，他们要动手了。

许多人看了这篇文章后，都意识到事态发展已经到了极为严重的关头。萧劲光作为一名老资格的高级将领，对当时形势的看法上很有代表性。他在回忆录中写道：

毛泽东同志逝世以后，全国形势发生了急剧的变化。1976年10月4日，全国人民还没有从巨大的悲痛中缓解过来，"四人帮"经过密谋伪造的"按既定方针办"的毛主席临终嘱咐，在《光明日报》上用"梁效"的名义发表了。"四人帮"迫不及待地要篡夺党和国家最高权力的野心已显现在字里行间了。

随着形势的发展，"四人帮"误党误国的倒行逆施日益发展，他们要向党、向人民摊牌了。我感到到了党和人民下决心除掉这些党内蛀虫的时候了。为此，我曾两次找到叶剑英同志。第一次是在得知毛泽东同志病危的消息以后，我预料江青、张春桥一伙在毛主席身后会有动作，他们会借毛主席的名义干不可告人的篡权勾当。我到叶剑英同志处，与他深谈过这件事。叶剑英同志比我更知底细，他肯定了我的判断。我说，得想个办法把这些家伙搞掉，不然毛主席身后让他们掌了权，党和国家就糟糕了。叶剑英同志深深地点了点头，他也正在考虑着这个关系着党和国家前途和命运的大事。我还向叶剑英同志建议说，下命令调集军队，采取分割围歼的办法，把江青、张春桥等抓起来。叶剑英同志沉思良久，摆了摆手说，主席病重，现在还不是时机。10月6日上午，我又一次驱车来到叶剑英同志家里，诉说了自己看了近两天来报纸上宣传的毛主席"临终嘱咐"的文章后夜不能寐的心情，把自己对时局的看法和盘托出。我说，事不宜迟，如果再不动手，江青、张春桥等人就要动手了。如果党和国家的最高领导权落到他们手里，就要走大弯路了。叶剑英同志坚毅地告诉我说，正在采取措施解决这个问题。[1]

"不动声色，而措天下泰山之安。"

历史前进的指针，迅速指向了 1976 年 10 月。

这是一个金色的秋天，这是个收获的季节。一场关系到光明与黑暗、前进与倒退的历史性决战正在酝酿之中。

在这关系到中国共产党、中国社会主义事业和中华民族前途与命运的紧急关头，叶剑英根据长期从事革命战争所积累的丰富经验，精心思虑，果断决策，与华国锋、汪东兴商定了粉碎"四人帮"反革命集团的周密部署——10月6日晚上 8 时，以在中南海怀仁堂召开中央政治局常委会议、研究审议《毛泽东选集》第五卷的清样、研究毛泽东纪念堂的方案等事宜的名义，采取果断措施，将"四人帮"一网打尽，彻底解决。

10月6日晚上 7 点多钟，华国锋、叶剑英提前来到中南海怀仁堂正厅。

汪东兴指挥经过精心挑选的八三四一部队指战员担任会议"警卫任务"。

一切部署妥当，就等"四人帮"来自投罗网了。

晚上 8 时左右，王洪文第一个来到怀仁堂。他刚走到东侧门，就被事先准备好的警卫人员一把扭住，然后推到坐在怀仁堂正厅的华国锋、叶剑英面前。王洪文企图反抗，被八三四一部队指战员制服。

华国锋起身宣布："王洪文，你犯下了反党反社会主义的罪行。我代表党中央宣布，对你进行隔离审查。"随后，八三四一部队指战员将王洪文押了下去。

---

[1]《肖劲光回忆录》（续集），解放军出版社 1989 年版，第 351—352 页。

第二个来到怀仁堂的是张春桥。他刚走到怀仁堂门口就发现气氛有些异常，还没来得及反应过来，就被两名警卫人员一拥而上，抓住胳膊推到了怀仁堂正厅华国锋、叶剑英的面前。华国锋当即代表中共中央宣布了对张春桥隔离审查的决定。八三四一部队指战员也将张春桥押了下去。

第三个来到怀仁堂的是姚文元。本来，要召开中央政治局的常委会，姚文元还没资格参加呢！为了让姚文元"到会"，在向他发会议通知时，专门交待了一句，由于会议要讨论研究《毛泽东选集》第五卷的清样，请他列席会议。当姚文元皮包里装着《毛泽东选集》第五卷的清样走到怀仁堂前时，八三四一部队指战员迅速把他抓了起来。然后，也把他押了下去。

与此同时，由中央办公厅副主任张耀祠带领的一个小组，前往中南海江青、毛远新的住地，根据汪东兴交给的"中央研究决定，粉碎'四人帮'"的命令，执行逮捕江青、毛远新的任务。

张耀祠一行首先来到中南海毛远新住地，宣布了中央对他进行"保护审查"的决定，要求他把文件柜钥匙和手枪交出来。毛远新骄横地说："主席尸骨未寒，你们就……"他拒不交出钥匙和手枪。八三四一部队一位干部上前收缴了他的手枪和钥匙。随即，八三四一部队指战员把他押了下去。

然后，张耀祠一行来到中南海江青的住地。

自"文化大革命"以来一直气焰嚣张，盛气凌人，终日算计着"打倒"这个、"打倒"那个的江青，恐怕连做梦也不会想到自己的末日已经临头。

当张耀祠走进江青办公室时，她正坐在沙发上。

张耀祠向江青宣布：

"江青，我接华国锋总理电话指示，你现在还在进行分裂党中央的活动，党中央决定将你实行隔离审查，马上执行。你到另外一个地方，你要老实向党坦白交待你的罪行，要遵守纪律。你把文件柜的钥匙交出来。"[1]

在张耀祠宣布华国锋指示的时候，江青双目怒视，一动不动，一言不发，没有大吵大闹，也没有在地上打滚。她以需要上卫生间为名义，拖延了一会儿时间，似乎再也无计可施，只好慢慢地从卫生间走出来，走到办公桌前，坐在桌旁的椅子上，用手解下系在腰间的一串钥匙，装进桌上的一个大信封

---

[1]《张耀祠回忆毛泽东》，中共中央党校出版社1996年版，第162页。

里，用笔在上面写了"华国锋同志亲启"几个字，又用"密封条"将大信封的两端密封好，交给了张耀祠。随后，八三四一部队指战员将江青押了出去。

接着，当天晚上，根据华国锋和叶剑英的命令，人民解放军指战员像一支支利箭，奔向各个预定的目标。

中共北京市委和人民解放军北京卫戍区采取行动，逮捕了迟群、谢静宜。

中共中央对外联络部部长耿飚一行，接管了中央广播事业局及中央人民广播电台和中央电视台。

北京军区副政治委员迟浩田一行接管了《人民日报》。

自"文化大革命"以来，被江青集团把持了十年之久的宣传、舆论阵地，终于又回到了党和人民的手中。叶剑英十分兴奋地说："现在，终于该轮到我们说话了！"

若干年后，耿飚回忆了那个惊心动魄的夜晚：

（1976 年 10 月）6 日晚上 8 点来钟，我家中的红机子电话铃响了。我拿起话筒，听得很真切，是华国锋本人的声音。他要我坐自己的汽车，迅速赶到中南海怀仁堂。

一进中南海西门，我见到岗哨比平时增多了，感到有一种紧张的气氛。走进怀仁堂，看见华国锋、叶剑英同志正与北京卫戍区司令员吴忠等在交谈。这时我才知道，华国锋和叶剑英在征得中央政治局多数同志同意后，已在今晚执行党和人民的意志，对江青、张春桥、王洪文、姚文元及其在北京的帮派骨干实行隔离审查，一举粉碎了祸国殃民的"四人帮"。

华国锋同志立即向我交代任务："你和邱巍高（北京卫戍区副司令员）到中央广播事业局去，要迅速控制住广播电台和电视台，不能出任何差错，否则后果不堪设想。"

叶帅郑重嘱咐我：'要防止发生混乱，防止泄密，注意安全。'

华国锋同志问我：'你要不要带支手枪？'

"手枪不必带了，"我说，"但是须要有你的手令。"

他说："好！"当即提笔在一张白纸上给当时的广播事业局局长邓岗写了一道手令：

"邓岗同志：为了加强对广播、电视的领导，中央决定，派耿飚、邱巍高同志去,请你们接受他俩的领导,有事直接向他们请示。华国锋 十月六日"

我接过手令之后问邱巍高:"广播事业局是哪个警备师守卫的?"

他答道:"是警备一师。"

"光我们两个去还不行。"我说,"请你把这个师的副师长找来,和我们一起去。"

出发前,华国锋同志对我说:"究竟怎样搞法,如何控制住电台、电视台,来不及细想,一切交给你去办了。总的原则是可以采取处理林彪事件的办法(指林彪自我爆炸后,中央暂不对外公布此事),内部已发生了变化,但外面不要让人看出异常来。"

我们领受完任务后,就驱车去广播事业局。后来有的文章说,耿飚带了多少军队去占领电台,这是误传。当时广播事业局虽然和其他新闻单位一样被"四人帮"所控制,但是广大干部群众是听从党的领导的,而且守护中央人民广播电台和中央电视台的警备部队有很高的政治觉悟,因此,根本不需要我带领部队去进行军事占领,也不必用别的部队去替换原来的部队。守护电台、电视台的还是原来那班人员。虽然在我去之前,警备一师已增派了一些战士去电台,但这是他们为加强警卫力量而作的内部兵力调配,与"带领军队去占领电台"完全是两码事。事实上我只是同邱巍高和警备一师副师长王甫三个人前往广播事业局去进行一场特殊的战斗。

我们到达广播大楼时已将近晚上10点钟了。我们在警备部队中挑选了20名战士。我带着10名战士直奔局长邓岗的办公室。他还没有下班,但像是准备睡一会儿的样子,因为他来开门时衣服扣子没有扣好。他大概是因为这么晚了,忽然来了这些不速之客,显得有些紧张。为了说明来意,我把华国锋的手令拿给他看。他看完手令,好久不说话。我见他在思索犹豫,就对他说:"你如果想给姚文元打电话请示,也可以。"他似乎明白了我话中的含义,连忙说:"没必要了。"我接着说:"那好,请你把领导班子的人统统找到你办公室来,就说有事要商量。"

在邓岗打电话召集人的同时,我请邱巍高和王甫带着另外10名战士去掌握电台的播音室。他们立即在直播室和机房门前加强了岗哨。

邓岗召集来的广播局核心小组成员有11位,在这个会议上,我把华国锋手令念了一遍,要求大家遵照党中央的指示,把工作做好。23点40分,邓岗又召集各部门领导的紧急会议，传达了中央的指示。

接着，我给华国锋同志打电话报告："已经控制住了，领导人都在我这里，你放心。"

我考虑，光靠我和邱巍高、王甫三个人，工作难于运转，因此对邱巍高说："应该再调一些人来。"他同意我的意见，并说："要找人，我们那里只有武的、没有文的，还是从中联部找人吧！"我觉得这个主意好，立即打电话到中联部，把张香山和冯铉两位副部长请来，还找了其他一些同志。他们的任务主要是和电台的同志一道审查播出前的节目胶带，包括文字节目和歌曲、音乐节目。我告诉他们，主要掌握两点：一是播出中不能泄露有关粉碎"四人帮"的消息；二是凡节目中提到或涉及"按既定方针办"的，一律删去，还要撤换一些不妥的节目。

我对邓岗说："我们得住在这里，你也不要回家了。"于是，就在邓岗的办公室内架了几只行军床。头三天我们睡觉不脱衣、不脱鞋，连吃饭、喝水都不离开办公室，由警卫战士送来，完全是一种战斗生活，准备随时应付突发情况。特别是第一天晚上，没有那么多床，我和邱巍高轮流睡一张床，我睡一会儿，再换他睡一会儿。所谓"睡"，不过是躺一躺，放松一下筋骨，眼睛却瞪得大大的，脑袋里在翻江倒海，考虑还有什么漏洞没有？还有不周全的地方没有？还会出现什么突然发生的情况？应当采取什么防范措施？"四人帮"虽然被抓起来了，但还要防止他们的余党、死党狗急跳墙。新闻舆论阵地长期受"四人帮"严密控制，他们经营了十来年，会不会跳出几个亡命之徒来？我个人的安危生死事小，万一电台、电视台出了事，其传播速度和范围比报纸要快、要远，就将迅速波及全国，影响到国外，从而打乱党中央的战略部署。这种影响比我当年指挥的任何一个战役的影响都要大……越想越感到责任重大，越想越难入睡，索性起来继续伏案工作。

据邱巍高同志后来告诉我，他当时作了四项布置：第一是控制电台的要害部位，如直播室、机房、制高点等，加强了岗哨和验证；第二是保持电台秩序的稳定，内紧外松，不要让别人看出异常来；第三是保证所有进驻人员的安全；第四是对警备部队进行教育。

10月6日晚上的事，第二天在广播事业局内部一传十、十传百，很快就全知道了。广大干部和群众对粉碎"四人帮"的行动是衷心拥护和非常高兴的。个别人思想上比较紧张，但表面上也很正常。在党中央解决"四人帮"问题的过程中，我们奉命到中央广播事业局，夺回在这个重要宣传阵地的领导权，总的来说比较顺利，没有出现什么大的问题，取得了这场特殊战斗的重大胜利。[1]

10月6日的夜晚，万籁无声，大地一片沉寂。就在这寂静的晚上，为了全国人民的安宁，中共中央政治局代表全党全国人民的最高利益，一枪未发，兵不血刃，粉碎了"四人帮"反党集团。其惊心动魄，正如叶剑英5个月以后在中央工作会议闭幕式上讲的那样：

"无限风光在险峰！"

对"四人帮"采取了果断措施以后，华国锋、叶剑英等驱车前往位于北京西郊的玉泉山。10月6日深夜，中共中央政治局会议在这里举行。会前，华国锋与叶剑英商定了会议的主要议程：一、由华国锋代表中共中央向中央政治局通报，中央已采取断然措施，对王洪文、张春桥、江青、姚文元实行隔离审查；二、确定中国共产党中央委员会主席和中国共产党中央军事委员会主席的人选。当谈到第二项议程时，叶剑英对华国锋说："主席生前已经有交待，你应当担此重任。"华国锋说："我提议，还是由叶帅主持中央工作。"叶剑英说："你是主席生前指定的接班人。我们提交会议讨论决定吧。"

在此期间，在北京的中共中央政治局委员和候补委员李先念、汪东兴、陈锡联、苏振华、纪登奎、吴德、倪志福、陈永贵和吴桂贤等陆续来到玉泉山9号楼的会议室。后来，当年叶剑英的一位警卫人员在《叶剑英——叶剑英身边工作人员和亲人的回忆》一书中，披露了当时的一段亲身经历：

举行中共中央政治局会议的9号楼会议室还没布置完，有的政治局委员已经到了。他们大多数还不知道发生了什么事，更不知道开会讨论的问题，有的人还以为是叶帅病了呢！最先进入会议室的是纪登奎，以后是陈永贵、吴桂贤和另一位委员。他们一来，看到摆的座位，谁都没有到前排就坐，都坐在秘书作记录用的位置上。不一会儿，李先念同志赶到了，他一进九号楼

---

[1] 《耿飚回忆录》(1949—1992)，江苏人民出版社1998年版，第291—296页。

大门就问："叶帅怎么啦?有什么病呀?"按过去的惯例,有人来开会或来看叶帅都是我在大门口迎送。那天我实在忙不过来,就请王文理秘书去迎接。王文理秘书向李先念说："叶帅没有病,是要开会。"李先念听后,说："开什么会呀?"边说边进入会议室。

10月6日晚上10点30分,开会的人员到齐了,我一看先来的纪登奎、陈永贵、吴桂贤和另一位还坐在后排长沙发上,就请他们到前排来坐。纪登奎说："你的座位不够,还有四个人没有来呀!"我说："人到齐了,请到前边来吧。"他们你看看我,我看看你,还是没有到前边来。这时,汪东兴同志说话了,他说:"马头说得对,人到齐了,你们都到前边来坐。"这样,他们才坐到前排的座位上。

当出席中共中央政治局会议的中央政治局委员和候补委员全部到齐并就坐以后,华国锋和叶剑英面带微笑,携手并肩走进了会议室。这是代表党和人民的意愿战胜了"四人帮"反革命集团的会心的微笑,这是轻松的微笑,这是载入当代中国编年史史册的微笑。华国锋、叶剑英向与会人员一一点头致意。当他们看到除"四人帮"以外的在京中共中央政治局委员和候补委员已经全部到齐以后,在会议室主席台就坐。华国锋作为中共中央第一副主席主持中央政治局会议并首先讲话,代表中共中央向政治局委员和候补委员通报对"四人帮"实行隔离审查的决定。他说:"同志们,今晚把大家请到这里来,是要向大家通报一个重要事情:王洪文、张春桥、江青和姚文元趁毛主席逝世之机,秘密勾结,疯狂活动,阴谋篡夺党和国家的最高领导权。为了及时粉碎这个将给中国人民带来严重灾难的反革命集团,10月6日晚8时,党中央不得不采取断然措施,对'四人帮'实行隔离审查。"

当华国锋讲到这里时,叶剑英大声向与会的中央政治局委员和候补委员强调:"把他们统统抓起来了。"

紧张、热烈、严肃、庄重的中共中央政治局会议从1976年10月6日夜晚一直开到10月7日凌晨。中共中央政治局委员和候补委员听了华国锋和叶剑英的报告以后,欢欣鼓舞,表示完全赞同。大家在发言中表示,完全赞成华国锋、叶剑英代表中共中央对"四人帮"所采取的果断行动,愤怒谴责"四人帮"的罪行。会议一致通过叶剑英的提议,推选华国锋任中国共产党中央委员会主席、中国共产党中央军事委员会主席,将来提请中央全会追认。会议决定尽快召集各地的党、政、军负责人进京，传达中共中央政治局的决定。

10 月 7 日，中共中央政治局作出关于华国锋同志任中国共产党中央委员会主席、中国共产党中央军事委员会主席的决议。

中共中央政治局会议结束后，汪东兴向不在北京的中共中央政治局委员和候补委员李德生(当时担任沈阳军区司令员)、韦国清(当时担任中共广东省委第一书记、广州军区第一政治委员)、许世友(当时担任广州军区司令员)、赛福鼎(当时担任中共新疆维吾尔自治区委员会第一书记)一一打电话通报了中共中央政治局关于粉碎"四人帮"的决策和推选华国锋任中共中央主席、中央军委主席的决议。他们都表示坚决拥护中共中央政治局的上述决定。

粉碎"四人帮"的胜利，从危难中挽救了中国共产党，挽救了中国社会主义事业的前途和命运，结束了持续十年之久的因"文化大革命"造成的内乱，符合全国人民的根本利益和愿望。因此，全国人民无不欢欣鼓舞，拍手称快。全国人大常委会副委员长，中国科学院院长，著名文学家、历史学家、诗人郭沫若闻讯时尚在病中。但他再也无法静心躺在医院里养病，"满腔的怒火，无限的喜悦，都汇成创作的热情，又像火山一样地爆发了"。他文思如潮，挥毫疾书，即兴填词《水调歌头·粉碎"四人帮"》：

大快人心事，
揪出"四人帮"。
政治流氓、文痞，
狗头军师张。
还有精生白骨，
自比则天武后，
铁帚扫而光。
篡党夺权者，
一枕梦黄粱。

野心大，
阴谋毒，

诡计狂。

真是罪该万死，

迫害红太阳！

接班人是俊杰，

遗志继承果断，

功绩何辉煌！

拥护华主席，

拥护党中央。

　　在现代中国历史上，以粉碎江青反革命集团为标志，宣告了 1966 年至 1976 年历时 10 年的"无产阶级文化大革命"的结束。实践证明，发动"文化大革命"的主要理论与实践既不符合马克思列宁主义，也不符合中国实际，对当时中国阶级形势以及党和国家政治状况的估计，是完全错误的。

　　历史已经判明，"文化大革命"是一场由领导者错误发动，被反革命集团利用，给党、国家和各族人民带来严重灾难的内乱。[1]

历史的见证——『文革』的终结

---

[1]《关于建国以来党的若干历史问题的决议》。

6. "两个凡是"

尽管华国锋对叶剑英极为尊重，一时世人曾有"红华绿叶"之说，隐含"红花虽好，仍需绿叶扶持"之意，但对于叶剑英提出的恢复邓小平工作的意见，华国锋却没有采纳。

然而，历史的发展在召唤邓小平，恢复邓小平的职务和工作已是大势所趋。

粉碎"四人帮"的胜利，从危难中挽救了中国共产党，挽救了中国社会主义事业的前途和命运，结束了持续十年之久的因"文化大革命"造成的内乱，符合全国人民的根本利益和愿望。

邓小平和全国人民一样，热烈欢呼中国共产党粉碎"四人帮"的伟大历史性胜利。1976 年 10 月 10 日，即粉碎"四人帮"后的第 4 天，邓小平就写信给中共中央，表达了自己万分喜悦的心情。他在信中写道：

"最近这场反对野心家、阴谋家篡党夺权的斗争，是在伟大领袖毛主席逝世后这样一个关键时刻紧接着发生的，以国锋同志为首的党中央，战胜了这批坏蛋，取得了伟大的胜利，这是无产阶级对资产阶级的胜利，这是社会主义道路战胜资本主义道路的胜利，这是巩固无产阶级专政、防止资本主义复辟的胜利，这是巩固党的伟大事业的胜利，这是毛泽东思想和毛主席革命路线的胜利。我同全国人民一样，对这个伟大斗争的胜利，由衷地感到万分的喜悦，情不自禁地高呼万岁，万岁，万万岁！我用这封短信表达我内心的真诚的感情。"[1]

邓小平的信虽然写得热情洋溢，充满了真挚感情，但是华国锋却置之不理。

叶剑英——这位在粉碎"四人帮"的斗争中为党为人民立下了不朽功勋的老帅，却一直念念不忘请邓小平出来工作。"四人帮"一粉碎，叶剑英首先想到了处于"软禁"中的邓小平。他让自己的孩子驾车，悄悄把邓小平接到自己的住地，把粉碎"四人帮"的特大喜讯，告诉了这位老战友。

邓小平听了以后，喜悦兴奋之情难以言表，高喊了一声"老兄！……"两双扭转乾坤的老革命家的手，紧紧握在了一起。此时此刻，真是千言万语也难以表达他们激动万分的心情。

叶剑英向邓小平详细介绍了粉碎"四人帮"的决策情况和经过，传达了刚刚开过的中央政治局会议的精神，并安排工作人员解决邓小平阅读中央文件等问题。他要大力创造一切有利条件，准备请邓小平早日"出山"，恢复工作。

不久，经过叶剑英的周密安排，邓小平一家搬到了北京郊区的西山。

一天，叶剑英到玉泉山5号楼开会以后，对自己的办公室主任传达中央的指示，说是邓小平同志要住到西山，为了方便他今后的工作，想给他一套文件，中央确定了由你直接给他送，其他人不要进去了，住在哪个地方，其他人也不要告诉。中央办公厅直接写你的名字，你把这套文件直接转给他。这个楼是25号。此后，叶剑英办公室主任就把中央办公厅秘书局发给自己的每套文件，送给邓小平阅读。

叶剑英的这一举动，为邓小平及时了解和掌握国际国内动态，密切注视国内形势的发展提供了方便。

从1976年10月7日至14日，中共中央政治局在北京分批召开了中央党、政、军机关，各省、市、自治区，各大军区负责人参加的"打招呼会议"，通报了王洪文、张春桥、江青、姚文元反党集团事件，以及中共中央对"四人帮"采取断然措施、实行隔离审查的决定。提出了"既要解决问题，又要稳定局势"的方针。会议指出，中国共产党同"四人帮"的斗争，是革命与反革命的斗争，全党同志要紧密地团结在党中央的周围，把这场斗争进行到

[1]转引自范硕：《叶剑英在1976年》（修订本），中央党校出版社1995年版，第400页。

底。会议号召全党紧密团结起来，开展揭发批判"四人帮"的斗争，并要求在斗争中注意掌握政策。

会议期间，华国锋提出要"继续批邓、反击右倾翻案风"，要求广大党员干部要正确对待"文化大革命"，正确对待群众，正确对待自己。10月8日，华国锋在会上说：批判"四人帮"一定要按照毛泽东的指示办；对"文化大革命"要充分肯定，解决"四人帮"的问题，不要算他们在"文化大革命"中的缺点、错误，他们的核心问题是阴谋篡党夺权；解决"四人帮"的本身，也是"文化大革命"的胜利。叶剑英指出，粉碎"四人帮"篡党夺权阴谋的胜利，只是"初战的胜利"，从思想上和各个方面肃清"四人帮"的流毒和影响，还得进行长时间的努力。

10月8日，中共中央作出关于出版《毛泽东选集》第五卷和筹备出版《毛泽东全集》的决定。

同日，中共中央、全国人大常委会、国务院和中央军委决定建立毛主席纪念堂。

10月18日，中共中央向全党发出关于王洪文、张春桥、江青、姚文元反党集团事件的通知。

这时，全国人民在召唤邓小平，历史发展在召唤邓小平。恢复邓小平的职务和工作已经成为大势所趋。

粉碎"四人帮"后的第三天，当叶剑英得知华国锋将要在中央打招呼会议上的讲话中，要求各省、市、自治区党委负责人和各大军区负责人"要继续批邓、反击右倾翻案风"的情况后，极为焦虑，立即于次日向华国锋提出："赶快让小平同志出来工作，恢复他原来的职务。"

此后，叶剑英、李先念等又多次提出要让邓小平重新出来工作的问题。叶剑英说："小平同志具有治党治国的全面经验，是我们党内难得的人才。毛主席、周总理多次赞扬过他。现在，党内、军内的绝大多数同志和全国人民，都强烈要求让小平同志出来工作。我们应该尽快把小平同志请出来。"

在"批邓、反击右倾翻案风"中被打成邓小平"全面整顿"的"黑干将"的胡耀邦，在粉碎"四人帮"后，见到叶剑英派来他的儿子叶选宁时，曾对他说："祝贺你爸爸同华主席他们一道，为我们的党和国家立下了不朽的功勋。现在，我们党的事业面临着中兴。"

如何实现中兴呢？胡耀邦认为："中兴伟业，人心为上。"他请叶选宁代他向叶剑英捎三句话：停止批邓，人心大顺；冤案一理，人心大喜；生产狠狠抓，人心乐开花。

这就是著名的"耀邦三策"：一是停止批邓；二是平反冤、假、错案；三是狠狠抓生产，即以经济建设为中心。

胡耀邦还请叶选宁把"中兴伟业，人心为上"这句话转告给华国锋。因为1962年胡耀邦作为共青团中央第一书记挂职下放，任中共湖南省委书记处书记兼湘潭地委第一书记时，与当时在湖南工作的华国锋曾经共过事，也是老熟人了。

尽管当时华国锋对叶剑英极为尊重，一时世人曾有"红华绿叶"之说，隐含着"红花虽好，还需绿叶扶持"之意。但对于叶剑英关于及时让邓小平出来工作的意见，华国锋却没有采纳。对于胡耀邦关于要顺应人心民意的委婉建言，华国锋的态度亦不得而知。因为，在华国锋的政治日程表上，最重要的问题是如何确立和巩固自己作为毛泽东接班人的合法地位和政治权威，而不是早日恢复邓小平工作的问题。

鉴于华国锋坚持"继续批邓、反击右倾翻案风"，叶剑英在一次中共中央政治局会议上，郑重提出："我建议小平同志出来工作，我们在座的同志总不会害怕他吧？"

对于叶剑英的提议，中共中央政治局委员、国务院副总理李先念是坚决支持的。他明确表示自己的态度说："完全同意叶帅意见，应该让小平同志尽快出来工作。"

1977年1月，是周恩来逝世一周年。由于上一年周恩来逝世的时候，"四人帮"蓄意压制广大人民群众的悼念活动，在清明节后又制造了天安门事件，使干部、群众心中都憋了一口气。到了1977年1月周恩来逝世一周年时，"四害"已经被铲除，人民群众终于可以堂堂正正地悼念周恩来了。于是天安门广场再一次出现了自发的大规模的悼念活动。在悼念中，人们不仅向周恩来总理的英灵报告"四人帮"已经被粉碎的喜讯，而且也表达了要求让邓小平早日恢复工作的强烈愿望。

但是，由于华国锋坚持"两个凡是"的错误方针，在1976年"反击右倾翻案风运动"中遭到"四人帮"诬陷的邓小平，这时仍然未能立即出来工作。

学好文件抓住纲

《人民日报》、《红旗》杂志、《解放军报》社论

1977年2月7日，经华国锋批准，《人民日报》、《红旗》杂志、《解放军报》发表社论《学好文件抓住纲》，公开提出"两个凡是"（即"凡是毛主席作出的决策，我们都坚决维护；凡是毛主席的指示，我们都始终不渝地遵循"）的错误方针。

就在老一代无产阶级革命家和广大人民群众迫切要求纠正"文化大革命"的错误，恢复邓小平工作的形势下，华国锋提出了"两个凡是"的错误方针。

早在1976年10月26日，华国锋在听取中央宣传口[1]的工作汇报时就提出："一、要集中批'四人帮'，连带批邓；二、'四人帮'的路线是极右路线；三、凡是毛主席讲过的，点过头的，都不要批评；四、'天安门事件'要避开不说。"[2]

这是华国锋作为中共中央主席第一次提出"两个凡是"的主张。

1977年1月，华国锋又要写作班子把"两个凡是"写在为他准备的一个讲话提纲中。

以后，主管中央宣传工作的汪东兴提出写社论，又把"两个凡是"稍加修改移在一篇社论稿中，并报华国锋批准发表。

---

[1]"文化大革命"爆发后，中共中央宣传部被作为"阎王殿"彻底砸烂。中共九届二中全会以后，曾在中共中央政治局之下设立中央组织宣传组。粉碎"四人帮"后，中共中央决定，设立中央宣传口，统管各新闻、宣传、舆论单位。1977年1月23日，中共中央批转中央宣传口《关于宣传口的工作任务和组织机构的请示报告》。请示报告说，宣传口今后的任务是要巩固和加强已经夺回的党的宣传阵地，大力宣传马列主义、毛泽东思想，宣传毛主席在无产阶级专政下继续革命的伟大理论和"文化大革命"的胜利成果，宣传华国锋主席提出的1977年的战斗任务，肃清"四人帮"在政治上、思想上、组织上的流毒和影响。中央宣传口由耿飚、朱穆之、李鑫、华楠、王殊五人组成领导小组，由耿飚牵头。1977年10月，中共中央宣传部正式恢复，中央宣传口的工作便全部交给了中央宣传部。

[2]中共中央党史研究室：《中国共产党历史大事记》，人民出版社1989年版，第330页。

2月7日，中央各大报纸同时发表《人民日报》、《红旗》杂志、《解放军报》社论《学好文件抓住纲》，向全党、全军、全国人民正式提出："凡是毛主席作出的决策，我们都坚决维护；凡是毛主席的指示，我们都始终不渝地遵循。"

"两个凡是"的错误方针公开发表后，立即受到强烈要求纠正"文化大革命"的严重错误，强烈要求为"天安门事件"彻底平反，强烈要求让邓小平早日恢复工作的老一代无产阶级革命家和广大人民群众的坚决抵制和反对。

当时任中共中央委员、中央宣传口负责人的耿飚回忆说：

1976年10月下旬，华国锋同志在谈到报刊上开展批判"四人帮"的问题时提出，要注意把"四人帮"的罪行与毛主席的指示区分开，凡是毛主席所说的话、所作的指示，都不要批判。后来，负责中央宣传工作的汪东兴同志叫人把华国锋的上述意见概括成两句话，"凡是毛主席作出的决策，我们都坚决维护；凡是毛主席的指示，我们都始终不渝地遵循"。并把它写进一篇题为《学好文件抓住纲》的社论中，命令宣传口通知《人民日报》、《解放军报》和《红旗》杂志等报刊发表，还要宣传口组织各个新闻单位抓紧宣传"两个凡是"的观点。这样，该观点便离开了批判"四人帮"的特定环境而变成了具有普遍指导意义的政策观点。

我接到这篇社论稿后，便和宣传口的领导成员一起进行讨论。大家认为，如果按照这"两个凡是"的提法，首先是会影响到邓小平同志复出工作的问题。但是，听了李鑫同志传达汪东兴同志的指示后，觉得还是应该按照组织原则，遵照中央的决定，把社论稿送到"两报一刊"编辑部去发表。至于组织宣传"两个凡是"的工作，我们只是向各新闻单位的领导同志传达了汪东兴的指示，并未对此作出具体的要求和部署，以后也未进行检查。

现在回想起来，我们当时对"两个凡是"观点的认识还很肤浅。直到十一届三中全会后，我们对此的认识才逐渐深刻起来，明白了"两个凡是"在理论上和实践中的错误。[1]

---

[1]《耿飚回忆录》，第297—298页。

对于粉碎"四人帮"以后邓小平不能迅速出来主持工作，许多老同志与广大人民群众一样，看在眼里，急在心头，极为忧虑。1976 年 12 月，中共中央军委顾问罗瑞卿（"文化大革命"前担任中共中央书记处书记、中央军委秘书长、中国人民解放军总参谋长）与乌鲁木齐军区司令员杨勇、兰州军区司令员韩先楚一起，以高度的历史责任感和对党的事业负责的态度，从北京飞往南方，就如何促成邓小平尽快出来工作的问题，与一些负责同志商量。

到武汉以后，因武汉军区司令员杨得志、政治委员王平刚好出去开会都不在家，罗瑞卿一行首先同武汉军区副政委王猛等同志交换了意见，大家都希望邓小平能够早一些出来工作。

1976 年 12 月底，罗瑞卿一行飞抵广州。他们先后与广州军区的一些老同志进行了座谈，许多人提出，必须尽快让邓小平出来工作。根据了解到的干部、群众的意见，罗瑞卿和杨勇等人郑重向中央负责同志提出：建议召开中央工作会议，讨论揭批"四人帮"，请邓小平出来工作……

在一个清朗的日子里，罗瑞卿与杨勇等人专门去看了虎门炮台。罗瑞卿深有感触地说："中国近代就是在这里首先开始了抵御帝国主义的侵略，到了虎门，就能知道什么是中华民族的精神。"在枝繁叶茂的大榕树环抱着的"林公则徐纪念碑"旁，罗瑞卿顽强地从轮椅中站起来，挂着双拐，挪到纪念碑前，留下了一幅他那高大挺拔的身躯与庄重威严的纪念碑浑然一体的英姿。

1977 年 2 月，罗瑞卿一行回到武汉，开始与杨得志、王平等负责同志商谈。

2 月 7 日，《人民日报》、《红旗》杂志、《解放军报》发表经汪东兴决定、报华国锋批准的社论《学好文件抓住纲》，公开提出"凡是毛主席作出的决策，我们都坚决维护；凡是毛主席的指示，我们都始终不渝地遵循"（即"两个凡是"）的错误方针，它的实质是要把毛泽东晚年的"左"倾错误延续下来。

罗瑞卿、杨勇和武汉军区负责人，敏锐地看出了这篇社论的意图是阻止邓小平出来工作。这篇社论使他们想起姚文元的那篇《评新编历史剧〈海瑞罢官〉》中的火药味，那时他们太被动了，风暴拔地而起，一下子把他们卷进了旋涡里，好久才清醒过来。现在不是 11 年前了，他们很清楚自己该干什么。罗瑞卿和杨勇等人很快返回了北京。

1977 年春，沈阳军区司令员、第二野战军时期邓小平的老部下李德生到北京西山看望叶剑英。这时邓小平也住在西山。叶帅对李德生说："你去看看你们的老政委。"李德生来到邓小平的住地，见到邓小平虽然面容有点消瘦，但自信、达观、刚毅，有一种坚不可摧的气度。他一边和李德生握手，一边让座，并问李德生这次因何到北京来。李德生作了回答，并问候了他的身体和饮食起居情况，希望他保重身体。在近一个小时的会面中，邓小平侃侃而谈。他说，历史是人民创造的，群众运动力量很大，个人是微不足道的。邓小平在谈话中阐述了马克思主义关于人民群众是推动历史前进的决定性力量的基本原理：人民的革命潮流是不可抗拒的，没有全国亿万人民的力量，就不会有"四五"天安门悼念活动，就不会有粉碎"四人帮"的伟大胜利。

1977年3月，中共中央在北京召开工作会议。叶剑英、陈云等老一代无产阶级革命家为了党和人民的利益，公开提议要求让邓小平出来工作，要求为天安门事件平反，受到与会同志的热烈赞同。

萧劲光在其回忆录续集中，回顾了华国锋提出"两个凡是"以后，老一代无产阶级革命家的普遍看法：

1977年初，人们从粉碎"四人帮"后的兴奋之中渐渐冷静下来，热烈地期盼以华国锋同志为首的党中央能够拨乱反正，拿出治国大纲，迅速扭转形势。国家百废待举，究竟什么是扭转形势的根本枢纽，不仅群众不明白，党亦在一个探索的过程中。2月7日，《人民日报》、《红旗》杂志、《解放军报》两报一刊社论提出"凡是毛主席作出的决策，我们都坚决拥护；凡是毛主席的指示，我们都始终不渝地遵循"的方针，这个方针在当时看起来似乎是继承毛主席遗志的，是理所当然的，却实际上是拨乱反正的障碍。按照"两个凡是"，当时两个大家最关心的问题就无法解决，一个是"批邓、反击右倾翻案风"不能改，一个是"天安门事件"的案不能翻。对此我是不赞成的，我和陈云同志谈过，和王震、王诤、耿飚等一些老同志也谈过。我认为邓小平同志是受"四人帮"打击迫害的，说他是"天安门事件"的总后台完全是莫须有的罪名。邓小平同志1975年整顿是正确的，工作有魄力、有成绩，应尽早恢复工作。而毛泽东同志在晚年有些事情是错误的，不能以凡是毛主席说过的就一成不变。对"天安门事件"，我们老同志也有所议论，认为不能说是"反革命事件"。大家在一起议一议，谈一谈，感到大多数老同志的心都是相通的，所见也基本相同，思想上也越来越感到这两件事的解决势在必行。经过一段时间的考虑，陈云同志决定向中央上书，直言自己的意见，我们这些老同志自然十分赞同，又十分高兴，因为陈云同志德高望重，推举陈云同志挑头，代表大家向中央陈述这些意见，也正是这段时期大家在酝酿之中的事情。

中央工作会议即将召开的前夕，记不清具体是哪一天了，王震同志打电话邀我去商量要事。同去的还有王诤、耿飚等同志，大家在一起议论的中心议题还是那两件事。过了一会儿，陈云同志也来了，陈云同志发表了意见，大意是说中央工作会议要召开了，他写了一个书面意见，准备在会上做个书面发言。他对坐在旁边的我说："请劲光同志给大家念念吧。"这篇书面发言，主要内容就是现在收集在《陈云文选》第三卷中的《粉碎"四人帮"后面临的两件大事》。

1977年3月10日至22日，中共中央召开工作会议，初步总结了粉碎"四人帮"以来的工作，并部署了当年的工作任务。华国锋在讲话中坚持"两个凡是"的错误方针，继续沿用了"文化大革命"中的一些错误提法，仍然认定"天安门事件"是"反革命事件"，认为"继续批邓、反击右倾翻案风"是正确的，阻挠邓小平出来工作。这就为全党纠正"文化大革命"的"左"倾错误、拨乱反正设置了障碍。会上，陈云、王震等老同志抵制华国锋的错误，郑重提议要邓小平出来工作，要为"天安门事件"平反。

陈云于3月13日在中央工作会议的书面发言中指出：

"粉碎'四人帮'反革命集团，这是我们党的一个伟大胜利，对中国革命具有伟大的历史意义。

"我对'天安门事件'的看法：(一)当时绝大多数群众是为了悼念周总理。(二)尤其关心周恩来同志逝世后党的接班人是谁。(三)至于混在群众中的坏人是极少数。(四)需要查一查'四人帮'是否插手，是否有诡计。

"因为天安门事件是群众关心的事，而且当时在全国也有类似事件。

"邓小平同志与'天安门事件'是无关的。为了中国革命和中国共产党的需要，听说中央有些同志提出让邓小平同志重新参加党中央的领导工作，是完全正确、完全必要的，我完全拥护。

"我国目前总的形势是好的。虽然有些困难，但这是暂时的困难。只要全党团结在党中央周围，共同商量，同心同德，经过努力，这些困难是一定会克服的，我们的前途是光明的。"[1]

陈云旗帜鲜明的书面发言，说出了大家的心声，反映了与会同志的共同心愿，引起了强烈的反响。

虽然，由于华国锋仍旧推行"两个凡是"的错误方针，陈云这个深受与会同志拥护的书面发言未能在会议简报上刊登。但是，华国锋坚持的"继续批邓"，"天安门事件是反革命事件"的意见，由于陈云、王震、萧劲光等同志在会上旗帜鲜明地提出了反对意见，从而引起了与会同志对这两个问题的深入思考。老一代无产阶级革命家坚持原则的斗争，得到了绝大多数与会同志的热烈赞同。这次中央工作会议，尽管还没有实现解决粉碎"四人帮"后面临的这两件大事，但在中央工作会议上能够将这两个问题提上议事日程，改变了一家之言的局面，毕竟是进了一大步。

此时，虽然邓小平还没有恢复工作，但他也以各种方式表达了对"两个凡是"的错误方针的态度。

1977年4月10日，邓小平针对华国锋通过"两报一刊"宣传的"两个凡是"的错误方针提出了批评。邓小平在写给中共中央的信中提出："我们必须世世代代地用准确的、完整的毛泽东思想来指导我们全党、全军和全国人民，把党和社会主义的事业，把国际共产主义运动的事业，胜利地推向前进。"5月3日，中共中央向全党转发了邓小平的这封信，肯定了邓小平的正确意见。邓小平对"两个凡是"的批评，开了当代中国思想解放运动的先河。

5月24日，邓小平在同中央两位同志的谈话中指出，"两个凡是"不符合马克思主义。

邓小平郑重指出：前些日子，中央办公厅两位负责同志来看我，我对他们讲，"两个凡是"不行。按照"两个凡是"，就说不通为我平反的问题，也说不通肯定1976年广大群众在天安门广场的活动"合乎情理"的问题。把毛泽东同志在这个问题上讲的移到另外的问题上，在这个地点讲的移到另外的地点，在这个时间讲的移到另外的时间，在这个条件下讲的移到另外的条件下，这样做，不行嘛！毛泽东同志自己多次说过，他有些话讲错了。他说，

---

[1]《陈云文选》第三卷，人民出版社1995年5月第2版，第230—231页。

一个人只要做工作，没有不犯错误的。又说，马恩列斯都犯过错误，如果不犯错误，为什么他们的手稿常常改了又改呢?改了又改就是因为原来有些观点不完全正确，不那么完备、准确嘛。毛泽东同志说他自己也犯过错误。一个人讲的每句话都对，一个人绝对正确，没有这回事情。他说：一个人能够"三七开"就很好了，很不错了；我死了，如果后人能够给我以"三七开"的估计，我就很高兴、很满意了。这是个重要的理论问题，是个是否坚持历史唯物主义的问题。彻底的唯物主义者，应该像毛泽东同志说的那样对待这个问题。马克思、恩格斯没有说过"凡是"，列宁、斯大林没有说过"凡是"，毛泽东同志自己也没有说过"凡是"。我对那两位同志说：今年4月10日我给中央写信，提出"我们必须世世代代地用准确的完整的毛泽东思想来指导我们全党、全军和全国人民，把党和社会主义的事业，把国际共产主义运动的事业，胜利地推向前进"，这是经过反复考虑的。毛泽东思想是个思想体系。我和罗荣桓同志曾经同林彪作过斗争，批评他把毛泽东思想庸俗化，而不是把毛泽东思想当做体系来看待。我们要高举旗帜，就是要学习和运用这个思想体系。[1]

据原中共中央军委常务委员王平回忆，在此期间，邓小平在武汉的一次谈话中，更加鲜明地表示了在原则问题上决不妥协、决不退让的马克思主义政治家的气魄。当时任武汉军区政治委员的王平回忆说：

那时，我和(武汉军区司令员)杨得志同志正在各部队了解情况。到了新乡，军区来电报告，邓小平同志到了武汉，请我们马上返回。在武汉，小平同志同我们进行了长时间的谈话，讲了许多问题，使我们茅塞顿开。其中他谈到华国锋同志1977年初提出的"两个凡是"(凡是毛主席作出的决策，我们都坚决维护；凡是毛主席的指示，我们都始终不渝地遵循)的方针。他说，"两个凡是"是不对的，是违背毛主席的实践论和实事求是原则的。小平同志讲，毛主席一旦觉察到自己有错误，他是能够改正的。在历史上，毛主席也多次作过自我批评。比如，1973年12月21日，毛主席在接见参加中央军委会议的同志时就作了自我批评。毛主席说他是听了林彪一面之辞，错整

---

[1]《邓小平文选》第二卷，第38—39页。

了贺龙、罗瑞卿和杨、余、傅。因此，不能说凡是毛主席说错了、做错了的也不能改。他说，毛泽东思想的精髓就是"实事求是"，我们要完整地准确地理解和掌握毛泽东思想。小平同志还谈到当时让他出来工作的问题。有人提出，先要他作个检讨，承认"天安门事件"是"反革命事件"。他说，这个我不能检讨，让我出来就出来，不让我出来就不出来，不能拿原则作交易。他还提到，华国锋在当时情况下当主席是合适的，但是要防止有人给他出坏点子。[1]

此后，叶剑英、邓小平、陈云、聂荣臻、徐向前和一大批老同志，亲自出面，宣传党和毛泽东倡导的实事求是的优良作风。9 月 28 日，陈云在《人民日报》发表的《坚持实事求是的革命作风》这篇重要文章中强调指出："实事求是，这不是一个普通的作风问题，这是马克思主义的根本思想路线问题。所以，是否坚持实事求是的革命作风，在实际上是区别真假马列主义、毛泽东思想的根本标志之一。"在这些老同志的带动下，开始了中国共产党在思想理论上的大规模的拨乱反正。10 月，在胡耀邦和党内一大批老同志的支持和帮助下，《人民日报》发表了《把"四人帮"颠倒了的干部路线是非纠正过来》的文章，为干部路线上的拨乱反正和解放干部大造舆论。以此为开端，在平反冤假错案、落实党的政策方面，开始出现新的局面。

经过叶剑英等老一代无产阶级革命家的不懈努力，在全党、全军、全国人民强烈要求邓小平出来工作的情况下，中国共产党于 1977 年 7 月 16 日至 21 日在北京召开了十届三中全会。

全会一致通过《关于追认华国锋同志任中国共产党中央委员会主席、中国共产党中央军事委员会主席的决议》。

全会一致通过《关于恢复邓小平同志领导职务的决议》。决定恢复邓小平的中共中央委员、中央政治局委员、中央政治局常委、中共中央副主席、中央军委副主席、国务院副总理、中国人民解放军总参谋长的职务。

全会还通过《关于王洪文、张春桥、江青、姚文元反党集团的决议》，指出，王洪文、张春桥、江青、姚文元是一个反革命阴谋集团，决定永远开除王洪

---

[1]《王平回忆录》，解放军出版社 1992 年版，第 593、594 页。

文、张春桥、江青、姚文元的党籍，并撤销他们党内外的一切职务。

全会完全同意中共中央政治局关于提前召开中国共产党第十一次全国代表大会的决议。

邓小平在会上作了重要讲话。他说："全会决定恢复我的工作，作为一名老共产党员，还能在不多的余年里为党为国家为人民做一点力所能及的事情，在我个人来说是高兴的，我感谢全会的信任。粉碎了'四人帮'，我实在高兴。我现在七十三岁了，想再活二十年到三十年，但自然规律不以人们的意志为转移。外国通讯社讲我七十四岁，给我加了一岁，实际是七十三岁。现在我的身体还好，'零件'都还健全，还可以做几年工作。

"坦率地说，我自己也考虑了一下，出来工作，可以有两种态度，一个是做官，一个是做点工作。我想，谁叫你当共产党人呢，既然当了，就不能够做官，不能够有私心杂念，不能够有别的选择，应该老老实实地履行党员的责任，听从党的安排。"

邓小平在讲话中着重指出，要用准确的、完整的毛泽东思想指导我们党的事业。他说，做理论工作的同志，要花相当多的工夫，从各个领域阐明毛泽东思想的体系。要用毛泽东思想的体系来教育我们的党，来引导我们前进。

这是邓小平恢复工作以后的第一次重要讲话。

1977 年 8 月 12 日至 18 日，中共第十一次全国代表大会在北京召开。大会宣告"文化大革命"结束。图为华国锋、叶剑英、邓小平、李先念、汪东兴（左起）在中共十一大主席台上。

8月12日至18日，中国共产党第十一次全国代表大会在北京举行。

中国共产党第十一次全国代表大会，在宣告"文化大革命"结束、揭批"四人帮"和动员全党建设社会主义现代化强国方面起了积极作用。但是，由于当时历史条件的限制和华国锋"左"的错误的影响，这次大会没有纠正"文化大革命"的错误理论、政策和口号，反而加以肯定。仍然坚持"以阶级斗争为纲"和"无产阶级专政下继续革命"的错误理论，甚至说象"文化大革命"这种性质的政治大革命"还要进行多次"等等。因而中共十一大未能完成从理论上和党的指导方针上拨乱反正的任务。

中共十一大之所以没有从根本上纠正"文化大革命"的许多"左"的错误，反而继续加以延续，在客观上是由于当时历史条件的限制。要消除长期"左"倾错误的影响，特别是"文化大革命"所造成的政治上思想上的混乱需要一个过程。在主观指导思想上主要是华国锋反对全党纠正"文化大革命""左"倾错误的要求。在中共十一大召开之前，按照华国锋的指导思想起草的政治报告稿，曾送给邓小平看过。当时，邓小平还未出来工作，他对原稿中许多错误论述提出了意见，而华国锋却未接受。在大会讨论时，有不少代表特别是老同志，对政治报告的错误观点也提出过批评意见，华国锋也没有接受，在政治报告定稿时仍然坚持他的一系列错误观点。这就起了严重阻挠拨乱反正的消极作用。

历史的见证——『文革』的终结

7.拨乱反正的"突破口"

邓小平恢复高考的重大决策，从某种程度上一下子改变了整个中国的面貌和整整一代甚至几代中国青年的命运。一时间，洛阳纸贵。由于纸张短缺，最后中央决定，挪用印刷"毛选"五卷的纸来印高考试卷。在那个年代，这可算是最高待遇了。

鉴于"十年内乱"时期江青集团大肆毁灭教育、毁灭科学、毁灭文化造成的严重恶果，邓小平"出山"以后，立即向中共中央提出分管教育、分管科学，并强调"科研单位的任务就是要出成果、出人才"。

邓小平复出后抓的第一件大事是教育。其中最引人注目的是迅速恢复高等院校招生考试制度这件大事。

中华人民共和国建立以后，按照国家建设的需要和教育自身的发展规律，于20世纪50年代初期确立了大学招生全国统一考试制度。"文化大革命"开始后，这一制度受到林彪、江青和"中央文革小组"煽动起来的"革命造反派"的致命冲击，从1966年起实际上被予以废除了。

大学停止直接招生，打断了青少年学习的正常发展规律，造成各行各业人才短缺、青黄不接，攀登科学技术高峰更无从谈起。而采取从工农兵中推荐上大学的方法，招生数量很小，弊端很大：一是新生的文化程度难以保证。入学新生有的是高中文化程度，有的是初中文化程度，有的是小学文化程度，水平参差不齐，教师难以统一施教。二是取消了文化课考试后，新生入学失去了有效的检验标准，为"走后门"打开了方便之门，使不正之风大为猖獗，严重败坏了社会风气。对此，广大人民群众普遍认为，"推荐上学"、"废除高考"，名义上是让工农兵上大学，实际上恰恰堵塞住了绝大多数工农兵子女通过高考、平等竞争上大学的道路。

对于恢复高等院校正常的招生制度、恢复高等院校正常的考试制度，邓小平在1975年就有过这方面的设想，以后由于"四人帮"发动了"反击右倾翻案风"运动，大肆批判教育领域的"黑线回潮"而未能实现。

1977年6月29日到7月15日，粉碎"四人帮"后的第一次全国高等学校招生工作座谈会在山西太原召开。与会代表通过揭发和批判"四人帮"破坏教育事业的罪行，开始认识到"文化大革命"中实行的高校招生制度的弊端。但因为这时"两个凡是"的精神枷锁还未打破，"两个估计"还未否定，因此会议报告强调高校招生仍然沿用"文化大革命"期间的那一套办法。报告结束后，会内会外议论纷纷，许多人表示推荐选拔制度再也不能继续下去了。但是教育部却没有勇气提出恢复高考招生制度。

8月4日，教育部向国务院报送太原会议形成的《关于1977年高等学校招生工作的意见》中，规定："高等学校招生的主要对象是选拔具有2年以上实践经验的优秀工农兵入学，同时也要招收有研究才能、钻研有成绩的应届高中毕业生直接上大学"，"试招人数约占今年招生人数的2%～5%（约4000人到10000人左右），试招学生的办法同招收工农兵学员一样，仍是自愿报名，群众推荐，领导批准，学校复审"。《意见》还规定："从今年起，高等学校普通班招收学生，要逐步提高文化要求，一般要有高中毕业或相当于高中毕业的文化水平。"

在此期间，历史发展出现了新的契机。1977年7月中旬，在中共十届三中全会上，邓小平恢复工作，重新担任中共中央副主席、国务院第一副总理、中央军委副主席兼中国人民解放军总参谋长。在中央工作分工时，他主动提出要主管科学技术和教育工作。7月29日，邓小平指示教育部召开一次科学和教育工作座谈会，这是他复出后抓的第一件大事。他说："要找一些敢说话有见解的，不打棍子，不戴帽子，不是行政人员，在自然科学方面有才华的教学人员参加座谈会，而且这些人与'四人帮'没有牵连。"邓小平指出：是否废除高中毕业生一定要劳动两年才能上大学？在中学、小学到工厂去，到农村去劳动，在中小学完成了劳动任务，为什么还要集中搞两年劳动？要坚持考试，尤其是重点学校一定要坚持，不合格的要留级，要有鲜明的态度。

这次科学和教育座谈会由邓小平主持。8月4日会议开始时，邓小平说："召开这次科学和教育座谈会的目的，就是请大家一起来研究和讨论科学研究怎样搞得更好些更快些，教育怎么才能适应我国四个现代化建设的要求，适应赶超世界水平的要求。"会议期间，邓小平自始至终参加讨论，听取发言，表示了高度重视。

由于这次座谈会由邓小平主持，与会的科教工作者再也不用担心有人"抓辫子、打棍子、戴帽子"了，大家心情舒畅，精神振奋，畅所欲言，一吐为快。一方面，充分肯定了"文化大革命"以前教育系统取得的巨大成绩、批判了"文化大革命""大革文化的命"对教育系统造成的严重危害。另一方面，鉴于"文化大革命"中形成的高校招生制度使人才匮乏现象愈益突出，对废除文化考试、靠"推荐上大学"这种做法十分不满，认为它不利于选拔人才和培养人才，违背了人才成长的正常规律。

在座谈会上，当有的教育工作者谈到清华大学的教育质量时，极为忧虑地说，现在很多人小学毕业程度，补习了8个月就学大学的课程，读3年大学，毕业生的质量根本无法保证。邓小平听了，很不满意这种情况，他寓意深刻地尖锐指出：那就应当称"清华中学"、"清华小学"。

8月6日，武汉大学查全性在发言中十分明确地指出，必须改进大学招生办法。他认为："招生是保证大学教育质量的第一关，它的作用好像工厂原材料的检验一样，不合格的原材料，就不可能生产出合格的产品。大学新生质量没有保证，其原因之一是中小学的质量不高，二是招生制度有问题，主要矛盾还是招生制度。不是没有合格人才可以招收，而是现行制度招不到合格的人才。"

讲到这里，查全性慷慨激昂，大胆痛陈"文化大革命"中形成的高校招生制度有四个严重弊端："第一，埋没了人才，大批热爱科学、有培养前途的青年选不上来，而某些不想读书、文化程度又不高的人却占据了招生名额。第二，现行招生制度卡了工农子弟上大学。群众里流传着：'十七年(指'文化大革命'前的十七年)上大学靠分，现在靠权'。第三，坏了社会风气，而且愈演愈烈。据我所知，今年的招生还没开始，已经有人在请客、送礼、走后门了。如果招生制度不改革，走后门的不正之风就刹不住。第四，严重影响了中小学生和教师们教与学的积极性，现在甚至小学生都知道，今后上大学不需要学文化，只要有个好爸爸……"

为此，查全性强烈呼吁采取坚决措施，从当年开始就改进招生办法，切实保证招收新生的质量。

查全性的发言，触及了全社会关注的"热点"问题，也是这次座谈会要解决的"焦点"问题，实际上也是教育部正面临的"难点"问题，说出了广大人民群众和与会科学、教育工作者的心里话。真是高屋建瓴，气贯长虹，痛快淋漓，大得人心，大快人心，引起了与会代表的强烈共鸣，随即成为当天下午会议讨论的主题。

邓小平当即指示："既然大家要求，那就改过来。"

接着，邓小平问在场的教育部长："关于今年高校招生的报告送出去没有？"

"今天上午刚送出去。"教育部长答道。

"那还来得及追回来。"邓小平的话，掷地有声。

邓小平语气十分坚决地指示："现在就要办，今年就要下决心恢复高考，教育部原来规定，今年招收5%的应届高中毕业生，这个比例要提高，教育部立刻执行。"这就是邓小平永垂史册的"八·八决策"。

邓小平话音刚落，全场顿时响起经久不息的热烈掌声。与会的科学工作者、教育工作者和科教系统的领导干部，甚至为座谈会服务的年轻服务员们，都不约而同地热烈鼓掌。

邓小平铿锵有力，坚决果断，旗帜鲜明的讲话，一下子解决了科教系统多年来想解决而未能解决的问题，受到了科学界和教育界的热烈欢迎。

1977年8月8日，邓小平在科学和教育工作座谈会上发表重要讲话。这就是当代中国教育史上著名的"八·八决策"。

邓小平说：这次召开科学和教育工作座谈会，主要是想听听大家的意见，向大家学习。外行管内行总得要学才行。我自告奋勇管科教方面的工作，中央也同意了。我们国家要赶上世界先进水平，从何着手呢？我想，要从科学和教育着手。科学当然包括社会科学，虽然这次会议因为时间仓促没有邀请社会科学家。通过这次座谈会，我了解了一些情况，也开始了解了当前应该首先解决的一些问题。有些问题大家可能没有全讲出来，或者没有时间完全讲清楚，好在以后还有机会讲。下面我讲几点个人的意见：

对建国以后的十七年怎样估计，这是大家很关心的问题。这个问题在科研方面基本上得到了解答，大家不满意的是在教育方面。这是一个应当回答的问题。

我个人认为，毛泽东同志在"文化大革命"以前的大部分时间里，对科学研究工作、文化教育工作的一系列指示，基本精神是鼓励，是提倡，是估计到我们知识分子中的绝大多数是好的，是为社会主义服务或者愿意为社会主义服务的。在1957年以后讲过一些过头话，但在60年代初期，他还是支持科学14条、高等学校60条这些的。我们要把毛泽东同志在教育方面的主导思想，在知识分子问题上的主导思想讲清楚。毛泽东思想是我们一切领域的指导思想，应当从总体方面完整地准确地表达出来。这是很重要的。对全国教育战线十七年的工作怎样估计？我看，主导方面是红线。应当肯定，十七年中，绝大多数知识分子，不管是科学工作者还是教育工作者，在毛泽东思想的光辉照耀下，在党的正确领导下，辛勤劳动，努力工作，取得了很大成绩。特别是教育工作者，他们的劳动更辛苦。现在差不多各条战线的骨干力量，大都是建国以后我们自己培养的，特别是前十几年培养出来的。如果对十七年不作这样的估计，就无法解释我们所取得的一切成就了。

就知识分子的世界观改造方面来说，应该怎样估计呢？世界观的重要表现是为谁服务。我国的知识分子绝大多数是自觉自愿地为社会主义服务的。反对社会主义的是极少数，对社会主义不那么热心的也只是一小部分。当然，历史不断前进，人们的思想也要不断改造。不仅从旧社会过来的知识分子要改造，就是建国以后培养出来的知识分子也要继续改造。不仅是知识分子的思想要继续改造，工人农民和共产党员的思想也要继续改造。这是毛泽东同志早就说过了的。

在谈到调动科学和教育工作者的积极性问题时，邓小平批驳了那种认为脑力劳动不算劳动、只有体力劳动才算劳动的谬论：

解决了对十七年的估计问题，恐怕至少在精神上可以使大家放下包袱。就今天的现状来说，要特别注意调动教育工作者的积极性，要强调尊重教师。

我国科学研究的希望，在于它的队伍有来源。科研是靠教育输送人才的，一定要把教育办好。我们要把从事教育工作的与从事科研工作的放到同等重要的地位，使他们受到同样的尊重，同样的重视。一个小学教师，把全部精力放到教育事业上，就是很可贵的。要当好一个小学教师，付出的劳动并不比一个大学教师少，因此小学教师同大学教师一样光荣。对于终身为教育事业服务的人，应当鼓励。我建议，明年开个全国教育大会，总结交流办学经验，奖励有成就的大学、中学、小学教师。这样的会多年没有开了。

无论是从事科研工作的，还是从事教育工作的，都是劳动者。不是讲脑力劳动、体力劳动吗?科研工作、教育工作是脑力劳动，脑力劳动也是劳动嘛。有位科学家反映，现在在农业科学院种庄稼不算劳动，要到农村种庄稼才算劳动。这真是怪事。好多农业院校自己培育品种，自己种田，怎么不是劳动?科学实验也是劳动。一定要用镙头才算劳动?一定要开车床才算劳动?自动化的生产，就是整天站在那里看仪表。这也是劳动。这种劳动同样是费力的，而且不能出一点差错。要把这类问题讲清楚，因为它同调动知识分子的积极性有关。

在谈到"要尊重劳动，尊重人才"时，邓小平指出:毛泽东同志不赞成"天才论"，但不是反对尊重人才。他对我评价时就讲过"人才难得"。扪心自问，这个评价过高。但这句话也说明人才是重要的，毛泽东同志是尊重人才的。你们讲科研机构要出成果、出人才，教育战线也应该这样。中小学教师中也有人才，好的教师就是人才。要珍视劳动，珍视人才，人才难得呀!要发挥知识分子的专长，用非所学不好。有人建议，对改了行的，如果有水平，有培养前途，可以设法收一批回来。这个意见是好的。"四人帮"创造了一个名词叫"臭老九"。"老九"并不坏，《智取威虎山》里的"老九"杨子荣是好人嘛!错就错在那个"臭"字上。毛泽东同志说，"老九"不能走。这就对了。知识分子的名誉要恢复。

针对有的同志提出应当有奖惩制度的建议，邓小平认为:这个意见也对。但是要补充一点，就是重在鼓励，重点在奖。有的人在科学研究上很有成就，为我们国家作出了贡献，这样的人要不要鼓励?我看要。有的人一头钻到科研里面埋头苦干，应当鼓励。如果这也成了一条罪状，那怎么行?他们可能有些缺点，领导工作者要经常同他们谈谈心，政治上思想上帮助帮助。不要求全责备。毛泽东同志说过，要打破"金要足赤，人要完人"的形而上学思想。这是马克思主义者的态度，是彻底的唯物主义者的态度。对于犯了错误的人，有的需要有适当的惩处。但不要强调惩处，要强调帮助，满腔热情地帮助他们改正错误，帮助他们进步。

邓小平说：对知识分子除了精神上的鼓励外，还要采取其他一些鼓励措施，包括改善他们的物质待遇。教育工作者的待遇应当同科研人员相同。假如科研人员兼任教师，待遇还应当提高一点，因为付出的劳动更多嘛。讲按劳分配，无非是多劳多得，少劳少得，不劳不得。这个问题从理论到实践，有好多具体问题要研究解决。这不仅是科学界、教育界的问题，而且是整个国家的重大政策问题。

在谈到科教体制、机构问题时，邓小平指出：座谈中反映比较强烈的，是要求有一个统管科学工作的机构。教育有教育部管，科学方面大家提出要恢复国家科委。应当肯定，过去国家科委的工作方针是正确的，是1963年毛泽东同志听了聂荣臻同志的汇报后批准了的。就在那次汇报会上，毛泽东同志讲到要打科学技术这一仗，不打好这一仗，生产力无法提高。……我国现在科研人员少，队伍小，比不上那些发达的大国，这点我们要承认。美国科研队伍有120万人，苏联前年的资料是90万人，现在又增加了。我们是20多万人。但是，正像有的同志说的，只要我们充分发挥社会主义制度的优越性，把力量统一地合理地组织起来，人数少，也可以比资本主义国家同等数量的人办更多的事，取得更大的成就。这次科学院起草了一个发展科学技术的八年规划，也许还要按照大家的意见补充，但是有总比没有好。这个规划中央打算先不批发，由科学院发下去试行。

在谈到科研部门、教育部门都有一个调整问题时，邓小平强调：调整当中，具体问题很多，第一位的是配备好领导班子。我提出一个单位有三个人要选得好。党委统一领导，书记很重要，一定要选好，这是第一个人。第二个是领导科研或教学的人，要内行，至少是接近内行或者比较接近内行的外行。还有一个管后勤的，应当是勤勤恳恳、扎扎实实、甘当无名英雄的人。有了这样的三把手，事情就比较好办了，下面单位的调整、计划的执行等等，就可以比较顺利地进行了。

在谈到要保证科研时间，使科研工作者能把最大的精力放到科研上去时，邓小平说：会上提出一周要有六分之五的时间搞科研，我加了"至少"两个字，你们又加上"必须"两个字。好！科学院文件下发时就加上这四个字。我看，有人一头钻到科研里面，应当允许。有人7天7夜搞科研，为什么不可以？

在谈到教育制度和教育质量问题时，邓小平指出：今年就要下决心恢复从高中毕业生中直接招考学生，不要再搞群众推荐。从高中直接招生，我看可能是早出人才、早出成果的一个好办法。[1]

为了贯彻落实邓小平的"八·八决策"，8月13日，教育部在北京召开了1977年第二次全国招生工作会议。由于招生制度的改革必然会改变1000多万上山下乡知识青年和大批回乡青年的前途命运，必然会改变600万应届高中毕业生的前途命运，必然会改变社会各界广大青年的前途命运，因而成为一件牵一发而动全局的大事。由于政治上的"两个凡是"和教育系统的"两个估计"仍然束缚着人们的头脑和思想。所以，第二次全国招生工作会议虽然开了很长时间，不仅没有坚决果断、大刀阔斧、雷厉风行地全面贯彻落实邓小平的"八·八决策"讲话精神，不仅没有完成形势发展赋予的改革不合理的高校招生制度的历史任务，不仅没有在教育系统的拨乱反正问题上率先突破，反而大有仍然照搬"文化大革命"已经形成的被实践检验是落后于历史前进步伐的高校招生制度的趋势。这次会议开成这个样子，引起了许多要求改革的与会者的强烈不满。

这种情况说明，改革——每前进一步都是多么的艰难呵！在会议的领导层中，勇于理论创新和实践创新的人并不多，而习惯于传统思维和传统做法的人却并不少。

针对第二次全国招生工作会议上的情况，焦虑的人们写下了这样的诗句：

招生会议两度开，

众说纷纭难编排。

虽说东风强有力，

---

[1]《邓小平文选》第二卷，第48—55页。

玉门紧闭吹不开。

玉者，育也；玉门，即恢复高校招生考试制度之门也。

当时，《人民日报》是勇敢地站在时代大潮前列，为思想解放、拨乱反正、改革开放而冲锋陷阵、所向披靡的人民喉舌。《人民日报》记者往往得风气之先，思想敏锐，善于抓住人民群众关心的焦点问题。出席第二次全国招生工作会议的一位《人民日报》记者穆扬发现了这次招生工作会议的不正常情况，向教育部负责人反映了大家的看法，并要求把不同的意见向上反映。教育部负责人同意了他的要求。9月3日，穆扬邀请6位曾经出席过1971年全国教育工作会议，比较了解"两个估计"出笼经过，并坚决拥护邓小平"八·八讲话"的省部级科教部门负责人进行座谈。在座谈中，大家普遍认为：不推翻"两个估计"，这次招生会议就难以达到预期的目的。"两个估计"严重挫伤了广大教育工作者的积极性，伤害了他们的感情，是阻碍教育系统肃清"四人帮"的流毒、实现适应形势发展需要的历史性转变的症结所在。

座谈会结束后，穆扬连夜赶写了一份反映大家意见的内参稿，又征求了《人民日报》另一位记者的意见，交给《人民日报》以《意见汇编·特刊》的形式上报中央。

真理总是在历史发展的关键时刻出现。

邓小平看到《人民日报》记者上报的这份反映第二次全国招生工作会议情况的材料后，立即毫不迟疑地作出了敏锐的反应。

1977年9月19日，邓小平召见教育部主要负责同志，作了具有里程碑意义的重要谈话。邓小平在谈话中严肃阐述教育系统的拨乱反正问题，尖锐地指出了教育部在教育系统拨乱反正问题上的顾虑重重和裹足不前。

邓小平指出：

最近《人民日报》记者找了6位参加过1971年全国教育工作会议的同志座谈，写了一份材料，讲了《全国教育工作会议纪要》产生的经过，很可以看看。《纪要》是姚文元修改、张春桥定稿的。当时不少人对这个《纪要》有意见。《人民日报》记者写的这份材料说明了问题的真相。

《纪要》里讲了所谓"两个估计"，即"文化大革命"前十七年教育战线是资产阶级专了无产阶级的政，是"黑线专政"；知识分子的大多数世界观基本上是资产阶级的，是资产阶级知识分子。这个问题究竟怎么看？建国后的十七年，各条战线，包括知识分子比较集中的战线，都是以毛泽东同志为代表的路线占主导地位，惟独你们教育战线不是这样，能说得通吗？《纪要》是毛泽东同志画了圈的。毛泽东同志画了圈，不等于说里面就没有是非问题了。我们不能简单地处理。1976 年'天安门事件'中关于我的问题的决议，毛泽东同志也是画了圈的。天安门事件涉及那么多人，说是反革命事件，不行嘛！说我是天安门事件的后台，其实，当时我已经不能同外界接触了。《纪要》引用了毛泽东同志的一些话，有许多是断章取义的。《纪要》里还塞进了不少"四人帮"的东西。对这个《纪要》要进行批判，划清是非界限。我们要准确地完整地理解毛泽东思想的体系。我提出这个问题，可有人反对哩！大家知道，对马克思列宁主义，应该准确地完整地理解它的体系。对毛泽东思想就不这样？也应该如此嘛，否则非犯错误不可。毛泽东同志在延安为中央党校题词，就是"实事求是"四个大字，这是毛泽东哲学思想的精髓。

"两个估计"是不符合实际的。怎么能把几百万、上千万知识分子一棍子打死呢？我们现在的人才，大部分还不是十七年培养出来的？原子弹是1964 年搞成功的。氢弹虽然是 1967 年爆炸的，但也不是一下子就搞出来的。这些都是聂荣臻同志抓那个 1956 年制订的十二年科学规划打下的基础。你们的思想没有解放出来。你们管教育的不为广大知识分子说话，还背着"两个估计"的包袱，将来要摔筋斗的。现在教育工作者对你们教育部有议论，你们要心中有数。要敢于大胆讲话。我在 8 月 8 日科学和教育工作座谈会上的那篇讲话，是个大胆的讲话，当然也照顾了一点现实。对我的讲话，有人反对，这不要紧。一个方针政策，总会有人反对和不同意的。他们敢讲出来就好，可以开展辩论嘛！

1971 年全教会时，周恩来同志处境很困难。1972 年，他和一位美籍中国物理学家谈话时，讲要从应届高中毕业生中直接招收大学生。在当时的情况下，提出这个问题是很勇敢的。这是要教育部门转弯子，但是教育部门没有转过来。为什么要直接招生呢？道理很简单，就是不能中断学习的连续性。18 岁到 20 岁正是学习的最好时期。过去我和外宾也讲过，中学毕业后劳动两年如何如何好。实践证明，劳动两年以后，原来学的东西丢掉了一半，浪费了时间。采取直接招生的办法，并不是不要劳动，劳动可以在中小学就注意。从青少年起教育他们热爱劳动有好处。到大学以后，重点是结合学习搞对口劳动。到农村劳动也可以搞一点，但不能太多。

毛泽东同志的七二一指示要正确地去理解。七二一大学、共产主义劳动大学，各省自己去搞，办法由他们自己定，毕业生不属国家统一分配范围。但是清华大学、北京大学恐怕不能这样办，并不是所有大学都要走上海机床厂的道路，毛泽东同志一贯强调要提高科学文化水平，从来没有讲过大学不要保证教育质量，不要提高科学文化水平，不要出人才。

教育部要争取主动。你们还没有取得主动，至少说明你们胆子小，怕又跟着我犯"错误"。我知道科学、教育是难搞的，但是我自告奋勇来抓。不抓科学、教育，四个现代化就没有希望，就成为一句空话。抓，要有具体政策、具体措施，解决具体的思想问题和实际问题。你们要放手去抓，大胆去抓，要独立思考，不要东看看，西看看。把问题弄清楚，该怎么办就怎么办。该自己解决的问题，自己解决；解决不了的，报告中央。教育方面的问题成堆，必须理出个头绪来。现在群众劲头起来了，教育部不要成为阻力。教育部首要的问题是要思想一致。赞成中央方针的，就干；不赞成的，就改行。

你们起草的招生文件写得很难懂，太繁琐。关于招生的条件，我改了一下。政审，主要看本人的政治表现。政治历史清楚，热爱社会主义，热爱劳动，遵守纪律，决心为革命学习，有这几条，就可以了。总之，招生主要抓两条：第一是本人表现好，第二是择优录取。

总之，教育部要思想解放，争取主动。过去讲错了的，再讲一下，改过来。拨乱反正，语言要明确，含糊其辞不行，解决不了问题。办事要快，不要拖。[1]

邓小平的"九·一九谈话"，一言九鼎，字字千钧，是中国教育系统粉碎"四人帮"以后拨乱反正的一个纲领性文献。这篇谈话，通篇贯穿着马克思主义实事求是的精神和令人信服的逻辑力量，迸射着具有强烈震撼性的科学真理的光芒。

教育部负责人随即向出席招生会议的代表作了传达，大家欣喜若狂，欢

---

[1]《邓小平文选》第二卷，第66—71页。

声雷动，或连夜往本省教育厅(局)打电话报告喜讯，或千方百计找来文件传抄原文，或写信详述招生制度的根本性转折，或告诉亲戚、朋友、学生赶快复习功课，准备参加高考。

大政治家的讲话确实不同凡响。邓小平的"九·一九谈话"，以其直指时弊的雄才大略和政治家气魄，震撼了整个中国教育系统，也震撼了整个中华大地。它使第二次招生工作会议得以圆满结束，恢复高考的有关政策和规章制度得到了明确的结果。

1977 年 10 月 5 日，中共中央政治局讨论了新的招生工作文件。随后，中共中央副主席叶剑英、邓小平和其他中央领导同志接见了出席第二次招生工作会议的代表。

10 月 12 日，国务院批转了教育部第二次招生工作会议形成的《关于1977 年高等学校招生工作的意见》。文件规定：凡是工人、农民、上山下乡和回乡知识青年、复员军人、干部和应届高中毕业生均可报考。对于实践经验比较丰富，并钻研有成绩或确有专长的，年龄可放宽到 30 岁，婚否不限，要注意招收 1966、1967 年两届毕业生。新的招生制度实行德、智、体全面衡量，择优录取的原则，采取自愿报名，统一考试(省、市、自治区拟题，县、区统一组织考试)、地市初选，学校录取，省、市、自治区批准的办法。

恢复高考的消息通过中央人民广播电台和《人民日报》传遍祖国大地后，犹如春雷滚滚，极大地震撼了每个有志青年的心灵。一时间，大有"万千卧龙起陇庙"、"万千诸葛出茅庐"之势，广大有志青年从劳作的田间、地头、工厂、矿山，从军队的营房……一遍又一遍地倾听中央人民广播电台里的声音，然后又找来报纸一遍又一遍地琢磨其中可能改变自己命运的深刻内涵。他们的心情是那样激动，一个个热泪盈眶而不能自已。许多人听到这一消息的瞬间，竟然犹如梦中一般。久违了的各种高中课本，重新从床下的废物堆中翻了出来，琅琅的读书声取代了"读书无用论"的歪理邪说。图书馆、新华书店里人头攒动，成为最拥挤、最热闹的地方。一时间洛阳纸贵。社会上出现了各种各样的辅导班、补习班。可以毫不夸张地说，邓小平恢复高考的这一重大决策，从某种程度上一下子改变了整个中国的面貌——青年人准备复习参加高考，在校生开始认真学习，人民教师开展认真教书，家家户户都在盼望着能够培养出大学生来。这不是一下子改变了中国的面貌吗!？

然而，就在很多人紧张复习的同时，也有人心有余悸，他们担心难以通过政审，再一次被大学拒之门外。

若干年后，当时参加了招生文件起草工作的一位国家教育部工作人员回顾说："由于起草招生文件时害怕犯只专不红的错误，结果受到了邓小平的批评。强调考试了，会不会冲淡政治?会不会让人说你只重视智育，不重视德育?怕人家扣这个帽子，所以对政审的规定都写得非常详细，什么拥护共产党，走社会主义道路，参加集体劳动，讲究卫生……把能想到的都写上了。这个稿子当时送给小平同志了，小平同志看了非常气愤，他连说了三个繁琐，而且把我们起草的这一段全都划掉，现在我们招生条例上写的政审条件基本上就是小平同志修改的。"

经邓小平亲自修改的政审条件，几乎使所有人都获得了平等的权利，实际上开始了对"以阶级斗争为纲"的拨乱反正。恢复高考，使1966年至1976年整整积压了10年的高中毕业生重新获得了上大学读书、深造的机会。同时，也是一次大规模的思想解放和精神解放。但是，组织如此大规模的考试，需要一笔很大的费用。国家几乎动员了全社会的力量来支持这场考试。国家教育部的同志回顾说："我们觉得如果要考试，比方要印卷子，要评卷子，总要一部分钱，全靠国家拿也是很困难的。我们希望报名费能够在一元钱。当时政治局讨论说，不要增加群众的负担，收五毛钱就行了，这都是政治局讨论决定的。"

关于高考，"都讨论完了，好像什么问题都没有了，但最后出了一个问题，没有纸张，这么多人要考试，上哪儿弄纸啊?当时纸张很缺。最后为这么一件事还请示中央，最后中央决定，可以挪用印刷《毛泽东选集》第五卷的纸来印高考试卷。"在那个年代，这可以算是最高待遇了。

1977年冬天，在邓小平亲自领导和推动下，被"文化大革命"这场历时10年的"内乱"关闭了10年之久的高考考场大门终于面向广大莘莘学子重新敞开。570万名考生走进了考场，加上1978年夏季的考生，共有1160万人参加了这场公平竞争的高考。迄今为止，这一世界考试史上考生最多的"奥林匹克纪录"还从未被任何国家打破过。它将永远作为历史的一页、历史的见证，留给后人以深深的启迪和思索。

邓小平果断恢复高考的战略决策，顺民意，得民心，改变了整个中国的面貌和整整一代甚至几代中国青年的命运。自恢复高考以后到 2006 年的 20 多年中，中国一共有 5800 多万青年人参加了高考，录取了 1100 多万人。据初步估计，800 多万人已经完成了学业，走上了工作岗位，20 多年中，中国培养出 28000 多名博士生和 31 万名硕士生。这些大学毕业生、硕士和博士，正在作为党和国家各个部门、社会各个领域、社会各个行业的中坚力量和栋梁之才，为中国的改革开放和社会主义现代化建设的蓬勃发展，展示着骄人的才华，贡献着无尽的力量。

改革开放和社会主义现代化建设，需要大批懂得和掌握世界上最新科学技术的专业人才。为此，邓小平于 1978 年 6 月 23 日在听取国务院和教育部负责同志汇报工作时的谈话中，又提出了加快派遣留学生工作步伐的重要战略思想。

根据邓小平的决策，国务院和教育部拟定了相应的政策和措施，中国向其他国家派遣留学生的工作有了长足的发展。大批留学生学成归国以后，为中国的改革开放、经济建设和赶超世界先进科学水平，作出了积极的贡献。

邓小平作为一位具有丰富政治经验的党和国家领导人，他在恢复工作以后，首先以科教系统为"突破口"，拨乱反正，引起了极为强烈的社会反响，受到了全国人民的热烈拥护，大得党心、大得民心。拨乱反正以科教系统为开端大见成效以后，迅即在全国各个方面逐步展开。

8.真理标准大讨论

邓小平对这场讨论明确表示肯定和支持，他说：有一种议论，叫做"两个凡是"，不是很出名吗？凡是毛泽东同志圈阅的文件都不能动，凡是毛泽东同志做过的、说过的都不能动。这是不是叫高举毛泽东思想的旗帜呢？不是！这样搞下去，要损害毛泽东思想。

1978年5月11日《光明日报》发表《实践是检验真理的唯一标准》一文。

历史的发展，呼唤着中国共产党思想路线拨乱反正的深入。在全党全国人民强烈要求彻底否定"文化大革命"的历史潮流推动下，在中国共产党为拨乱反正，恢复马克思主义思想路线、政治路线和组织路线而进行的艰巨斗争中，一场具有重要现实意义和深远历史意义的思想解放运动终于来临了。

早在粉碎"四人帮"后不久，坚持"文化大革命"错误理论和实践、主张维护"无产阶级专政下继续革命理论"的人，就提出了"两个凡是"的错误方针。1977年5月24日，邓小平在同中央两位同志的谈话中，旗帜鲜明地指出，"两个凡是"不符合马克思主义。

1978年5月11日，《光明日报》发表《实践是检验真理的唯一标准》的特约评论员文章。当天，新华社转发了这篇文章。12日，《人民日报》和《解放军报》同时转载。该文论述了马克思主义的实践第一的观点，强调检验真理的标准只能是社会实践，理论与实践的统一是马克思主义的一个最基本的原则，任何理论都要不断接受实践的检验等马克思主义的基本原理，实际上批评了"两个凡是"的错误方针。这篇文章的发表，引发了关于真理标准问题的讨论。这场讨论，受到坚持"两个凡是"错误方针的同志的压制，但由于邓小平等多数中央领导人的积极领导和支持，讨论在全国范围内逐步展开。

《光明日报》发表"特约评论员"文章，系统阐述实践是检验真理的唯一标准，这是从理论上对"两个凡是"的否定。由于这篇文章在全党引起了强烈反响，华国锋指示中央宣传部门的某些负责人，对这场讨论"不表态"、"不卷入"。当时中央分管宣传工作的汪东兴在一些会议上点名指责这篇文章的矛头是指向毛主席思想的，批评刊登这篇文章的报社负责同志缺乏党性，并质问这是哪个中央的意见。他还针对当时全党要求拨乱反正、肃清"四人帮"流毒的历史性潮流，提出了一不要砍旗、二不要丢刀子、三不要来180度的转变的三句话。还有人认为，《实践是检验真理的唯一标准》这篇文章在理论上是荒谬的，在思想上是反动的，在政治上是砍旗的。但广大干部、群众则对这篇文章持肯定态度。

1978年6月2日，邓小平在中国人民解放军全军政治工作会议上发表重要讲话，强调指出："我们党有很多同志坚持学习马列主义、毛泽东思想，坚持把马列主义的普遍真理同革命实践相结合的原则，这是很好的，我们一定要继续发扬。但是，我们也有一些同志天天讲毛泽东思想，却往往忘记、抛弃甚至反对毛泽东同志的实事求是、一切从实际出发、理论与实践相结合的这样一个马克思主义的根本观点、根本方法。不但如此，有的人还认为谁要是坚持实事求是，从实际出发，理论和实践相结合，谁就是犯了弥天大罪。他们的观点，实质上是主张只要照抄马克思、列宁、毛泽东同志的原话，照抄照转照搬就行了。要不然，就说这是违反了马列主义、毛泽东思想，违反了中央精神。他们提出的这个问题不是小问题，而是涉及怎么看待马列主义、毛泽东思想的问题。"[1]

邓小平还进一步阐明，从社会实践中产生的思想，是否正确地反映了客观外界的规律，只有放到社会实践中去，经过实践的检验，才能证明究竟是正确的还是错误的，此外再无别的检验真理的办法。这是对《实践是检验真理的唯一标准》一文的明确肯定和有力支持。

邓小平的这篇讲话，以高屋建瓴之势，旗帜鲜明地批评了"两个凡是"的错误方针，坚决地肯定和支持了关于真理标准问题的讨论，引起了强烈的反响，有力地推动了思想解放运动的历史潮流奔腾向前。

邓小平在全军政治工作会议上的讲话公开发表以后，中共中央委员、中央军委秘书长罗瑞卿极为重视，指示《解放军报》要根据邓小平讲话精神，组织编发一篇有分量的评论员文章，阐述邓小平讲话的基本思想。在此期间，《解放军报》收到中央党校一位理论工作者的文稿《马克思主义的一个最基本的原则》。该文比较系统地从理论上回答了对于坚持实践是检验真理的唯一标准的原则所提出的种种责难。《解放军报》负责人看了文稿后，觉得十分符合邓小平讲话的精神，就将文稿送给罗瑞卿审阅。罗瑞卿看了清样后，对这篇文章表示了坚决支持，认为这篇文章很有针对性，指示《解放军报》负责人对这篇文章"要精心修改，使内容更充实，理论水平更高，什么时候改好，什么时候发表，不要抢时间。"在当时的情况下，发表这篇文章具有一定的风险。为此，罗瑞卿特意嘱咐《解放军报》负责人同作者商量，建议在文章中多引用毛泽东和邓小平的论述，做到"立论更稳，无懈可击"。这篇文章定稿后，罗瑞卿给《解放军报》负责人打电话说："发表这篇文章可能有人反对，准备驳。不要紧，出了问题首先由我负责。要打板子打我的。"

---

[1]《邓小平文选》第二卷，第114页。

6月24日，这篇文章以"特约评论员"名义在《解放军报》发表，产生了重大影响，受到了广大干部、群众的好评，进一步推动了思想解放运动的发展。

后来，胡耀邦曾在1981年9月25日与文艺界同志的一次谈话中披露："第一篇文章改了好多次。第二篇文章是党校同志写的，我没有参加，由军委秘书长罗瑞卿定稿。罗就此稿至少和我通了6次电话。"胡耀邦提到的"第一篇文章"是指《光明日报》发表的《实践是检验真理的唯一标准》，"第二篇文章"是指《解放军报》发表的《马克思主义的一个最基本的原则》。

1978年7月22日，邓小平找胡耀邦谈话，态度明确、旗帜鲜明地支持胡耀邦发动的关于实践是检验真理的唯一标准的讨论。第二天，胡耀邦向中央党校《理论动态》组的几位同志传达说：小平同志说，他原来没有注意这篇文章，后来听说有不同意见，就看了一下。这篇文章是马克思主义的。还谈到，争论不可避免，争得好，根源就是"两个凡是"。

1978年9月，邓小平访问朝鲜。回国后，在东北地区视察工作，沿途向各省的党政军负责同志宣传、阐述恢复和发展党的实事求是思想路线的重要性。

9月16日，邓小平在听取□共吉林省委常委工作汇报后发表的重要谈话中，十分尖锐地指出：

有一种议论，叫做"两个凡是"，不是很出名吗？凡是毛泽东同志圈阅的文件都不能动，凡是毛泽东同志做过的、说过的都不能动。这是不是叫高举毛泽东思想的旗帜呢？不是！这样搞下去，要损害毛泽东思想。毛泽东思想的基本点就是实事求是，就是把马列主义的基本原理同中国革命的具体实践相结合。毛泽东同志在延安为中央党校题了"实事求是"四个大字，毛泽东思想的精髓就是这四个字。毛泽东同志所以伟大，能把中国革命引导到胜利，归根到底，就是靠这个。[1]

邓小平在讲话中，还提出要及时根据历史的发展、时代的前进，在新的历史条件下发展毛泽东思想的问题。邓小平从辩证唯物主义和历史唯物主义的高度阐述了马克思主义的实践第一的基本观点，批判了思想僵化的观点。进一步指出了"两个凡是"的错误实质，批评了思想僵化现象。这是邓小平

---

[1]《邓小平文选》第二卷，第126—127页。

在真理标准问题讨论关键时刻的又一次极为重要的谈话。

邓小平在东北的重要谈话传达以后，各省、市、自治区的主要领导人纷纷表态，支持真理标准问题的讨论。从1978年9月下旬到11月，就有21个省、市、自治区党委负责人发表支持真理标准问题讨论的谈话。

9.改革开放的宣言书

1978 年年底，邓小平在中央工作会议闭幕会上的讲话，阐述了一系列新的思想和观点，实际上是中共十一届三中全会的主题报告，成为当代中国改革开放的宣言书。

经过真理标准讨论，全党全国人民的思想获得了空前的大解放。这样，就为实现新中国建立后历史性的伟大转折奠定了强大的政治基础、坚实的理论基础和广泛的思想基础。

1978 年 11 月 10 日至 12 月 15 日，中共中央在北京召开了长达 36 天的中央工作会议。参加会议的有各省、市、自治区和大军区的主要负责人，中央党、政、军各部门和群众团体的主要负责人 210 多人。

在中央工作会议开幕之前，中共中央政治局常委会举行会议，议定中央工作会议的主题。华国锋提出了农业问题、今后两年国民经济计划的安排问题和召开国务院务虚会问题等三项议题。邓小平在会上的讲话中则指出，"只有解决好思想路线问题，才能提出新的正确政策"。同时，邓小平建议中央工作会议在讨论华国锋提出的三项议题之前，先讨论全党工作重点的转移问题。中央政治局常务委员会同意了邓小平的意见。

1978 年 11 月 10 日，中央工作会议正式开幕。

华国锋首先讲话，并宣布会议的三项议题：

一、讨论如何进一步贯彻执行以农业为基础的方针，尽快把农业生产搞上去的问题，讨论《关于加快农业发展速度的决定》和《农村人民公社工作条例(试行草案)》两个文件。

二、商定 1979、1980 两年国民经济计划的安排。

三、讨论李先念在国务院务虚工作会上的讲话。

按照以上的三项议题，这次中央工作会议与以往的中央工作会议一样，只是一次研究、讨论经济问题的会议。预定半个月结束。

在宣布三项议题之后，根据邓小平在中共中央政治局常委会上的提议和政治局常委会的一致意见，华国锋又代表中共中央政治局常委提出：

"在讨论上面这些议题之前，先讨论一个问题，这就是在新时期总任务总路线指引下，从明年一月起把全党工作重点转移到社会主义现代化建设上来的问题。"

"这是关系全局的问题，是我们这次会议的中心。"

按照华国锋的意见，这次中央工作会议先用两三天时间讨论邓小平提出的全党工作重点转移问题，然后就转入预定的农业问题、国民经济计划安排问题等具体经济问题的讨论。

然而，正是邓小平关于讨论全党工作重点转移的意见和中央工作会议对这个问题的热烈讨论，在中央工作会议上开启了汹涌澎湃的思想解放洪流的闸门，扭转了会议预定的方向，使这次会议和接着召开的中共十一届三中全会，成为中国共产党在社会主义时期的一次伟大的历史性转折，成为举世瞩目的当代中国改革开放和社会主义现代化建设的伟大起点，成为中国历史上一个划时代的里程碑。

20 世纪 20 年代入党的老资格无产阶级革命家陈云在东北组的发言中说：中央政治局常委、中央政治局一致主张，从明年起把工作着重点转到社会主义建设上来。实现四个现代化是全党和全国人民的迫切愿望。我完全同意中央的意见。安定团结也是全党和全国人民关心的事。干部和群众对党内是否能安定团结，是有所顾虑的。

陈云指出，华主席说，对于那些在揭批"四人帮"运动中遗留的问题，应由有关机关进行细致的工作，妥善解决。我认为这是很对的。但是，对有些遗留的问题，影响大或者涉及面很广的问题，是需要由中央考虑和作出决定的。对此，中央应该给予考虑和决定。

接着，陈云以坚定有力的语言明确地提出了需要中央工作会议讨论和解决的六个重大历史遗留问题：

一、薄一波同志等六十一人所谓"叛徒集团"一案。他们出反省院是党组织和中央决定的，不是叛徒。

二、1937年7月7日中央组织部关于所谓自首分子的决定这个文件，是我在延安任中央组织部部长(1937年11月)以前作出的，与处理薄一波同志等问题的精神是一致的。我当时还不知道有这个文件，后来根据审查干部中遇到的问题，在1941年也写过一个关于从反省院出来履行过出狱手续，但继续干革命的那些同志，经过审查可给以恢复党籍的决定。这个决定与"七七决定"精神是一致的。这个决定也是中央批准的。我认为中央应该承认"七七决定"和1941年的决定是党的决定。对于那些在"文化大革命"中被错误定为叛徒的同志应给以复查，如果并未发现有新的真凭实据的叛党行为，应该恢复他们的党籍。此外，据我所知，在抗日战争时期和解放战争时期，在敌我边际地带有一个所谓"两面政权"问题。当时党组织决定一些党员在敌伪政权中任职，掩护我党我军的工作。这些党员，在"文化大革命"中也大多被定为叛徒。这是一个涉及数量更大的党员的政治生命问题，也应该由党组织复查，对并无背叛行为的同志应该恢复党籍。

总之，"七七决定"、1941年决定中所涉及的同志和在"两面政权"中做了革命工作的同志，对他们做出实事求是的经得起历史检验的结论，这对党内党外都有极大的影响。不解决这些同志的问题，是很不得人心的。这些同志都已是六七十岁的人了，现在应该解决他们的问题。

三、陶铸同志、王鹤寿同志等是在南京陆军监狱坚持不进反省院，直到七七抗战后由我们党向国民党要出来的一批党员，他们在出狱前还坚持在狱中进行绝食斗争。这些同志，现在或者被定为叛徒，或者虽然恢复了组织生活，但仍留着一个"尾巴"，例如说有严重的政治错误。这些同志有许多是省级、部级的干部。陶铸一案的材料都在中央专案组一办。中央专案组是"文化大革命"时期成立的，他们做了许多调查工作，但处理中也有缺点错误。我认为，专案组所管的属于党内部分的问题应移交给中央组织部，由中央组织部复查，把问题放到当时的历史情况中去考察，做出实事求是的结论。像现在这样，既有中央组织部又有专案组，这种不正常的状态，应该结束。

四、彭德怀同志是担负过党和军队重要工作的共产党员，对党贡献很大，现在已经死了。过去说他犯过错误，但我没有听说过把他开除出党。既然没有开除出党，他的骨灰应该放到八宝山革命公墓。

五、关于"天安门事件"。现在北京市又有人提出来了，而且还出了话剧《于无声处》，广播电台也广播了天安门的革命诗词。这是北京几百万人悼念周总理，反对"四人帮"，不同意批邓小平同志的一次伟大的群众运动，而且在全国许多大城市也有同样的运动。中央应该肯定这次运动。

六、"文化大革命"初期，康生同志是中央文革的顾问。康生同志那时随便点名，对在中央各部和全国各地造成党政机关瘫痪状态是负有重大责任的。康生同志的错误是很严重的，中央应该在适当的会议上对康生同志的错误给以应有的批评。

我提出以上六点，请同志们批评指正。[1]

陈云在发言中，郑重提出的六个问题，实际上是涉及纠正"文化大革命"中及以前的"左"倾错误的重大问题，因此得到与会同志的热烈拥护。

在讨论中，与会同志还提出了"一月风暴"、"二月逆流"、"批邓、反击右倾翻案风"等许多在"文化大革命"中被颠倒了的重大是非问题。

根据与会同志的要求和历史发展的需要，中央政治局常务委员会决定，应当放手让大家讲话，使与会同志能够敞开思想，畅所欲言，敢于讲心里话，讲实在话，这样才能更好地总结工作，肯定成绩，批评错误，分清是非。

于是，许多老同志根据实事求是的原则，在发言中指出了"文化大革命"的错误，并对粉碎江青反革命集团以来华国锋、汪东兴等继续犯的"左"倾错误展开了批评，对今后工作的一些重大决策，提出了许多积极的建议。

根据与会同志，特别是老一代无产阶级革命家在会上提出的问题，中央政治局常务委员会进行了认真的研究和讨论，提出了解决问题的意见；对于与会同志普遍关注的平反冤假错案、解决历史遗留问题，作出了明确的回答。

11月25日，中央工作会议举行第三次全体会议。华国锋、叶剑英、邓

---

[1]《陈云文选》第三卷，第232—234页。

小平、李先念、汪东兴出席会议。华国锋主持会议并代表中央政治局讲话。他说，这次会议发扬民主，开得生动活泼。大家各抒己见，畅所欲言。这样敞开思想讨论问题，是很好的。从明年 1 月起，把全党工作的着重点转移到社会主义现代化建设上来，大家一致赞成，认为中央这个决定是正确、适时的。经过这次会议讨论，全国范围的大规模的揭批"四人帮"的群众运动要在今年内结束，这个问题就这样定下来了。当然，不是一刀切，有的地区和单位结束运动的时间可以晚一些。揭批"四人帮"群众运动结束以后，还会有一些遗留的问题，也要努力解决好，做到善始善终。但是，这都不影响全党工作着重点的转移。他还谈了农业问题和会议对关于农业问题的两个文件的讨论情况，认为把这两个文件搞好，有利于统一思想，尽快地把农业搞上去，推动农业现代化的建设。

然后，华国锋根据中央政治局常务委员会和中央政治局的研究，宣布了对有关冤假错案和历史遗留问题的处理意见。他说，在讨论全党工作着重点转移这个问题的时候，同志们提出了"天安门事件"和"文化大革命"中在中央和地方遗留下来的比较重要的若干问题。这些问题，中央政治局常委过去多次议过，准备加以解决。这几天，中央又研究了大家的意见。现在，我代表中央政治局讲以下几个问题：

(一)关于"天安门事件"问题。粉碎"四人帮"以后不久，中央就着手解决在"天安门事件"和这一类事件中革命群众被迫害的问题。随着揭批"四人帮"运动的深入，这方面的问题大都陆续得到解决。但是，问题解决得还不彻底，还没有为"天安门事件"的性质平反。中央认为，"天安门事件"完全是革命的群众运动，应该为"天安门事件"公开彻底平反。今年 11 月14 日，中央政治局常委批准北京市委宣布：1976 年清明节，广大群众到天安门广场沉痛悼念敬爱的周总理，愤怒声讨"四人帮"，完全是革命行动。对于因悼念周总理、反对"四人帮"而受到迫害的同志要一律平反，恢复名誉。江苏、浙江、河南等省的省委，对同类事件，也作了类似的处理。

(二)实践证明，"反击右倾翻案风"是错误的。中央政治局决定：中央1975 年发的 23、24、26、27 号文件，1976 年发的 2、3、4、5、6、8、10、11 号文件全部予以撤销。贯彻执行这些文件的党委和个人是没有责任的，责任由中央承担(华国锋在 11 月 25 日全体会议上共讲了八个问题，在以后正式传达中增加为九个，其中的第二条即为定稿中新增加的一条——笔者注)。

(三)关于所谓"二月逆流"问题。所谓"二月逆流"，完全是林彪一伙颠倒是非，蓄意诬陷，其目的是为了打倒当时反对他们的几位老帅和副总理，进而打倒周总理和朱委员长。在"九·一三"林彪反革命武装政变彻底破产以后，1971年11月14日，毛主席接见了成都地区座谈会的人员，周总理和叶帅参加了这次接见。当叶帅走进会场时，毛主席说："你们再不要讲他'二月逆流'了。'二月逆流'是什么性质?是他们对付林彪、陈伯达、王、关、戚。"毛主席多次讲过："这件事搞清楚了，不要再讲'二月逆流'。"这就是说，毛主席在那时候，就已经为"二月逆流"翻了案。现在，中央决定，对于由于这个案件受到冤屈的所有同志，一律恢复名誉;受到牵连和处分的所有同志，一律平反。过去各种文件、材料中关于所谓"二月逆流"的不实之词，都应该作废。

(四)关于薄一波同志等"六十一人案件"问题。现已查明，这是一起重大错案。1975年，小平同志主持中央工作时，在一次政治局会议上曾提出，六十一人的问题必须解决，把登"反共启事"的责任归咎于他们是不公道的。当时由于"四人帮"的捣乱和破坏，这个问题没有得到解决。今年1月间，中央政治局常委就议过要为这一案件平反的问题;六七月间，中央要组织部对这一案件进行复查，向中央写出报告，来解决这个问题。中央组织部已于今年11月3日向中央提出报告，其中说："大量事实证明:薄一波同志等在反省院的表现是好的，他们履行敌人规定的手续，登'反共启事'出反省院，是执行党组织的指示，根据登'反共启事'出反省院的问题，定六十一人为叛徒集团，是不正确的。"中央讨论这一问题，决定为这一重大错案平反。关于这个问题，中央还要发一个正式文件。

(五)关于彭德怀同志的问题。彭德怀同志是我们党的一位老党员，曾经担任过党政军的重要领导职务，对党和人民作过重大贡献。他在历史上也犯有大大小小的错误，但是，经过审查，怀疑他里通外国是没有根据的，应予否定。彭德怀同志已于1974年11月29日病逝，他的骨灰应该安放到北京八宝山革命公墓第一室。

(六)关于陶铸同志的问题。陶铸同志也是我们党的一位老党员，在几十年的工作中，对党对人民是有贡献的。经过复查，过去把他定为叛徒是不对的，应予平反。陶铸同志已于 1969 年 11 月 30 日病逝，他的骨灰应该安放到北京八宝山革命公墓第一室。

(七)关于杨尚昆同志的问题。……经过复查，过去把他定为阴谋反党、里通外国是不对的，应予平反。中央决定，恢复杨尚昆同志的党的组织生活，分配工作。

以上讲的，是中央对几个重要案件的处理。至于同志们提出的其他几个在党内担任过重要职务的人的平反问题，不可能都在这次会议上一一予以解决。中央决定，中央专案一办、三办(包括原中央专案二办)和"五·一六"专案联合办公室都要结束工作，全部案件移交中央组织部。末了案件，由中央组织部根据中央处理上述案件的精神，抓紧复查，作出相应的结论。各级党委设立的专案组也应逐步结束工作。他们审查的案件，属于党内问题的，移交给党的纪律检查委员会或党的组织部；属于敌我矛盾的，移交给政法部门。今后不再采取成立专案组审查干部的办法。

(八)关于康生同志和谢富治同志的问题。康生同志和谢富治同志有很大的民愤，党内干部和群众对他们进行揭发和批判是合情合理的。有的同志提议设立专案组审查他们的问题。中央意见，不设立专案组，有关揭发他们的材料，可以送交中央组织部审理。

(九)关于一些地方性重大事件的问题。最近，有的地方提出某些重大事件需要重新处理，比如，武汉的七·二〇事件，河南七·二五问题，四川的产业军问题等等。中央决定，这类地方性的重大事件，一律由各省、市、自治区党委根据情况实事求是地予以处理。中央发过文件的，要将处理意见先报中央批准(湖北省委关于为七·二〇事件平反的请示报告，已经中央批准)处理这些问题时，可以开群众大会，可以发文件。但不要登报，也不在电台广播。这些问题，涉及"文化大革命"运动中曾经分裂为两派的广大群众，一定要慎重周到地处理好，防止重新引起派性斗争。毛主席早就讲过：在工人阶级内部，没有根本的利害冲突。在无产阶级专政下的工人阶级内部，更没有理由一定要分裂成为势不两立的两大派组织。我们要本着毛主席教导的精神，积极引导群众向前看，消除资产阶级派性，做好团结工作。

还有两个问题要讲一讲。一是在"三支两军"(指"文化大革命"中军队奉命到地方支左、支工、支农，对地方进行军事管制、军事训练——笔者注）中有些同志犯了支一派压一派的错误。这个问题要放在当时的历史条件下来看。"三支两军"是中央决定的，总的责任由中央承担。由于林彪、"四人帮"的干扰，加上情况复杂，有些同志犯这种性质的错误是难免的，不要追究个人责任了，至于少数人严重违法乱纪，贪污盗窃，情节恶劣，可以另案处理。二是在周总理逝世以后的悼念活动中，治丧委员会办公室发过一个电话通知，通知中说，各省、市、自治区不要派人来京参加追悼活动，各地不组织吊唁、开追悼会、带黑纱等活动。这个通知是在"四人帮"当道的情况下政治局通过的，执行这个通知的党委和个人是没有责任的。

在代表中央政治局宣布了对以上问题的处理决定以后，华国锋说，在我们党的工作着重点即将转移到社会主义现代化建设上来的时候，我们在这次会议上郑重地处理上面这些问题，是完全必要的。中央的方针是既要解决问题，又要稳定局势。按照这个方针处理好这些问题，就能有利于安定团结，有利于搞社会主义现代化建设。这对于恢复和发扬毛主席培育的我们党的实事求是、联系群众、团结——批评——团结的优良传统，也具有重大意义。现在，巩固和发展安定团结的大好局面，是全党全军全国各族人民的强烈愿望。国际上也十分注意我们国内局势是不是能够保持稳定。要发展经济，要改善人民生活，要做好反侵略战争的准备，要加快社会主义现代化建设，安定团结是关键。维护全党全国的安定团结，事关大局，一定要搞好。在这方面，高级干部要起模范作用，要善于引导群众向前看，认真做好党内外群众的思想工作。我们一定要调动一切积极因素，化消极因素为积极因素，团结一切可以团结的力量。团结起来，共同建设社会主义现代化强国。

"周公吐哺，天下归心。"这是中国古代形容周朝著名政治家周公的一句诗。在中央工作会议期间，邓小平日理万机，席不暇暖，国际国内、党内党外、会上会下，各种事情、各类文件、各方面的问题潮水一般向他涌来。他指挥若定，举重若轻，多谋善断，将所有问题一一妥善解决。1978年11月27日晚上，邓小平和华国锋、叶剑英、李先念、汪东兴听取中央工作会议各组召集人的汇报。

在华东组提出"二月兵变"需要澄清时，邓小平指出：我那时就说，这个事不可能。当时我是总书记，但调两个团到北京也不行。那时规定，调一个连，归大军区管，调一个营，归军委、总参谋部管。

在华东组提出对"一月风暴"的评价问题迟讲不如早讲时，邓小平指出："一月风暴"问题，势必要解决，还是早一点讲好。

在西南组提出为"天安门事件"、"六十一人叛徒集团"、"二月逆流"和彭德怀、陶铸冤案等问题平反，势必涉及对毛主席的评价问题，建议中央应有一个统一的说法时，邓小平指出：毛主席那时身体不好，连华国锋同志也不能见到他。

在大家提出邓小平11月26日同日本民主社会党委员长佐佐木良作谈话的十九条内容可否向干部传达，并根据谈话精神向群众做工作时，邓小平强调：那个谈话的概括基本正确。毛主席的伟大功勋是不可磨灭的。没有毛主席，就没有新中国。毛主席的伟大，怎么说也不过分，不是拿语言可以形容得出来的。毛主席不是没有缺点错误的，我们不能要求伟大领袖、伟大人物、思想家没有缺点错误，那样要求就不是马克思主义者。毛主席讲马克思、列宁写文章就经常自己修改嘛。关于毛主席的缺点错误，这个问题是不能回避的，在党内还是讲一讲好。外国人问我，对毛主席的评价，可不可以像对斯大林评价那样三七开？我肯定地回答，不能这样讲。党中央、中国人民永远不会干赫鲁晓夫那样的事。

在中南组提出康生的问题时，针对《五一六通知》附件之二讲《二月提纲》是背着康生搞的这一说法，邓小平指出：康生是《二月提纲》的组织人之一。

在谈到对中央几个有错误的领导人如何处理的问题时，邓小平指出：现在国际上就看我们有什么人事变动，加人可以，减人不行，管你多大问题都不动，硬着头皮也不动。这是大局。好多外国人要和我们做生意，也看这个大局。[1]

在中央工作会议上，邓小平还在中共中央政治局常务委员会召集的部分中国人民解放军大军区司令员和省委第一书记参加的"打招呼会议"上指出：历史问题只能搞粗，不能搞细。一搞细就要延长时间，这就不利。要以大局为重。外国人对其他事没兴趣，主要看中国安定不安定。中央的人事问题，

---

[1]《邓小平年谱（1975—1997）》，第440—441页。

任何人都不能下，只能上。现有的中央委员，有的可以不履行职权，不参加会议活动，但不除名，不要给人印象是权力斗争。对"文化大革命"问题，现在也要回避。清华大学几个青年贴大字报说："反周民必反，反毛国必乱。"这个话水平很高。[1]

在 1978 年年底这次中央工作会议上，邓小平所作的重要讲话中阐述了一系列新的思想和观点，成为当代中国改革开放的"政治宣言"。

中央工作会议期间，邓小平亲拟了一个预定在闭幕会上讲话的提纲。这份提纲是邓小平用铅笔写在 16 开的白纸上的，一共 3 页，近 500 字，列了 7 个方面的问题。

这时，邓小平根据中央工作会议上出现的新问题，及时地根据形势发展的需要，把讲话稿的主要内容转到反映真理标准问题、发扬民主问题、团结一致向前看的问题和经济管理体制问题上。他亲笔拟出的讲话提纲是：

一、解放思想，开动机器。理论的重要。实践是检验真理的标准——争论的必要。实事求是，理论和实际相结合，一切从实际出发。全党全民动脑筋。

二、发扬民主，加强法制。民主集中制的中心是民主，特别是近一时期。民主选举，民主管理（监督）。政治与经济的统一，目前一时期主要反对空头政治。权力下放。千方百计。自主权与国家计划的矛盾，主要从价值法则、供求关系（产品质量）来调节。

三、向后看为的是向前看。不要一刀切。解决遗留问题要快，要干净利落，时间不宜长。一部分照正常生活处理。不可能都满意。要告诉党内外，迟了不利。安定团结十分重要，要大局为重。犯错误的，给机会。总结经验，改了就好。

四、克服官僚主义、人浮于事。一批企业做出示范。多了人怎么办，用经济方法管理经济，扩大管理人员的权力。党委要善于领导，机构要很小。干什么？学会管理，选用人才，简化手续，改革制度（规章）。

五、允许一部分先好起来。这是一个大政策。干得好的要有物质鼓励。

---

[1]《邓小平年谱（1975—1997）》，第 445 页。

国内市场很重要。

六、加强责任制，搞几定。从引进项目开始，请点专家。

七、新的问题。人员考核的标准。多出人员的安置（开辟新的行业）。

在提纲的最前边，还加了"对会议评价"一句话。这当然是指对中央工作会议的评价。

邓小平亲拟了这份提纲以后，召集担任中共中央组织部部长的胡耀邦等来谈起草讲话稿的问题。邓小平按照这个提纲，谈了讲话稿所要写的几个部分的问题，对需要阐明的思想观点、方针政策都一一作了交代，讲得很具体。讲话稿的题目也是邓小平提出的。邓小平问这个题目好不好，胡耀邦等说好，觉得题目很新鲜、醒目。邓小平将提纲交给他们，指示他们负责重新起草稿子。这时中央工作会议正在进行，议程已经过半，时间很紧迫。胡耀邦等人赶忙找了国务院研究室有关同志执笔起草。两天之后初稿形成，送给邓小平。邓小平再次召集胡耀邦等同志逐字逐句地边念边作修改。以后又经过若干文字润色，形成了最后的讲话稿。

提纲第一个问题讲了"实践是检验真理的标准——争论的必要"，重申坚持党的"实事求是，理论和实际相结合，一切从实际出发"的思想路线，号召"全党全民动脑筋"。

这个问题成了讲话稿的第一部分："解放思想是当前的一个重大政治问题。"

提纲第二个问题强调"民主集中制的中心是民主"，要求实行"民主选举，民主管理(监督)"，坚持"政治与经济的统一"，提出"目前一时期主要反对空头政治"，主张"权力下放"。这些观点集中体现在讲话稿的第二部分："民主是解放思想的重要条件。"

提纲第三个问题提出了"向后看为的是向前看"的方针，指出"解决遗留问题要快，要干净利落，时间不宜长"；同时强调对毛主席和对"文化大革命"的评价都"要大局为重"，"安定团结十分重要"，对于犯错误的人要"给机会"，"总结经验，改了就好"。这些精神，在讲话稿的第三部分"处理遗留问题为的是向前看"中作了具体的阐述和发挥。

提纲第四、五、六、七个问题，在讲话稿中综合为第四部分："研究新情况，解决新问题。"当时改革开放在中央会议上尚未正式列入议事日程，但提纲提出的这几个问题，实际上大都是讲的改革。这说明正是邓小平提出了中国改革开放的新思路。

基于要把工作重心转移到经济建设上来的观点，邓小平在提纲中突出强调了经济管理方法和管理制度改革的必要性，明确主张要"克服官僚主义、人浮于事"，"学会管理，选用人才，简化手续，改革制度(规章)"，要"用经济方法管理经济"，并且提出要搞试点，"以一批企业做出示范"。主张在经营管理上"加强责任制"，"搞几定"，而且要"从引进项目开始"，"请点专家"，即要借鉴国外的先进管理方法。考虑到经济体制改革后可能出现的问题，邓小平在提纲中强调了企业党委的改革，提出要"扩大管理人员的权力"，"党委要善于领导，机构要很小"，还提出"人员考核的标准"，"多出人员的安置"要通过"开辟新的行业"的办法来找出路，这实际上为改革不合理的管理、人事制度和产业结构提出了新的思路。

在提纲中最为引人注目的两个思想观点，一是"允许一部分先好起来"，明确指出"这是一个大政策"。这是改变长期形成并成为顽症的平均主义的分配体制，以"先好起来"的示范作用推动整个国民经济发展、人民生活改善的一个基本政策。二是"自主权与国家计划的矛盾，主要从价值法则供求关系(产品质量)来调节"。邓小平在强调下放自主权，发挥国家、地方和企业这三方面的积极性的同时，已经清醒地预见到自主权与国家计划的矛盾问题，并且大胆地提出了通过价值法则供求关系(实际上就是市场)来调节的观点。在提纲中还写下"国内市场的重要"这样的语言。这在当时的历史条件下是极其可贵的。可以说，这是邓小平后来的建立社会主义市场经济体制思想的最早萌芽。[1]

12月13日，中央工作会议举行闭幕会，邓小平在会上作了重要讲话，首先高度评价了这次中央工作会议的重要意义，然后，邓小平围绕解放思想、开动脑筋、实事求是、团结一致向前看这个主题，阐述了他经过长期深思熟虑以后形成的一系列关于拨乱反正、正本清源、解放思想、改革开放、进行社会主义现代化建设的基本思想、观点。

---

[1]韩钢：《一份邓小平珍贵手稿的发现》。

第一，邓小平在讲话中提出了改革开放和社会主义现代化建设必须解放思想的观点。

邓小平认为，在经历了"文化大革命"的"十年内乱"以后，"解放思想是当前的一个重大政治问题"。他分析了造成一些同志思想僵化或半僵化的历史原因，提出了思想僵化对于党的事业的严重危害，要求全党要坚持马克思主义的实事求是的思想路线。

第二，邓小平在讲话中提出了"民主是解放思想的重要条件"的观点。

邓小平强调，"民主是解放思想的重要条件"。"解放思想，开动脑筋，一个十分重要的条件就是要真正实行无产阶级的民主集中制。我们需要集中统一的领导，但是必须有充分的民主，才能做到正确的集中。"只有真正实行民主集中制，充分发扬民主，创造民主的条件，善于听取和集中人民群众的意见，才能使大家解放思想、开动脑筋。

第三，邓小平在讲话中提出了"必须使民主制度化、法律化"的观点。

邓小平指出，为了保障人民民主，必须加强法制。必须使民主制度化、法律化，使这种制度和法律不因领导人的改变而改变，不因领导人的看法和注意力的改变而改变。

第四，邓小平在讲话中提出了"处理遗留问题为的是向前看"的观点。

邓小平说，这次会议，解决了一些过去遗留下来的问题，分清了一些人的功过，纠正了一批重大的冤案、错案、假案。这是解放思想的需要，也是安定团结的需要。目的正是为了向前看，正是为了顺利实现全党工作重心的转变。

第五，邓小平在讲话中提出了要正确评价革命领袖的观点。

邓小平在讲到对毛泽东的评价问题时指出，毛泽东同志在长期的革命斗争中立下的伟大功勋是永远不可磨灭的。回想在1927年革命失败以后，如果没有毛泽东同志的卓越领导，中国革命有极大的可能到现在还没有胜利。那样，中国各族人民就还处在帝国主义、封建主义、官僚资本主义的反动统治之下，我们党就还在黑暗中苦斗。所以说没有毛主席就没有新中国，这丝毫不是什么夸张。毛泽东思想培育了我们整整一代人。我们在座的同志，可以说都是毛泽东思想教导出来的。没有毛泽东思想，就没有今天的中国共产党，这也丝毫不是什么夸张。毛泽东思想永远是我们全党、全军、全国各族

历史的见证——『文革』的终结

人民的最宝贵的精神财富。我们要完整地准确地理解和掌握毛泽东思想的科学原理，并在新的历史条件下加以发展。当然，毛泽东同志不是没有缺点、错误的，要求一个革命领袖没有缺点、错误，那不是马克思主义。我们要领导和教育全体党员、全军指战员、全国各族人民科学地历史地认识毛泽东同志的伟大功绩。

第六，邓小平在讲话中提出了要正确评价"文化大革命"的观点。

邓小平强调，关于"文化大革命"，也应该科学地历史地来看。毛泽东同志发动这样一次大革命，主要是从反修防修的要求出发的。至于在实际过程中发生的缺点、错误，适当的时候作为经验教训总结一下，这对统一全党的认识，是需要的。"文化大革命"已经成为我国社会主义历史发展中的一个阶段，总要总结，但是不必匆忙去做。要对这样一个历史阶段做出科学的评价，需要做认真的研究工作，有些事要经过更长一点的时间才能充分理解和作出评价，那时再来说明这一段历史，可能会比我们今天说得更好。

第七，邓小平在讲话中提出了在新的历史条件下要"研究新情况、解决新问题"的观点。

邓小平说，要向前看，就要及时地研究新情况和解决新问题，否则我们就不可能顺利前进。各方面的新情况都要研究，各方面的新问题都要解决，尤其要注意研究和解决管理方法、管理制度、经济政策这三方面的问题。

第八，邓小平在讲话中提出了必须"实行改革"的观点。

邓小平指出，官僚主义是小生产的产物，同社会化的大生产是根本不相容的。要搞四个现代化，把社会主义经济全面地转到大生产的技术基础上来，非克服官僚主义这个祸害不可。现在，我们的经济管理工作，机构臃肿，层次重叠，手续繁杂，效率极低。政治的空谈往往淹没一切。这并不是哪一些同志的责任，责任在于我们过去没有及时提出改革。但是如果现在再不实行改革，我们的现代化事业和社会主义事业就会被葬送。

第九，邓小平在讲话中提出了"要学会用经济方法管理经济"的观点。

邓小平认为，自己不懂就要向懂行的人学习，向外国的先进管理方法学习。不仅新引进的企业要按人家的先进方法去办，原有企业的改造也要采用先进的方法。

第十，邓小平在讲话中提出了在管理制度上"要特别注意加强责任制"

的观点。

邓小平说，现在，各地的企业事业单位中，党和国家的各级机关中，一个很大的问题就是无人负责。名曰集体负责，实际上等于无人负责。一项工作布置之后，落实了没有，无人过问，结果好坏，谁也不管。所以急需建立严格的责任制。

邓小平强调，任何一项任务、一个建设项目，都要实行定任务、定人员、定数量、定质量、定时间等几定制度。在实行党委领导下的厂长负责制的时候，要切实做到职责分明。一要扩大管理人员的权限，责任到人就要权力到人。二要善于选用人员，量才授予职责。要发现专家，培养专家，重用专家，提高各种专家的政治地位和物质待遇。三要严格考核，赏罚分明。

第十一，邓小平在讲话中提出了要允许一部分地区、一部分企业、一部分工人农民收入先多一些、生活先好起来的观点。

邓小平指出，在经济政策上，我认为要允许一部分地区、一部分企业、一部分工人农民，由于辛勤努力成绩大而收入先多一些，生活先好起来。一部分人生活先好起来，就必然产生极大的示范力量，影响左邻右舍，带动其他地区、其他单位的人们向他们学习。这样，就会使整个国民经济不断地波浪式地向前发展，使全国各族人民都能比较快地富裕起来。

最后，邓小平强调，实现四个现代化是一场深刻的伟大的革命。在这场伟大的革命中，我们是在不断地解决新的矛盾中前进的。因此，全党同志一定要善于学习，善于重新学习。当前大多数干部要着重抓紧三个方面的学习：一个是学经济学，一个是学科学技术，一个是学管理。学习好，才可能领导好高速度、高水平的社会主义现代化建设。

刘勰在《文心雕龙》中曾指出："一言之辩，重于九鼎之宝；三寸之舌，强于百万之师。"

1978年12月邓小平在中央工作会议闭幕会上的讲话，既是对中央工作会议的重要总结，又为即将召开的中共十一届三中全会提供了重要的指导思想，实际上是中共十一届三中全会的主题报告。

这个讲话，是在"文化大革命"结束以后，中国面临向何处去的重大历史关头，冲破"两个凡是"的禁锢，开始中国改革开放和现代化建设新时期、开辟中国特色社会主义新道路、开创建设中国特色社会主义新理论的宣言书。

邓小平在中央工作会议闭幕会讲话以后，叶剑英讲话。他高度评价中央工作会议取得的重大成果是把全党工作着重点转移到了社会主义现代化建设上来，在会议整个过程中，恢复和发扬了党的群众路线、民主集中制、实事求是的优良作风，通过畅所欲言，充分讨论，解决了全党和全国人民共同关心的一系列重大历史问题和现实问题。[1]

叶剑英讲话后，由华国锋讲话。他的讲话主要有五个部分。第一部分主要是对会议进行评价和总结。他说，中央政治局同志和全体到会同志一致认为，我们这次会议，自始至终坚持民主集中制的原则，运用团结——批评——团结的方法，充分发扬民主，大家畅所欲言，集思广益，经过到会同志的共同努力，开得很好，很成功。会议在四个方面取得了重大成果：

（一）一致赞同中央政治局关于从明年 1 月起，把全党工作的着重点转移到社会主义现代化建设上来的重大决策。决定在今年内结束全国范围的大规模的揭批"四人帮"的群众运动。

（二）解决了为"天安门事件"彻底平反和"文化大革命"遗留下来的几个比较重要的问题。确定了进一步解决好这类问题的方针政策和做好群众思想工作的办法。

（三）讨论修改了关于农业问题的两个文件。原则上确定了明后两年国民经济计划的安排。

（四）酝酿讨论了中央政治局关于人事问题和中央纪律检查委员会人选的意见。

然后，华国锋在讲话的第二部分，谈了他对"两个凡是"问题、真理标准讨论问题、召开理论务虚会问题的看法，作了自我批评。

在讲到"两个凡是"问题时，华国锋说：我在去年 3 月中央工作会议上的讲话中，从当时刚刚粉碎"四人帮"的复杂情况出发，从国际共产主义运动历史上捍卫革命领袖旗帜的正反两方面的经验出发，专门讲了在同"四人帮"的斗争中，我们全党，尤其是党的高级干部，需要特别注意坚决捍卫毛主席的伟大旗帜的问题。在这一思想指导下，我讲了"凡是毛主席作出的决

---

[1]《叶剑英选集》，人民出版社 1996 年 3 月第 1 版，第 493—502 页。

策，都必须维护；凡是损害毛主席形象的言行，都必须制止"。当时的意图，就是要把毛主席和"四人帮"严格分开，在放手发动群众，开展揭批"四人帮"的伟大斗争中，绝不能损害毛主席的伟大形象。这是刚粉碎"四人帮"的时候，我思想上一直考虑的一个重要问题。后来发现，第一句话，说得绝对了，第二句话，确实是必须注意的，但如何制止也没有讲清楚。当时对这两句话考虑得不够周全。现在看来，不提"两个凡是"就好了。在这之前，2月7日中央"两报一刊"还发表过一篇题为《学好文件抓住纲》的社论。这篇文章的主题，是要动员全党、全军、全国各族人民，认真学好有关文件，掌握思想武器，深入揭批"四人帮"。但在我的上述思想指导下，这篇社论中也讲了"两个凡是"，即"凡是毛主席作出的决策，我们都坚决维护；凡是毛主席的指示，我们都始终不渝地遵循"。这"两个凡是"的提法就更加绝对，更为不妥。以上两处关于"两个凡是"的提法虽不尽相同，但在不同程度上束缚了大家的思想，不利于实事求是地落实党的政策，不利于活跃党内的思想。我的讲话和那篇社论，虽然分别经过政治局讨论和传阅同意，但责任应该主要由我承担。在这个问题上，我应该作自我批评，也欢迎同志们批评。

在讲到真理标准讨论问题时，华国锋说：对这个问题，我想先简要地讲一些有关情况。今年5月11日《光明日报》发表、5月12日《人民日报》和《解放军报》转载的《实践是检验真理的唯一标准》这篇文章，由于我当时刚访问朝鲜回来，有许多事情亟待处理，没有顾上看。六七月间，中央常委几位同志先后给我谈过他们听到的有关这方面的一些情况，这个时候，我才知道对这篇文章有些不同的看法。中央政治局常委开会时，议过这个问题，认为这篇文章的主题是好的，但没有专门去研究。后来报纸上登这方面的文章多了，国内外反映也多了，叶帅考虑到国务院务虚会议开得很好，提议把搞理论工作的同志召集到一起，也开个务虚会，大家把不同意见摆出来，在充分民主讨论的基础上，统一认识，把这个问题解决一下。中央常委同志都赞成这样办。由于我想常委都在家时开会解决这个问题，因小平等同志出访，在这次中央工作会议之前这个会没有来得及开。今年11月25日，中央常委接见北京市委和团中央主要负责同志，听取他们汇报"天安门事件"平反后群众的反映和北京市街头大字报的情况，联系谈到这个问题时说："对一些具体问题，要实事求是地、按照实践是检验真理的唯一标准这个原则去解决。

现在报上讨论真理的标准问题，讨论得很好，思想很活泼，不能说那些文章是对着毛主席的，那样人家就不好讲话了。但讲问题，要注意恰如其分，要注意后果。有些事情，不能提毛主席，也不宜提，提了不利。报纸要十分慎重。迈过一步，真理就变成谬误了。"这是中央常委的意见。

在讲到召开理论务虚会问题时，华国锋说，在这次会议上，同志们对"实践是检验真理的唯一标准"问题，摆出了许多情况，提出了不少问题，对一些同志提出了不少批评意见，为召开理论务虚会创造了有利条件。由于这次中央工作会议的议题多，时间有限，这方面的问题不可能花很多的时间来解决。中央政治局同志意见，还是按照叶帅的提议，专门召开一次理论务虚会，进一步把这个问题解决好。中央相信，有这一次中央工作会议和党的十一届三中全会的精神作指导，这个问题一定能够解决好。中央希望，理论战线和宣传部门的同志，在分清是非、统一思想的基础上，进一步团结起来，紧跟党中央的战略部署，为把党的工作着重点转移到社会主义现代化建设上来，努力做好宣传理论工作，发挥更大的作用。

在中央工作会议举行闭幕会这一天，会议还印发了汪东兴的书面发言，其中对自己在"文化大革命"中、在"两个凡是"问题上、在真理标准讨论问题上以及其他问题上的错误，作了初步的认识和检讨。

中央工作会议举行了闭幕会以后，由于要学习、讨论华国锋、叶剑英、邓小平在闭幕会上的讲话、讨论汪东兴在闭幕会上的书面发言，会议又接着开了两天，与会同志普遍对华国锋、叶剑英、邓小平的讲话表示拥护；对这次会议的民主气氛和解决了一系列重大问题表示充分的肯定，并对今后的工作提出了许多很好的意见和建议。

1978 年 12 月 15 日，中央工作会议在开了创纪录的 36 天以后，胜利结束。

经过中央工作会议的充分准备，1978 年 12 月 18 日至 22 日，中共十一届三中全会在北京举行。出席会议的中央委员 169 人，候补中央委员 112 人，各地方和中央有关部门的负责人列席了会议。由于在此之前召开的 36 天的中央工作会议对十一届三中全会的预定内容作了充分准备，所以三中全会只开了 5 天，便顺利解决了所有重大问题。

中共十一届三中全会，标志着新中国建立以来中国共产党历史上具有深远意义的伟大转折。全会结束了 1976 年 10 月以来党的工作在徘徊中前进的局面，开始全面地认真地纠正"文化大革命"中及其以前的"左"倾错误。全会坚决批判了"两个凡是"的错误方针，充分肯定了必须完整地、准确地掌握毛泽东思想的科学体系；高度评价了关于真理标准问题的讨论，确定了解放思想、实事求是、团结一致向前看的指导方针；果断地停止使用"以阶级斗争为纲"这个不适用于社会主义社会的口号，作出了把工作重点转移到社会主义现代化建设上来的战略决策；提出了要注意解决好国民经济重大比例严重失调的要求，通过了关于加快农业发展问题的决定；着重提出了健全社会主义民主和加强社会主义法制的任务；审查和解决了党的历史上一批重大冤假错案和一些重要领导人的功过是非问题。全会还增选了中央领导机构的成员。这些在领导工作中具有重大意义的转变，标志着党重新确立了马克思主义的思想路线、政治路线和组织路线。

在中共十一届三中全会上，根据与会同志的意见和要求，全会决定："增选陈云同志为中央政治局委员、政治局常务委员、中央委员会副主席；增选邓颖超、胡耀邦、王震三同志为中央政治局委员。全会考虑到第十一次全国代表大会以来党的生活的实际变化和目前党的工作的迫切需要，决定采取临时措施，增补黄克诚、宋任穷、胡乔木、习仲勋、王任重、黄火青、陈再道、韩光、周惠九同志为中央委员，将来提请党的第十二次代表大会对这一增补手续予以追认。"

为了加强党的纪律检查工作，中共十一届三中全会决定设立中央纪律检查委员会，"选举陈云同志为中央纪律检查委员会第一书记，邓颖超同志为第二书记，胡耀邦同志为第三书记，黄克诚同志为常务书记，王鹤寿等同志为副书记，并选举了中央纪律检查委员会的常务委员和委员。"

中共十一届三中全会闭幕后，中共中央政治局于12月25日召开会议，研究了新增选的一位中央委员会副主席和三位中央政治局委员的具体工作分工问题。

中央政治局会议还根据中央工作会议和十一届三中全会上许多老一代无产阶级革命家和与会同志的建议和意见，对中央机关和国家机关的一些主要负责人进行了组织调整，以利于更好地贯彻执行中共十一届三中全会的路线、方针和政策。会议决定：

一、设立中央秘书长、副秘书长，协助中央领导同志处理中央日常工作。

任命胡耀邦为中央秘书长兼中央宣传部部长，胡乔木为中央副秘书长兼中央毛泽东著作编辑委员会办公室主任，姚依林为中央副秘书长兼中央办公厅主任。

二、任命宋任穷为中央组织部部长，胡耀邦不再兼任中央组织部部长职务。

三、免去张平化的中央宣传部长职务，调任中央党校副校长（以后又调任国家农业委员会副主任）。

四、调陕西省委第一书记王任重任国务院副总理兼国家农业委员会主任，待提请全国人大常委会讨论通过后公布。

五、调中央党校副校长马文瑞任中共陕西省委第一书记。

六、任命冯文彬为中央办公厅第一副主任。

七、任命杨德中为中央办公厅警卫局局长兼中央警卫师师长、师党委书记。

八、任命金明为商业部长，姚依林不再兼任商业部部长职务。

九、任命刘澜涛为中央统一战线工作部第一副部长、中国人民政治协商会议全国委员会秘书长，建议在1979年举行的中国人民政治协商会议第五届全国委员会第二次会议上增选为全国政协副主席。

十、免去汪东兴的所有兼职（汪东兴在中共十一大上当选为中央委员会副主席，同时兼任中央办公厅主任、党委书记，中央办公厅警卫局局长、党委书记，八三四一部队政治委员、党委书记，中央毛泽东著作编辑委员会办公室主任、党委书记等领导职务）。

中共十一届三中全会胜利完成了中国共产党在社会主义时期历史上具有深远历史意义的伟大转折。

如同新民主主义革命时期的遵义会议确立了毛泽东在中共中央的领导地位、形成了以毛泽东为核心的第一代中央领导集体一样，中共十一届三中全会形成了以邓小平为核心的第二代中央领导集体。

此后，邓小平曾经这样说过："党的十一届三中全会建立了一个新的领导集体，这就是第二代的领导集体。在这个集体中，实际上可以说我处在一个关键地位。""任何一个领导集体都要有一个核心，没有核心的领导是靠不住的。第一代领导集体的核心是毛主席。因为有毛主席作领导核心，'文化大革命'就没有把共产党打倒。第二代实际上我是核心。因为有这个核心，即使发生了两个领导人的变动，都没有影响我们党的领导，党的领导始终是稳定的。"[1]

中共十一届三中全会以后，在以邓小平为核心的中共第二代中央领导集体带领下，拨乱反正，开拓创新。1981年6月，中共十一届六中全会在北京举行。这次会议的议程是：审议和通过《关于建国以来党的若干历史问题的决议》；改选和增选中央主要领导成员。全会之前召开了预备会议，对上述议题进行了充分的酝酿和认真的讨论。这次全会是继十一届三中全会以后又一次具有重大意义的会议，是总结经验、团结前进的会议。全会一致通过的《关于建国以来党的若干历史问题的决议》，运用马克思主义的辩证唯物论和历史唯物论，对建国三十二年来党的重大历史事件特别是"文化大革命"作出了正确的总结，科学地分析了在这些事件中党的指导思想的正确和错误，分析了产生错误的主观因素和社会原因，实事求是地评价了伟大领袖和导师毛泽东在中国革命中的历史地位，充分论述了毛泽东思想作为党的指导思想的伟大意义。《决议》肯定了十一届三中全会以来逐步确立的适合中国情况的建设社会主义现代化强国的正确道路，进一步指明了中国社会主义事业和党的工作继续前进的方向。全会一致同意华国锋辞去中共中央主席和中央军委主席职务的请求。全会通过无记名投票，对中央主要领导成员进行了改选和增选，选举的结果是：一、胡耀邦为中央委员会主席；二、赵紫阳为中央委员会副主席；三、华国锋为中央委员会副主席；四、邓小平为中央军事委员会主席；五、中央政治局常务委员会由中央主席和副主席组成，他们是胡耀邦、叶剑英、邓小平、赵紫阳、李先念、陈云、华国锋；六、习仲勋为中央书记处书记。全会认为，经过这次对中央主要领导成员的改选和增选，对于加强中央在马克思主义基础上的集体领导和团结一致，保证十一届三中全会以来党的正确路线和方针政策的充分实现，将起重要的作用。这次会议以在党的指导思想上完成了拨乱反正的历史任务而载入史册。

"先天下之忧而忧，后天下之乐而乐。"对于中国社会主义建设道路，邓

---

[1]《邓小平文选》第三卷，第309—310页。

小平进行了长期探索、深入思考和多方面的实践。中共十一届三中全会以后，邓小平围绕什么是社会主义、怎样建设社会主义这个主题，第一次比较系统地初步回答了在中国这样的经济文化比较落后的国家，如何建设、巩固和发展社会主义的一系列基本问题，用新的实践和新的思想、观点，继承和发展了马克思列宁主义、毛泽东思想，形成了当代中国的马克思主义——邓小平理论。

美国前驻中国大使、美国企业研究所高级研究员李洁明曾经撰文指出：邓小平"把中国带入现代社会"。他写道：

100年前邓小平出生的时候，中国是一个落后的半殖民地、备受压迫的社会。1997年他去世的时候，中国成了亚洲发展的动力，并寻求在世界上发挥关键作用。

"文化大革命"期间，邓小平作为走资派和修正主义头子被清洗。之后，在周恩来总理的支持下，他在1972年至1973年重新进入中国领导层。就是在那个时候，美国开始在北京开设常驻联络处，1974年美国驻北京常驻联络处负责人是乔治·布什。当时邓小平同布什的会晤可以说是一见如故。邓小平觉得，布什早晚有一天会成为美国的领导人，而布什也觉得邓小平将对中国的未来发挥主要影响。

我有幸亲眼目睹他们之间建立起的这种不同寻常的关系，因为1974至1975年间我随布什一起在北京联络处工作。1975年布什仍然是驻北京联络处的负责人，当时亨利·基辛格向中国提出了利用中国的地域和人员，利用美国的技术和管理，联手对付苏联的大规模杀伤性武器的建议。该建议奏效了。

布什和邓小平之间的关系产生了效果。当布什离开北京回国时，邓小平向他转达了毛泽东的邀请，欢迎他随时再来北京。邓小平当时祝贺布什被提升为中央情报局局长。1977年9月，布什应邀来北京待了16天。在人民大会堂，他和邓小平讨论了利用美国技术开发中国近海石油资源的最好办法，布什还提出了签订"风险合同"的具体建议，这就意味着美国在中国的石油生产中占有股份——这是一个突破，是与邓小平1978年11月开始的经济改革相关的一个举措。1979年2月，布什(当时是以私人身份)同邓小平就台湾问题进行了坦率而又富有建设性的讨论。6 年后，布什让邓小平把他介绍给中国新一代领导人认识。

回忆邓小平，我想到了杜鲁门。他们都生活在极有性格魅力的领导人(分别是毛泽东和罗斯福)的影子下。他们都是来自他们国家的心脏地带。邓小平来自四川省，杜鲁门来自密苏里州，而且他们的言语和性格都反映出家乡的特点。他们都对妻儿专心不二，都在战争中勇往直前。通过马歇尔计划、布雷顿森林条约和援助希腊和土耳其，杜鲁门挽救了欧洲。邓小平则始终是个明智而有远见的人，他把中国带入了现代世界。[1]

历史的见证——『文革』的终结

---

[1] 美国前驻中国大使李洁明：《不可能的联盟》，载美国《时代》周刊 2004 年 8 月 30 日、新华社《参考消息》2004 年 8 月 29 日第 8 版。

拨乱反正

1.“抓纲治国”

粉碎“四人帮”后，胡耀邦给叶剑英提出三条建议：第一，停止批邓，人心大顺；第二，冤案一理，人心大喜；第三，生产狠狠抓，人心乐开花。

然而，当时华国锋提出的指导思想却是“继续批邓、反击右倾翻案风”和“抓纲治国”，继续坚持毛泽东晚年的错误。

中国古代一位思想先哲曾经指出：

智者不惑，

勇者不惧，

诚者有信，

仁者无敌。

在中国共产党历史上，具备大智、大勇、大诚、大仁的真正的共产主义者，犹如群星璀璨，光耀日月。

“天行健，君子以自强不息。”

“地势坤，君子以厚德载物。”

历史悠久的中华民族，孕育了无数的民族精英。艰苦卓绝的中国革命，造就了灿若星河的一代英豪。浩瀚无垠的中国社会主义建设事业，把一代又一代的领袖人物推到历史发展潮流的前列。以毛泽东为代表的中国共产党人，开创了中国革命的新道路，领导中国人民创建了中华人民共和国。以邓小平为代表的中国共产党人，开创了改革开放和现代化建设的新道路，领导中国人民创造了中华民族历史发展的新辉煌。

在毛泽东领导的中国革命和建设事业中，在邓小平开创的改革开放和现代化建设事业中，群英荟萃，群贤毕至，人才济济，英雄辈出。真是"数风流人物，还看今朝"。胡耀邦就是其中的历史人物之一。

中共中央政治局常委、中华人民共和国副主席曾庆红指出：

胡耀邦同志是久经考验的忠诚的共产主义战士，伟大的无产阶级革命家、政治家，我军杰出的政治工作者，长期担任党的重要领导职务的卓越领导人。他在长达 60 年的革命生涯中，为中国人民的解放和幸福，为我国社会主义事业的发展和繁荣，为改革开放的实行和社会主义现代化建设的推进，呕心沥血、奋斗不息，贡献了毕生精力，建立了不朽功勋。他的历史功绩和优秀品德永远铭记在党和人民的心中。

胡耀邦同志从青少年时期就投身新民主主义革命。1915 年 11 月 20 日，胡耀邦同志出生在湖南省浏阳县一个贫苦的农民家庭。1929 年冬，胡耀邦同志加入中国共产主义青年团，在党领导下开始从事青少年工作。1933 年 9 月，他转为中国共产党党员。在革命斗争的实践中，他树立起坚定的共产主义信念，为革命根据地团的建设做了大量工作。1934 年，胡耀邦同志随中央红军参加二万五千里长征，经受了各种艰难困苦的考验，磨炼了革命意志。到达陕北后，他先后任少共中央局秘书长、组织部长、宣传部长，为党的青年工作贡献了力量。1937 年 5 月，胡耀邦同志到延安抗日军政大学学习，并先后任校政治部副主任、瓦窑堡一大队政委。1939 年，他任中央军委总政治部组织部副部长、部长。在坚持抗战的过程中，他为加强人民军队的政治思想建设和组织建设作出了重要贡献。解放战争时期，胡耀邦同志先后任冀热辽军区代理政治部主任，晋察冀军区四纵队、三纵队政委，十八兵团政治部主任，转战华北和西北，参加领导了大同、张家口、石家庄、太原、宝鸡战役等，为中国人民抗日战争和解放战争的胜利发挥了重要作用。

新中国成立后，胡耀邦同志致力于推动社会主义革命和建设事业。1949

年冬，他率部进军大西南，任中共川北区委书记、行署主任、军区政委，领导人民群众进行土地改革，开展剿匪反霸斗争，稳定社会秩序，迅速恢复和发展了工农业生产。1952年后，胡耀邦同志先后任团中央书记处书记、第一书记。在主持团中央工作期间，他创造性地执行党中央的指示，围绕党的中心工作组织富有青年特色的活动，注重在实践中用共产主义思想教育团员青年，在全团倡导"朝气蓬勃，实事求是"的作风，团结带领团员青年积极参加社会主义建设，使团的工作和青少年事业得到巨大的发展，充分发挥了共青团作为党的助手和后备军的重要作用。1956年，他在党的八大上当选为中央委员。1962年，胡耀邦同志兼任中共湖南省委书记处书记兼湘潭地委第一书记。1964年11月起，他兼任中共中央西北局第二书记和陕西省委第一书记。在地方工作中，他深入实际，调查研究，实事求是，反对浮夸，关心群众，扎实工作，推进了当地经济建设和各项事业的发展。

"文化大革命"期间，胡耀邦同志遭受严重迫害，但他不顾个人的荣辱安危，同林彪、江青反革命集团进行了坚决斗争。1975年，他在担任中国科学院党组织领导时，认真贯彻邓小平同志提出的全面整顿的方针，领导起草了《关于科技工作的几个问题》的汇报提纲，实事求是地反映科技战线的实际情况，努力消除"文化大革命"给科技工作造成的不良影响。

粉碎江青反革命集团后，胡耀邦同志于1977年3月任中共中央党校副校长，8月在党的十一大上当选为中央委员，12月任中共中央组织部部长。1978年12月，他在党的十一届三中全会上当选为中央政治局委员、中央纪律检查委员会第三书记，随后任中共中央秘书长兼中央宣传部部长。1980年2月，他在党的十一届五中全会上当选为中央政治局常委、中央委员会总书记。1981年6月，他在党的十一届六中全会上当选为中央委员会主席。1982年9月，他在党的十二届一中全会上当选为中央政治局委员、中央政治局常委、中央委员会总书记。1987年11月，他在党的十三届一中全会上当选为中央政治局委员。[1]

曾庆红还高度评价了胡耀邦在平反冤假错案、拨乱反正、真理标准问题

---

[1]曾庆红：《在胡耀邦同志诞辰90周年座谈会上的讲话》，载《人民日报》2005年11月19日第4版。

讨论和开创改革开放与社会主义现代化建设新局面等方面的重要历史功绩。

"天下兴亡，匹夫有责。"胡耀邦早年投身共产主义运动，经历了新民主主义革命、社会主义革命和建设的各个历史时期，为中国革命和社会主义建设事业作出了重要贡献。

胡耀邦的前半生，是与中国革命和毛泽东紧密地联系在一起的。毛泽东发现了胡耀邦的才华、爱惜胡耀邦的才干、欣赏胡耀邦的干劲和魄力，多次对胡耀邦予以越级提拔，委派其担负重任，使胡耀邦这个革命的"红小鬼"在革命队伍里茁壮成长，直到成为党和国家的栋梁之才、"青年领袖"。在20世纪50年代和60年代，胡耀邦曾经长期担任中国共产主义青年团中央委员会第一书记。

1966年开始的"十年内乱"打断了中国现代历史发展的正常进程，使中国共产党、中华人民共和国和中国人民遭到新中国成立以来最严重的挫折和损失。胡耀邦也在"十年内乱"中被打成"中国共青团头号走资本主义道路的当权派"（简称"走资派"），经受了磨难、经历了考验，吃尽了苦头，反思了许多问题。

"海纳百川，有容乃大；壁立千仞，无欲则刚。"1975年年初，邓小平受毛泽东、周恩来委托，作为中共中央副主席、国务院副总理、中央军委副主席兼中国人民解放军总参谋长，主持中央工作，对全国各个领域进行全面整顿。邓小平在中华人民共和国建立初期主持大西南工作时，担任川北区党委书记、川北行署主任、川北军区政治委员的胡耀邦成为其"老部下"。邓小平在20世纪五六十年代担任中共中央总书记时，对担任中国共产主义青年团中央委员会第一书记的胡耀邦的工作情况更是十分了解和熟悉。所以，他主持中央工作以后，很快起用了"红小鬼"出身的胡耀邦，使之恢复了工作。根据邓小平的战略部署，在1975年的全面整顿中，中国科学院的整顿、科学技术工作的整顿，是全面整顿的一个重要方面。因此胡耀邦被邓小平确定为派到中国科学院担任领导工作的重要人选。

"千磨万击还坚劲，任尔东西南北风。"在邓小平主持的1975年中国全面整顿中，胡耀邦坚决贯彻落实邓小平的一系列重要指示，对中国科学院进行全面整顿，主持起草《关于科技工作的几个问题》和《科学院工作汇报提纲》，引起了江青集团的强烈仇恨。江青集团认为，胡耀邦秉承邓小平的旨意"翻文化大革命的案","算文化大革命的账","彻底否定文化大革命的胜利成果","是邓小平在科技系统大刮右倾翻案风气黑干将"。胡耀邦在"批邓、反击右倾翻案风"中"靠边站"以后，虽然是"戴罪之身"，随时准备接受"革命大批判"，但他却时时刻刻关注着中国政治风云的变幻，关注着党和国家的命运。

1976年10月粉碎江青反革命集团后不久，叶剑英即派他的儿子叶选宁去看望胡耀邦，向他通报中国共产党中央政治局粉碎江青反革命集团的内部情况，让他一起分享胜利的喜悦。同时，向胡耀邦征询粉碎江青反革命集团以后亟待解决的主要问题。对此，胡耀邦早已深思熟虑。他给叶帅提出三条建议，这就是著名的"耀邦三策"。

对此，胡耀邦于1980年11月9日在中共中央一次会议上的发言中说：

"这里我想插一点我个人的经历。这个经历我对在座的绝大多数同志都没有讲过。一九七六年十月六日粉碎了'四人帮'，十二日叶帅的一个儿子来看我，我头一句话说，祝贺你爸爸同华主席他们一道为我们的党和国家立下了不朽的功勋。我还说，现在我们的事业面临着中兴，中兴伟业，人心为上。什么是人心？我说有三条：第一是停止批邓，人心大顺；第二是冤案一理，人心大喜；第三是生产狠狠抓，人心乐开花。我说，务必请你把我这个话带给你爸爸。然后我问他，你能够见到华主席吗？他反过来问我，你对华主席熟不熟？我说很熟，同过一年半工作哩。他说，他可以想办法见到华主席。我说，如果你能够想办法见到他，请你把这个话转告给他。这是粉碎'四人帮'后的第六天。"胡耀邦在会上还说，粉碎"四人帮"之后，究竟人心在哪里，这样的大问题，我们当时没有出来工作的人都清楚。

此后，胡耀邦亲手写下了关于这件事的来龙去脉。

那是2005年，在纪念胡耀邦诞辰90周年之际，胡耀邦的警卫秘书李汉平拿出了胡耀邦关于此事写的一个手稿，全文如下：

一九七六年十月十日

我同叶选宁的一次谈话

那年十月八日上午，选宁突然来我家，告诉了我已将"四人帮"抓起来了的大好消息，并代表他父亲叶帅问我的好，养好身体，准备迎接党将分配的工作。选宁还说，他父亲还要我想想，对当前如何治理国家有什么建议，过两天他再来，听听我的想法。

十号他又来找我了。我回答了他提出的问题。我说自古以来，有识之士总是说，大乱之后，要顺从民心。民心为上。根据这种远见卓识的道理，我以为当前有三件大事特别重要：

一、停止批邓，人心大顺；

二、冤狱一理，人心大喜；

三、生产狠狠抓，人心乐开花。

这三句话我是用心想了一天一晚的，因为便于记忆、传播，我费了好一番心思编出来的。

这几句话，当时我告诉了家庭几个懂事的人和几个知心的人。以后也没有多同人讲了，因为我觉得不值得再说了。

胡耀邦追记

"耀邦三策"反映了胡耀邦的真知灼见和高瞻远瞩。在全党全国沉浸在粉碎江青反革命集团胜利的喜悦之中时，胡耀邦敏锐地认识到，粉碎江青反革命集团仅仅是为中国进行伟大历史性转折准备了条件，后面还有许多更重要的事情等待解决：

第一是停止批邓，人心大顺。江青集团在1976年发起的"批邓、反击右倾翻案风"运动，弄得天怒人怨，全党全国人民心中都憋了一肚子气。因此，仅仅粉碎江青集团还很不够，只有"停止批邓"，才能"人心大顺"。只有邓小平恢复工作，才能实现现代中国的历史性转折。

第二是冤案一理，人心大喜。"十年内乱"，冤案如山。平反冤假错案，是粉碎江青集团以后的当务之急。没有蒙受过冤假错案的人，很难理解蒙受冤假错案的人遭受的心理磨难和种种无法述说的苦难。他们渴望平反冤假错案，犹如久旱之渴望云霓。据胡耀邦后来在一个会议上说，当时蒙受冤假错案的有上千万人，牵涉到一亿人。胡耀邦在"十年内乱"中两度蒙冤、两度被打倒，这种"蒙冤实践"，使他深深地理解平反冤假错案的重要性、紧迫性、不可等待性。只有"冤案一理"，才能"人心大喜"。

第三是生产狠狠抓，人心乐开花。"十年内乱"时期，江青集团狠批"唯生产力论",高叫什么"只要革命抓好了,生产就自然而然上去了",如此等等,不一而足。搞得火车不行,铁路不通,停工停产,国民经济到了崩溃的边缘,人们的生活用品、生产用品极度匮乏,广大人民群众怨声载道。而江青集团却过着穷奢极欲、腐化堕落的生活,根本不管广大人民群众的死活。因此,粉碎江青集团后,必须狠抓生产,尽快把国民经济搞上去,创造满足人民生活需要的物质产品和精神产品,满足人们最基本的物质文化生活需要。只有"生产狠狠抓",才能"人心乐开花"。这实质上是体现了"以经济建设为中心"的思想。

粉碎江青集团以后,华国锋提出的指导思想是"继续批邓、反击右倾翻案风"和"抓纲治国"。"继续批邓、反击右倾翻案风",意味着继续坚持毛泽东晚年的错误。"抓纲治国",即仍然坚持"以阶级斗争为纲"这个不适合社会主义社会的口号。两相对照,一个是坚持"以阶级斗争为纲",一个是坚持"以经济建设为中心",真是泾渭分明。

2.转折的前奏

　　1978 年 4 月，胡耀邦在中央党校组织学员讨论总结"文化大革命"的经验教训。这实际上是真理标准问题讨论的酝酿和序幕。

　　1977 年 3 月 3 日，中共中央任命胡耀邦为中央党校副校长，主持工作（1982 年 4 月 24 日离任）。中央党校在"文化大革命"期间受到严重摧残。胡耀邦到校时，帮派势力仍很严重，冤假错案尚未纠正，中央党校正常的工作机构和设施也遭到破坏，复校工作千头万绪，百废待兴。胡耀邦以高度的政治责任感和历史使命感，以非凡的政治智慧和政治勇气，不畏艰难，紧紧依靠群众，深入调查研究，把工作重点放在复校开学的各项准备中。他采取整风会议等形式，让在"文化大革命"中停职的干部参与复校工作，果断地在中央党校停止继续"批邓"；他领导全校干部群众集中精力揭批"四人帮"，处理"文化大革命"遗留问题，平反冤假错案；他经过整顿建立起新的中央党校领导集体，并以公道正派的人格魅力赢得了人心，在很短的时间内就扭转了中央党校的混乱局面。从 1977 年 12 月以后，他还先后担任多种重要职务，但仍然关心中央党校的建设和发展，对中央党校的工作投入了很大精力。胡耀邦为中国共产党的干部教育事业和思想理论建设，作出了重要贡献。他在中央党校工作时间虽然不长，却一直受到全校同志的尊敬和怀念。

　　中共中央党校一直是中共中央培养、轮训高级干部，推进思想理论研究的重要阵地。"十年内乱"中，中央党校成为"重灾区"。1977 年 3 月 3 日，

历史的见证——『文革』的终结

345

中共中央政治局决定恢复中央党校，由中共中央主席华国锋兼任校长、汪东兴兼任第一副校长，胡耀邦任副校长主持日常工作。

在"十年内乱"时期，中央党校一直由康生分管，成为政治上的"重灾区"。经过"文化大革命"的破坏，中共党校已是满目疮痍。胡耀邦受命于危难之际，凭着一颗无私无畏的赤子之心和长期积累的工作经验，依靠邓小平、叶剑英、陈云等老革命家和广大党员、干部的支持，在很短时间内就完成了恢复中央党校的任务。然后，以中央党校为基地，发动真理标准问题大讨论，为思想上、政治上的拨乱反正作了充分的舆论准备；为平反冤假错案，落实干部政策，创造了有利条件；为培训领导干部，实现中国共产党历史上的伟大转折提供了重要的组织条件。

古人早就有言："拨乱世，反诸正。""拨乱反正，承平百年。"粉碎江青集团以后，拨乱反正是全党全国人民的强烈愿望和一致呼声。而思想上、理论上的拨乱反正则是在胡耀邦主持下，由中央党校发端的。中央党校复校开学后，第一期学员共 807 人，其中，高级干部班 147 人，主要是省、市、自治区党委常委以上干部，部队团以上干部，其中有一些是中央委员和候补中央委员；中级干部班 496 人，宣传理论干部班 164 人。这些学员层次高，经验丰富，涵盖全党全国。1978 年 4 月，中央党校组织学员，讨论总结十年"文化大革命"的经验教训。当时，这是一个大胆的意义重大的举措。在党的学说十天课程中，将经胡耀邦最后审定的《关于第九次、第十次、第十一次路线斗争的若干问题》（提要，征集意见稿）发给全体学员阅读、讨论，征求意见。

来自广东的学员回忆说，在党史学习中讨论了对第九、十、十一次路线斗争的认识，中央党校提出对"文革"若干问题认识的稿子给我们讨论，尽管那次讨论还未全部否定"文革"，但对我们思想解放推动很大。有的同志提出对"文革"应当三七开，有的人开始怀疑"无产阶级专政下继续革命"的口号是否正确。中央党校在胡耀邦的直接领导下，思想解放，实事求是，有一个很好的学风。这些学习，为以后认识真理标准问题打下了很好的基础。

来自新疆维吾尔自治区党校的两位学员说，在真理标准问题大讨论以前，就讨论了胡耀邦同志指导起草的《关于第九次、第十次、第十一次路线斗争的若干问题》，对其中提出的"应当以实践为检验真理、辨别路线是非的标准"，大家完全赞同。

理论部一位学员在党小组会上发言说，去年3月中央工作会议，华主席的讲话，个别地方是很值得考虑的，凡是毛主席的英明决策都要拥护，天安门事件的"两个决议"，过去大张旗鼓说是"英明决策"，怎么维护？他说，中共十一大，还把"走资派还在走"那句话写在文件上，这是什么意思？这句话经不经得住推敲？全党要整党整风，我看政治局首先要整风。捍卫毛主席的旗帜，要真正捍卫正确的东西，要捍卫根本的东西，不是什么都捍卫。

内蒙古自治区党委党务副书记王铎回忆说，大家联系实际提出了一系列重大理论路线是非问题，我记得的有：进行"文化大革命"是否有必要；什么是修正主义；什么是社会主义；应怎样估计我党的基本情况；我们党内是否存在着一条反马克思主义的修正主义路线和刘少奇反党集团；党的八大一次会议确定的中国主要矛盾和党的全部工作转入以社会主义生产建设为中心和1962年夏北戴河会议提出的以阶级斗争为纲的方针，究竟哪个方针是正确的、符合实际的等问题。

在学习讨论过程中，胡耀邦几次到支部会和各学习小组会上，鼓励大家要解放思想、实事求是、畅所欲言，要求把讨论的问题更集中些、更深入些。当时，有两种思想针锋相对，争论激烈。一种认为，"凡是毛主席作出的决策，我们都要坚决拥护；凡是毛主席的指示，我们都始终不渝地遵循"。另一种认为，这不符合马克思主义实事求是的原则，不符合毛主席一贯倡导的实践第一的观点，不能使党领导人民沿着正确的道路前进。这时，胡耀邦等领导同志很重视这一争论，教研室、《理论动态》编辑部都派人来听讨论。

由于王铎在中央党校学习时得风气之先，所以从中央党校学习回去后，自始至终抓了"实践是检验真理的唯一标准"的学习和讨论。在这场关系党和国家前途命运的大讨论中，内蒙古自治区党委站在前列，积极领导全区广大干部群众，联系内蒙古的实际，展开了学习和讨论。

高级班学员杨西光在这次学习讨论中明确了实践标准，到《光明日报》任总编辑后，看到拟在哲学专刊发表的《实践是检验一切真理的标准》文稿后，决定加工提高后作为重头文章在第一版发表。这也反映了中央党校这次学习讨论在学员中产生的积极作用。

在这次讨论中，学员提出的问题有以下这些：

对"第一张马列主义大字报"如何评价？

对武汉"七二〇事件"如何评价？

对"杨余傅事件"如何评价？

怎么把林彪写入了党章？

对九大、十大的政治报告如何看？

三次大会对三次路线斗争的总结是否还是正确的？

这么大的党，被林彪、"四人帮"几个人搞到崩溃的边缘，是什么原因？我们的路线上有没有问题？

在群众中组织战斗队，划线，对不对？等等。

以上这些，都是"文化大革命"中的重大事件和问题，很尖锐。对这些事件和问题的肯定或否定，涉及对"文化大革命"的总体评价。在讨论中，也有相反的意见。好几个小组尖锐提出，为什么讲第九次路线斗争时，没有写"叛徒、内奸、工贼"，为什么摘掉三顶帽子？这是原则问题。有的人提出，要以九大、十大、十一次大会的文件为依据。有的人认为，文件中有些提法过分，如说党的优良传统被彻底破坏了。还有的人说，中央不讲话，我们没法讲。

在讨论中，反映出两种倾向，即实践标准与"两个凡是"思潮的对立。

大多数学员思想比较解放，通过讨论，他们初步掌握了实践标准，并运用来思考十年"文革"的重大问题，提出不少质疑，有些人则从根本上对"文革"提出了疑问。中央党校 800 学员的讨论，实际上是真理标准问题讨论的酝酿和序幕，也是彻底否定"文革"的开端，意义重大。组织这次讨论，显示了胡耀邦的胆识和魄力。

在讨论过程中，也反映了学员对真理标准的理解还存在一些问题。如有人提出，各人的实践不同，究竟根据谁的实践来确定哪个是真理呢？这就促使中央党校理论研究室决定撰写有关真理标准问题的文章，并创造了"实践是检验真理的唯一标准"这个在以后发生重大影响的提法。[1]

胡耀邦在中央党校工作期间，以非凡的政治胆略和理论勇气，推动思想理论方面的拨乱反正。到中央党校后不久，他就开始考虑创办中央党校内部

---

[1]沈宝祥：《中央党校 800 学员讨论总结十年"文革"》，载中央党校《学习时报》。

刊物《理论动态》，要把这个刊物办成一所"没有围墙的党校"。在胡耀邦的领导下，《理论动态》在抵制"两个凡是"，澄清思想是非、理论是非、路线是非、政策是非方面发挥了重要作用。特别需要指出的是，胡耀邦利用《理论动态》这个阵地，积极组织和推动了关于真理标准问题的大讨论，为冲破"两个凡是"的束缚，重新确立中国共产党的马克思主义思想路线，作出了突出贡献。

《理论动态》第一期刊登的文章是《"继续革命"问题的探讨》。1977年7月15日上午印出来后，《理论动态》的同志就按照胡耀邦确定的名单，主要发给中央领导同志和党、政、军高级领导干部，也发给中央党校有关同志。对于这一期《理论动态》，很快就有了比较强烈的反响。

在"两个凡是"主导意识形态时期，《"继续革命"问题的探讨》的问世，令人感到震惊，犹如一颗重磅炸弹，在人们思想深处产生了爆炸性效应。在长达十年的"文化大革命"期间，所谓"无产阶级专政下继续革命的理论"，被称为"马克思主义发展史上的第三个里程碑"，并且写进了党章。对这个理论的任何怀疑，都会被视为大逆不道。这篇文章虽然还没有从根本上否定"继续革命"的理论，但对某些重要观点，提出了不同意见。这是冒了很大风险的难能可贵的理论探讨。

胡耀邦将第一期《理论动态》送给了邓小平，邓小平看了后，基本上同意《"继续革命"问题的探讨》提出的问题，这反映了中国共产党高层对思想理论上拨乱反正的最早酝酿。

3."积案如山，步履维艰"

　　粉碎"四人帮"后不久，胡耀邦出任中组部部长，面对种种压力，胡耀邦义无反顾地说："怕什么！就是下油锅，也要有人下嘛！"

清代龚自珍诗云：

九州生气恃风雷，
万马齐喑究可哀。
我劝天公重抖擞，
不拘一格降人才。

　　粉碎江青集团以后，广大群众迫切要求尽快平反"十年内乱"时期造成的大量冤假错案，迫切要求尽快砸碎压抑人们的精神枷锁，迫切要求以实事求是的精神对待 1957 年以后历次"政治运动"中遭到错误打击的干部和群众。然而，这时理所当然地应当在组织工作和干部工作的拨乱反正中发挥重要作用的中共中央组织部，却为坚持极"左"路线的人所把持。著名共产党人、中共中央纪律检查委员会原副书记袁任远在回忆录《征途纪实》中这样写道：

　　一九七六年十月六日，党中央粉碎了"四人帮"，七日晚上，我听到这个大快人心的好消息，心情特别激动。虽然中央还没有公布，但这一消息却不胫而走，很快传开了。同志们口虽不说，但见面就拱手，表示祝贺。中央除了把"四人帮"抓起来以外，随后还抓了一批"四人帮"的帮派骨干。听说有人做了四个小人，写上"四人帮"的名字，把它们吊在劳动人民文化宫墙外人行道的树上。这反映了群众对"四人帮"恨之入骨，必欲绞死而后快的心情。但是，一直到十一月，"四人帮"的帮派骨干分子郭玉峰仍任中央组织部部长，掌握着中央的组织和人事大权，实行没有"四人帮"的"四人帮"路线。冤假错案不纠正，对大批受迫害的老干部不解放，不起用，被流放到外地的老干部，也不接回北京。看到这种状况，我心急如焚，但反对郭玉峰的斗争是很复杂的，他在中央组织部经营了多年，有基础，又有靠山。因此，我向在中央工作过的老同志反映郭玉峰的问题，但他们当时也处境困难，无能为力，但我没有灰心。一九七七年三月，我和杨士杰、张策三人联名给华国锋和叶剑英写了一封信，通过一位可靠的同志将信交给叶帅，要求中央派人调查中央组织部的问题，改组中央组织部的领导。但信送出后未见回音，一连写了三封信，也未见答复。

一九七七年夏，在党的十一大召开前，中央组织部在选举十一大的代表时，仍决定郭玉峰、高淑兰为中组部的代表，并将曹轶欧分配到中组部选举。郭玉峰是"四人帮"的帮派骨干，在中组部干了很多坏事。高淑兰原是长辛店二七机车厂的工人，"文化大革命"中成了北京市委常委、十届候补中央委员、中组部副部长。曹轶欧是康生的老婆，康生办公室主任。"文化大革命"中，康生主管中直党群的工作，曹跟随康生迫害干部，制造冤假错案。我们老干部坚决反对他们当十一大代表。后来中央决定曹轶欧改由其他单位选举，但郭、高仍为中组部的代表。郭玉峰在中央有后台，他们不仅出席了十一大，而且当选为十一大的中央委员，大家非常气愤，于是我们就公开揭发郭玉峰的错误。这时，中央监委和中央组织部两个老干部支部相继响应，在两个月的时间，揭发出郭玉峰大量的问题。

我们反对郭玉峰的斗争，很快传到了中直机关和国家机关的许多部门，他们对我们的斗争都表示同情和支持。有的部门送来了揭发郭玉峰的材料，有的部门替我们油印，有的省市也以各种形式支持我们反对郭玉峰的斗争。

一九七七年十一月底，汪东兴在人民大会堂安徽厅接见了郭玉峰、王常柏、郑屏年、李步新四人，指示中组部要把高淑兰送回原单位二七机床厂，并要郭玉峰作检查。第二天，汪东兴又在同一地方接见杨士杰、张策、曾志和我，向我们介绍了他昨天接见郭玉峰四人的情况。我们要求马上撤销郭玉峰中央组织部部长的职务，汪说，你们不要着急嘛！等郭玉峰检讨后再定。

郭玉峰回机关后，严守秘密，不作检查，不执行中央的指示。我们将汪东兴接见我们的情况公布于众，并要机要室妥善保护档案，不得销毁，如果损失了，要向组织负责。机关的广大干部看到我们公布的材料，非常高兴，奔走相告，知道郭玉峰垮台的日子不远了。过去跟郭玉峰跑的，干了坏事的人，表现沉闷，垂头丧气。也有一些人还在观望，犹豫不决。在我们一再督促下，郭玉峰被迫在科长以上的干部会上作了一个四十分钟的不像样的检讨，他的检讨根本不涉及要害问题。散会后，我们一面继续揭发批判，一面向中央报告。广大干部对郭玉峰的检讨也极为不满，要求中央及早解除郭玉峰的部长职务。

在反对郭玉峰的斗争中，《人民日报》编辑部给了我们很大的支持，把我们写给中央的信刊登在《国内动态》清样上，送给中央领导同志。一九七八年年初，我们的报告送上不久，中央就决定撤销郭玉峰的部长职务，任命胡耀邦为中央组织部部长。同志们敲锣打鼓，刷大标语，在院内游行，欢呼中央的决定，热烈欢迎胡耀邦同志。[1]

粉碎"四人帮"以后，"冤案如山，积重难返"。全党全国人民盼望拨乱反正。但是，每前进一步都受到"两个凡是"的阻挠，"步履维艰"。这时，在邓小平、叶剑英等老一代无产阶级革命家的鼎力支持下，胡耀邦受命担任中共中央组织部部长，勇敢地站到了拨乱反正历史潮流的最前列……

"十年内乱"时期，形成了大批的冤、假、错案。粉碎"四人帮"以后，胡耀邦"以非凡的胆略和勇气，组织和领导了平反冤假错案、落实干部政策的大量工作，使大批受到迫害的老干部重新走上领导岗位，使其他大批蒙受冤屈和迫害的干部、知识分子和人民群众得到平反昭雪、恢复名誉。"这是中共中央对胡耀邦的高度评价。

---

[1]袁任远：《征途纪实》，湖南人民出版社 1985 年版，第 223—225 页。

1977 年 12 月至 1978 年 12 月，在粉碎"四人帮"后不久，党和国家正处于重大历史转折的关键时期，胡耀邦受命担任中共中央组织部部长。在邓小平等老一代无产阶级革命家的领导和支持下，他以非凡的勇气和胆识，领导和组织了平反冤假错案、落实干部政策和知识分子政策、调整各级领导班子、培养和选拔优秀中青年干部等工作，为完成组织工作拨乱反正的任务、开创组织工作的新局面作出了卓越贡献。

1977 年 12 月，新任中共中央组织部部长的胡耀邦正式上任。在第一次全体干部大会上，胡耀邦就以其独有的胆略和气魄，提出了组织部门在粉碎"四人帮"以后的重要任务。

胡耀邦认为，"十年内乱"造成了现在"积案如山，步履维艰"！

"这山有多高？是喜马拉雅山、唐古拉山，还是泰山？"胡耀邦列举了发生在"十年内乱"时期人们熟悉的"天安门事件"、"六十一人叛徒集团案"、"内蒙古人民革命党案"、"东北叛徒集团案"、"新疆叛徒集团案"、"现行反革命案"等案件。他说，究竟有多少受害者，谁也说不清。"文化大革命"前的历次政治运动，究竟伤害了多少自己人，也没法说得清。还有建国前囿于历史条件而形成的一些冤假错案，如"被捕被俘人员"问题、延安"抢救运动"的遗留问题、"红旗党"与其他一些地下党的悬案，一直推到当年苏区的大杀"AB团"的冤案，等等，又有多少冤魂在呼求平反昭雪，谁能说得清？所以说，这叫"积案如山"！

一桩桩，一件件，胡耀邦成竹在胸，倾心而谈！很显然，对于如何解决这些积案，他在担任中央组织部部长前后已经深思熟虑。

胡耀邦强调，不论"积案如山"，不管"步履维艰"，我们一定要有"会当凌绝顶"的决心。为此，他向中共中央组织部的同志郑重提出了两个要求：

一是要求大家恢复党的优良传统，把党的组织部门办成"党员之家"和"干部之家"，一扫这些年来"门难进、脸难看、话难听、事难办"的官衙恶习。使每一位来访的党员、干部，不论党龄长短、资历深浅、职务高低，都能感到一视同仁的亲切温暖，无话不谈、无事不求。

二是"今后如有受冤挨整的老同志来找我，我都要和他们见面谈话，请任何人不要阻拦。凡是信封上写有'胡耀邦'三个字的来信，都请及时送给我，如果没有我的表示，也望任何同志不要主动代劳处理，更不能扣压"……

胡耀邦这一番别开生面的讲话结束后，会场上掌声四起。人们为历史转折时期来了一位众望所归的中央组织部部长而欢欣鼓舞。

会后，胡耀邦立即采取行动，把中组部在"十年内乱"中"靠边站"的几十位部局级老干部请到部长办公室谈心，请这批老同志与自己一起挑起落实政策、平反冤假错案的重担。并具体分工：由杨士杰协助统管整个中组部工作，等中央批准后正式宣布为副部长；由陈野苹、塞先任负责老干部接谈组，专门接待来访的老同志；由章蕴、曾志负责已经作了结论的老同志的工作分配，具体事务由吕枫负责；成立中央组织部干部审查局，主要负责落实干部政策，配备7位正副局长，强力推进这项工作。

胡耀邦到中组部正式上班后的第一个月，每天就有几百人到中组部上访，全月收到来信达六麻袋。干部上访多，代表着广大干部对中组部的信任；干部来信多，代表着广大干部对中组部的期望。

为了推动拨乱反正的顺利进行，胡耀邦在中央组织部会议上发表了一系列重要讲话，令中央组织部的同志们感到耳目为之一新，一直印象深刻，难以忘怀。担任过中央组织部老干部局局长、中央组织部顾问的一位老同志回忆道：

1978年1月5日，胡耀邦说：我们要坚持实事求是。谁不实事求是，谁以后是要还账的。他说：实事求是要靠群众路线保证它。实事求是的传统作风不能破坏，不能动摇，一件事上一动摇、一调和，就会给歪风邪气开方便之门，甚至给某些坏人开方便之门。但方式方法可以灵活，这叫灵活性，但又要有坚定性。

3月22日，胡耀邦讲：（革命战争年代）个人被捕后放回来，不能只根据哪一年的规定，不加认真地调查，就简单地定其为"叛徒"。要看十几年、几十年表现怎样，情况千差万别，我们要分清楚。他还说："文化大革命"中，非正常死亡的案件，对死因我们就不要强调了，但政策一定要落实，自杀的要作具体分析，不要简单地一律按自杀对待。毛主席曾在一个被迫害自杀的人的处理案件上批示说："人都逼死了，还开除什么党籍！"对毛主席这句话，我们要好生体会。"文化大革命"中有的人自杀，是被迫害所致，是痛不欲生嘛。把这些同志说成是"畏罪自杀"，太不合情理了！对死去的同志要写个好的评价，一律按革命干部对待。要告诉我们的子子孙孙，对待自己的同志，对待人民内部矛盾，再也不能这样搞了。要严禁逼、供、信。迫言致死的是革命干部，该平反做结论的要抓紧，不要拖，拖下去了会伤感情。如果我们处理不好这些问题，会影响几十年，会影响几代人。

3月28日，胡耀邦在一次会议上指出：什么叫把落实党的干部政策这个事办好了？应该有个标准。第一条，没有结论的，应该尽快做出结论，结论不正确的，要实事求是地改正过来。第二条，没有分配工作的，要适当地分配，或者加以适当地安排。不是所有的都要安排工作，年老体弱的要适当安置。第三条，死去了的，包括自杀的，也要作出实事求是的结论，把善后工作处理好。第四条，他们的家属子女应当解决的问题，适当地加以解决。

4月4日，胡耀邦在一次会议上讲：对"四人帮"帮派体系的处理，要缩小打击面，扩大教育面。

4月28日，胡耀邦说：要做一个彻底的唯物主义者，实事求是。不管什么文件定的，什么时候定的，什么人批的，全错全改，部分错部分改，不错的不改。

5月12日，胡耀邦讲：毛主席告诉我们，一切案件都要负责核实，都要与当事人、本人见面，原则是实事求是，办法是群众路线。特别是党籍问题，必须按照党章办事。党员受处分，本人到场。

9月20日，胡耀邦在一个会上说：毛主席历来教导我们，实事求是是马克思主义的一个根本问题，我们要大力恢复和发扬实事求是的传统作风。毛主席在世的时候，就曾多次提出，真正搞错了的人，要改正过来。[1]

从以上这位老同志记录的1978年间胡耀邦的这些讲话的摘录中，可以看出胡耀邦对党对人民高度负责的精神，对纠正冤假错案的鲜明立场和战胜一切艰险阻的坚强意志。

抓住典型，以点带面，是一项重要的工作方针。胡耀邦在落实干部政策中就抓了一个震动全国的典型——中国科学院长春光学精密仪器研究所。在这个全国著名的科研单位，由于"十年内乱"中坏人当道，横行霸道，大批

---

[1]郑伯克：《郑伯克回忆录》，中共党史出版社2002年版，第54—57页。

干部、科研人员被打成"走资派"、"反革命"……

当该所干部职工强烈要求按照党的政策平反冤假错案时，该所追随"四人帮"的帮派骨干却以当时的吉林省委负责人为后台有恃无恐，对这些干部职工扣上"否定文化大革命"、"攻击无产阶级专政"等大帽子，进行打击报复与镇压。说什么"说我不落实政策，我看是落实过头了！要说不落实，就是批得还不够！""说我整知识分子，秦始皇一次就整了八百个，我算个啥？光机所有八百知识分子，批掉三百，还有五百呢！"

中共中央调整吉林省委领导班子以后，新的吉林省委坚决执行中央领导同志关于光机所问题的指示，派出工作组进驻光机所，带领广大干部职工深入揭批"四人帮"和"四人帮"在光机所追随者的罪行，对所有冤假错案进行了复查，结果证明被打成"特务"的166人全部都是冤案。为此，工作组召开了全所干部职工、家属和本地、外地科研单位的代表以及受害者亲友共五千多人参加的大会，宣布了平反决定和平反名单，使数载沉冤得到昭雪。工作组还向20个省、市、自治区的150个单位发出了195份平反通报，为受害者的亲友和受株连者挽回影响，将一切诬蔑不实之词统统推倒，对受害干部职工安排适当工作，伤残的给予治疗，死亡的补开了追悼会并做好遗属的抚恤和安置；对被当做"罪证"抄走的财物，已经查到的全部归还，扣发的工资全部补发，生活困难的给予补助。

胡耀邦看到有关材料后感慨万千，挥笔作了一个相当长的批示：

这是一个骇人听闻的材料。对我们党的干部人事部门、政治部门都有深刻的教育意义。我们党从有政权以来，已经有五十一年的历史了（可能是从井冈山时期算起——笔者注）。五十一年以来，经常出现这样或那样的极其错误的审干策略和肃反政策；在错误路线的统治或干扰下，这种政策可以发展到极端荒唐、极其野蛮的地步。这个材料就充分说明了这种情况。这是什么原因？我认为，原因是多方面的：同坏人当权有关，同我们平时教育不严有关，同人们的法制观念不强有关，一句话，同我们的整个经济、文化落后有关。因此，我们的干部部门、政治部门应该经常注意用这种反面材料教育我们的同志，以提高我们这一方面的政治和文化水平。

为了更好地推动在干部问题上的拨乱反正，平反冤假错案，经胡耀邦建议，中共中央批准，决定由胡耀邦主持，于 1978 年 9 月在北京中南海怀仁堂召开全国信访工作会议，主题是研究如何落实政策才算执行"毛主席的正确路线"。在筹备全国信访工作会议过程中，因为考虑到坚持"两个凡是"的人可能会在会上向胡耀邦发起挑战，所以胡耀邦特意请来中央组织部研究室和干部审查局的一些同志研究并协助起草讲话稿。在研究中，有人提出胡耀邦最好不要去，理由是："人家正要找你的茬儿呢，你还送上门去？"胡耀邦坚定地回答：这正是广泛动员平反冤假错案的最好时机，是踏破铁鞋也难找到的最好机会，我们绝不能放过。我们要永远记住八个字：坚持真理，旗帜鲜明。

中央组织部研究室的同志起草了讲话稿以后，不无担心地对胡耀邦说："最好等时机成熟了再讲。"胡耀邦义无反顾地说："怕什么！就是下油锅，也要得有人下嘛！"

1978 年 9 月 18 日，全国信访工作会议如期开幕。胡耀邦从容走上讲台，发表了旗帜鲜明、切中时弊、深受与会同志欢迎的重要讲话。

胡耀邦在讲话中指出："落实干部政策的根据是什么？是事实，也就是干部过去的实践。判断对干部的定性和处理是否正确，根本的依据是事实。经过对实际情况的调查核实，分析研究，凡是不实之词，凡是不正确的结论和处理，不管是什么时候、什么情况下搞的，不管是哪一级，什么人定的、批的，都要实事求是地改正过来。这才是彻底的唯物主义。"

在这里，胡耀邦非常鲜明地提出了"两个不管"。这是针对"两个凡是"而讲的，是在落实干部政策问题上根本性的拨乱反正，得到了大多数与会者的热烈拥护。

按照惯例，大会秘书处应该立即把胡耀邦的讲话全文刊登在会议简报上。但是，会议简报发下来，许多代表却发现，胡耀邦讲话的精髓，即用"两个不管"针对"两个凡是"的内容全部被删掉了。接着，会议续出的一些简报借用某些会议代表之口，对胡耀邦的讲话进行了一系列批评指责。

看到这种情况，胡耀邦没有让步，他找到负责此次会务的中央办公厅副主任问道："你这是何用意？为什么要删去这句话？"这位同志说："这是汪（东兴）副主席让删的。"胡耀邦转身就走，没说第二句话。会议闭幕时，汪东兴在会议总结讲话中，直接面对全体代表，宣称"两个不管"的说法不妥。

散会以后，9月25日，胡耀邦与汪东兴等同志在中南海谈话，有人反问胡耀邦：按照你的"两个不管"，毛主席定的案子怎么办？

胡耀邦说："我相信如果他老人家还健在的话，也会恢复他一贯倡导的实事求是原则的。他生前说过有反必肃、有错必纠。所以对他老人家过去批的、定的、实践证明是冤假错案的，我们都应该平反改正。"对方又有人说："'不管什么时候、不管什么人批的定的'，这说法未免太大而无当了！如果这说法可以成立，那么国民党时代定的冤假错案，难道也得由我们去平？"胡耀邦响亮地回答："国民党都被我们推翻了，他们搞的冤假错案就自然而然地都被平掉了嘛！"

胡耀邦的回答，不同凡响，掷地有声，充分体现了中国共产党人应有的胸怀和气魄。

当时，推进拨乱反正，每前进一步都会遇到阻力。面对巨大的阻力，胡耀邦的"两个不管"遭到一些抵制。但胡耀邦旗帜鲜明，决不后退，坚持反对"两个凡是"。信访工作会议以后，胡耀邦要求中央组织部主办的《组工通讯》全文发表他关于"两个不管"的讲话，完全恢复了他在全国信访工作会议上关于"两个不管"的内容。

4.为习仲勋、彭德怀翻案

> 彭德怀在"软禁"中写下了一批回忆资料，交给侄女彭梅魁保存。他坚信："历史是最无情的，也是最公正的，历史将会对我做出公正的评价。"

在邓小平、叶剑英等老一代无产阶级革命家的有力支持下，习仲勋的案子得到了彻底平反。这是胡耀邦主持中共中央组织部工作期间，顶着"两个凡是"的压力，冒着一定风险直接翻案的一个"铁案"。

习仲勋，陕西富平人，1926 年加入中国共产主义青年团，1928 年转为中国共产党党员。曾在西北地区从事学生运动、农民运动，并在西北军中从事兵运工作。1930 年后，任陕甘边区苏维埃政府主席，是陕甘革命根据地创始人刘志丹的亲密战友、陕甘革命根据地的主要领导人之一。当中共中央和红一方面军经过长征到达陕甘地区以后，幸亏有刘志丹领导开创的陕甘革命根据地，中国革命才有了落脚点和新的出发点。1936 年后，习仲勋任中共关中分区地委书记、军分区政治委员。1942 年 7 月调任中共中央西北局党校校长。1943 年后，任绥德地委书记、绥（德）米（脂）警备区政治委员。1945 年在中共第七次全国代表大会上当选为候补中央委员。会后调任中共中央组织部副部长。解放战争时期，历任中共中央西北局副书记、书记、第三书记，陕甘宁晋绥联防军政治委员，陕甘宁边区集团军政治委员，西北野战兵团副政治委员，西北军区政治委员等。中华人民共和国成立后，任中共中央西北局第二书记、西北军政委员会副主席、中国人民解放军第一野战军兼西北军区政治委员，长期主持大西北地区党、政、军日常工作。1952 年9 月奉调北京，先后担任中共中央宣传部部长、政务院秘书长。1956 年在中国共产党第八次全国代表大会上当选为中央委员。1959 年任国务院副总理兼秘书长。1962 年，由于受到所谓"反党小说《刘志丹》事件"的牵连，被诬陷为"习仲勋反党集团"，经过三年审查后，被贬到河南任洛阳矿山机器厂任副厂长。"十年内乱"中多次遭到批斗，被关押监护，九死一生。"十年内乱"后期被下放到洛阳耐火材料厂。

1976 年 10 月，粉碎"四人帮"后，被流放在洛阳的习仲勋看到了平反冤案的希望。11 月 15 日，习仲勋致信中央领导人，热烈庆贺中共中央粉碎"四人帮"的伟大胜利，"决心养好身体，更好地继承毛主席的遗志，紧紧地团结在党中央的周围，无条件地听从党中央的指挥，把余生全部贡献给党，力争为人民多做一些工作"。最后，他署名为"一个仍未恢复组织生活的毛主席的党员习仲勋"。习仲勋通过这封信，表达了渴望"力争为人民多做一些工作"的心愿。这也说明，拨乱反正，平反冤假错案，落实各项政策，成为极为迫切的任务。习仲勋和许多老同志一样，盼望着拨乱反正的早日到来。此时，习仲勋身在洛阳，心向北京，密切关注着国内外形势的变化，急切地盼望着十几年来的沉冤能够尽快洗雪。但是，由于华国锋继续"左"的错误，使拨乱反正步履维艰、徘徊不前。按照"两个凡是"，"习仲勋反党集团案"是毛泽东批准的。因此，"习仲勋反党集团"根本不可能翻案。

1977 年 8 月 24 日，习仲勋给中共中央主席华国锋，副主席叶剑英、邓小平、李先念、汪东兴并党中央写信，热烈祝贺中共十一大和十一届一中全会胜利召开，表示听从中央的安排，希望为党做些工作，为实现四个现代化，为共产主义事业献出自己的一切。这时，习仲勋的夫人齐心看到一些受过迫害的老干部纷纷恢复工作，更加为习仲勋的问题在粉碎"四人帮"之后一年多尚未能得到解决而心急如焚。她多次往返于北京、洛阳之间，备尝艰辛。随后，齐心找到刚刚担任中央组织部部长的胡耀邦和叶剑英副主席。

当习仲勋夫人齐心到中央组织部找胡耀邦申诉习仲勋的冤案时，当即受到接见。胡耀邦专门听取了齐心的意见。然后，胡耀邦十分关切地询问了习仲勋在洛阳的生活和身体状况，对习仲勋在 1962 年蒙冤以后遭受到各种磨难深表同情，当即表示说，凡是冤假错案都要实事求是地坚决平反昭雪，不论谁说的，谁定的。习仲勋同志的案子当然也不例外。他还说，现在是充分行使人民赋予我们的权力的时候，但也是容易出错的时候，既要大胆果断，也要谦虚谨慎、遵守党规党法，才能把事情办好。胡耀邦从资历、经验、工作能力、水平、威信等方面对习仲勋的革命历史作了充分肯定。叶剑英也表示，坚决支持习仲勋出来工作。

齐心迅速把与叶剑英和胡耀邦的谈话情况告诉了习仲勋。习仲勋当即感到，平反自己冤案的时机来到了，长期笼罩在心头的阴霾一扫而光，在久经磨难以后，终于迎来了第一束希望的曙光。

随后，胡耀邦雷厉风行，立即行动，指示中央组织部迅速查清了习仲勋的冤案。1978年2月，饱经沧桑的习仲勋否极泰来，人生历程出现历史性转折。2月中旬，中共中央办公厅电话通知河南省委，指定由一位省委书记负责，速将在河南洛阳的习仲勋接回省委、护送进京。河南省委迅即派省委组织部和保卫处有关人员于当天晚上起赴洛阳。

1978年2月22日，习仲勋乘坐火车离开古都洛阳，到达河南省省会郑州，受到河南省一位省委书记及其他同志的热烈欢迎。习仲勋情不自禁地与这位省委书记紧紧拥抱，激动地说："这是我16年来第一次和人拥抱，我感到自己又回到了党的怀抱。"这位省委书记当即安排：习仲勋白天在中州宾馆休息，晚上坐火车回北京。习仲勋说："我不需要休息，我建议你能带我坐车到郑州大街小巷转一转，而后我们俩人好好谈谈，我和外界完全隔断联系多年了，要到人民群众当中去，呼吸新鲜空气。"而后，习仲勋游览了刚刚结束"十年内乱"，开始恢复生机的郑州市区、百货公司，来到纪念京汉铁路工人大罢工二七殉难烈士的二七纪念塔。他拾级而上，在塔顶上举目远眺，绿城郑州的景色尽收眼底。习仲勋心潮起伏，感慨万千，他说："二七烈士的鲜血没有白流。我们永远不会忘记烈士，没有烈士，哪有今天的新中国啊！"当参观郑州市劳动公园时，习仲勋深情地说：这里是碧沙岗，劳动公园是冯玉祥将军为西北军阵亡将士修的，里面也掩埋着不少进步人士，也有许多没有留下姓名的共产党员，他们是真正的无名英雄。回到中州宾馆，习仲勋谈起"十年内乱"时期有一段时间被关在七八平方米的一间小房子，坚持每天两次转圈散步的情况。转圈开始从一数到一万，然后再退着走，从一万数到一。他说："我为了要为党和人民再做工作，锻炼毅力，也锻炼身体，我对共产党是充满信心的，我认为党中央对我总会有个正确结论的。"习仲勋准备为党为人民继续工作而表现出的钢铁般的意志和决心，令人感动。当天晚上，习仲勋登上北上列车，翌日抵达北京，被特邀出席第五届全国政协会议。在历经劫难，苦苦等待了十几年以后，他终于重新回到了中国的政治舞台上。

1978 年 2 月 24 日至 3 月 8 日，习仲勋作为特邀委员出席政协第五届全国委员会第一次会议。这次会议选举邓小平为第五届全国政协主席。习仲勋当选为全国政协常委。与此同时，第五届全国人民代表大会第一次会议在北京举行。习仲勋列席了这次会议。

习仲勋与叶剑英是老同志、老战友、老朋友、老相识。对叶剑英渊博的知识、卓越的能力、超人的才能、深邃的智慧，非常敬佩。对叶剑英政治上的远见卓识，工作中的勤奋严谨，为人的谦虚宽厚，生活的节俭朴实，一直十分仰慕。在此期间，叶剑英作为中共中央副主席、中央军委副主席，代表中央亲切会见了习仲勋。习仲勋回忆说：当时叶剑英同志年事已高，工作异常繁忙，还抽空接见了我。他见我身体很好，非常高兴，紧紧握着我的手，鼓励我要向前看，以后多为党做工作。他那宽广的胸怀、恢弘的气度，对同志的亲切、谦和、真挚和深情厚谊，使我感动得热泪盈眶。一个共产党员，还有什么比能为党多做工作而感到幸福和自豪的呢！[1]在离开中国政治舞台16 年以后，能够见到德高望重的叶剑英，习仲勋激动万分。

叶剑英对于安排饱经沧桑的习仲勋的工作早有打算。当时，中共中央政治局委员、全国人大常委会副委员长、中国人民解放军总政治部主任、广州军区第一政委、广东省委第一书记、广东省革命委员会主任韦国清因在中央工作，政务、军务繁忙，无暇兼顾广东工作。广东地处中国南方，战略地位非常重要。"十年内乱"使得广东问题极为复杂，大量冤假错案亟待平反。因此，叶剑英决心派习仲勋这位担任过西北党政军主要负责人和国务院副总理的"老资格"坐镇广东，主持广东省工作。

叶剑英与华国锋、邓小平等人商定后，中共中央正式决定派习仲勋到广东。习仲勋听到中共中央组织部部长胡耀邦关于中央派自己到广东"把守南

---

[1]习仲勋：《痛悼敬爱的叶帅》，《人民日报》1986 年 10 月 31 日。

大门"（胡耀邦原话）的消息[1]，深感责任重大。到广东赴任之前，华国锋、叶剑英、邓小平、李先念、汪东兴和中央其他领导人都接见了习仲勋，对其到广东工作寄予很大的期望，反复强调做好广东工作的重大意义。[2]习仲勋向中央表态时，谦逊地提出希望继续保留韦国清中共广东省委第一书记职务，自请担任省委第二书记。[3]习仲勋以后回忆此事说，"我已有16年没有工作了，一出来工作就来到了祖国的南大门广东，觉得任务很重，心里不大踏实。当时，中央几位领导同志，特别是小平、剑英同志都找我谈话，要我大胆工作，来了要放手干。"[4]邓小平、叶剑英的高度信任和热情鼓励，使他深为感动、深受鼓舞，决心不辱使命，做好广东工作。

曾任广东省委书记的吴南生回忆说：1978 年 3 月 18 日至 31 日，中共中央在北京召开全国科学大会，我代表省委参加这次会议。当时我和中央政治局委员、中共广东省委第一书记、广东省革命委员会主任韦国清都坐在人民大会堂主席台上。有一天，韦国清对我说："等一会儿开完会后还有一个小会，中共中央组织部部长胡耀邦同志有事找我们谈一谈。"会后，我和韦国清来到人民大会堂的一个休息室，胡耀邦已经来了。胡耀邦说："中央决定让习仲勋到广东担任省委第二书记，这次是叶（剑英）帅提名，大家也都同意。"当时省委第一书记还是韦国清，他准备回广州主持召开中共广东省第四次党代会，习仲勋的职务也要在会议上通过。随后，习仲勋相继担任中共广东省委第二书记、中共广东省委第一书记、广东省革命委员会主任、广东省省长、广州军区第一政治委员，在主持广东党政军工作期间，为广东省的拨乱反正、平反冤假错案、改革开放，作出了重要贡献。

彭德怀，出身贫寒，性格刚强，早年投身革命，领导平江暴动，创建中国工农红军第五军和红三军团。历任红五军军长、红三军团总指挥、红一方面军副总司令、中央革命军事委员会副主席、红军北上抗日先遣支队司令员、

---

[1]《习仲勋革命生涯》，第 663 页。

[2]《习仲勋在中国共产党广东省第四次代表大会上的讲话》，1978 年 4 月 6 日。

[3]《怀念习仲勋》，中共党史出版社 2005 年版，第 168 页。

[4]《习仲勋同志视察深圳、珠海时的讲话》，1987 年 2 月 15、19 日，载中共广东省委办公厅编印《中央对广东工作指示汇编（1986—1987）》上册，第 262—263 页。

八路军副总指挥和第十八集团军副总司令、中国人民解放军副总司令、中国人民志愿军司令员兼政治委员、中央军委副主席兼总参谋长（兼职未公开）、国务院副总理兼国防部部长。在长期的中国革命和建设事业中，为中国共产党建立了不朽的历史功绩。在1959年的庐山会议上，因为民请命，仗义执言，坚持正确意见，被打成"彭德怀、张闻天、黄克诚、周小舟反党集团"的头子，"十年内乱"中饱受迫害，最后悲惨地辞世。

为了留下自己一生的真实记录，免得背着"历史黑锅"死去，彭德怀在"软禁"中写下了一批回忆资料，交给侄女彭梅魁保存。

这批秘密保存在彭梅魁家中的彭德怀手稿时而被藏在北京，时而被埋在彭德怀老家湖南省湘潭县乌石寨的彭家老屋里，时而又被带回北京，时而被彭梅魁带在身上。1976年北京、天津、唐山一带发生地震时，彭梅魁一家搬到防震棚里躲地震。彭梅魁把彭德怀的手稿装在一个旧书包里背着，昼夜不离身，睡觉时就把书包带缠在手腕上。

1978年春天，彭梅魁从报纸上看到彭德怀的老战友、中国人民解放军原总参谋长黄克诚复出的消息，欣喜万分，几经周折，找到了黄克诚。黄克诚感慨万端："1974年我也因病住进三〇一医院，和你伯伯住的是一个医院。彭总因癌症逝世，我竟完全不知情！他们多会封锁消息啊！后来我听说，你伯伯因为剧痛难忍，把被子都咬烂了。一代英雄啊，如此悄然辞世！虽说死生是常事，苦乐也是常情，但彭德怀这样死，实在令人痛惜！"彭梅魁向黄克诚详细讲述了彭德怀的晚年和临终情况。她说：伯伯在弥留之际，说话已经十分艰难，还断断续续嘱咐我，要我代他去看望黄伯伯，并将他遗留的书籍，"送给我的好友黄克诚"。黄克诚听后，极为悲痛地说："我也很想念彭老总，粉碎'四人帮'恢复工作以来，有很长一段时间，我做梦经常同他在一起。"黄克诚一边说着，一边拿起笔，写下1965年被贬到山西后，因遥念远在四川成都的彭德怀而写的一首词。这首词的全文是：

调寄江城子
忆彭德怀

久共患难自难忘。

不思量，又思量；

山水阻隔，

无从话短长。

两地关怀当一样。

太行顶，峨眉岗，

犹得相逢在梦乡。

宛当年，上战场；

军号频吹，

声震山河壮。

富国强兵愿必偿，

且共勉，莫忧伤。

黄克诚写罢，又轻声念了一遍，谈起彭德怀的遭遇，不禁热泪盈眶，泪洒衣襟。

黄克诚把这首词送给了彭梅魁。

"悠悠岁月，欲说当年好困惑。"谈过往事之后，彭梅魁告诉黄克诚秘藏彭德怀手稿的来龙去脉。黄克诚大为感叹，称赞彭梅魁有勇有谋，做了一件大好事。

彭梅魁问："这些手稿是上交中央，还是自己保存？"

黄克诚说："自己保存难，容易损坏，我看还是上交党中央好。现在中央很忙，以后找个适当的机会再交吧。"

胡耀邦主持中共中央组织部工作期间，在邓小平、叶剑英、陈云等老革命家的支持下，排除阻力，顶着压力，坚定不移地奋力推进为彭德怀平反的有关工作。在中共十一届三中全会之前的中央工作会议上，陈云在发言中代表全国人民的愿望，正式向中央提出为彭德怀平反的问题，中共十一届三中全会一致通过为彭德怀彻底平反、恢复名誉。

1978 年 12 月 24 日下午，邓小平出席彭德怀、陶铸的追悼会，并为彭德怀致悼词。指出：彭德怀是我党的优秀党员、老一辈无产阶级革命家，是平江起义的主要领导者、红三军团的创立者，是党、国家和军队的杰出领导人，曾担任过党、政、军的许多重要职务，是国内和国际著名的军事家和政治家。他在林彪、"四人帮"的迫害下，于 1974 年 11 月 29 日在北京逝世。今天，党中央本着实事求是的精神，认真落实党的政策，给彭德怀同志作出了全面公正的评价，为他恢复了名誉。他热爱党，热爱人民，忠诚于伟大的无产阶级革命事业。他作战勇敢，耿直刚正，廉洁奉公，严于律己，关心群众，从不考虑个人得失。他不怕困难，勇挑重担，对革命工作勤勤恳恳，极端负责。他在近半个世纪的革命斗争中，南征北战，历尽艰险，为中国革命战争的胜利，为人民军队的成长壮大，为保卫和建设社会主义祖国，作出了卓越的贡献。

彭德怀九泉之下终于可以安息了。

1978 年 12 月 24 日，彭德怀、陶铸追悼会在北京举行。

中共中央为彭德怀平反昭雪以后，担任中共中央委员、中共中央纪律检查委员会常务书记的黄克诚认为上交彭德怀手稿的时机已经成熟。

1979 年 1 月 3 日，彭梅魁致信胡耀邦，并请黄克诚将这封信和彭德怀手稿交给胡耀邦。

翌日，黄克诚神情肃穆，缓步走进胡耀邦办公室，把一个纸包交给胡耀邦。

"黄老，这是什么？"胡耀邦接过纸包，看着黄克诚。

"你先打开看看。"黄克诚十分郑重地回答。

胡耀邦轻轻打开包裹在彭德怀手稿外面的旧报纸，看到笔记本和泛黄的一摞稿纸，上面的笔迹苍劲有力，原来是彭德怀元帅的手迹。他伏在办公桌上，急切地浏览起来……

胡耀邦不禁有些疑惑：彭德怀的这些手稿是怎么保存下来的？

"黄老，彭德怀的这些手稿你是从哪里找来的啊？"胡耀邦问。

黄克诚道："这是彭德怀同志的侄女彭梅魁在母亲和两个弟弟的帮助下，冒着危险保存下来的，算来有17个年头喽，不容易啊！本来在你主持中组部工作的时候就想交给你，彭梅魁同志怕你忙，让我在方便的时候再交给你。她只要求你给她写一张收条就行了。"

"好，我这就写。"胡耀邦一边说着一边挥毫写道：

克诚同志并梅魁同志：

今天上午，克诚同志交给了你要他转给我的彭德怀同志的一批手稿。计：5个32开笔记本，一个22开笔记本，一封给中央的信的手稿，一份注有眉批的"庐山会议文件"。

我当作珍贵的历史文物转给中央。

这封信是我给你的收条。

胡耀邦

1979年1月4日上午

胡耀邦代表中共中央接收彭德怀的这批手稿以后，并没有交给中央档案馆保存起来了事。在他的大力支持、帮助、关注下，有关方面组织力量对彭德怀的这批手稿进行认真整理，以《彭德怀自述》作为书名，由出版社公开出版，向全国发行，在国内外引起空前强烈的反响和轰动。彭德怀的老战友、老部下纷纷发表读后感。《彭德怀自述》对拨乱反正发挥了重要作用，这是彭德怀生前所没有预料到的。

一个人的生命可以逝去，但是，一个人的思想却是永存的。

彭德怀没有死，他永远活在中国人民的记忆里、永远活在中国人民探索中国社会主义建设道路的史册里。

彭德怀生前坚信："历史是最无情的，也是最公正的，历史终将会对我作出公正的评价。"

1981 年 6 月 27 日，中国共产党第十一届六中全会通过的《关于建国以来党的若干历史问题的决议》指出："庐山会议后期，毛泽东同志错误地发动了对彭德怀同志的批判，进而在全党错误地开展了'反右倾'斗争。八届八中全会关于所谓'彭德怀、黄克诚、张闻天、周小舟反党集团'的决议是完全错误的。"

5.复查"六十一人叛徒集团案"

邓小平指出：六十一人的问题必须解决，把那件事的责任归咎于他们是不公道的。

中央专案组的某些人大为震怒："现在的翻案风如此猖獗，都翻到我们的头上来了。这还了得？"在这种情况下，胡耀邦断然决定：对"六十一人案"的复查平反，中共中央组织部只能另起炉灶！

在拨乱反正、扭转乾坤的历史进程中，邓小平、叶剑英等老一代无产阶级革命家代表全党全国人民的根本利益，承担着发起者、决策者、领导者的历史重任。胡耀邦既是站在历史发展前列勇敢的呐喊者、冲锋陷阵的战士，又是这场伟大转折的领导者、组织者和推动者。身临拨乱反正的第一线，胡耀邦曾用"惊心动魄的拨乱反正"、"拨乱反正的日日夜夜"来表达自己的经历和感受。他多次讲，所谓扭转乾坤，就是"把整个国家民族的车轮重新扭回到正确的轨道上来"。

"十年内乱"中，曾经制造了一个震动国内外的重大错案。这就是把坚贞不屈的革命者打成"叛徒"的包括薄一波、刘澜涛、安子文、杨献珍、赵林、李楚离、廖鲁言、徐子荣、胡锡奎、刘锡五、王其梅等同志的所谓"六十一人叛徒集团"案。该案的主要"罪行"，指的是在日本即将入侵华北的1936年，经过中共中央批准，这些被关押在国民党北平监狱中的同志，在办了一个"手续"后出狱，投入抗日斗争一事。

历史真相是这样的：1936 年春天，刘少奇作为中共中央代表被秘密派到华北，主持中共中央北方局。这时，北方局开展工作，极为缺乏干部。北方局组织部部长柯庆施向刘少奇建议，可以让被关押在国民党北平监狱中的同志履行"签字"手续出狱，以解燃眉之急。同时，如不及时营救这些同志，不论是日军侵占了华北，还是蒋介石集团把这些同志转押到南京去，他们都有可能全部被杀。刘少奇同意了柯庆施的提议，并上报中共中央决定。时任中央"负总责"的张闻天代表中央给刘少奇和北方局回电，批准了这个决定。北方局立即将这个决定通知中共北平市委书记李葆华，要求立即执行。李葆华委派孔祥祯通过秘密渠道，向狱中党支部转达了这个决定。但狱中党支部一致拒绝执行。1936 年夏天，柯庆施等人再次写信，让孔祥祯辗转送到监狱："你们知道谁给你们写的这封信的？他就是中共中央代表胡服同志。"于是，从1936 年 9 月开始，监狱中的同志陆续履行手续离开了监狱。事后，柯庆施对薄一波说：你们出来时还拿架子，三请诸葛亮……1943 年，中国共产党准备召开第七次全国代表大会（以后推迟举行）。薄一波作为晋冀鲁豫代表团副团长到了延安。在毛泽东的窑洞中汇报工作时，也汇报了这段往事。毛泽东说："这件事我们知道，中央完全负责。""你们在班房里做了很好的工作。"

"六十一人案"的代表人物是薄一波。他是山西定襄人，1922 年考入山西省立国民师范学校，由此开始接受五四运动传播的新思想和马克思主义影响，并组织学生运动。1925 年秋加入中国共产主义青年团，同年 12 月转为中国共产党党员，组建了国民师范学校党支部，任支部书记。1926 年夏，任中共太原地方执委会北部地区委员会副书记，从事党的组织、宣传和群众工作，领导了同山西国民党新右派的斗争。阎锡山在山西公开反共后，下令通缉薄一波等 30 多名共产党人。他们转入地下工作，继续进行革命斗争。

大革命失败后，薄一波任中共山西临时省委委员，赴晋北恢复、重建党组织。在北平、天津、唐山等地从事过兵运工作，先后任中共天津市委士兵工作委员会书记、平汉线北段兵暴委员会书记、顺直省委军委常委，参与组织和领导了唐山兵变和平汉线北段兵变等斗争。由于白区工作环境险恶，斗争复杂，薄一波曾四次被捕，两次入狱，但始终保持了共产党员的崇高气节。1931 年 6 月，由于省委军委负责人叛变，河北省委及所属许多机关遭到破坏，薄一波在北平被捕，被判刑8年，关进"北平军人反省分院"（即草岚子监狱），开始长达5年的监狱生活。在狱中，被关押的共产党员逐步形成了一个以党支部干事会为核心的坚强战斗集体。薄一波任党支部干事、书记，同敌人进行了坚决斗争，利用一切可能的机会组织大家学习马列著作和共产国际刊物及领导人的报告，保持了共产党人的崇高革命气节。1935年五六月间，薄一波、殷鉴等12名共产党人因拒绝"反省"而被北平国民党军法部门内定处以死刑。由于南京国民党政府的批复尚未下达，负责对监狱政治犯行刑的国民党宪兵第三团根据"何梅协定"立即南撤，这12位同志幸免于难。1936年6月，中共中央北方局向党中央建议立即采取措施，即按国民党的规定履行出狱手续，营救被关押在草岚子监狱中的同志。党中央批准了北方局的建议。1936年9月，薄一波等同志经党组织营救出狱。

毛泽东对薄一波在草岚子监狱中的英勇斗争给予充分肯定和很高的评价，他在延安听取薄一波汇报时指出：你们把监狱变成了学校，通过学习革命理论，武装了自己的头脑，为党保存了一大批革命同志，这就是胜利。中共七大选举中央委员时，毛泽东亲自提名薄一波为中央委员候选人。

然而，"十年内乱"爆发后，本来清清楚楚的六十一人出狱一事，竟然一下子成了"特大问题"。中共中央政治局常委、中央文化革命小组顾问康生，为了呼应彻底整垮中共中央副主席、中华人民共和国主席刘少奇的政治需要，蓄意把水搅浑，下令在已经很庞杂的"彭真、罗瑞卿、陆定一、杨尚昆专案"中，悄悄增加一个与刘少奇密切相关的"1936年专案"，简称"三六专案"。由于康生等人的大肆煽动，各地纷纷成立了所谓的"抓叛徒战斗队"，把中国新民主主义革命时期所有曾经被敌人逮捕过但已有过正确结论的同志的旧案统统翻了出来，甚至无中生有，制造了一批又一批的冤假错案。"六十一人叛徒集团案"即为其中之一。由于江青、康生等人的诬陷，1967年3月16日，中共中央发布了《关于薄一波、刘澜涛、安子文、杨献珍等人自首叛变问题的初步调查》的文件。随之，过去在南京、苏州、济南、太原、新疆等地国民党监狱中囚禁过的老同志，以及做过地下工作的老干部，几乎全都被罗织罪名、栽赃陷害，打成了"叛徒集团"。从此，薄一波等六十一人被正式确定为"六十一人叛徒集团"。不但这些曾经为革命出生入死过的老同志悉遭残酷迫害，他们的家属、子女、亲友、老部下也受到审查与迫害。

江青、康生蓄意制造"六十一人叛徒集团案",在全国掀起"抓叛徒"浪潮,用心极为险恶:

一是借此证明"刘少奇不仅有一条反革命修正主义政治路线,而且有一条反革命修正主义组织路线"(康生的话)。

二是利用"十年内乱"的机会,借不明历史真相的"群众组织"之手,自上而下打倒在新民主主义革命时期出生入死、从事地下工作的大批领导干部,剪除异己。

三是彻底清除刘少奇作为"中国共产党白区工作正确路线的代表"曾经领导过、依靠过的北方局系统从事地下工作的领导干部,以达到彻底清除刘少奇的政治基础、组织基础和干部基础的目的。

四是以刘少奇包庇所谓"六十一人叛徒集团案"为突破口,把刘少奇打成"投降纳叛、结党营私的资产阶级司令部头子",进而将刘少奇打成"叛徒、内奸、工贼",彻底打倒。

其实,关于"六十一人叛徒集团案"问题,在抗日战争时期担任中共中央书记处书记、中央情报部部长兼中央社会部部长、中央整风运动总学习委员会副主任的康生完全清楚。据一位知情人曾彦修回忆:

1947年2月,中央组织了一个土改工作试点团,前往晋西、冀中、山东渤海区等地作土改试点工作。团长康生(陈伯达开始也作了个把月副团长就带着团员田家英跟随少奇同志率领的中央工委到河北平山县去了),团员有老同志张琴秋、李立、曹轶欧、廖鲁言、陶××夫妇,高文华、贾连夫妇、徐冰、张晓梅夫妇(在山东时加入的),张越霞等。一个中年人张勃川。几个青年人为于光远、凌云(兼工作团秘书)、史敬棠、曾彦修。毛岸英刚从苏联回来半年多,也随团学习。

1948年初,工作团绝大部分团员到达山东渤海区惠民地区阳信县某村渤海区党委驻地时,已快过春节了,就先没有立即下农村,而是等农村过完初五之后再下去。区党委于除夕宴请康生及工作团。但区党委组织部长刘格平是回族,他可是老得不得了的革命家,早在1922年就参加了社会主义青年团。他不能参加一般性宴会,于是在春节那天在他家中邀请康生及工作团按清真习惯吃晚饭。说是晚饭,下午三时即入座了,因为要预留饭后散步时间。晚饭后，照例由康生带领大家在村外散步。散步时，康生问大家知道刘格平这个人不？个别老同志知道。其余同志都不知道。康生向我们介绍了一下刘格平同志的历史，然后对我们说(大意)：这个同志很固执，缺乏灵活性，他是个老党员，当然是个马克思主义者了，"可是只要一提到'可兰经'，他的马克思主义就不见了"。

康生又对大家说："这个同志很特别，他比别人多坐八年牢，党要他出来，他坚决不出来。这是怎么回事呢？"康生继续说：少奇同志1936年春到平津重组北方局后，眼看革命形势日益高涨，抗日运动风起云涌，学生运动尤其经久不衰。可是，我们党的老干部绝大多数都在北平敌人(指宋哲元政权)狱中。那时平津危急，华北危急，敌人(指日本侵略者)一旦占领平津，这些同志就会全部牺牲。而且，蒋介石只要讲一句把这些犯人送到南京去，宋哲元就会立即欢送，以减少自己的麻烦。所以，情况是很危急的。少奇同志等研究后，觉得不能坐等日、蒋来屠杀这些同志，只能作为例外，履行"假自首"手续后，就能全部出狱。于是，北方局请示中央，经中央研究同意后复示同意。但具体出狱经过仍很复杂，这个指示传到狱中后，当时以薄一波为首的六十一人都不同意出狱。"后来又催促多次，说再不执行就是违反中央指示了。"康生又告诉我们，"后来狱中同志有点相信了，但不放心，决定先出来一个人，看看是否敌人的诡计，并约定暗号，放出的这位同志回去探监时，如果是真的就带去什么东西，讲什么暗语；如果是假的，又是如何如何等"。康生说，"结果这位先出来的同志了解确是中央的决定。于是这些人才出来。"康生又说："可是刘格平决定不出来，把监牢继续坐下去。"至于刘格平同志是在日本投降后出狱的，还是抗战末期日寇败局已成，敌伪监狱当局已十分混乱的情况下，而由狱外同志救援出狱的，康生好像也没有说得很具体，只是说刘格平同志"比别人多坐了八年牢"。康生还特别对我们解释了日本人占领了北平后为什么又没有杀刘格平的问题。康生说，"敌人占领了北平后，汉奸们以为共产党员都在1936年夏天一次'集体自首'全部出狱了，就把刘格平当成普通刑事犯继续收监下去未予理会了，因此，他活了下来。"康生对刘格平坚持不出狱的态度如何呢？此点，光远同志和我特别核对过：康生当时决未表示赞美，意思是说刘格平这个人太迂了，但原话我们记不得了，不能确定是否用过这个"迂"字。

上述经过，党中央自有全部详细资料，那才是合法的材料。我这里之所以记这么一些，只是为了一点，即此事的原原本本，康生是比谁都清楚的。他长期任中央社会部部长，也有责任弄清此事。所以，康生发动当时南开大学的"抓叛徒"造反兵团，首先出来抓薄一波等"六十一人叛徒集团"，进而在全国几乎把一切地下党员都看成"叛徒"，完全是一个极大的一网打尽地下党员的阴谋。而且，薄一波同志等六十一人出狱的经过，长期在延安党中央重要机关工作过的一些党员同志也早就大略知道了，我就是如此，不过这次是从康生口中亲自详述就是了。我怎么可能会早有耳闻呢？因为我接触过不少从南京、苏州监狱在抗战一两个月后才出狱的同志们说：我们在蒋介石的直接统治下，蒋不可能像华北地方势力宋哲元那样释放我们，因此南方不可能采取这一方式出狱。[1]

1975 年邓小平主持中央工作期间，曾经在中央政治局的一次会议上说：六十一人的问题必须解决，把那件事的责任归咎于他们是不公道的。江青当场表示反对。由于"四人帮"捣乱，"六十一人案"的问题没能得到解决。

粉碎"四人帮"后，薄一波等人及其亲属子女强烈要求平反"六十一人叛徒集团"这个重大错案。1977 年 11 月 11 日，当年曾向狱中党支部转达过中央指示的孔祥祯给中央写信："为了给国民党统治时期的监狱送信一事，我受了八年监禁、两年下放，身已瘫痪，现尚未痊愈。幸由叶副主席批准我今年回京，现在北京医院治疗。在我九死一生之际，常有一事，使我耿耿于怀，日夜难忘者，即对北平军人反省院一批干部出狱的事实，不能使组织上和群众彻底明了当时的情况，实在心常戚戚。为何这样说呢？因为张闻天早死，柯庆施去世，徐冰身亡，殷鉴早殒，而亲经历其事者，只我一人，我若不说，谁还能详细说出来这件事情的经过呢？""这不是我个人的问题，而是事关几十个干部政治生命的大事，若不及早报告中央，一时个人命尽，真会使我死不瞑目，遗憾九泉了！"

---

[1]曾彦修回忆文章：《关于康生有意制造所谓"六十一人叛徒"假案问题的补充说明》载《广东党史》杂志 2000 年第 3 期，第 14—15 页。

孔祥祯在信中，把1936年北方局提出，中央批准、柯庆施布置给李葆华和徐冰、徐冰又通过他两次给狱中党支部传达中央指示，薄一波等人出狱的经过，作了详细的说明。但是，"文化大革命"中建立起来的中央专案组和中央组织部原部长仍然拒绝为"六十一人案"复查和平反。正在这时候，胡耀邦担任了中共中央组织部部长。他认为，必须迅速掀掉扣在薄一波等同志头上的这口"六十一人叛徒集团"的大黑锅。对此，中央专案组的某些人大为震怒、大发脾气："现在的翻案风如此猖獗，都翻到我们的头上来啦，这还了得？"

在此期间，与"六十一人案"密切相关的一封申诉信，经过邓小平、汪东兴的批示转到了中央组织部。申诉人王先梅是"六十一人案"中王其梅的遗孀。王其梅在"文化大革命"以前曾任中共西藏自治区委员会书记、西藏军区副政委，1967年8月被迫害辞世。"文化大革命"期间，王其梅的几个孩子在分配工作、参加政治活动等方面，都因王其梅"六十一人案"问题未解决而屡遭磨难。

1977年12月8日，王先梅向邓小平写了申诉信。12月25日，邓小平指示："请东兴同志批交组织部处理。王其梅从抗日战争起做了不少好事。他的历史问题不应影响其子女家属。建议组织部拿这件事做个样子，体现毛主席多次指示过的党的政策。"汪东兴批示："请耀邦同志阅办。毛主席历来有指示，应区别对待，不能歧视。"

12月31日，胡耀邦看到邓小平和汪东兴这两位中共中央副主席批阅过的王先梅的申诉信，立即找了几位同志研究并决定：应把这个问题的解决，当做彻底平反"六十一人叛徒集团案"的突破口。

当天下午，胡耀邦委派的中共中央组织部的两位同志找到了王先梅，传达了邓小平和汪东兴的指示和胡耀邦的嘱咐。1978年2月18日，《人民日报》发表了为王先梅及其子女落实政策的消息和《王先梅同志写给中央领导同志的信（摘要）》，并发表了题为《落实干部政策的一个重要问题》的评论员文章，在社会上引起广泛反响。这件事，对于平反"六十一人叛徒集团案"是一个非常有力的推动和促进。

这时，为了加快平反冤假错案的进程，胡耀邦向主管中央级重大案件的负责同志提议，把包括"六十一人叛徒集团案"专案在内的重大案件统统转交中共中央组织部处理。这些负责同志却不以为然。他们强调，薄一波等人的问题是经过毛主席和党中央批准才定案的，不能随便翻过来。还有彭德怀、陶铸等人的问题，也不能随意翻过来。所以，关于这些案子，结论材料可以交给中共中央组织部，而文书档案不能交。在这种情况下，胡耀邦断然决定：对"六十一人案"的复查平反，中共中央组织部只能另起炉灶！

为稳妥起见，胡耀邦觉得有必要首先取得叶剑英、邓小平的支持。一天，他向中央负责人汇报平反冤假错案落实干部政策工作时，反映了"六十一人案"中许多人及死者亲属要求复查的强烈愿望，并表示中共中央组织部准备进行复查。

1978 年 4 月，张玺（曾历任中共河南省委书记、国家计划委员会副主任，1959 年逝世。"文化大革命"中被打成"六十一人叛徒集团"的成员之一）的夫人陈伯仲考虑到"四人帮"已经被粉碎一年多了，"六十一人叛徒集团案"尚未得到公正的处理，现在应当是解决这一问题的时候了。于是，她分别给中共中央主席华国锋，副主席叶剑英、邓小平、李先念、汪东兴，中共中央组织部部长胡耀邦，副部长曾志、陈野苹写信，反映张玺因"六十一人叛徒集团案"蒙受的不白之冤和全家在"文化大革命"中受到的株连，为所谓"六十一人叛徒集团"伸张正义。这封信送给邓小平以后，他于 6 月 25 日亲笔批示："这个问题总得处理解决，这也是实事求是问题。""六十一人的问题要解决，由中组部进行复查，向中央写个报告。"

胡耀邦、曾志、陈野苹对陈伯仲的信也十分重视，多次派中央组织部老干部局的两位同志专程看望正在住院的陈伯仲，向她详细了解有关情况，并把陈伯仲接到中央组织部谈话。

随后，胡耀邦指定中共中央组织部干部审查局副局长贾素萍等 4 位同志全力投入为"六十一人叛徒集团案"平反昭雪的前期调查研究工作。

当时，"十年内乱"时期遭受审查的干部的全部档案和材料都掌握在中央专案组。中央专案组是"文化大革命"初成立的特殊机构，先后关押和"监护"的干部达一千一百二十四人。为了妥善处理"十年内乱"时期的这些遗留问题，中央作出决定：原由中央专案领导小组下属第一办公室、第三办公室和"五一六"专案联合小组办公室负责案件的全部材料，全部移交给中共中央组织部。但是，原负责专案工作的人说：中央专案组的第一办公室和第三办公室是"文革"初期中央决定成立的，由华国锋、汪东兴、纪登奎和吴德直接负责。结论材料可以交给中央组织部，而文书档案不能交。另外，关于一、三办公室的所有其他案子，属于人民内部矛盾的，也可以交给中央组织部，属于敌我矛盾的都不能交。原负责专案工作的人还说："组织路线犯了错误，第一个是我负责，第二个是你胡耀邦负责！"他质问胡耀邦："你还要不要工作?！"胡耀邦说：各种案件的真正材料都在文书档案里。比如说这个案子缘何而起，调查所得的旁证材料究竟如何，结论中引用的材料是否有失偏颇，都要看文书档案才能弄清楚。我们今天复查这些案件，比如"六十一人"的案子，那个"启事"是有的，但是这个"启事"是怎么来的，只有摸清这些背景，才能真正分清是非功过，分清组织与个人的责任。"六十一人"问题，早在七大时就已作过正式结论。当时我们很多人都在延安，记忆犹新。事隔三十年，为什么又要翻开这本已经一清二楚的旧账？对这本账，康生本人也是清清楚楚、明明白白的，他是唯恐天下不乱，蓄意整人，抬高自己，浑水摸鱼。至于中央专案组第一、第三办公室的案子，几乎都是"叛徒"、"特务"之类的敌我矛盾，哪有什么人民内部矛盾？为了对党对同志负责，我们的意见还是交给组织部复查。但负责专案工作的人却不予理睬。

1978年6月9日，这一天右提到为中央组织部原副部长帅孟奇翻案时，也产生了激烈争论。帅孟奇早年投身中国革命，是一位著名的共产党人，在地下工作时期被国民党逮捕以后，受尽酷刑，被打得皮开肉绽，骨折筋断，但她宁死不屈，连国民党看守所中的女看守都为之感动，偷偷找人为之疗伤。以后经中共中央营救出狱。帅孟奇在"文革"中被中央专案组定为"叛徒"。中央专案组说这个案不能翻。胡耀邦研究过帅孟奇的历史档案和有关材料，也熟悉了解帅孟奇本人。因此，胡耀邦说：帅孟奇不是叛徒，是一位老革命家。有人说：这是中央定的。胡耀邦说：不是就是不是，（中央）批下来也不是！

鉴于坚持"文化大革命"理论与实践的人一再拒绝为"六十一人案"复查和平反，胡耀邦不得不采取新的有力措施。于是，胡耀邦把中共中央组织部干部审查局及研究室的一些同志请到自己的办公室，说："有个案子，你们敢不敢翻？"

"实事求是。"大家都这样回答。

"可是要担大风险的哟!"胡耀邦又说。

"再大的风险,还能超过'四人帮'的?"人们坦然直言。

胡耀邦说:"对,要有这份勇气!"

胡耀邦说:按照党的一切工作都要实事求是的原则,就是对伟大领袖晚年搞错了的事,也应该予以纠正。有些人硬扛着"两个凡是"牌子不放,坚持一错到底。针对这种态度,我们能不能这样说:"凡是不实之词,凡是不正确的结论与处理,不管是什么时候、什么情况下搞的,不管是哪一级,什么人定的、批的,都要实事求是地改正过来。简单地说:就是用'两个不管'的矛,去对付'两个凡是'的盾!请大家议议行不行?"大家一致认为,应该这么办,这既符合辩证唯物主义与历史唯物主义精神,又简明有力。

胡耀邦对大家说:作为专案工作的一个重要环节,那个"结论"所依据的有关材料,都是中央专案组已经整理好了的。真正有重要价值的实事求是的东西,恰恰是戴着"有色眼镜"的人们最不屑一顾的。他们可算是做到了"各取所需",必把被立案的人置于"永世不得翻身"之地而后快。事实上,一个重大的案子,究竟是何原因搞起来的,这必须查清楚。在搞的过程中,中央专案组当然也作过一些调查,但那是"各取所需"的调查。凡是他们需要的,便如获至宝,凡是他们认为不合"口径"的,就不会写到结论上去。而这没被写到结论上去的一些真实情况,如果光看那个"结论"是看不出一丝痕迹的。所以,我们这"另起炉灶",就必须下工夫对能够提供原始材料的地方和人都走访一遍,看看这些事情的来龙去脉究竟是怎么回事。这样,才能还历史事实之本来面貌,才能分清哪些是当事人自己应该承担的责任,哪些责任应是组织领导方面承担的。这样,才能真正的是非分明,对党对同志高度负责。

胡耀邦强调:此案关系重大。为减少阻力,先不宜声张,要审慎、精细、踏踏实实地调查研究,珍惜每份资料,争分夺秒,争取三个月复查完毕,写出复查结论,在召开中共十一届三中全会时拿出来。

一天下午,受中共中央组织部部长胡耀邦的委托,贾素萍一行探望了住在招待所的薄一波。一见面,贾素萍便十分热情地伸出手:"薄一波同志,您好!"薄一波听了顿时感动得涕泪交流。贾素萍说:"今天我们先来看看您,联系一下。""请您根据自己的健康状况,找个时间,我们再来听取您的意见和要求。您看怎么样?"薄一波兴奋而急切地说:"我的身体很好,不必另约时间,今天就谈行不行?"接着,薄一波把贾素萍等人请到自己的房间,一口气谈了七个多小时……

此后,贾素萍一行到处奔走,从北京到各地,找到与"六十一人案"有关的同志,逐一进行调查研究和情况交流。孔祥祯在交谈中说:"过去红卫兵和专案组的人多次来,口称调查,可是比审讯还凶。我说的都是真实情况,他们全不信,还要逼着我在他们写好的诬陷的结论上签字;我不干,他们就整我,把我的双腿都整残废了。他们后来再找我'调查'时,我就不再同他们谈一句话,给他们吃闭门羹!这次你们来了,我衷心欢迎……"

中共中央组织部的同志走访了"六十一人案"中所有受迫害而仍健在的同志,研究了所有申诉材料,查阅了中组部保存的这些同志的档案中有关出狱经过的自述,调阅了大量敌伪档案,走访了 1936 年担任北平市委书记的李葆华、党的"七大"期间熟知代表资格审查情况的中组部干部科科长王鹤寿和晋冀鲁豫代表团副团长王从吾,并请他们都写了书面证明材料。原中共中央东北局第一书记宋任穷写证明材料证明,周总理在"文革"初期曾让他这样回答"揪叛徒战斗队"的红卫兵:"赵林(中共吉林省委书记)的出狱问题中央是知道的",不能让小将们在这个问题上胡乱发难。1936 年在中共中央"负总责"的张闻天的老伴刘英写了一份材料,回忆了当年张闻天作为中央主要负责人,是如何与毛泽东、任弼时等中央领导同志研究批准了刘少奇的那个建议,并给刘少奇回电的。

与此同时,根据胡耀邦的指示,曾经当面听过康生在 1948 年春节向中央土改工作试点团的同志讲述"六十一人案"成员出狱来龙去脉的于光远和曾彦修,联名向胡耀邦和中共中央反映了康生确知"六十一人叛徒集团案"成员出狱真相的揭发材料。这个材料有力地说明,康生既是清楚了解"六十一人案"的中央领导人之一(中共七大后康生任中共中央政治局委员),又是蓄意利用"'六十一人案',把一大批高级领导干部打成'叛徒'的始作俑者"。因此,这个材料以后被全文附在中共中央为"六十一人案"平反的决定后面。曾彦修回忆道:"于光远和我二人联名送上的康生谈话材料,得到了上面的重视,因为它太直接有力了,把康生在这件事情上有意制造冤案的狰狞面目彻底揭穿了。所以,这份材料的全文被中央附在了平反决定的后面,我看见过这个红头文件。"[1]

在此期间，凡是有关"六十一人案"的材料，胡耀邦都逐一阅读，认真研究，精心批示，然后转给有关中央领导同志。

经过一段时间的调查研究，胡耀邦主持中共中央组织部于1978年11月20日向中央报送了《关于"六十一人案件"的调查报告》。指出：

我们认为，"文革"中提出的所谓薄一波等"六十一人叛徒集团"是不存在的，是一个错案。遵照伟大领袖毛主席关于"有反必肃，有错必纠"的一贯教导，我们对这一重大案件的结论和处理意见是：

(一)薄一波等同志在敌人的反省院对敌斗争的表现是好的。出狱时他们在敌人拟好的"反共启事"上捺手印，并发表在当时平津的报纸上，是执行党组织的指示。当时北方局的决定并不只是刘少奇个人的意见，参与决定这个问题的还有柯庆施等当时北方局的领导同志。1936年，张闻天同志是中央的总书记。他的批复应该看作是代表中央的。许多同志说明，毛主席(事后)曾向他们表示中央知道他们出狱的经过，这一点应该认为是可信的。中央和北方局根据当时华北民族斗争和阶级斗争形势以及薄一波同志等在反省院的表现，指示他们可以履行敌人规定的手续出狱，以便为党工作，这是组织上当时在特定的历史条件下采取的特殊措施。现在没有理由也没有必要去重新审议当事人和北方局的指示；即使认为这个指示有什么不妥，那么责任也只在于指示者，而不应归咎于指示的执行者。

(二)对那些根据党组织的指示，在敌人拟好的"反共启事"上捺手印并登报后出狱，在"文化大革命"中被错误处理的同志，应该恢复其党籍，恢复其原工资级别，酌情安排适当工作。因这一问题而使其家属、亲友受到株连和错误处理的，也应改正过来。已经去世的，应做好善后工作。

(三)在这批党员中，有被捕后在入反省院以前敌人审讯时，有自首变节行为，或有其他政治错误，对这种人，应根据其问题的性质、情节轻重，另作结论。至于薄一波、安子文等同志说的，在六十一人中，有少数人不是根据中央和北方局的指示而是自愿发表"反共启事"出狱的，对这种人，应当加以鉴别，另作结论。

[1]曾彦修：《关于康生有意制造所谓"六十一人叛徒"假案问题的补充说明》。

（四）对薄一波、刘澜涛、安子文、杨献珍等同志工作中的错误，包括严重错误，应当实事求是地另作结论。

1978 年 12 月 16 日，中共中央发出"中央同意中央组织部《关于'六十一人案件'的调查报告》的通知"，要求各级党委向所属全体党员和党外群众广泛传达。

历史终于恢复了本来面目。

中共中央为"六十一人案"平反后，中共中央组织部继续做了大量细致复杂的工作。在这 61 人中，"文化大革命"中被迫害致死的有 12 人，仍然在世等到中共中央为"六十一人案"平反的仅剩 26 人。中共中央组织部的同志分别看望了在京的 16 位老同志，逐一传达中央为"六十一人案"平反的决定，给他们看文件、检查身体、安排治病，发布票、粮票，照顾他们的生活。"六十一人案"中的廖鲁言、徐子荣、胡锡奎、王其梅、侯振亚、刘慎之、赵明新、王新被、高仰云、胡敬一、刘文蔚等 12 人在"文化大革命"中已经被迫害致死。中共中央组织部于 1979 年 1 月为在京的廖鲁言等五位同志开了平反昭雪追悼会，悼词事先征求其家属及同难人的意见，家属的住房、子女工作等项生活照顾都一一予以解决。对于外地的已故同志，中共中央组织部与其所在地联系，在当地为他们召开平反追悼会，圆满解决其善后事宜。

中共中央为薄一波等同志彻底平反，恢复名誉以后，对其中健在的同志都安排了适当的工作。薄一波相继担任国务院财政经济委员会委员、国务院副总理。从此，他抱着强烈的使命感和紧迫感，全身心地投入社会主义建设的伟大事业中。

根据中共中央决定，1978 年 12 月 19 日，汪东兴、纪登奎、吴德召集中央专案组和中央组织部讨论专案工作和专案材料的交接工作。胡耀邦偕同陈野苹、赵苍璧等人参加会议。中央决定中央专案组审查小组第一办公室、第三办公室、"五一六"专案联合小组办公室自即日起全部撤销。所有专案工作，一律交由中央组织部办理。在移交过程中，不准销毁任何材料。会后各专案办公室即停止办案。已送交中央档案馆的专案材料，全部调出，统一交给中央组织部。胡耀邦与陈野苹研究接收工作的各项部署。

　　随后，决定中央组织部抽调干部成立三个组：一组是案件组，负责清理三个专案办公室的案件；二组是材料组，负责清理保管和借阅材料；三组是文书组，负责文书档案处理工作。两个月内接收中央专案组专案材料一万七千三百四十九卷，共计三十九万一千三百六十三件，涉及受审查人员六百六十九人。"十年内乱"以前的十名中央政治局委员、十名中央书记处成员、七十一名中央委员和候补中央委员、七名国务院副总理，均列入专案审查名单。

　　胡耀邦主持了刘少奇冤案的复查工作。1978 年 12 月 24 日，邓小平在一封要求为刘少奇平反的人民来信上批示："政治局各同志阅，中组部研究。"胡耀邦立即组织力量，对刘少奇的冤案进行复查。中共十一届五中全会正式通过关于为刘少奇彻底平反恢复名誉的决议。

　　1979 年 1 月 4 日，胡耀邦在一份材料上批示："平反冤假错案，正是为了稳定和发展形势，不是翻烙饼。把过去做错了的事情坚持改正过来，这是忠于实事求是的原则，具有革命胆识的表现，体现了我们共产党人对革命、对人民高度负责的精神，这是和右倾机会主义毫不相干的。如果在大是大非面前，不尊重事实，不坚持原则，知错不改，将错就错，那才是怯弱的机会主义态度。"

　　从此，中国共产党平反冤假错案的工作有了更加迅猛的发展。

6. 全面调整社会关系

　　曾有人问胡耀邦，为什么给右派平反要搞"一风吹'？胡耀邦回答："这个问题必须这么做。右派有五十多万，再加上被株连的人，二百多万，其中大多数都是拥护共产党和社会主义的。如果要一个一个地甄别，得有一批人去干。如果不一风吹地平反，估计十年都平反不完。权衡利弊，只好一风吹了。"

　　在拨乱反正、平反冤假错案的历史进程中，如何处理好 1957 年的反右派问题是一项极为艰巨、极为复杂的工作。中国共产党中央委员会《关于建国以来党的若干历史问题的决议》指出："1957 年的经济工作，是建国以来效果最好的年份之一。这一年在全党开展整风运动，鼓励群众向党提出批评建议，是发扬社会主义民主的正常步骤。在整风过程中，极少数资产阶级右派分子乘机鼓吹所谓'大鸣大放'，向党和新生的社会主义制度放肆地发动进攻，妄图取代共产党的领导。对这种进攻进行坚决的反击是完全正确和必要的。但是反右派斗争被严重地扩大化了，把一批知识分子、爱国人士和党内干部错划为'右派分子'，造成了不幸的后果。"

　　粉碎"四人帮"以后，根据党内外广大干部群众的强烈愿望，1978 年 4 月 5 日，中共中央批准中央统战部和公安部关于全部摘掉右派分子帽子的请示报告，决定全部摘掉右派分子的帽子。6 月，胡耀邦对代表中央组织部去烟台参加五部委关于妥善处理右派遗留问题会议的副部长杨士杰说：右派问题不只是一个摘帽问题，而是成千上万个被错划的人的复查平反问题。应当坚持实事求是，有错必纠的原则。不过反右派斗争是毛主席发动的，如今到处还是"凡是毛主席作出的决策要坚决维护"，会上可能会有不同意见，你们要有思想准备啊！

9月17日，中共中央批发《关于全部摘掉右派分子帽子决定的实施方案》并指出，对过去错划了的人，要坚持有错必纠的原则，做好改正工作。到11月，全国各地摘掉右派分子帽子的工作已全部完成。对错划右派的改正工作到1980年基本结束，改正的占原划"右派分子总数的97%以上"[1]。对于平反冤假错案问题，曾有人问胡耀邦，为什么右派平反要搞"一风吹"？胡耀邦回答说："这个问题必须这么做。右派五十多万，再加上被株连的人，二百多万，其中大多数都是拥护共产党和社会主义的。如果要一个一个地甄别，得有一批人去干。干部思想水平参差不齐，如果不一风吹地平反，估计十年都平反不完。权衡利弊，只好一风吹了。"[2]

在这一过程中，胡耀邦抓住典型，解剖"麻雀"，以点带面，推动全局。

胡耀邦亲自指示办理了为原中央广播事业局副局长温济泽的"右派"平反问题。因为温济泽是中央机关得到平反的第一个"右派"，因此被人们称之为"春风第一燕"。

温济泽早年参加革命，1932年被捕入狱，抗日战争爆发后于1938年出狱，到延安从事党的新闻宣传工作，1958年在中央广播事业局被错划为"右派分子"，开除党籍，撤销一切职务。1978年，在中国社会科学院工作的温济泽是中央机关、单位"右派分子"中第一个向中共中央组织部提出要求平反的人。这一年的4月，温济泽询问中国社会科学院院长胡乔木："我的党籍怎样才能解决呢？"胡乔木十分理解温济泽的迫切心情，说："你写个报告吧！我再写一封信，一起交给院政治部转给中央组织部。"于是，温济泽写了一份要求为自己右派问题平反的报告，交给了胡乔木。随后，中国社会科学院政治部一位处长找温济泽谈话："乔木已经把你的报告交给我们了，他

---

[1]中共中央党史研究室：《中国共产党历史大事记》（1919年5月—1990年12月），人民出版社1991年版，第33页。

[2]《口述历史·第一辑》，中国社会科学出版社2003年版，第144页。

自己也写了一封信，要我们一起送到中央组织部。据我们所知，你是中央机关第一个要求甄别平反的干部。你能再找几个人证明把你划成右派是冤假错案吗？我们想，多几个人证明也许更容易解决。"温济泽说了廖承志、熊复、吴冷西三位知情人的名字，中国社会科学院政治部很快请他们写了信。然后将温济泽的报告和胡乔木、廖承志、熊复、吴冷西写的四封信送到中共中央组织部。

1978 年 5 月 5 日，中共中央组织部部长胡耀邦收到温济泽的报告和所附的四封信后，立即找到中央组织部的一位局级调研员唐佩荣，要他查一查过去毛主席批示过的党的文件中，有没有关于搞错了的右派分子甄别平反的批件，唐佩荣查到有一件中央文件中提到，个别确实搞错了的右派分子可以"纠正"。胡耀邦说："'纠正'就纠正。"并且要唐佩荣打电话告诉中央广播局党组，温济泽写的报告和胡乔木等四位同志的信，中央组织部正准备批准，征求一下中央广播局的意见，要求中央广播局当天就答复。中央广播局党组答复同意。1978 年 5 月 7 日，即胡耀邦收到关于温济泽有关材料的第三天，就在中共中央组织部请示上作了以下批示："请审干局（指中央组织部干部审查局——笔者注）办理。我意不用'平反'两字，但应予以纠正，恢复组织生活。请考虑用中组部名义予以答复。"中央组织部很快就批复了下来。

5 月 26 日，中国社会科学院党组召集会议，由中国社会科学院政治部一位同志传达《中共中央组织部（78）干审字 63 号文件》：

同意你们 5 月 5 日关于温济泽同志问题的报告，根据廖承志、胡乔木、吴冷西、熊复等有关同志证明，并征求了中央广播事业局党组意见，一致认为，1958 年定温济泽同志为右派分子的主要依据是不正当的，温在思想工作上有错误，但不属反党反社会主义性质。因此，按照中发(1978)十一号文件精神，对广播局机关党委原《关于开除右派分子温济泽党籍的决定》应给予纠正，恢复温济泽同志的党籍和组织生活，恢复原级别。

中共中央组织部

1978 年 5 月 26 日

温济泽在会上表示：20 年来，我始终对党忠心耿耿，无怨无悔，自从被开除党籍的那一天开始，我就相信总有一天会回到党内来的，感谢中央组织部批准恢复我的党籍，我没有想到的是竟然等待了 20 年，今后我当更加努力地做好党分配给我的一切工作。

第二天，温济泽向中国社会科学院政治部交了积存 20 年的党费。以后，他在中国社会科学院科研局、研究生院等领导工作岗位上做了大量工作。

胡耀邦和中共中央组织部办理温济泽这个案子，从受理到结案，不到一个月时间。其办事效率之高，为人们称赞不已。

在拨乱反正进程中，胡耀邦亲自批示办理的为全国闻名的"大右派"葛佩琦平反一事，是一个极为典型的事例。

葛佩琦，1911 年生于山东省平度县。1937 年毕业于北京大学物理系。1935 年参加革命，1936 年参加中国共产党领导的中华民族解放先锋队，1938 年加入中国共产党。葛佩琦就读于北京大学期间，任北京大学学生会副主席，是北京大学抗日救亡运动领导人之一。在从事学生运动中，曾两次遭国民党政府逮捕。他在狱中坚贞不屈，表现出革命者的气节。自 1938 年加入中国共产党后，一直到 1949 年北平解放，多次接受党的指派，在河南、陕西、东北等地国民党军政机构中长期从事地下工作，不顾个人安危，为革命事业作出了很大贡献。解放后，自 1951 年起在中国人民大学任教。工作中勤勤恳恳，认真负责，著有若干学术著作，深受学生的爱戴。

1957 年葛佩琦因在中国人民大学被错划为大右派而全国闻名，同年遭受拘捕，于 1959 年 6 月以"现行反革命罪"及"历史反革命罪"被判处无期徒刑。但他襟怀坦白，心胸开阔，能正确对待个人不幸的遭遇，保持革命者的气节。在特赦战犯期间，于 1975 年以国民党将级军官身份获特赦释放。

1978 年，中共中央 55 号文件宣布对错划的右派分子予以改正，葛佩琦受到鼓舞，决心依靠中央政策，争取改正被错划为右派分子的决定。于是，他找到中国人民大学，但问题没有得到解决。不得已，又找到成仿吾校长。成仿吾是老资格的著名共产党人，听了葛佩琦的反映以后说：我们把你的报告转给人事处。中国人民大学在"十年内乱"中被停办，这时正处于恢复中，葛佩琦天真地希望"右派问题和工作问题，可能同时得到解决"。几天后，葛佩琦到中国人民大学人事处询问，对方回答：你的报告转来了，但成校长没有在上面批一个字，我们无法处理。葛佩琦哪里知道，他的问题不是一般的问题；解决他的"问题"，如果没有最高领导人过目，是根本不可能的。

正在这时，《中国共产党第十一届中央委员会第三次全体会议公报》发表了。中共十一届三中全会关于"实事求是，有错必纠"的方针，使葛佩琦看到了希望。1978 年 12 月 25 日，他开始上访中共中央组织部，请求给自己恢复党籍，平反自己的冤案、错案。当中共中央组织部信访处接待站的同志知道葛佩琦的身份后，随即与有关上级进行了联系，并对他说：我打电话和上级联系了，由领导干部接见你，你到前门传达室去吧。

他来到中央组织部前门传达室。传达室的同志和颜悦色，彬彬有礼，让他在来宾登记簿上签了名。一面请他坐下，一面打电话。约有 10 分钟，从办公大楼来了一位干部，请他到了会客室。先给他倒了一杯茶，然后问了他的住处和简单情况。然后说：领导要接见你，但今天领导开会去了；请你后天（12 月 27 日）上午来吧。

12 月 27 日上午 8 点，葛佩琦来到中央组织部。中央组织部宣教干部局郝局长一见到他，就叫着"葛佩琦同志"，与他热烈握手。

郝局长询问了葛佩琦出狱后和回到北京的情况后说：胡耀邦同志对平反冤假错案极为关怀，你有什么要求可以尽量提出来，不要有顾虑。葛佩琦陈述了自己的经历和蒙冤情况之后，提出三点请求：(1)请求恢复我的党组织关系；(2)请求改正错划我为"右派"的决定；(3)请求彻底为我平反冤案。郝局长说：你把你要求解决的这些问题，写给我一份材料，我批给中国人民大学，进行复查，予以处理。他并说：你最好先要求改正错划右派，因为不改正错划右派不能恢复党籍。葛佩琦又问：我打入敌人营垒做地下工作，都是党组织派遣的，一步一个脚印，有人证可查，就是在"肃反运动"中，也无人提出异议。为什么在"反右运动"中，突然被逮捕了呢？郝局长说：这个问题也要去问人民大学。1979 年元月，葛佩琦将写好的材料送给了中央组织部郝局长。

1979 年 11 月 12 日，中国人民大学党委派人给葛佩琦送来了《关于葛佩琦右派问题的复查结论》。由于根据的是 1957 年报纸上刊登的那些对葛佩琦的诬陷不实之词，因此《复查结论》还是说葛佩琦："不属于错划，不予改正。"葛佩琦当即表示：我不同意这个"复查结论"，我要继续申诉。

葛佩琦又开始了新的一轮的上访和申诉。当时在党中央和国务院负责解决右派问题的部门有中央组织部、中央统战部、国务院、公安部等五个部。葛佩琦多次上访各有关部门，并向各部门领导人写申诉信。各部门接待的人员都说："复查结论"已经有关方面批准，我们不便过问了。有的人表示：阻力太大，爱莫能助。经过几个月的上访，没有任何效果，已经到了山穷水尽的地步。这时，好心的亲友也劝他说：不要白费力气了。但他坚决相信共产党是实事求是的，实践是检验真理的标准。于是决心开始第三轮上访和申诉。第三次轮流上访有关各部门时到了中央组织部，一位年轻而有政策水平的接待同志说：你的问题已经定型了，没有中央的指示，难以起死回生。

这句话，给葛佩琦一个重要启示。

1980年4月2日下午5时，葛佩琦到胡耀邦家中上访。一按电铃，出来一位警卫人员。葛佩琦说：我来拜访胡总书记。接着出来一位干部，问有什么事，葛佩琦向他通报了姓名和来意。他对葛佩琦说：我知道你的名字，你带材料了吗？葛说：带着。就把一封约500字的申诉信交给了这位干部。这位干部说：耀邦同志正在会客，没有时间接见你。今晚我一定把材料代你转上去，明天下午5点，你来看处理情况。

次日下午，葛佩琦按时前往。那位干部交给葛佩琦一个印着红框的大信封。并说：你拿着它到中央组织部去见陈野苹副部长。信封是用红铅笔竖写的：左边写的是"中组部"；中间写的是"陈野苹副部长"；右边是"胡耀邦"签字。葛佩琦打开信封一看，胡耀邦在他的申诉信上作了这样的批示："指定专人，督促有关单位对葛佩琦同志落实政策。"同时，胡耀邦还在葛佩琦写给他的申诉信的落款时间"3月2日"的"3"字下面点了两个红点。原来是葛佩琦把4月误写成3月2日了。这说明胡耀邦是不止一遍认认真真阅读葛佩琦的申诉信，经过一番思考，然后才作出改变葛佩琦命运的批示的。

第二天上午，葛佩琦拿着胡耀邦的批示，到了中央组织部。陈副部长的秘书任小彬说：陈副部长到中央书记处开会去了，你的问题如何解决，待陈副部长决定。任秘书把电话号码告诉了葛佩琦，并说：有事电话联系。

两天后，葛佩琦打电话给任秘书。他说：陈副部长已指定专人接见你，并确定了接见的时间和地点。葛佩琦按时前往，见到中央组织部干审局的一位局级领导干部。他说：中国人民大学的"复查结论"认为"划你为右派分子不属错划"，你为什么不同意？葛佩琦说：人民大学的这个"复查结论"

是以 1957 年报纸上刊登的那些对我的不实之词为依据得出来的，那些话不是我说的，报纸在刊登之前，没有经过我签字同意，是没有法律效力的。根据没有法律效力的话作出的"复查结论"，我当然不同意。那位领导干部又问：你说你没有说那些话，你有什么证据？葛佩琦说：我有人证。1957 年 5 月 7 日，《人大周报》登出那些话之后，我就到人民大学党委会作了更正。党委副书记、副校长聂真同志接见的我。1957 年 6 月 8 日，《人民日报》刊登出那些诬陷我的话，6 月 9 日我就写信给人民日报社要求予以更正。那位领导干部最后对葛佩琦说：对于你提出的问题，我们指示有关方面重新复查，复查出来的材料和你见面。

1980 年 7 月下旬，中国人民大学右派摘帽办公室让葛佩琦看了复查出来的材料，其中就有 1957 年 6 月 9 日他写给人民日报社的那封更正信。他将那封更正信抄录下来，分别寄给了中共中央和北京市委等有关单位。关于葛佩琦的错划右派改正问题，又提上了有关单位的议事日程。

经过重新复查，虽然已经查到了 1957 年 6 月 9 日葛佩琦写给人民日报社的更正信，原人民大学党委副书记、副校长聂真同志也写出证明材料，证明 1957 年 5 月 7 日《人大周报》歪曲了他的发言之后，他曾到党委会作了更正，但葛佩琦被错划右派问题，并没有很快得到改正。葛佩琦根据中共十一届三中全会"实事求是，有错必纠"的方针，继续上访中央各有关部门和北京市委，要求纠正不符合事实的"复查结论"。这一轮上访，得到中央有关部门的同情和支持。

国务院参事李逸三，原是中国人民大学人事处处长。1957 年在中国人民大学党外人士座谈会上发言时，就坐在葛佩琦的身旁，还记得葛佩琦发言的内容。他对有关方面迟迟不给葛佩琦改正错划右派问题很有意见。1981 年夏天，李逸三以国务院参事身份给国务院总理写了一份材料，汇报关于葛佩琦被错划为右派的情况。这份材料经国务院办公厅、中共中央办公厅转到北京市委。据说北京市委一位领导同志在这份材料上批示：再议一议。北京市委又派专人往访聂真、李逸三，进行了调查。当时的中国人民大学副校长张腾霄也主张对葛佩琦"复查结论"重新进行研究。

1982 年 3 月 18 日，中国人民大学党委派人给葛佩琦送来了《关于葛佩琦同志 1957 年反右运动中问题的复查结论》。其主要内容是："对葛佩琦

1957 年划为右派分子问题，进行复查，予以改正。撤销 1957 年划葛佩琦为右派分子的决定，恢复政治名誉，从 1978 年 10 月起恢复原高教 6 级工资待遇。"

由于这个复查结论中只说"对葛佩琦 1957 年划为右派分子的问题，进行复查，予以改正"。复查的结果如何？是否划错了？复查结论中没有说明，这是一个遗留问题。1985 年夏天，报纸上刊登了关于解决平反冤假错案问题的办法。依据这个办法，葛佩琦于 1985 年 6 月 14 日向北京市委提出申诉，请求解决复查结论中遗留的上述问题。1986 年 2 月 6 日，中共北京市委办公厅通知："葛佩琦同志在 1957 年被划为右派的问题，属于错划，予以改正。"至此，葛佩琦被错划右派的问题，得到彻底改正。

葛佩琦要求解决的第二个问题是平反冤案问题。在中央组织部郝局长第一次与葛佩琦谈话之后，他就去访问了中国人民大学党委分管落实政策的张腾霄，请求解决冤案平反问题。张腾霄说：我们走法院的手续，给你解决这个问题，但你要找证明人写出材料。然而，当年西安地下情报组织负责人赵耀斌却下落不明，去找谁写证明材料呢？经过查询，葛佩琦从有关方面了解到，赵耀斌的档案在中央调查部[1]，西安地下情报组织的遗留问题，可以请中央调查部解决。于是葛佩琦写了一封信给中共中央调查部罗青长部长。罗青长让中央调查部政治部写了证明材料，介绍葛佩琦到"国民党东北保安长官司令部政治部"从事地下工作的陈忠经以及和葛佩琦一同在东北地下情报组工作的邢国彦也都写了证明材料。有关方面将这些材料转给了北京市高级人民法院。几个月后，他到法院询问此案的处理情况。法院的同志说：你必须自己提出平反申诉，我们才能给你立案处理平反问题。

1979 年 7 月 16 日，葛佩琦致信最高人民法院院长江华申诉，请求平反冤案。

1980 年 11 月 28 日，葛佩琦从有关方面了解到，关于他的冤案平反问题，中共北京市委已经批准了北京市高级人民法院的意见。12 月 10 日上午，葛佩琦到北京市高级人民法院催办此案时，刘罗彬、范志敏说：正好，今天开

---

[1]中共中央调查部正式成立于抗日战争时期，改革开放时期正式组建为中华人民共和国国家安全部。

庭解决你的问题。开庭后，庭长刘罗彬首先宣读了《北京市高级人民法院刑事再审判决书》，主要内容是："经本院再审查明：原判认定葛佩琦的犯罪事实、性质和处刑都是错误的，应予纠正。"据此改判如下：（一）撤销原判；（二）宣告葛佩琦无罪；（三）原判没收的财物，按人民币折价发还本人。至此，葛佩琦的冤案得以彻底平反。

葛佩琦要解决的第三个问题是恢复中国共产党党籍，因为他是地地道道的"三八式"的老党员、老干部、老地下工作者。因此，对于葛佩琦来说，错划右派改正了，冤案平反了，第三个问题就是争取恢复中国共产党党籍。

"右派"问题改正之后，他于 1982 年 5 月 4 日，写信给中央调查部罗青长部长，陈述了个人经历和目前急待解决的党籍问题。罗青长部长发函证明，赵耀斌在给葛佩琦接上情报工作关系时，就给接上了党组织关系。1982 年 6 月 18 日，中国人民大学党委收到这份证明材料。葛佩琦的入党介绍人刘子久也写信给中国人民大学党委，建议恢复葛佩琦的党籍。

1983 年 5 月 23 日，中共北京市委组织部指示："恢复葛佩琦同志的党籍，党龄从 1938 年 7 月起连续计算"。至此葛佩琦重新回到了党的怀抱。葛佩琦感到无比高兴，决心向前看，为祖国的现代化建设，为改革开放贡献力量。[1]

在回顾平反经历的情况时，葛佩琦深有感触地写道：党的十一届三中全会宣布的"实事求是，有错必纠"的方针是我的冤案能够彻底平反的根本依据。胡耀邦总书记的批示，是我的错案能够起死回生、得到改正的关键。在我的冤案平反、错案改正、党籍恢复的过程中，各有关方面的领导同志和工作同志们，给予我热情的关怀和大力支持，我万分感激！

全国几十万右派的复查、平反、改正工作，是一件任务很重的工作。根据中共中央有关文件精神，在中共中央组织部部长胡耀邦主持下，这项工作主要由中共中央组织部副部长杨士杰、干部审查局局长何载主办。1957 年全国开展反右派运动，涉及的面很广，平反和改正的工作量很大。以中央管理的干部为例，原中央管理干部被划为右派的共 784 人，经过复查，属于错划的，改正了 762 人，占原划右派总数的 97.2%，不属错划不予改正的 22

---

[1]关于葛佩琦的人生经历，被错划右派和平反情况，详见《葛佩琦回忆录》，中国人民大学出版社 1994 年版，本文中所写情况，详见该书第 177—192 页。

人，仅占 2.8%。中央、国家机关共划右派 6284 人，经复查改正了 6105 人，约占 97%。在这两部分被平反、改正的干部中，除死亡、退休者外，中共中央组织部和各个有关部门做了大量工作，为这些同志调整或安置了工作。[1]

胡耀邦在担任中共中央组织部部长期间，在邓小平、叶剑英、陈云等老一代无产阶级革命家的大力支持下，勇敢地站在历史发展潮流前列，为拨乱反正和平反冤假错案作出了重大贡献，对此，中共中央一直给予充分肯定和高度评价。中共中央政治局常委、中华人民共和国副主席曾庆红在中共中央"纪念胡耀邦同志诞辰 90 周年座谈会"上的讲话中指出："他坚持党的干部路线，坚持实事求是、有错必纠，组织和领导了平反冤假错案、落实干部政策的大量工作。他顺应人民群众的意愿和要求，以非凡的胆略和勇气，组织有关部门开展艰苦细致的工作，使一大批遭受冤屈和迫害的老一辈革命家、干部、知识分子和人民群众得以平反昭雪、恢复名誉，受到广大干部群众高度赞誉"[2]。

中共中央组织部常务副部长赵洪祝将胡耀邦在担任中共中央组织部长期间和领导组织工作期间的历史功绩总结、概括为四个方面：

（一）顶住压力、冲破阻力，大规模平反纠正冤假错案，落实干部政策，调动了各方面的积极性，开创了组织工作的新局面。"文化大革命"结束后，平反冤假错案，把林彪和"四人帮"颠倒了的是非功过纠正过来，是组织工作拨乱反正的重大任务，也是广大干部、党员和群众的迫切愿望。胡耀邦就任中共中央组织部部长伊始，便以高度的政治责任感和历史责任感，着手解决当时最敏感、最迫切的平反冤假错案问题。他旗帜鲜明地提出："凡是不实之词，凡是不正确的结论和处理，不管是什么时候、什么情况下搞的，不管是哪一级、什么人定的、批的，都要实事求是地改正过来。"为了有力地组织开展落实干部政策，平反冤假错案和处理历史遗留问题的工作，在胡耀邦的领导下，中共中央组织部成立了干部审查局。他坚持以客观事实为根据，走群众路线，亲自接待上访的干部群众，倾听他们的呼声，亲自主持和重新

---

[1]《郑伯克回忆录》，中共党史出版社 2002 年版，第 62 页。

[2]曾庆红：《在胡耀邦同志诞辰 90 周年座谈会上的讲话》，载《人民日报》2005 年 11 月 19 日第 4 版。

调查了一批有影响的重大案件，使一大批受迫害的同志得以平反昭雪。在他的领导和推动下，到 1982 年年底，全国平反、纠正了约 300 万名干部的冤假错案。平反冤假错案的工作，凝聚和鼓舞了人心，为中共十一届三中全会的胜利召开，为保证党和国家工作重心的转移，奠定了组织基础。

（二）大力提倡尊重知识、尊重人才，全面落实党的知识分子政策，为改革开放和现代化建设奠定坚实的人才基础。胡耀邦指出："轻视知识分子就是背离马克思主义"，"没有知识分子，四个现代化就不可能实现"，要高度重视并充分发挥他们在现代化建设中的作用。他提出："对知识分子要充分信任，放手使用，做到有职有权有责；调整用非所学，做到人尽其才，才尽其用；努力改善他们的工作条件和生活条件。"他善于听取知识分子的意见，注意与知识分子沟通和交流思想，满腔热情地鼓励年轻知识分子到基层去、到群众中去、到现代化建设的实践中去锻炼成长。在他的直接领导和推动下，我们党对 30 多万名被错划为"右派"的知识分子予以平反，极大地激发和调动了广大知识分子的积极性、主动性和创造性，为新时期我国社会主义现代化建设提供了人才保证。

（三）突出强调整顿调整领导班子和选拔中青年干部的重要性，恢复和发展党的干部路线和干部政策，保证了党的政治路线的贯彻执行。胡耀邦同志从党和国家长远发展的高度，及时提出对各级领导班子进行整顿和调整，大力选拔优秀中青年干部。他还提出选拔干部要充分发扬民主，转变作风，走群众路线。这些思路和要求，以及在这些思路和要求指导下的许多实际工作为实现新时期干部队伍的"革命化、年轻化、知识化、专业化"，建设适应社会主义现代化事业要求的干部队伍准备了条件。

（四）坚持真理、敢讲真话，作风民主、心系群众；无私无畏、光明磊落，为新时期组工干部树立了光辉的典范。胡耀邦始终坚持实事求是，反对讲大话、空话、假话、废话，特别强调要克服官僚主义作风。他作风民主，把"不戴帽子，不打棍子，不抓辫子，不装袋子"作为座右铭，并身体力行。他对人民群众有着深厚的感情，要求凡是来找他谈问题的干部或者给他的来信，任何人不要推挡和阻拦；不管是老干部、新干部本人或家属子女来部里反映问题，都要满腔热情地接待；有些外地的老同志来京谈问题或治病，一定要负责安排好住宿和生活，并为他们提供方便。在他担任中共中央组织部部长短短一年的时间里，亲自接待和批示处理的人民来访和来信就有几百人次。许多干部群众被感动得热泪盈眶，他们激动地说："到中组部来，感觉像当年从战火纷飞的前线回到延安中共中央组织部一样，党员干部又回到自己的'家'了。"[1]

有一位当事人回忆了这样一件事：胡耀邦担任中共中央组织部部长一年以后，在中共十一届三中全会上被增选为中共中央政治局委员、中央秘书长兼中央宣传部部长。对此，1956年至1966年间担任中共中央组织部部长的一位老干部颇为感慨。他说："文化大革命"以前，我担任了十年的中央组织部部长，结果在"文化大革命"时期被关进了监狱。胡耀邦只担任了一年组织部长，结果却进了中央政治局……

是的，胡耀邦的中共中央组织部部长只干了短短一年。但是，在这一年中，他却把360多个日日夜夜完全贡献给了中国共产党领导的拨乱反正、平反冤假错案的伟大事业。在中国历史和中国共产党历史上留下了永垂青史的壮丽篇章，在中国人民心中树立了永远耸立的巍峨丰碑。一位哲人说过"活在人心即永生。"胡耀邦就是中国历史上一位"活在人心"的当之无愧的历史人物。一个人能够得到中国人民如此高的评价，应该是死而无憾了。

胡耀邦之所以能够在历史发展的关键时刻、历史转变的重大关头，在平反冤假错案方面作出了举世瞩目的历史贡献，是由诸多因素决定的。

首先，胡耀邦本人曾经吃过被冤枉的苦头，对冤假错案对人的摧残和精神折磨有切身的感受。那是在土地革命战争时期，中央革命根据地掀起了一场疯狂的打"AB团"运动，通过严刑逼供，互相株连，制造了一大批冤假错案。正在从事青少年工作的胡耀邦，因为读书时所在学校的一位教师被诬陷为"AB团"成员，因此也被株连为"AB团"成员，并受到关押。胡耀邦不甘心束手待毙，找机会跑去找冯文彬和顾作霖倾诉冤情。幸亏当时负责共青团工作的冯文彬(新中国成立后，任中国新民主主义青年团中央委员会书记。胡耀邦任中共中央总书记时，冯文彬任中共中央党史资料征集编纂委员会主任、中共中央办公厅第一副主任兼中央党校副校长)和中共苏区中央局负责人顾作霖(以后在革命斗争中病故)对于十几岁的胡耀邦有着良好的印

---

[1]赵洪祝：《深切缅怀我们的老部长胡耀邦同志》，载《人民日报》2005年11月20日第4版。

象，听了胡耀邦的倾诉后深为感动，遂采取一些办法，最终使胡耀邦免除了一场灭顶之灾。但是，经过这一番精神磨难，导致了人体机能的变化，原本是"小胖子"的胡耀邦从此再也没有胖起来过。正因为这段经历，胡耀邦在革命征途上，不论担任什么职务，从来没有整过人、从来没有犯过"左"倾错误、从来没有把自己的同志当做"敌人"对待过。

其次，在革命队伍中从"红小鬼"成长为高级领导干部的胡耀邦具有一颗水晶一样透明的金子般的心——这就是一个革命者的良心。胡耀邦从十几岁参加革命，既经历了创建中央革命根据地的斗争、长征、抗日战争、解放战争、新中国的诞生、国民经济的恢复、全面建设社会主义时期；也经历过中央革命根据地打"AB团"，三明"左"倾教条主义对同志"残酷斗争、无情打击"的错误"肃反"，抗日战争时期的"抢救运动"，"文化大革命"时期由于"打倒一切、全面内战"造成的"十年内乱"。由于胡耀邦是"红小鬼"出身，他视革命队伍为一个革命大家庭，对同志、对战友、对人民群众，情同骨肉，坦诚相待，光明磊落，不搞阴谋，不要计谋，不弄权谋。由于胡耀邦经历过长期革命斗争的锻炼和考验，也经历过异常复杂的党内斗争的磨炼，使他能够较早地认识和思考一些问题，正确地总结党内斗争、"路线斗争"中的经验和教训。这样，当他被推上历史大潮的潮头以后，他便能以实现共产主义的伟大理想、使整个人类都得到解放的真正的共产主义者的博大胸怀和赤子之心，以拨乱反正的先锋战士的姿态，在"历史舞台"上创造了一段辉煌壮丽的史诗。

最后，也是最关键的一点，胡耀邦适应历史发展潮流、代表中华民族和中国人民根本利益所进行的拨乱反正的伟大事业，得到了邓小平、叶剑英、陈云和老一代无产阶级革命家的坚决支持。正是由于有邓小平和邓小平所代表的老一代无产阶级革命家作为坚强后盾、有邓小平作为拨乱反正的"总设计师"。胡耀邦才能够在拨乱反正中，无所畏惧，一往无前。

平反冤假错案是拨乱反正的一个重大突破口。突破一点，带动全局。此举大获成功，大见成效，大得人心，赢得了全党全国的衷心拥护。

7.冲破"两个凡是"的束缚

当胡耀邦在邓小平的支持下，以思想战线为突破口，率先向"两个凡是"的错误发起进攻，为彻底否定"文化大革命"而斗争时，得到了老战友罗瑞卿旗帜鲜明的坚决支持。

中国革命的伟大先行者孙中山先生说过："世界潮流，浩浩荡荡，顺之则昌，逆之则亡。"

粉碎"四人帮"以后，全党全国人民面临着拨乱反正的重要任务，而其中首要的问题是思想上理论上的拨乱反正。思想是实践的先导。理论具有对实践的指导作用和推动作用。就在这时候，在邓小平、叶剑英等老一代无产阶级革命家的坚决支持下，胡耀邦组织和推动了关于真理标准问题的大讨论，掀起了一次气势磅礴的思想解放运动。它以空前猛烈的思想解放洪流，冲垮了"两个凡是"的堤坝，荡涤了"十年内乱"在思想界理论界制定的种种歪理邪说，使解放思想、改革开放成为当代中国的思想潮流，浩浩荡荡，一往无前，奔向远方。

胡耀邦在担任中央党校副校长期间，一再倡导和鼓励中央党校的理论工作者和全体学员，要解放思想，实事求是，畅所欲言，打破精神枷锁，为思想解放开辟道路。因而，中央党校成为当代中国伟大思想解放运动的重要策源地之一。

为了打破"十年内乱"在人们思想上形成的"精神枷锁"，打破思想僵化半僵化状态，胡耀邦精心组织了关于真理标准问题的大讨论。发起思想解放运动之初，在组织撰写、修改、发表《实践是检验真理的唯一标准》这篇文章的过程中，胡耀邦投入了巨大的精力。1978 年 5 月 3 日，胡耀邦深夜审阅《实践是检验真理的唯一标准》的理论文章。他对文章中提出的"检验路线的正确与否，只能是实践，千百万人民的社会实践"；"马克思主义理论的宝库并不是一堆僵死不变的教条，主要在实践中不断增加新的观点、新的结论"等理论阐述大为赞赏，认为这是一篇好文章，可以发表，同时提出了修改意见。5 月 6 日，胡耀邦在家中召集中央党校有关负责人和有关理论工作者，再次审阅《实践是检验真理的唯一标准》这篇文章，同时提出新的修改意见。胡耀邦要求："一定要严格把关，万无一失。"

按照胡耀邦的精心部署，《实践是检验真理的唯一标准》这篇文章在经过反复修改定稿后，于 1978 年 5 月 10 日首先在中央党校主办的《理论动态》上发表。5 月 11 日，《光明日报》以"本报特约评论员"的名义发表了《实践是检验真理的唯一标准》一文。

《实践是检验真理的唯一标准》一开始就开门见山地指出：

检验真理的标准是什么？检验真理的标准只能是社会实践。一个理论，是否正确反映了客观实际，是不是真理，只能靠社会实践来检验。这是马克思主义认识论的一个基本原理。

实践不仅是检验真理的标准，而且是唯一的标准。毛主席说："真理只有一个，而究竟谁发现了真理，不依靠主观的夸张，而依靠客观的实践。只有千百万人民的革命实践，才是检验真理的尺度。""真理的标准只能是社会的实践。"这里说："只能"、"才是"，就是说，标准只有一个，没有第二个。这是因为，辩证唯物主义所说的真理是客观真理，是人的思想对于客观世界及其规律的正确反映。因此，作为检验真理的标准，就不能到主观领域内去寻找，不能到理论领域内去寻找，思想、理论自身不能成为检验自身是否符合客观实际的标准，正如在法律上原告是否属实，不能依他自己的起诉为标准一样。作为检验真理的标准，必须具有把人的思想和客观世界联系起来的特性，否则就无法检验。人的社会实践是改造客观世界的活动，是主观见之于客观的东西。实践具有把思想和客观实际联系起来的特性。因此，正是实践，也只有实践，才能够完成检验真理的任务。科学史上的无数事实，充分地说明了这个问题。

马克思主义之所以被承认为真理，正是千百万群众长期实践证实的结果。毛主席说："马克思列宁主义之所以被称为真理，也不但在于马克思、恩格斯、列宁、斯大林等人科学地构成这些学说的时候，而且在于为尔后革命的阶级斗争和民族斗争的实践所证实的时候。"

这篇文章强调，理论与实践的统一，是马克思主义的一个最基本的原则：

马克思列宁主义、毛泽东思想之所以有力量，正是由于它是经过实践检验了的客观真理，正是由于它高度概括了实践经验，使之上升为理论，并用来指导实践。正因为这样，我们要非常重视革命理论。列宁指出："没有革命的理论，就不会有革命的运动。"理论所以重要，就是在于它来源于实践，又能正确指导实践，而理论到底是不是正确地指导了实践以及怎样才能正确地指导实践，一点也离不开实践的检验。不掌握这个精神实质，那是不可能真正发挥理论的作用的。

客观世界是不断发展的，实践是不断发展的。新事物新问题层出不穷，这就需要在马克思主义一般原理指导下研究新事物、新问题，不断作出新的概括，把理论推向前进。这些新的理论概括是否正确由什么来检验呢？只能用实践来检验。例如，列宁关于帝国主义时代个别国家或少数国家可以取得社会主义革命胜利的学说，是一个新的结论，这个结论正确不正确，不能用马克思主义关于资本主义的一般理论去检验，只有帝国主义时代的实践，第一次世界大战和十月革命的实践，才能证明列宁这个学说是真理。

毛主席说："理论与实践的统一，是马克思主义的一个最基本的原则。坚持实践是检验真理的唯一标准，就是坚持马克思主义，坚持辩证唯物主义。"

这篇文章列举大量实例指出，革命导师是坚持用实践检验真理的榜样。革命导师这种尊重实践的严肃的科学态度，给了我们极大的教育。他们并不认为自己提出的理论是已经完成了的绝对真理或"顶峰"，是可以不受实践检验的；并不认为只要是他们作出的结论不管实际情况如何都不能改变；更不要说那些根据个别情况作出的个别论断了。他们处处时时用实践来检验自己的理论、论断、指示，坚持真理，修正错误，尊重实践，尊重群众，毫无偏见。他们从不容许别人把他们的言论当做"圣经"来崇拜。毫无疑义，马克思主义的基本原理，马克思主义的立场、观点和方法，必须坚持，决不能动摇；但是，马克思主义的理论宝库并不是一堆僵死不变的教条，它要在实践中不断增加新的观点、新的结论，抛弃那些不再适合新情况的个别旧观点、旧结论。实践、生活的观点是认识论的首要的和基本的观点。实践、生活之树是常青的。正是革命导师的这种坚持实践是检验真理的唯一标准的辩证唯物主义立场，才保证了马克思主义的不断发展，而永葆其青春。

这篇文章最后的结论是，任何理论都要不断接受实践的检验：

我们不仅承认实践是真理的标准，而且要从发展的观点看待实践的标准。实践是不断发展的，因此作为检验真理的标准，它既具有绝对的意义，又具有相对的意义。就一切思想和理论都必须由实践来检验这一点讲，它是绝对的、无条件的；就实践在它发展的一定阶段上都有其局限性，不能无条件地完全证实或完全驳倒一切思想和理论这一点来讲，它是相对的、有条件的；但是，今天的实践回答不了的问题，以后的实践终究会回答它，就这点来讲，它又是绝对的。列宁说："当然，在这里不要忘记：实践标准实质上绝不能完全地证实或驳倒人类的任何表象。这个标准也是这样的'不确定'，以便不至于使人的知识变成'绝对'，同时它又是这样的确定，以便同唯心主义和不可知论的一切变种进行无情的斗争。"

辩证唯物主义认识论关于实践标准的绝对性和相对性辩证统一的观点，就是任何思想、任何理论必须无例外地、永远地、不断地接受实践的检验的观点，也就是真理发展的观点。任何思想、理论，即使是已经在一定的实践阶段上证明为真理，在其发展过程中仍然要接受新的实践的检验而得到补充、丰富或者纠正。毛主席指出："人类认识的历史告诉我们，许多理论的真理性是不完全的，经过实践的检验而纠正了它们的不完全性。许多理论是错误的，经过实践的检验而纠正其错误。"又指出："客观现实世界的变化运动永远没有完结，人们在实践中对于真理的认识也就永远没有完结。马克思列宁主义并没有结束真理，而是在实践中不断地开辟认识真理的道路。"马克思主义强调实践是检验真理的标准，强调在实践中对于真理的认识永远没有完结，就是承认我们的认识不可能一次完成或最终完成，就是承认由于历史的和阶级的局限性，我们的认识可能犯错误，需要由实践来检验，凡经实践证明是错误的或者不符合实际的东西，就应当改变，不应再坚持。事实上这种改变是常有的。毛主席说："真正的革命的指导者，不但在于当自己的思想、理论、计划、方案有错误时须得善于改正"，"而且在于当某一客观过程已经从某一发展阶段向另一发展阶段推移转变的时候，须得善于使自己和参加革命的一切人员在主观认识上也跟着推移转变，即是要使新的革命任务和新的工作方案的提出，适合于新的情况的变化。"

现在，毛主席曾经批评过的"圣经上载了的才是对的"这种倾向依然存在。无论在理论上或实际工作中，"四人帮"都设置了不少禁锢人们思想的"禁区"，对于这些"禁区"，我们要敢于去触及，敢于去弄清是非。科学无禁区。凡有超越于实践并自奉为绝对的"禁区"的地方，就没有科学，就没有真正的马列主义、毛泽东思想，而只有蒙昧主义、唯心主义、文化专制主义。

社会主义对于我们来说，有许多地方还是未被认识的必然王国。躺在马克思列宁主义毛泽东思想的现成条文上，甚至拿现成的公式去限制、宰割、裁剪无限丰富的飞速发展的革命实践，这种态度是错误的。我们要有共产党人的责任心和胆略，勇于研究生动的实际生活，研究现实的确切事实，研究新的实践中提出的新问题。只有这样，才是对待马克思主义的正确态度，才能够逐步地由必然王国向自由王国前进，顺利地进行新的伟大的长征。

1978年5月12日，新华社全文播发《实践是检验真理的唯一标准》一文，《人民日报》、《解放军报》等9家报纸全文转载。

5月13日，有15个省级党报转载这篇文章。

5月底，全国已经有30多家报纸转载这篇文章。

当代中国历史上一场影响深远、规模空前、内涵丰富的思想解放运动以"真理标准问题讨论"的形式就此拉开帷幕。

在邓小平等老一代无产阶级革命家的领导和支持下，一场关于真理标准问题的大讨论在全国轰轰烈烈展开。这场大讨论，实质上是一场呼唤中国社会主义新时期伟大变革的思想解放运动，在党和国家的历史进程中产生了重大而深远的影响。

当胡耀邦在邓小平的支持下，以思想战线为突破口，率先向"两个凡是"的错误发起进攻，为彻底否定"文化大革命"而斗争时，得到了老战友罗瑞卿旗帜鲜明的坚决支持。

马 克 思 主 义 的 一 个 最 基 本 的 原 则

《解放军报》特约评论员

1978年6月24日，《解放军报》发表了特约评论员文章《马克思主义的一个最基本的原则》，从理论上回答了对实践是检验真理标准的种种责难。1978年9月26日，由胡耀邦组织的《一切主观世界的东西都要经受实践检验》的文章在《人民日报》上公开发表，有力地推动了真理标准问题的深入讨论。

胡耀邦与罗瑞卿是革命战争年代的老战友。在长期的革命战争岁月中，罗瑞卿与胡耀邦结下了深厚的战友情谊。中华人民共和国建立后，每当担任共青团中央第一书记的胡耀邦请罗瑞卿给共青团的会议作报告时，罗瑞卿总是欣然前往。

罗瑞卿在"十年动乱"中吃苦最大，对"文化大革命"的严重危害有切肤之痛。这使他能够较早地对"文化大革命"发生并持续十年之久的原因进行深刻的反思，勇敢地站在思想解放运动潮流的最前列。早在1977年2月，当"两个凡是"的错误方针提出之始，他便敏锐地觉察出"两个凡是"的实质是企图阻止邓小平出来工作、坚持"文化大革命"的错误理论和实践。1977 年春天，罗瑞卿正在住院，《解放军报》负责人去看望他时，他详细询问了《学好文件抓住纲》中"两个凡是"的来龙去脉，并指出"两个凡是"是错误的。他说："对待毛主席的著作和他的指示，都要坚持科学的态度。小平同志强调毛泽东思想是一个完整的体系，对毛主席的指示必须完整准确地了解和运用，决不能不分时间、地点、条件到处搬用，这就是坚持了实事求是的科学态度。"又说："过去林彪、'四人帮'别有用心地断章取义引用毛主席语录，这是糟蹋马列主义、毛泽东思想，是为他们的野心和阴谋服务的，我们千万要记取这个教训。"在他重新担任中央军委秘书长之前的 5 月至 7 月份，曾以"本报记者"的名义，在《解放军报》发表了《林彪全盘否定 1964 年群众性练兵运动是个阴谋》和《戳穿"四人帮"在民兵问题上的鬼把戏》两篇文章。在前一篇文章中，他义正词严地批驳了林彪诬蔑 1964 年全军练兵运动的种种"罪名"，理直气壮地伸张了正义。在后一篇文章中，他一针见血地揭露了"四人帮"妄图把民兵工作引向邪路的险恶用心，阐述了民兵工作应当遵循的基本原则。这是在军队建设和民兵建设问题上拨乱反正的两篇好文章。

当《光明日报》刊登的《实践是检验真理的唯一标准》的文章发表后，罗瑞卿当即指示《解放军报》全文转载，给予了有力的支持。他明确表示："这是一篇坚持马列主义、毛泽东思想的好文章。它提出的是一个牵一发而动全身的大问题。不解决这个问题，我们就不能坚持好党的实事求是的思想路线，我们的事业就不能前进。"他还强调："要注意在军队中肃清'两个凡是'的影响。《解放军报》要积极支持和直接参加这场讨论。"

但是，倡导、组织和推动"实践是检验真理的唯一标准"，以此取代"两个凡是"的标准，并非一帆风顺。

就在《实践是检验真理的唯一标准》发表以后，主管中央思想宣传工作的汪东兴召集毛泽东著作编辑委员会办公室的负责人，开会讨论《实践是检验真理的唯一标准》一文的问题。

有人认为："这篇文章(指《实践是检验真理的唯一标准》)犯了方向性的错误。理论上是错误的，政治上问题更大，很坏很坏。

"文章否认真理的相对性，否认马克思主义的普遍真理。文章说马克思主义要经过长期实践证明以后，才是真理。列宁关于帝国主义时代个别国家可以取得革命胜利的学说，只有经过第一次世界大战和十月革命的实践以后，才能证明是真理。就是说列宁提出这个学说时不是真理。按这种说法，那么现在党提出十一大路线就不是真理，一定要等到二三十年以后，实践证明了才是真理。那么，人们怎么会热烈拥护，会为之贯彻执行而奋斗呢?文章是提倡怀疑一切，提倡真理不可信，不可知，相对真理不存在，真理在开初提出时不是真理，要经过实践检验后才是真理。这是原则错误。

"文章在政治上很坏很坏。作者认为'四人帮'不是修正主义，而是教条主义，不是歪曲篡改毛泽东思想，而是死抱着毛主席的教条不放。因而现在主要不应反'四人帮'、反修正主义，而是应该反教条主义。如文章说的，要粉碎人们的精神枷锁，就是要反对'圣经上说了才是对的'，所谓要冲破禁区，就是要冲破毛泽东思想。文章结尾认为当前要反对的就是'躺在马列主义毛泽东思想的现成条文上，甚至拿现成公式去限制、宰割、裁剪无限丰富的革命实践'，就是要反对所谓教条主义，要向马列主义开战，向毛泽东思想开战。

"文章用很大篇幅讲马克思、恩格斯如何修改《共产党宣言》，毛主席如何修改自己的文章，作者的意思就是要提倡我们去怀疑毛主席的指示，去修改毛泽东思想，认为毛主席指示有不正确的地方，认为不能把毛主席指示当成僵死的教条，不能当圣经去崇拜。很明显，作者的意图就是要砍旗。文章批判林彪'一句顶一万句'、'句句是真理'，难道一句顶一句也不行?难道句句都不是真理才对?

"毛泽东思想是我们团结的基础，如果去怀疑主席指示有错，认为要修改，大家都去争论哪些错了，哪些要改，我们的党还能团结一致吗?我们的国家还能安定团结吗?所以这篇文章在政治上要砍倒毛泽东思想这面红旗，是很坏很坏的。"

5月13日，胡耀邦召集中央党校、《人民日报》有关负责人和有关理论工作者，针对上述对《实践是检验真理的唯一标准》的批判、反对和责难，明确指出：对他老人家（指毛主席）的缺点错误提出一点不同的看法，怎么就上纲成是反对他老人家呢!这种把学术争论、理论争论一下子上升到政治上，斯大林时期是这样，我们党十几年（指"十年内乱"时期）来也是这样!

这个风气再不改变怎么得了呀!胡耀邦说,《理论动态》要进一步办好。我考虑了几个选题,一个是从真理越辩越明说起,讲清历史潮流是无法阻挡的,历史潮流滚滚向前。我们的民族经历了"文革"这场大灾难,反面教训是如此之深,在今后几十年,再重复这种灾难,倒退,人民通不过,这是不以某些人的意志为转移的。社会往往在倒退以后实现大跃进,这在世界和中国的历史上有许多这样的例子。我们要写一篇文章,说一下这个辩证法,把历史潮流怎么不可阻挡讲透一点。

5月17日,又有人指责说,《实践是检验真理的唯一标准》这篇文章理论上是荒谬的,思想上是反动的,政治上是砍旗帜的。

1978年6月2日,邓小平在中国人民解放军全军政治工作会议上发表重要讲话。他指出:实事求是,一切从实际出发,理论和实际相结合,这是毛泽东思想的出发点和根本点,是作为一切工作必须遵循的原则。邓小平批评了"两个凡是"的错误观点,有力地支持了正在开展的关于真理标准问题的讨论。

为了进一步阐发"实践是检验真理的唯一标准",中央党校的理论工作者于1978年6月又撰写了《马克思主义的一个最基本的原则》。胡耀邦仔细审阅后,认为文章既有理论色彩又有针对性,从理论上进一步阐明了理论要受实践检验的道理,强调要恢复《实践论》的权威,恢复实事求是的权威,恢复实践标准的权威,很有力量。胡耀邦很赞赏这篇文章。这时,由于《人民日报》、《光明日报》、《理论动态》受到汪东兴点名批评,胡耀邦经过反复思考,与担任中央军委秘书长的罗瑞卿联系后,指示将文稿送到罗瑞卿手中。胡耀邦和罗瑞卿六次电话联系,商谈文章的修改和发表事宜。

6月15日,在中央宣传部和中央直属新闻单位负责人会议上,汪东兴说:"党报要有党性。《红旗》是党的刊物,《人民日报》是党报,新华社是党的喉舌,广播电台是党的喉舌,《光明日报》也是党报。党性与个性要摆得对,允许个性,但个性要服从党性,个性不能超过党性。""我们要对党对人民负责。报纸要把好关,把得严,把得紧才是。不能因为在文化大革命中受了冲击,就把文化大革命说得一钱不值。最坏的是把矛头对准毛主席。""特约评论员文章可要注意:有几篇不是那么恰当(指《实践是检验真理的唯一标准》等文)。不要图一时好过。这些文章不经过宣传部,也不给我看。宣传口送来的东西我都是看的，再长，我都看的嘛。可是这些文章打着特约评论员的名义在报上那样搞，要注意。……《人民日报》是党的机关报，我和胡耀邦谈过，要他在报上写文章要注意。"

为了推动思想解放运动的顺利开展，胡耀邦顶着政治压力，于 6 月 19 日审阅《解放军报》准备发表的《马克思主义的一个最基本的原则》的修改稿清样。他在阅后提出三点意见：一、同意由军报发表，因为文章中许多地方谈到全军政工会议问题；二、其中有关"砍旗"的几句话可以删去，从理论上讲清楚就可以了；三、这篇文章请同时送韦国清、罗瑞卿同志再看看，我不再看了，他们看后由军报自己定稿就是了。6 月 24 日，在罗瑞卿强有力的支持下，《解放军报》以特约评论员的名义发表《马克思主义的一个最基本的原则》；《人民日报》、《光明日报》在当天同时刊载，新华社全文转发，全国各地报纸纷纷转载，产生了很好的政治影响。

从此，"实践是检验真理的唯一标准"的大讨论如同长江的波涛，汹涌澎湃，滚滚向前，逐渐成为全党全国人民的共识，时代的最强音，20 世纪 70 年代末中国思想界、理论界的主流。

关于真理标准问题的大讨论，是在党和国家处于重大历史性转折的背景下，在邓小平等老一代无产阶级革命家的领导和支持下开展起来的，胡耀邦为此作出了重要贡献。这场讨论，冲破了"两个凡是"的严重束缚，推动了全国性的马克思主义思想解放运动，是中共十一届三中全会实现具有深远意义的伟大转折的思想先导，是改革开放历程的思想先导，为中国共产党重新确立马克思主义的思想路线、政治路线和组织路线奠定了理论基础，在党和国家的历史进程中产生了重大而深远的影响。

1978 年 11 月 10 日，中共中央召开工作会议，会议就中央政治局根据邓小平建议提出的全党工作重点转移问题进行认真讨论。会上，陈云在发言中提出 6 条意见，要求解决"文化大革命"中遗留的一大批重大问题和一些重要领导人的功过是非问题，以发展安定团结的政治局面，保证党的工作重点顺利转移。与会的许多老一代无产阶级革命家和领导骨干就上述问题，以及华国锋提出和坚持"两个凡是"错误方针、两年来领导工作中的失误问题和恢复党的优良传统问题等，提出了中肯的意见和建议。

胡耀邦出席了中央工作会议。11月13日上午在西北组的发言中，提出了会议应当重视、研究和解决的一系列重大问题。他说：

我赞成把"文化大革命"中尚未解决的一些大是大非问题搞清楚。林彪、陈伯达、"四人帮"，还有康生，欺骗、蒙蔽毛主席，搞了许多假东西。这些大是大非问题的解决，关系到安定团结，关系到实事求是的作风，关系到教育子孙后代，关系到维护毛主席旗帜的问题。赫鲁晓夫的历史教训，我们一定要吸取。

我们有一千七百万脱产干部，在历次运动中有百分之十七的人受到种种"审查"，人数达二百万之多：下面还有不脱产的基层干部被"审查"，也有二百万。其中有多少人受到冤屈现在还不知道，总之是不在少数。对受冤屈的人应按照彻底唯物主义的精神，有错必纠，有错必改。否则，危害安定团结的因素消除不了，重点的转移也难顺利。这件事情应当在1979年庆祝建国30周年前基本完成，有些事可以"一风吹"。

"六十一个人"的问题，毛主席在世时，小平同志在政治局就提出，定他们叛徒是不公道的。

胡耀邦谈到了彭德怀问题、陶铸问题、王鹤寿问题等，主张坚决平反昭雪。

胡耀邦还谈到康生的问题。他说：康生的问题，我对他的历史情况不了解。他在1942年抢救运动中，犯了那么大的错误，从不作一句自我批评。在"文化大革命"中，他做了大量坏事，民愤极大。据中央党校统计，被他点名戴上叛徒、国(民党)特(务)、死不改悔走资派帽子的，就有六百多人。把朱委员长、叶副主席都放到"有严重问题"里面。在这方面，他超过了林彪、陈伯达。他指使南开大学搞所谓"南方叛徒集团"，反周总理。"六十一个叛徒"也是他点的名，康生在"文革"中也是罪魁祸首，"四人帮"应该改称"五人帮"，康生是"五人帮"的第一名。

胡耀邦进一步提出："文化大革命"的教训要总结一下。为什么林彪、"四人帮"能在台上十年之久?根本教训是什么问题?为什么康生自己不检讨，毛主席替他赔不是?

胡耀邦认为我们党内生活长期不正常，存在"党内有党，法外有法"的现象。他介绍邓小平说的一句话：党内要有一大批敢于思考问题、敢于说话、敢于处理问题的干部。他主张要揭露党的生活中的矛盾。

胡耀邦的这个长篇发言，受到西北组和与会同志的广泛赞同，大有"一石激起千层浪"之效应。

关于康生的问题，是胡耀邦支持中央党校最早提出来的。胡耀邦在中央工作会议上带来了中央党校揭发、整理的康生在"十年内乱"时期的罪证材料。当时，胡耀邦布置中央党校和中央组织部整理被康生诬陷的干部名单，计有603人。其中包括：党中央副主席、政治局委员，国家主席、副主席，国务院总理、副总理，全国人大委员长、副委员长33人；第八届中共中央委员、候补委员58人；第三届全国人大常委和第四届全国政协常委93人；中央和国家机关正副部长91人；大区中央局和各省党委书记、副书记，省长、副省长51人；大军区级干部11人。其余的是干部和知名人士。胡耀邦将材料送交中央工作会议，与会者看了材料以后，感到极大的震惊和愤怒。会议决定由中央纪律检查委员会立案审查康生的问题。

对于胡耀邦在揭露康生问题上表现出来的大无畏精神和政治智慧，一位胡耀邦当年的秘书作了这样的回忆：

1978年年底，中央工作会议召开之前，耀邦同志嘱咐我根据中央党校的揭发材料，造反派头头的笔记和中央组织部、中央联络部提供的材料，把康生点名诬陷、迫害的人，按姓名、职务、点名的时间和场合，以及所加的罪名，整理出一个名单，铅印成册，准备报给中央。11月10日，中央工作会议在北京召开。这次会议，根据邓小平同志会前的提议，把全党工作重点转移到社会主义现代化建设上来的问题，作为会议讨论的中心议题，但是并没有把实现这一转移所必须解决的历史遗留问题提上议事日程。康生的问题当然不在讨论之列，有关他的材料也就不可能在会上正式散发。后来听耀邦同志说，康生的问题在中央工作会议上是这样揭出来的：耀邦同志把康生点名诬陷干部的名册带到会上，放在他住房的办公桌上。到他屋里串门的同志翻开一看，大吃一惊，才知道许多人挨批斗、遭迫害，原来罪魁祸首是康生。有些同志头一次知道自己被康生点名挨整，气得咬牙切齿。消息传开，与会者义愤填膺，要求公开揭发批判康生，为受害同志平反昭雪。

每当回顾起这段历史，许多同志都会情不自禁地赞叹耀邦同志敢闯禁区的勇气和善于解决难题的领导艺术。[1]

对于"文化大革命"和毛泽东晚年的错误，胡耀邦较早地进行了思考，并得出了正确的结论。11月26日，胡耀邦在中央工作会议上发言说：十年"文化大革命""左"倾错误达到登峰造极地步，给党和国家造成空前严重损害，为了继续弄清大是大非问题，势必要接触到如何评价"文化大革命"和全面评价毛主席的问题。这是即使想回避也回避不了的事情。建议中央经过周密准备之后，说清楚这两个问题（后来，中共十一届六中全会通过的《关于建国以来党的若干历史问题的决议》解决了胡耀邦提出的这两个问题）。

在中央工作会议期间，中共中央政治局常务委员会及时认真研究与会同志提出的各种意见，果断地坚决地对若干重大历史遗留问题作出处理决定。11月25日，华国锋代表中共中央政治局在中央工作会议全体会议上宣布：为："天安门事件"平反，为"二月逆流"平反，为彭德怀、陶铸、薄一波、杨尚昆等人平反，"批邓、反击右倾翻案风"是错误的，康生、谢富治的罪行应当揭发和批判；一些地方性重大事件，由各省、市、自治区党委根据情况，实事求是地加以处理，有错必纠。与会代表对中央政治局的这些重大决策表示衷心拥护。

中央工作会议期间，围绕是否恢复中国共产党马克思主义的思想路线问题，再度展开激烈的思想交锋。

一位与会同志在11月27日的发言中，对真理标准问题讨论发表意见，担心这样讨论下去会引起思想混乱，影响安定团结。不赞成有些文章提出的"来一个思想解放运动"、"反对现代迷信"等口号。他明确表示："我不赞成在报刊上发表文章，用旁敲侧击的方法，在实际上引导人们去议论毛主席的错误。"这篇发言在会议简报上刊登后，立即遭到许多与会者的批评，真理标准问题一时成为会议讨论的重大问题。

在中央工作会议的分组讨论中，绝大多数与会代表对真理标准讨论表示肯定和支持。

经过激烈的讨论，根据与会代表的要求，华国锋、汪东兴就提出和坚持"两

---

[1]陈文斌：《胡耀邦在中央党校二三事》，载中央党史研究室《百年潮》杂志2002年第1期。

个凡是"问题作了检讨，就真理标准讨论问题作了说明。在马克思主义思想路线指引下，解放思想成为势不可当的潮流，实事求是成为时代的最强音。[1]

1978年12月13日，邓小平在中央工作会议闭幕会上作了《解放思想，实事求是，团结一致向前看》的重要讲话。这一讲话为接着召开的中共十一届三中全会提出了基本的指导思想，是当代中国改革开放的"政治宣言"。

1978年12月18日至22日，中共十一届三中全会在北京京西宾馆隆重举行。出席会议的中央委员169人，候补中央委员112人。胡耀邦出席了这次全会，并为全会的顺利召开和胜利完成各项预定议程做了大量工作。

据出席中共十一届三中全会的老同志回忆，胡耀邦在会上工作十分繁忙。会议期间，胡耀邦曾经与有关同志一起，对《中共十一届三中全会公报》文稿进行讨论，提出很多建议。他说："除了开头、结尾外，搞四个部分：经济，政治，思想，组织，都是围绕工作重点转移。"这就使得起草工作有了纲目，使全会公报充分反映了中共十一届三中全会的精髓。《中共十一届三中全会公报》发表以后，在国内外产生了强烈反响。

中共十一届三中全会以后，在邓小平为核心的中国共产党第二代中央领导集体领导下，中国共产党的正确政策在新的条件下得到恢复和发展，全国党政军各方面的工作在拨乱反正中得到正本清源。在此期间，胡耀邦在中央所做的工作日益为全党全国人民所了解，在党和人民中赢得了极大的信任。

1978年12月在中共十一届三中全会上，胡耀邦当选为中央政治局委员、中央纪律检查委员会第三书记，随后任中共中央秘书长兼中央宣传部部长。

胡耀邦重视理论宣传工作，进一步明确了新时期理论宣传工作的指导思想，就是马克思主义与中国改革开放和现代化建设相结合。在主持中共中央宣传部工作期间，他解放思想，实事求是，敢讲真话，有力地推动了当代中国伟大的思想解放运动的深入和发展。

对于胡耀邦在中共十一届三中全会以后担任中共中央宣传部部长期间

[1]王全国：《十一届三中全会与广东的改革开放》，载《改变中国命运的41天》，海天出版社1998年版，第199页。

在中宣部部务活动中的概况，中央宣传部一位"有心人"做了这样的简要回顾：

胡耀邦在 1 年零 3 个月的中共中央宣传部部长任内，不知做了多少工作，在有限的部务活动中，留下了许多如珠如玑的言谈。根据有限的记忆和有限的资料，谨将胡耀邦在中共中央宣传部的一些活动和言论按时间顺序摘记如下：

1978 年 12 月 25 日，胡耀邦任中共中央宣传部部长。

1979 年 1 月 13 日，中共中央宣传部例会。胡耀邦讲话中提到，"对青年要善于引导"，要考虑青年的特点，从青年的实际出发，"不要把青年报办成第二党报"。

1 月 24 日，中共中央宣传部例会。交谈新闻工作、情况。胡耀邦提出："办好报纸的标志，两条很重要：一看有没有好新闻，一看有没有好言论。"

2 月 7 日，中共中央宣传部例会。当反映上海"知青"要求回上海、闹事等情况时，胡耀邦的视角非常有意思，他说："这是最近落实政策，搞民主的副产品。""这是因流毒未肃清，问题成堆。要快刀斩乱麻，不要拖。一时不能解决，要创造条件。"并告诫："从 1957 年'反右'以来发动的历次政治运动、阶级斗争，也是建立在错误分析形势和情况的基础上，犯了阶级斗争扩大化、尖锐化、人为化的错误。是封建独裁、个人专断、家长作风、唯意志论的体现。"

3 月 11 日，胡耀邦在新闻工作会议上第二次讲话，提到中央正在研究"解决国家体制和领导方法的问题"，要求报纸、新闻发挥监督职能——批评、表扬的职能。

3 月 18 日，胡耀邦在新闻工作会议上第三次讲话(闭幕会上的讲话)，提出"要把解放思想的重点放在研究新问题上"。还提到党性与人民性的关系问题："党性和人民性是一致的。离开人民性就不叫党性。……党的唯一宗旨是为人民谋利益，只有一个宗旨，没有第二个。"

3 月 21 日，胡耀邦在中共中央宣传部召开的新闻、广播、刊物对国外宣传报道工作的汇报上，对改进对外宣传报道工作发表了意见。特别提到，

"不要把大家封闭起来，不敢想，不敢做。国际新闻和国际评论也不要瞎指挥，不要统得太死，要适当放宽些。"

4月3日，胡耀邦就对外经济宣传问题写了一个批示，指出要大胆解放思想，振奋革命精神，敢于打破陈规，敢于别出心裁。

4月18日，中共中央宣传部例会。胡耀邦讲话中提出："宣传机关不大改，不走在前边，担负不了任务。"

7月11日，中共中央宣传部例会。研究中共中央宣传部《关于宣传五届人大二次会议精神几个问题的通知》，胡耀邦在插话中批评现行的"全民所有制"："什么全民所有制，是全民所无，全民所养。""几十年的教训，就是不要搞'残酷斗争、无情打击'。像张志新这样的优秀分子，我们有几百几千……"

7月20日，中共中央宣传部例会，研究对外宣传问题。胡耀邦指出，对外宣传的毛病在于："1.管理控制太严；2.思想太僵，犯片面性毛病；3.调子太单调；4.语言太干瘪。最好搞一个对外宣传领导班子，我去请示中央。"

8月1日，中共中央宣传部例会。讨论党风和干部作风问题，胡耀邦提出："要批'有权就有一切'……要把这个理论搞臭。"

8月8日，中共中央宣传部例会。胡耀邦在发言中表示"赞成继续讨论真理标准问题"。他提出："要注意文风、注意讨论问题的思想方法"，共五点：1.不管什么文章，特别是理论文章不要浮夸不实；2.不要杀气腾腾、慷慨激昂，要充分说理、留有余地，对青年人不要"围剿"；3.不要偏激、过头、片面性，多做历史分析、全面分析；4.不要从概念到概念；5.不要前后矛盾。

8月23日，胡耀邦会见广播局召开的电视节目会议代表并讲话："要使人们的革命理想、党的方针路线政策、奋斗目标、生产知识、欢悦的精神生活统一起来，浑然一体。……艺术品离开政治不行，但艺术品离开艺术就不是艺术品，那看'毛选'好了，看电视干吗？"

8月28日，胡耀邦在中央国家机关讨论上访问题会议上提出："高中级干部要亲自处理群众上访问题"，"中央要求党政军领导同志都亲自抓冤假错案的平反工作"。

9月2日，胡耀邦召集有关人员开会，要求关心上访人员，认真解决他们的问题，批评一些信访部门和人员"感情上不关心别人的疾苦，政策上死、不灵活。如'右派'改正回城，先是态度不错，后来回城人多了，又发通知说，原则上不让回，搞一刀切。几万人吊在当中成了黑人。"

1980年1月15日(大年除夕前两天)下午，中共中央宣传部举行迎新春会。部内干部职工和宣传口各单位代表们早早就到会入座。胡耀邦也来得很早。他和几位副部长及宣传系统的领导干部坐在中区第一排，他坐在最中间(会务人员安排的)。因为还要等几位老同志到来，胡耀邦正热情随意地和周围人谈天。突然，他兴奋地站了起来，喊道："李老，你来啦?"大家这才注意到身材硕大、满头白发的李卓然老人出现在门口，胡耀邦双手扶着老人，一直把他迎到原是自己坐的位子。不久，周扬也到场，胡耀邦再次迎上去。这种场面，真使大家开了眼界。

晚上，举行聚餐。胡耀邦带着几位部长挨桌向干部职工们——他的同事，一一碰杯敬酒，不断地嘘寒问暖，大厅里爆出一阵阵欢笑。虽然当时餐桌上只有二锅头、粉条炖肉一类的粗酒淡菜，但却让大家顿生"痛饮黄龙府"之慨。

1月23日至2月13日，中共中央宣传部委托中国剧协、中国作协等单位召开剧本座谈会。2月12日胡耀邦到会讲话。强调："切实保证人民有进行文艺创造和文艺批评的自由。""党对文艺工作的领导决不是违背客观规律，凭个人意志独断专行。"提出："在我们社会主义精神文明的园地里，有三个高峰：思想理论高峰、科学技术高峰、文学艺术高峰，达不到这三个高峰不叫四个现代化。"

2月23日至29日，在中共十一届五中全会上，胡耀邦当选为中央政治局常委、中央委员会总书记。中共中央宣传部的干部可谓一则以喜，一则以忧。所谓喜，是因为胡耀邦当选为中央总书记是众望所归；所谓忧，是因为胡耀邦将离开中共中央宣传部。

3月12日，在中共中央宣传部履行部长交接的例会上，胡耀邦以中共中央宣传部部长的身份作了最后一次讲话。他说："做了一年工作，不是自吹，不能把自己看得一钱不值。但也有议论，主要对我，也是对《人民日报》。说我讲得太多，做得少，讲得不慎重，对宣传方针掌握不紧。"和自己有关的话，他就说了这么几句，没有豪情壮别的话，也没有依恋惜别的话。接着叮咛同志们"宣传应注意两点，一不要忘记抓经济工作；二今年着重抓党的建设"。嘱咐大家在刘少奇平反昭雪宣传上要注意的问题，还介绍了书记处分工情况。[1]

---

[1]郑仲兵：《胡耀邦在中宣部》，载《炎黄春秋》2002年第2期。

8.彻底否定"文化大革命"

华国锋提出了辞职的要求,并对粉碎"四人帮"以来的工作作了一些检查和解释。

叶剑英感情十分真挚地说:毛主席去世后,我确实把华国锋当作"后主"看待,尽管我精力不足、水平不高,还是想尽力扶助他。这是一种旧的封建思想在作怪。借此机会,我应作自我批评。

1980 年 2 月 23 日至 29 日,中国共产党第十一届中央委员会第五次全体会议在北京召开。到会中央委员 201 人,候补中央委员 118 人,另有各地方各部门负责同志 37 人列席会议。中国共产党中央委员会主席华国锋,副主席叶剑英、邓小平、李先念、陈云出席会议,并作了重要讲话。

中共十一届五中全会的主要议题是加强和改善党的领导。

全会讨论和通过了《关于党内政治生活的若干准则》;讨论了《中国共产党章程》修改草案;通过了《关于召开党的第十二次全国代表大会的决议》。

全会增选胡耀邦、赵紫阳为中央政治局常委。

全会决定恢复设立中央书记处,作为中央政治局和它的常务委员会领导下的经常工作机构,并且选举胡耀邦为中央委员会总书记,选举万里、王任重、方毅、谷牧、宋任穷、余秋里、杨得志、胡乔木、胡耀邦、姚依林、彭冲为中央书记处书记。

全会批准汪东兴、纪登奎、吴德、陈锡联的辞职请求,免除或提请免除他们所担负的党和国家的领导职务。

全会还决定向全国人民代表大会建议修改宪法第四十五条,取消公民"有运用大鸣、大放、大辩论、大字报的权利"的规定,因为历史经验已经证明,"四大"作为一个整体从未起过积极作用,取消它符合全国人民的意愿和要求。

为刘少奇平反昭雪,是中共十一届五中全会的一项重要议题。全会通过《关于为刘少奇同志平反的决议》,撤销中共八届十二中全会强加给刘少奇的"叛徒、内奸、工贼"的罪名和把刘少奇"永远开除出党,撤销其党内外的一切职务"的错误决议,撤销原审查报告,恢复刘少奇作为伟大的马克思主义者和无产阶级革命家、党和国家的主要领导人之一的名誉。过去因刘少奇问题受株连的人和事,一律予以平反。3月14日,刘少奇著《论共产党员的修养》一书重新出版发行;3月19日,中共中央发出《关于认真传达好为刘少奇同志平反的决议的通知》;5月17日,刘少奇追悼大会在北京隆重举行,邓小平致悼词。

1980年2月24日,中共十一届五中全会一致通过了为刘少奇平反昭雪的决议,恢复他作为"伟大的马克思主义者和无产阶级革命家,党和国家主要领导人之一"的名誉。图为同年5月17日在北京人民大会堂举行的刘少奇追悼大会。

中共十一届五中全会顺利解决了事关全局的一系列重大问题,是中国共产党历史上一座重要的里程碑。中共十一届五中全会以后,刚刚当选为中国共产党中央委员会总书记的胡耀邦在自己家里与一位朋友进行了倾心交谈。

这是一则颇能反映当时历史情况的"珍贵史料"。以下是这位曾经担任过公安部部长罗瑞卿的秘书、中共青海省委常委兼政法委员会书记，时任中国法学会负责人的老同志的回忆：

1980年3月1日，报纸发表了党的十一届五中全会公报。3月2日发表召开十二大的决议，成立中央书记处的决议，公布了书记处成员11人的简历。这一天是星期日，上午我去看耀邦同志，他正在家里独自一人读《东华录》。我们做了一次长谈，将近两小时。谈兴未尽，我告辞了。这是一次非常有意义的交心之谈，当然主要是他谈的。

我首先谈到五中全会开得好，公报也写得好。耀邦说，这个公报是下了工夫的，在写法上不按议程一项一项地写，而是集中起来写。突出了五中全会的主题，加强党的领导，改善党的领导。公报中，为少奇同志平反占了两大段，篇幅最多。但是并不影响主题，并不使人认为五中全会就是解决少奇同志平反问题。其实五中全会上议论最多的是汪东兴等四位同志的问题，但公报上对四个人的问题就是几句话。本来对汪还可以说得好一些，但他在政治局检查时，总想把总理拉下水，这就不好了。他不听我的意见。总理当时的处境，大家是理解的。

公报定稿时，已是2月29日下午7时42分，离广播只有18分钟。有人建议推迟发表，这怎么能行呢？已经事先打过招呼，国内外都在等着，不能按时广播，人家会发生各种猜测，说五中全会有分歧啦！公报意见不一致啦！等等。必须按时广播，这是一个战略眼光问题。

公报一公布，国内外反映非常强烈。总的反映是好的，都认为中国政治局面更稳定了，保证了政策和领导的连续性、稳定性。

公报一些重要的论点，可以开出若干题目，写一批文章，如不搞终身制等等。宣传部要抓好五中全会的宣传。

耀邦接着说：小平同志的战略眼光是很高的。三中全会，四中全会，五中全会，提前召开十二大。这些重大战略部署都是他提的，抓得很紧。按照小平同志的战略部署，再有三年，即使老一辈无产阶级革命家有什么三长两短，也不致出什么大问题，政策和领导的连续性就有保证了。三年，经济工作大的发展，也在三年以后。1983年，马克思逝世100周年，我们的情况会比现在更好。我们大家一定要发奋图强,好好干。

耀邦语重心长地说:我们不论在哪里工作,做什么工作,都要力求有所建树。政治上的建树,思想上的建树,理论上的建树,改革上的建树,工作上的建树,总之要有所建树。你在某件事情上提出一个好的意见,做了一件工作,写了一篇文章,起了好的作用,也是一种建树。比如北京市,首都所在,搞好市容的美化,种树、种花、种草,把服务行业搞好,既可美化首都面貌,又可解决就业问题。抓住这一条,带动各方面,也是一种建树。不抓这一条总是想搞重工业,搞钢铁,搞石油化工,搞得首都污染越来越严重,街道市容越来越脏,社会秩序很乱,就看不到有什么建树。

耀邦接着说:要有建树,就要敢闯。我个人有什么?就是敢闯。小平同志是了解我的。这次要我出来工作,我看至少有三条:第一,我虽然没有他那样高的战略眼光,但是他提出的主张,我能理解,能够跟得上;第二,我能够进行各项组织工作,实现他的战略布局;第三,他知道我这个人是正派的,不搞歪门邪道。

耀邦同志回忆起过去,说毛主席他老人家也是了解我的,后来对我不满意,生我的气。我在解放后团中央那一段工作,抓的面太宽,经常发急,没有搞出什么特殊的建树,是我自己不争气。罗(瑞卿)最了解我,他很早就说我是有希望的,贺老总也了解我,甚至林彪也还是看重我的。比较起来,总理不大了解我,先念也不大了解我。谈到罗瑞卿,耀邦激动地说,罗是水平很高的,能力很强的。如果罗不死,这次很可能是政治局常委。有罗赵,我们三个人合作,事情更好做。

接着我们两人评论起耀邦去年一年的几次讲话。耀邦说,去年一年从全国宣传工作会议这一篇算起,再有理论务虚会的两篇,新闻工作会议一篇,上访工作会议上一篇,农村宣传工作会议一篇,再加上中纪委会上一篇,大块文章,大概有九篇,小的讲话不算。中纪委那一篇我讲了中纪委的任务首先要抓政治路线,看你是执行还是违反党的政治路线,这一点是很重要的。生产目的那一篇,讲平衡,还是讲得好的,那是帮助修改加上的。这九篇总有十几万字,其他不算。今年恐怕也要有四五篇,当了总书记,免不了要讲几篇的。

耀邦说:我的东西,总要讲一点马克思主义基本观点,方法论。要抓住现实存在的问题，把它集中起来，讲点方法论，才能讲得深。

耀邦认为当年多少篇讲话，比较起来，剧本创作座谈会这一篇水平最高。耀邦说，这一篇我是用了功夫的，不仅是对文艺，对其他方面也是有影响的，可以发得宽一些，文艺工作者可以人手一篇。这篇东西讲了怎样看待自己，怎样看待阴暗面，也讲了马克思基本观点，方法论。比如讲了思想认识的规律由统一到不统一，又到统一；一致到不一致，又到一致。可以就这些观点写点文章。耀邦说，这篇东西文风也是好的，一气呵成，没有老套。讲起文风，还是毛主席他老人家的好。你看《论持久战》、《实践论》写得多么好呀！又深刻，又生动，简直增减一个字都不行。可惜，到晚年就差了，包括《正确处理人民内部矛盾的问题》的著作，文风也比不上过去，真有些"江郎才尽"了。鲁迅的文风也好，每一个字都是用了功夫的。

这次五中全会公报，包括去年邓、叶几篇讲话，政治性、思想性、科学性都是好的，但是不够生动。乔木同志现在搞的东西，文风也不如过去，他很注意科学性、逻辑性，但生动性不够。

社会科学院出那么多刊物，我很少看，或者不看，没有讲出什么东西。我看，说理论，还是数《理论动态》。抓住当前重要问题，理论联系实际。

现在看，1978年，《实践是检验真理的唯一标准》那篇文章，水平并不高。真正有分量的是第二篇《马克思主义的一个基本原则》，是罗瑞卿亲自抓的，是吴江他们起草的，罗改了几遍，给我打过三次电话。当时我的处境有困难，罗挺身而出，这篇文章的影响大。

……

最后，我们的话题又转到五中全会。我说五中全会是得人心的，中央书记处人选是符合众望的，大家对这个领导班子寄以很大希望。要密切联系群众，要树立新的一代领袖的新风。耀邦说，说不上什么领袖。我说这个领袖是复数的。耀邦说，我们就是搞集体领导，不搞划圈圈，有事大家商量，就地解决。

我告诉他，有人议论，胡耀邦当了政治局委员，不搬房子，不搞特殊。这次当了总书记，会不会搬房子，搞特殊呢？耀邦说，我一辈子不搬房子，不搞那些庸俗的东西。我说，不搬房子，当然好，一辈子恐怕难。耀邦说，至少五年不搬家。我说，安全还是要注意。他说，极个别的坏人要打黑枪当然是可能的，但是并不可怕。可怕的是脱离大多数群众，不为广大人民群众办好事。

耀邦最后说，今年工作十分紧张，要分秒必争，还要讲究工作艺术，才能把事情办好。[1]

从 1980 年 2 月胡耀邦当选为中共中央政治局常委、中国共产党中央委员会总书记起，胡耀邦在中共中央政治局常务委员会的领导下，开始主持中央日常工作。

1976 年 10 月粉碎江青反革命集团的胜利，从危难中挽救了中国共产党，挽救了中国的社会主义事业，使中国进入了新的历史发展时期。从这时开始到中共十一届三中全会之前的两年中，广大干部和群众以极大的热情投入各项工作。揭发批判江青反革命集团的罪行，清查他们的反革命帮派体系，取得了很大成绩。党和国家组织的整顿，冤假错案的平反，开始部分地进行。工农业生产得到比较快的恢复。教育科学文化工作也开始走向正常。党内外同志越来越强烈地要求纠正"文化大革命"的错误，但是遇到了严重的阻碍。这固然是由于十年"文化大革命"造成的政治上思想上的混乱不容易在短期内消除，同时也由于当时担任中共中央主席的华国锋在指导思想上继续犯了"左"的错误。华国锋是由毛泽东在 1976 年提议担任中共中央第一副主席兼国务院总理的。他在粉碎江青反革命集团的斗争中有功，以后也做了有益的工作。但是，他推行和迟迟不改正"两个凡是"的错误方针；压制 1978 年开展的关于真理标准问题的讨论；拖延和阻挠恢复老干部工作和平反历史上冤假错案(包括"天安门事件")的进程；在继续维护旧的个人崇拜的同时，还制造和接受对他自己的个人崇拜。1977 年 8 月召开的中共第十一次全国代表大会，没有能够完成历史赋予的党和人民迫切要求的拨乱反正的任务。对经济工作中的求成过急和其他一些"左"倾政策的继续，华国锋也负有责任。很明显，由华国锋来领导纠正党内的"左"倾错误，特别是恢复党的优

---

[1]王仲方：《耀邦与我的两次谈心》，载《炎黄春秋》2005 年第 7 期，第 16—17 页。

良传统，是不可能的。[1]

粉碎江青反革命集团是全党和全国人民长期奋斗的结果。其中华国锋、叶剑英、李先念等同志起了重要作用。按照辩证唯物主义与历史唯物主义的观点，粉碎江青反革命集团的胜利，是多方面努力促成的。

第一，在整个"文化大革命"中，老一代无产阶级革命家对江青、张春桥、姚文元、王洪文等人的倒行逆施，进行了长期坚持不懈的斗争。特别在1975年，邓小平主持中央日常工作搞全面整顿期间，在毛泽东支持下，邓小平主持两次中共中央政治局会议批评以江青为首的"四人帮"。邓小平和叶剑英又主持召开军委扩大会议，对军队进行整顿。这就为粉碎江青反革命集团作了充分的准备、奠定了坚实的基础。

第二，在"文化大革命"中，广大人民群众对江青、张春桥、姚文元、王洪文的罪恶活动，进行了长期坚持不懈的斗争，尤其是以"天安门事件"为标志的全国亿万群众悼念周恩来同志、声讨"四人帮"的强大抗议运动，为粉碎江青反革命集团奠定了雄厚的群众基础。

第三，毛泽东没有把最高领导权交给"四人帮"，并对"四人帮"进行了批评和揭露，指出了"四人帮"的野心，这为粉碎"四人帮"创造了有利条件。

第四，从中央领导层来说，在"十年内乱"后期，实际上很多同志都在为对"四人帮"采取断然措施而进行着酝酿和准备。甚至在毛泽东去世之前，这种酝酿、准备就已经在进行中了。当时有的老将军曾多次到叶剑英那里提议："四人帮"祸国殃民，应当对他们采取断然措施。叶剑英认为，毛泽东病重，我们这样做了对他的病情不利。这就是叶剑英讲的"投鼠忌器"的情况。

第五，毛泽东病逝以后，中央政治局的多数同志反对"四人帮"，"四人帮"处于少数和孤立的地位。这时，许多老革命家、老将军找到叶剑英商量，酝酿对"四人帮"采取措施，最后由华国锋、叶剑英、李先念等同志代表中央政治局，执行党和人民的意志粉碎了"四人帮"。

所以，粉碎"四人帮"，首先是集体的力量、全党和全国人民的力量，其次才是个人的作用。如果不提广大人民群众的贡献，不提中共中央政治局

---

[1]《关于建国以来党的若干历史问题的决议》。

集体力量的作用，不提党和人民自"文化大革命"以来长期与"四人帮"的英勇抗争，片面强调个人因素，片面宣传个人作用，片面突出个人贡献，既违背马克思主义基本原理，也不符合历史实际。

1980年8月18日至23日，中共中央政治局扩大会议在北京举行，会议主要讨论党和国家领导制度的改革以及一些有关问题。邓小平在会上作了《党和国家领导制度的改革》的讲话。他指出，改革权力过分集中的党和国家的领导制度和其他制度，是为了从制度上保证党和国家政治生活的民主化、经济管理的民主化、整个社会生活的民主化，促进现代化建设事业的顺利发展，充分发挥社会主义制度的优越性。他强调要废除干部领导职务实际上存在的终身制，逐步实现各级领导人员的革命化、年轻化、知识化、专业化。这个讲话是党和国家领导制度改革的纲领。

随后，在全国人民代表大会五届三次会议上，讨论了制定发展国民经济长远规划和继续推进经济改革等问题。会议根据中共中央建议，决定华国锋不再兼任国务院总理，由赵紫阳接任；同意一批老革命家不再兼任国务院副总理和人大常委会副委员长的辞职请求，另由适当人选担任。这次会议，在推进国家领导体制改革和废除干部领导职务实际存在的终身制方面，迈出了重要的一步。

在8月18日到23日举行的中共中央政治局扩大会议以后，参加这一会议的不少同志向中共中央领导同志提出，华国锋不适宜继续担任中国共产党中央委员会主席和中央军委主席。在讨论《关于建国以来党的若干历史问题的决议(讨论稿)》的过程中，中共中央直属机关、中央国家机关、军队系统，都有多数同志提出要对建国以来历史的第四阶段进行认真的总结，指出华国锋在粉碎"四人帮"至1980年这4年，特别是这4年的前两年工作中的一些重要错误，很多同志要求对他所担负的职务进行调整。中共中央政治局常务委员会认真地考虑了这一问题，对华国锋进行了批评和帮助，并认为改变他的现任职务是必要的。[1]

随着中共十一届三中全会以后党的事业的发展和拨乱反正的深入进行，

---

[1]中共中央文献研究室编：《三中全会以来重要文献选编》，人民出版社1982年版，第596—597页。

1980 年 11 月 10 日至 12 月 5 日，中共中央政治局连续召开了 9 次会议。主要议题是讨论、批准向中共十一届六中全会提出的人事更动方案。

在这次中共中央政治局会议的第一次会议上，华国锋提出要求辞去中央主席、军委主席和党内的其他职务，并对粉碎"四人帮"以来的工作作了一些检查和解释。其他同志在发言中对他在过去 4 年工作中的错误以及他在这次会议上的发言提出了批评意见。

大家在发言中指出：华国锋在粉碎"四人帮"这一事件中是有功劳的，这应当肯定；但对这一事件应作历史分析，不应把功劳只归于个人。

华国锋提出"两个凡是"，长时间坚持这个完全违背马克思主义的错误观点。提出"两个凡是"，实际上是要把毛泽东晚年"左"的一套继续照搬下去。在中共十一届三中全会以后，他的思想有改变，但在一些原则问题上还没有根本的改变。

华国锋在中国共产党第十一次全国代表大会前后提出的一系列政治口号，基本上还是"文化大革命"中的口号。这虽有一定的历史背景，但他有不可推诿的个人责任。除了仅仅与"四人帮"有关的一些问题以外，他从来没有主动地提出过纠正"文化大革命"错误的创议。他对解放党内大批老干部，平反历史上大的冤假错案的态度，他对中央领导层一些同志的态度，明显地违反了党内大多数同志的愿望。

华国锋很热心于制造和接受新的个人迷信，被称为"英明领袖"，把自己的像和毛泽东的像并挂，接受种种出格的歌颂，觉得心安理得。这种情况，甚至在不久前还在继续。把个人同党和人民的关系摆错了位置，这是严重的思想问题和党性问题。

1977、1978 两年中，华国锋在经济问题上提出了一些"左"的口号。这两年经济工作中的冒进，造成了国民经济的严重损失和困难。这主要是一个经验不足的问题，不能由华国锋一个人负责，但是他确有重要的责任。

华国锋在过去 4 年中做过一些有益的工作，但是显然缺乏作为中央主席所必要的政治能力和组织能力。他对军委主席的不能胜任是大家知道的。[1]

胡耀邦在中共中央政治局会议上作了重要发言。他指出：

---

[1]中共中央文献研究室编：《三中全会以来重要文献汇编》，第 597—598 页。

华国锋同志是 1938 年参加工作的，也应该说是老同志了。昨天我查了一查，1938 年以前的干部，剩下大概 7 万人左右；1937 年以前的，只剩下 18000 人了。华国锋同志也是一级一级上来的，确实是由区的工作、县的工作、地委的工作、省的工作到中央工作的。有同志说是坐直升飞机上来的。我个人觉得这么说不妥当。40 多年来，华国锋同志也是积累了相当丰富的工作经验，也有一定的水平。这个，我看也应该是肯定的。国锋同志和一些老同志一道，在粉碎"四人帮"这个问题上，确实是作出了很大贡献的。这是历史事实，我们的党和人民是不会忘记这一点的。粉碎"四人帮"以后，全党、全国人民，包括老同志确实是真心诚意拥护国锋同志的。……但是，我觉得，国锋同志没有正确对待一个党员对党和人民应该作出的贡献。第一条，对个人在粉碎"四人帮"斗争中所起的作用的认识上，表现得很不正确。第二条，粉碎"四人帮"以后，拨乱反正一开始，或者叫一起步，国锋同志就离开了当时全党、全国人民的迫切愿望。第三条，在干部方针上，脱离了全党绝大多数同志的意志。第四条，在对待毛泽东同志的问题上，确实采取了实用主义的态度。第五条，在突出个人问题上，造成了十分有害的影响。

胡耀邦在发言中还旗帜鲜明地批评了华国锋对毛泽东晚年错误采取的实用主义态度：

按理来说，国锋同志内心不是对毛泽东同志晚年的错误全都赞成的。我可以举一个例子，国锋同志很关心生产，至少有三次：第一，我们在湘潭时期，他对生产的兴趣很大；第二，他自己讲，1971 年揭露林彪时，毛主席同他谈话，批评他你满脑子都是生产；第三，1975 年他在听取科学院工作汇报提纲座谈会上的讲话。可是国锋同志在粉碎"四人帮"后讲的却是另外的东西，什么基本路线，什么阶级斗争为纲，什么全盘肯定"文化大革命"，什么继续革命，等等。但也不全是真心话。这里边就产生一个实用主义的问题。这就是要害的地方。

国锋同志在对待毛泽东同志的问题上，是拣他的需要，只顾眼前，不顾后果，只考虑个人得失，不考虑党和国家的安危。这是一种典型的实用主义，这很不好。

叶剑英在中共中央政治局会议上作了重要讲话。他感情十分真挚地说：据《三国志》第三十五卷《诸葛亮传》里记载，刘备在白帝城临终托孤时，对诸葛亮说："若嗣子可辅，辅之；如其不才，君可自取。"之后，诸葛亮并没有按照刘备的话去办，而是竭股肱之力，效忠贞之节，继之以死。毛主席临终的时候说，我不行了，快完了。政治局全体同志到主席那个房子，排队一个一个见主席。那时，他的心脏还没有停止跳动。看完后，退回到休息室。过了一会儿，护士又把我叫到主席面前。当时主席看了我一眼，说不出话来，我又退了出来，不久，主席心脏就停止跳动了。当时我就想，主席为什么要第二次看我呢？还有什么嘱托？(叶剑英讲到此处，心情很激动，流下了眼泪)我剖析毛主席去世时自己的心情，我确实把华国锋当做"后主"看待，尽管我自己精力不足，水平不高，还是想尽力扶助他。我对他讲过一些过誉的话，这是一种旧的封建思想在作怪。借此机会，我应作自我批评。

鉴于上述情况，中共中央政治局认为华国锋继续担任现职是不适当的。

在最后一天的会上，华国锋表示欢迎大家对他的批评。他再次提出辞去现任职务，并要求在中共十一届六中全会以前，不再主持中共中央政治局、中央政治局常务委员会和中央军委的工作。中央政治局认为他确实需要集中力量考虑自己的问题，因而接受了他不再主持目前工作的意见。中央政治局表示，希望中共十一届六中全会将继续选举华国锋为中央政治局常委、中央委员会副主席。

中共中央政治局会议指出，华国锋犯了"左"的错误和其他错误，但不要说成是路线错误。路线、路线错误、路线斗争等提法没有明确的科学含义，使用这些提法过去在党内造成很不好的后果，以后要尽量少用。中共中央还指出，过去各级组织中的一些同志受过华国锋的一些错误影响，这是难免的，希望各级组织一概不要"上挂下联"，追究责任。

中共中央政治局会议最后通过三项决议：

一、向中共十一届六中全会建议，同意华国锋辞去中央主席、军委主席的职务。

二、向中共十一届六中全会建议，选举胡耀邦为中央委员会主席，邓小平为军委主席。

三、在中共十一届六中全会以前，暂由胡耀邦主持中共中央政治局和中央政治局常务委员会的工作，由邓小平主持中央军委工作。

中共中央政治局着重指出，前两项决议都只是对中共十一届六中全会的建议，全会如何作出决定，这是全会的权力。全会当然会审慎地考虑这些问题，并严格按照党内民主原则来进行讨论、表决和选举。[1]

根据形势发展和历史前进的要求，1981年6月下旬，中国共产党在北京召开了具有历史意义的十一届六中全会。正式会议之前，先举行了中共十一届六中全会的预备会议。5月22日，邓小平代表中共中央在预备会上作了重要讲话，着重阐述了《关于建国以来党的若干历史问题的决议》对党的历史上一些重大问题的评价。

1981年6月27日至29日，在正确总结建国32年来经验教训的时机已经充分成熟的情况下，中国共产党在北京召开了具有伟大历史意义的十一届六中全会。出席会议的中央委员195人，候补中央委员114人，列席53人。中共中央政治局常委胡耀邦、叶剑英、邓小平、赵紫阳、李先念、陈云、华国锋主持会议。

中共十一届六中全会的议题是：

一、审议和通过《关于建国以来党的若干历史问题的决议》；

二、改选和增选中央主要领导成员。

全会一致通过了《关于建国以来党的若干历史问题的决议》。

《关于建国以来党的若干历史问题的决议》，运用马克思主义辩证唯物论和历史唯物论，对建国32年来党的重大历史事件特别是"文化大革命"作出了正确的结论，科学地分析了在这些事件中党的指导思想的正确和错误，分析了产生错误的主观因素和社会原因，实事求是地评价了毛泽东在中国革命和建设事业中的历史地位，充分阐述了毛泽东思想作为中国共产党的指导思想的伟大意义。《决议》肯定了中共十一届三中全会以来逐步确立的适合中国情况的建设社会主义现代化强国的正确道路，进一步指明了中国社会主义事业和党的工作继续前进的方向。《决议》是中国共产党历史上的一个拨

---

[1]中共中央文献研究室编：《三中全会以来重要文献选编》，第598—599页。

乱反正、继往开来的马克思主义纲领性文献。

中共十一届六中全会根据形势的发展和党的工作的需要，一致同意华国锋辞去中共中央主席和中央军委主席的请求。全会通过无记名投票，对中共中央主要领导成员进行了改选和增选，选举的结果是：

一、胡耀邦为中央委员会主席；

二、赵紫阳为中央委员会副主席；

三、华国锋为中央委员会副主席；

四、邓小平为中央军事委员会主席；

五、中央政治局常务委员会由中央主席和中央副主席组成，他们是胡耀邦、叶剑英、邓小平、赵紫阳、李先念、陈云、华国锋；

六、习仲勋为中央书记处书记。

中共十一届六中全会认为，经过这次对中共中央主要领导成员的改选和

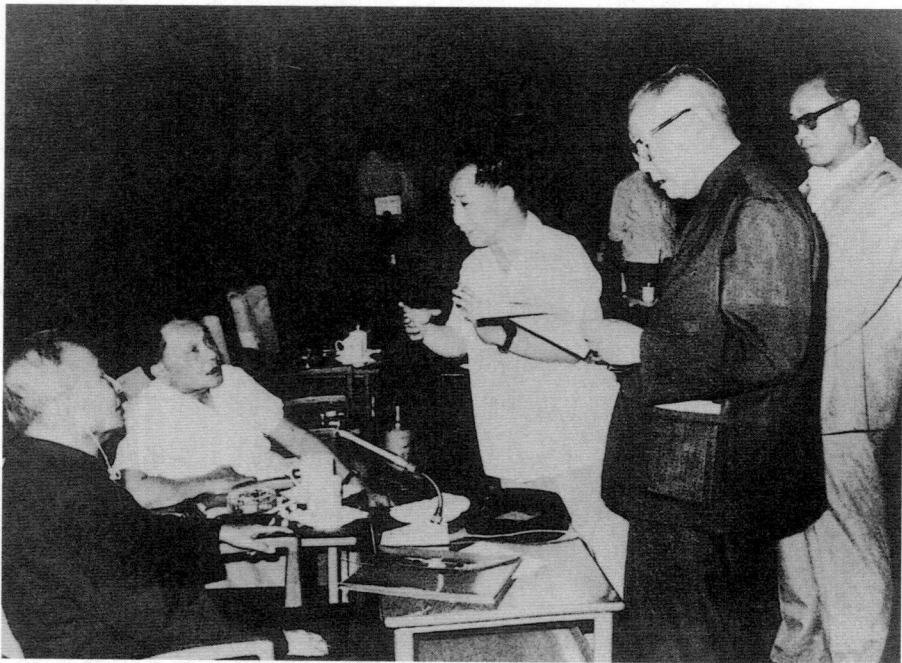

中共十一届六中全会一致同意华国锋辞去中共中央主席和和中央军委主席职务的请求；改选和增选了中央主要领导成员：胡耀邦为中共中央主席，赵紫阳、华国锋为副主席；邓小平为中央军委主席。中央政治局常务委员会由胡耀邦、叶剑英、邓小平、赵紫阳、李先念、陈云、华国锋组成，增选习仲勋为中央书记处书记。图为（左起）陈云、邓小平、胡耀邦、李先念、赵紫阳在六中全会休息厅交谈。

增选，对于加强中央在马克思主义基础上的集体领导和团结一致，保证中共十一届三中全会以来党的正确路线和方针政策的充分实现，将起重要的作用。

对于选择胡耀邦担任中国共产党中央委员会主席，著名历史学家胡绳主持中央党史研究室编写的《中国共产党的七十年》一书中作了实事求是的评说。该书提出："由于需要年轻一点的同志担任党中央的领导工作，而胡耀邦有长期在红军中工作和从事党、团工作的经验，在'文化大革命'后的拨乱反正、平反冤假错案工作中有显著成绩，所以被选为党的主席(总书记)。"这是一个符合马克思主义辩证唯物主义和历史唯物主义原理的评价。

邓小平后来曾经强调指出：过去两个总书记都没有站住，并不是选的时候不合格，选的时候没有选错。[1]

胡耀邦自己对此也有着十分清醒的认识，他在中共十一届六中全会上刚刚当选为中共中央主席以后发表的讲话中强调：

我是在我们党的一个特定的历史条件下，被推上现在这个岗位的。

本来，按全党绝大多数同志的意愿，中央主席是要由小平同志来担当的。除小平同志之外，无论从水平、从能力、从资历威望上来说，还有好些老同志都比我更适合。就是年纪比我小一些，而且确实是我们党的优秀干部，也不乏其人。……

现在就这样定下来了，这当然是一个很大的变化。但是，我想，我有责任向全会说明，有两条并没有变：一是老革命家的作用没有变，二是我的水平也没有变。

前面我说过，这些年常委起主要作用的是剑英、小平、先念、陈云四位同志，特别是小平同志。这不是什么秘密。连外国人都知道，小平同志是现今中国党的主要决策人。有时候他们还用另外一个词，叫"主要设计者"。不管是哪个词，意思是一样的。现在的中央领导核心，政治生活很正常，真正恢复了集体领导。好几位老同志就说过，现在中央的政治生活，算上去是我们党历史上最好的年代。我是同意这个话的。老一辈革命家仍然是中央起主要作用的核心人物。这个情况可不可以告诉全党呢?我认为，不但可以，

---

[1]《邓小平文选》第三卷，第324页。

而且应该。

至于我的水平并没有变，那更是同志们看得很清楚的。因为世界上根本不可能有这样的情况：一个人的工作职务突然上升了，他的本事也随即膨胀起来。今天的胡耀邦，还是昨天的胡耀邦。对待这样的问题，当然主要是靠我自己有自知之明，但是，也要请全党按照这次历史决议的精神，实行监督，首先要请中央委员会的成员进行监督。

老一代无产阶级革命家对于胡耀邦在讲话中表现出来的谦虚谨慎态度十分赞赏，并予以充分的肯定。

中共十一届六中全会是继十一届三中全会之后，又一次具有重大历史意义的会议，是总结经验、团结前进的会议，是党和国家拨乱反正、继往开来的一个新的里程碑。在指导思想上，基本上完成了由十一届三中全会开始的思想上、政治上拨乱反正的任务；在组织上基本完成了由十一届三中全会开始的党的最高领导机关的改组工作，即组织上的拨乱反正工作。

中共十一届六中全会通过的各项决议，标志着中国共产党从十一届三中全会开始的政治上、思想上、组织上的拨乱反正，已经基本完成；标志着党的路线已经完全走上了正常的健康的顺利发展的轨道。

9.拨乱反正，重铸辉煌

　　十一届六中全会的召开，标志着拨乱反正的基本完成，从此党和国家走上了正常的健康的顺利发展的轨道。

　　从中共十一届三中全会到中共十一届六中全会，中国共产党领导全国人民解放思想，发扬民主，实事求是，拨乱反正，异常迅猛地掀起了伟大的思想解放运动，异常迅速地平反了一系列冤假错案，异常果断地开辟了一条改

　　1982 年 9 月 1 日至 11 日，中国共产党第十二次全国代表大会在北京隆重举行。图为大会会场。

革开放和现代化建设新路。

为了总结粉碎江青反革命集团以来，特别是中共十一届三中全会以来的丰富经验，制定中国共产党在新的历史时期全面开创社会主义现代化建设新局面的奋斗目标，1982年9月1日至11日，中国共产党在北京召开了第十二次全国代表大会。出席大会的正式代表1545人，候补代表145人，代表着全党的3900万名党员。

中国共产党第十二次全国代表大会的主要议程有三项：

（一）审议第十一届中央委员会的报告，确定党为全面开创社会主义现代化建设新局面而奋斗的纲领；

（二）审议和通过新的《中国共产党章程》；

（三）按照新的党章的规定，选举新的中央委员会、中央顾问委员会和中央纪律检查委员会。

胡耀邦代表中国共产党第十一届中央委员会向大会作《全面开创社会主义现代化建设的新局面》的报告。总结中国共产党第十一次全国代表大会以来特别是十一届三中全会以来的工作和在各个领域取得的巨大成就，分析中国面临的政治和经济形势，提出在新的历史时期全面开创社会主义现代化建设新局面的方针政策。

在9月12日至13日举行的中共十二届一中全会上，选举万里、习仲勋、王震、韦国清、乌兰夫、方毅、邓小平、邓颖超、叶剑英、李先念、李德生、杨尚昆、杨得志、余秋里、宋任穷、张廷发、陈云、赵紫阳、胡乔木、胡耀邦、聂荣臻、倪志福、徐向前、彭真、廖承志为中央政治局委员。选举姚依林、

胡耀邦代表中国共产党第十一届中央委员会作题为《全面开创社会主义现代化建设新局面》的报告。1982年9月12日至13日，中共十二届一中全会举行，全会选举胡耀邦为中央委员会总书记。

秦基伟、陈慕华为中央政治局候补委员。

全会选举胡耀邦、叶剑英、邓小平、赵紫阳、李先念、陈云为中央政治局常务委员会委员。选举胡耀邦为中央委员会总书记，万里、习仲勋、邓力群、杨勇、余秋里、谷牧、陈丕显、胡启立、姚依林为中央书记处书记，乔石、郝建秀为候补书记。

全会决定邓小平为中央军事委员会主席，叶剑英、徐向前、聂荣臻为副主席，杨尚昆为常务副主席。

全会批准邓小平为中央顾问委员会主任，薄一波、许世友、谭震林、李维汉为副主任，王平、王首道等24人为常务委员。

全会批准陈云为中央纪律检查委员会第一书记，黄克诚为第二书记，王鹤寿为常务书记，王从吾、韩光、李昌、马国瑞、韩天石为书记，马国瑞、王从吾等11人为常务委员。

中共十二大制定的纲领为全面开创社会主义现代化建设新局面指明了方向，新选出的中央领导机构是领导全党和全国人民开创社会主义现代化建设新局面的朝气蓬勃的领导集体。从此，中国改革开放和现代化建设的伟大事业如滔滔长江、滚滚黄河，一泻千里，奔腾向前，创造了中国历史发展的新的辉煌。

跋

　　"长期积累，厚积薄发。"这大概是史学研究的唯一办法。研究问题非一日之功，著述立说更是需要长期积累。

　　我认为，牛顿通过看到"苹果落地"而发现"地球万有引力定理"，决不是灵机一动的结果，而是长期潜心研究、深入思考、终日琢磨的结果。只有这样，也只有下了这样的工夫，才能达到"铁棒磨成针"的效果，才会在看到"苹果落地"的自然现象时，触动灵机，得到启发，产生灵感，豁然感悟，头脑中在瞬间迸发出思想火花。于是，长期的研究转化、升化、上升为一个"质"的"飞跃"，长期的"感性认识"上升为"理性认识"。奇迹就是这样发生的。

　　同样，瓦特从"壶盖为什么会跳动"到发明"蒸汽机"也有一个漫长的、艰辛的反复思考、反复研究、反复实验的过程，决非一蹴而就之功。

　　几十年来，我把全部业余时间、节假日、晚上和早上都用来读书、研究和写作。因此，发表了一些党史文章、出版了一些党史著作。所以，每当听到有的同志和朋友问道"你怎么发表了那么多研究成果"时，我总是说：你们只是看到了农民在获得丰收时的喜悦，哪里知道农民为了丰收——开荒、耕地、选种、播种、育种、施肥、除草、灭虫、灌溉、抗旱、排涝……从播种到收获而付出了一系列艰辛的劳动呵！

　　假如把古人说的"谁知盘中餐，粒粒皆辛苦"，改为"谁知书中文，字字皆辛苦"，倒也是极为贴切的。

　　最后我想说的是，出版一本书，可能只需若干个月。但是从选题、研究、思考、写作到成为书稿，再从书稿反复修改以后成为正式印刷品，其间却是需要付出几十年的心血和辛劳的。

　　这部著作也是如此。

　　参加本书资料搜集工作的还有：薛志超、薛梅芳、李景林、李鹏、薛玲、王金多、王鹏飞、马静、薛庆芳、杨国和。

　　人民出版社是国家新闻出版总署直属的出版社。《历史的见证——"文革的终结"》这个选题的立项和确定，得到了人民出版社和国家新闻出版总署有关领导同志的热情支持。借此机会，谨向国家新闻出版总署和人民出版社的有关领导同志表示衷心的感谢！

作　者

2007 年 6 月

历史的见证——『文革』的终结

责任编辑:王世勇

图书在版编目(CIP)数据

历史的见证——"文革"的终结/薛庆超 著. —
　北京:人民出版社,2008.11(2023.2 重印)
ISBN 978 - 7 - 01 - 007290 - 6

Ⅰ.历… Ⅱ.薛… Ⅲ.文化大革命-史料 Ⅳ.D652

中国版本图书馆 CIP 数据核字(2008)第 139269 号

历史的见证

LISHI DE JIANZHENG

——"文革"的终结

薛庆超 著

人民出版社 出版发行

(100706 北京市东城区隆福寺街 99 号)

涿州市星河印刷有限公司印刷 新华书店经销

2008 年 11 月第 1 版 2023 年 2 月北京第 3 次印刷
开本:710 毫米×1000 毫米 1/16 印张:27.75
字数:440 千字

ISBN 978 - 7 - 01 - 007290 - 6 定价:118.00 元

邮购地址 100706 北京市东城区隆福寺街 99 号
人民东方图书销售中心 电话 (010)65250042 65289539